2022年版

歯科保健関係
統計資料

口腔保健・歯科医療の統計

東京歯科大学社会歯科学講座　監修

一般財団法人　口腔保健協会

はじめに

少子化・超高齢化が社会問題となってかなりの年月が経ちました．平均余命は男女とも 80 歳を超え，平均寿命と健康寿命の差を短縮するために，疾病予防や健康増進，介護予防といった施策が進められています．平成 28 年歯科疾患実態調査では，80 歳で 20 本以上の歯を有する者の割合が 50％を超え，8020 運動の一つの成果が形となったとみて良いでしょう．もちろん，今後もさらなる歯・口腔の健康増進に取り組まなければなりません．

現在歯が増加することで，歯周病を有する者の割合はかえって増加しています．また，子供のう蝕の減少により，青年期以降のう蝕予防は歯周病予防とあわせてますます重要となってきています．医科疾患と歯科疾患との関連性も科学的に明らかとなってきており，糖尿病や循環器病，がんなどの治療に歯科治療はもはや欠かせない存在となっています．さらに近年では口腔機能低下症が保険収載され，フレイルへの対応も求められています．医療のみならず，介護・介護予防など，歯科専門職に求められる役割は拡大しています．

令和 3 年 6 月に閣議決定された「経済財政運営と改革の基本方針 2021 日本の未来を拓く 4つの原動力～グリーン，デジタル，活力ある地方創り，少子化対策～」（骨太方針 2021）でも，引き続き歯科に関する多くの取組が謳われています．このような歯科口腔保健を推進するための体制に基づき，国民すべてが心豊かに生活できる活力ある社会にするために，科学的あるいは法的，社会的根拠を持った歯科保健指導が重要であることは言うまでもありません．

本書は，歯科保健を知る上で必要と思われる各種統計などを集積しています．姉妹編とも言える「2022 年版歯科保健指導関係資料」とともに，広く関係各位に活用され，その専門性の向上に資するとともに，歯科保健の充実強化に役立つことを期待しています．

令和 4 年 3 月 10 日

監　修　者

表章記号の規約

計算のない場合	−
計算不明又は計算を表章することが不適当な場合	…
統計項目があり得ない場合	・
比率等で丸めた結果が表章すべき最下位の桁の１に達しない場合	0，0.0など
減少数又は減少率を意味する場合	△

注：　数値は四捨五入しているため，内訳の合計が総数に合わない場合もある.

※本書に掲載のデータは作成当時の最新データを利用している.

目　　次

Ⅰ．口　腔　保　健

第１章　歯科疾患の実態

第2章　歯科保健行動

第3章 う蝕の予防

第４章　母子歯科保健

第５章　学校歯科保健

第3章　医療関係者

第4章　歯科保健事業

Ⅲ. 参考資料

注：図表番号前の記号は次の通り．★…新規図表，◇…今回更新された図表，表記なしは前回書籍より更新なし．を示す．

Ⅰ．口 腔 保 健

第１章　歯科疾患の実態

表Ⅰ-1-1　歯科疾患実態調査の被調査者数の推移（昭和32年（1957年）～平成28年（2016年））注1)

（人）

	昭和32年（1957年）（第１回）	昭和38年（1963年）（第２回）	昭和44年（1969年）（第３回）	昭和50年（1975年）（第４回）	昭和56年（1981年）（第５回）	昭和62年（1987年）（第６回）	平成５年（1993年）（第７回）	平成11年（1999年）（第８回）	平成17年（2005年）（第９回）	平成23年（2011年）（第10回）	平成28年注2)（2016年）（第11回）
総　数	30 504	24 068	20 100	15 816	14 462	12 474	9 827	6 903	4 606	4 253	6 278
男	13 954	10 383	8 885	6 851	6 232	5 209	4 210	2 865	1 926	1 812	2 868
女	16 550	13 685	11 215	8 965	8 230	7 265	5 617	4 038	2 680	2 441	3 410
１～９歳	7 496	4 505	3 509	3 040	2 588	2 011	1 361	761	412	365	512
10～19歳	6 341	5 523	3 633	2 328	2 220	1 741	1 200	614	327	283	456
20～29歳	4 055	2 815	2 549	2 044	1 375	989	701	557	279	211	358
30～39歳	3 991	3 556	3 103	2 451	2 269	1 840	1 277	807	436	464	624
40～49歳	3 334	2 800	2 852	2 360	2 106	1 661	1 467	876	506	437	824
50～59歳	2 665	2 375	2 157	1 608	1 872	1 775	1 468	1 063	704	543	814
60～69歳	1 752	1 710	1 448	1 250	1 174	1 432	1 372	1 236	930	835	1 210
70～79歳	721	668	706	614	699	811	756	807	769	784	957
80～　歳	149	116	143	121	159	214	225	182	243	331	523
（再掲：口腔診査受診者のみ）											
乳　歯（１～14歳）	11 386	8 040	5 542	4 457	3 999	3 081	2 073	1 104	620	535	440
乳歯＋永久歯（５～14歳）	8 688	6 254	4 021	3 047	2 983	2 256	1 522	771	455	380	316
永久歯（５歳～）	27 812	22 282	18 579	14 406	13 446	11 649	9 287	6 570	4 441	4 098	3 696

注　1）昭和32年（1957年）調査～昭和44年（1969年）調査では調査対象者に０歳児を含んでいたが，本表では比較のために１歳未満の者を除いた人数を掲載した．

2）平成28年（2016年）の数値は質問紙調査のみの被調査者を含む．

出典　厚生労働省「平成28年歯科疾患実態調査結果の概要」（厚生労働省ウェブサイトより）

図Ⅰ-1-1　歯科疾患実態調査の被調査者数の推移（口腔診査受診者のみ）

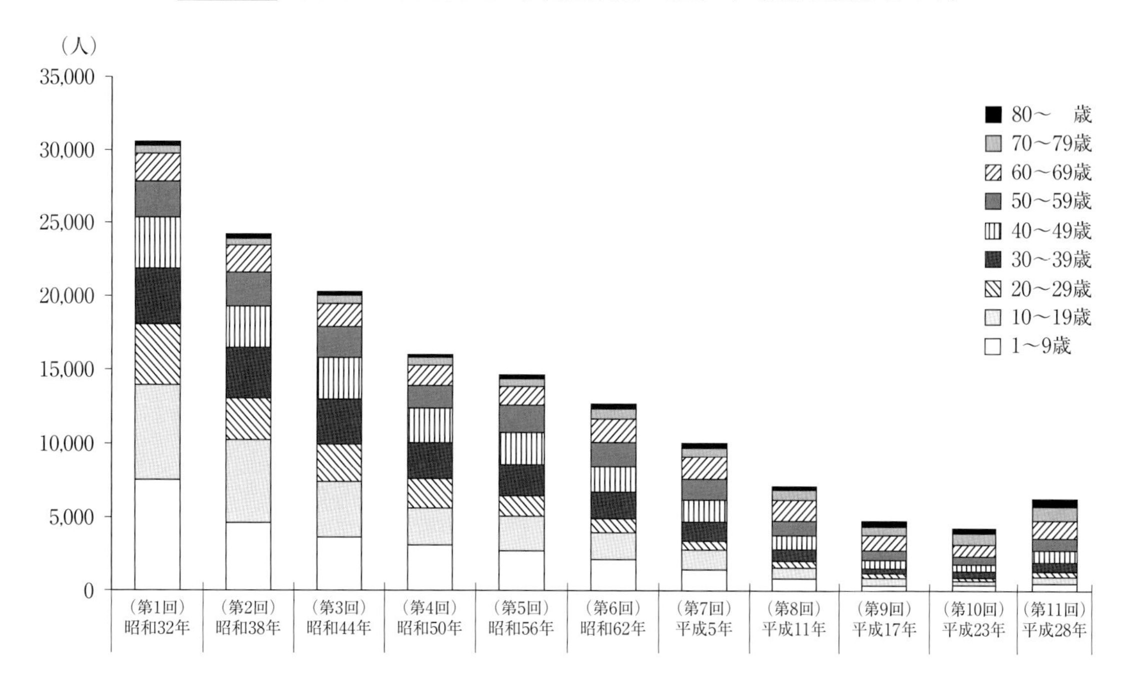

出典　厚生労働省「平成28年歯科疾患実態調査結果の概要」（厚生労働省ウェブサイトより）

表Ⅰ-1-2　被調査者数（口腔診査受診有無・年齢階級・性別）

（人）

年齢階級（歳）	被調査者数								
	口腔診査受診			質問調査回答のみ			計		
	総数	性別		総数	性別		総数	性別	
		男	女		男	女		男	女
1～4	124	63	61	77	37	40	201	100	101
5～9	194	100	94	117	58	59	311	158	153
10～14	122	64	58	128	63	65	250	127	123
15～19	51	19	32	155	77	78	206	96	110
20～24	70	34	36	116	56	60	186	90	96
25～29	86	37	49	86	50	36	172	87	85
30～34	139	44	95	139	70	69	278	114	164
35～39	190	66	124	156	89	67	346	155	191
40～44	254	97	157	194	88	106	448	185	263
45～49	202	77	125	174	84	90	376	161	215
50～54	221	81	140	169	97	72	390	178	212
55～59	254	100	154	170	84	86	424	184	240
60～64	351	138	213	149	86	63	500	224	276
65～69	503	245	258	207	92	115	710	337	373
70～74	380	184	196	129	56	73	509	240	269
75～79	319	155	164	129	51	78	448	206	242
80～84	224	99	125	76	36	40	300	135	165
85～	136	64	72	87	27	60	223	91	132
計	3 820	1 667	2 153	2 458	1 201	1 257	6 278	2 868	3 410

出典　厚生労働省「平成28年歯科疾患実態調査結果の概要」（厚生労働省ウェブサイトより）

図Ⅰ-1-2　被調査者数：口腔診査受診有無別

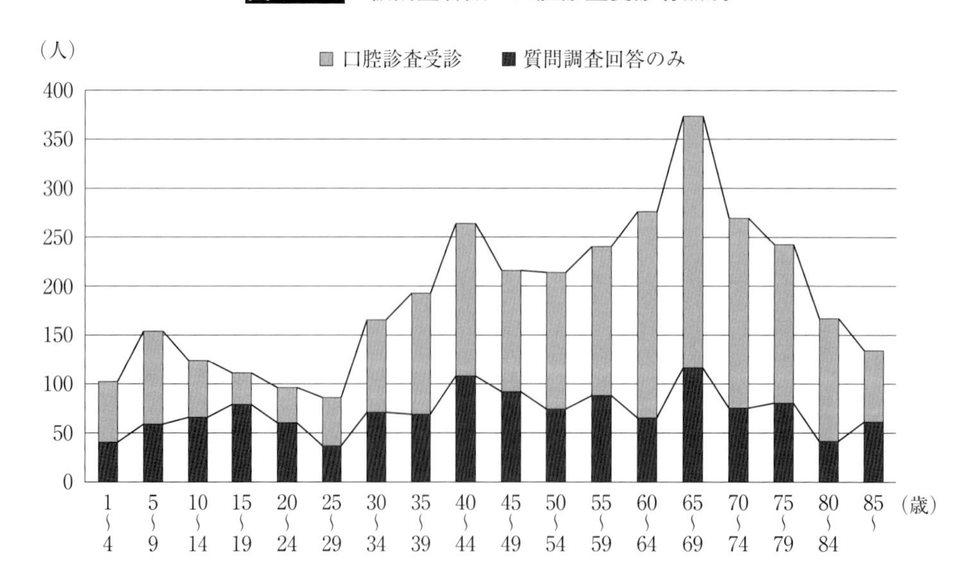

出典　厚生労働省「平成28年歯科疾患実態調査結果の概要」（厚生労働省ウェブサイトより）

表Ⅰ-1-3　う歯を持つ者の数及び割合（乳歯：１～14歳）

（%）

年齢（歳）	被調査者数（人）	人数（人）				割合（%）			
		う歯のない者	う歯のある者			う歯のない者	う歯のある者		
			処置完了の者	処置歯・未処置歯を併有する者	未処置の者		処置完了の者	処置歯・未処置歯を併有する者	未処置の者
1	37	37	—	—	—	100.0	—	—	—
2	27	25	—	—	2	92.6	—	—	7.4
3	35	32	—	—	3	91.4	—	—	8.6
4	25	16	3	—	6	64.0	12.0	—	24.0
5	41	25	8	4	4	61.0	19.5	9.8	9.8
6	44	24	9	8	3	54.5	20.5	18.2	6.8
7	34	22	6	6	—	64.7	17.6	17.6	—
8	43	19	17	4	3	44.2	39.5	9.3	7.0
9	32	11	10	9	2	34.4	31.3	28.1	6.3
10	22	16	4	—	2	72.7	18.2	—	9.1
11	32	23	6	2	1	71.9	18.8	6.3	3.1
12	29	28	—	1	—	96.6	—	3.4	—
13	18	16	2	—	—	88.9	11.1	—	—
14	21	21	—	—	—	100.0	—	—	—

出典　厚生労働省「平成28年歯科疾患実態調査結果の概要」（厚生労働省ウェブサイトより）

図Ⅰ-1-3　う歯を持つ者の割合（乳歯：１～14歳）

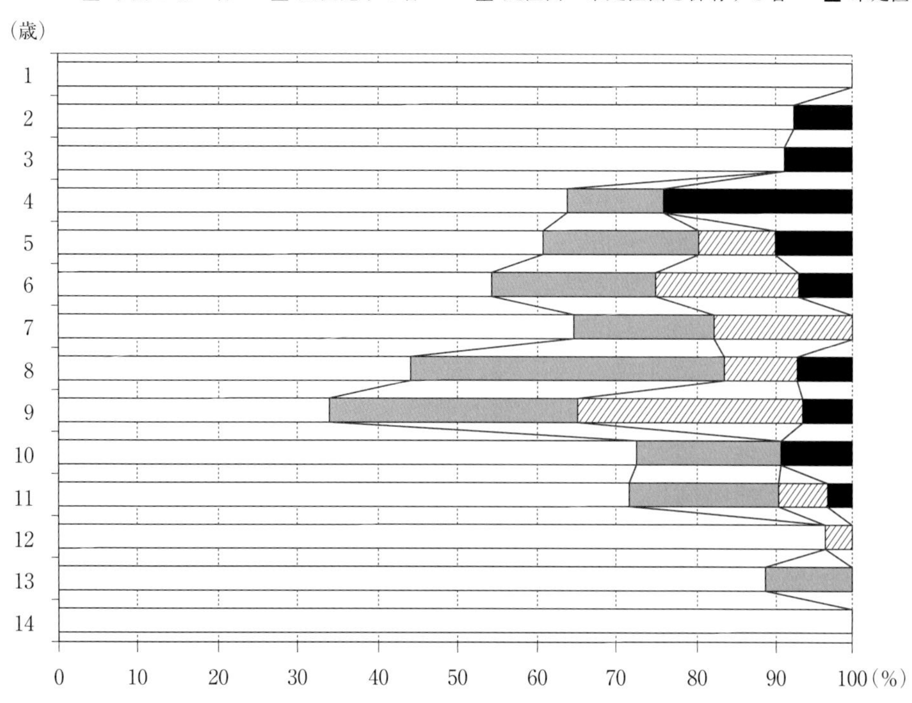

出典　厚生労働省「平成28年歯科疾患実態調査結果の概要」（厚生労働省ウェブサイトより）

表Ⅰ-1-4　う歯を持つ者の割合の年次推移（乳歯：１～14歳）

（%）

年齢（歳）	平成５年（1993年）	平成11年（1999年）	平成17（2005年）	平成23年（2011年）	平成28年（2016年）
1	8.3	1.2	3.1	0.0	0.0
2	32.8	21.5	17.8	7.5	7.4
3	59.7	36.4	24.4	25.0	8.6
4	67.8	41.5	44.2	34.8	36.0
5	77.0	64.0	60.5	50.0	39.0
6	88.4	78.0	63.4	42.1	45.5
7	90.5	78.0	67.3	55.6	35.3
8	91.1	85.9	61.7	69.2	55.8
9	91.5	79.8	72.1	46.7	65.6
10	66.9	60.7	62.5	52.1	27.3
11	47.1	41.3	38.3	26.3	28.1
12	20.3	12.5	17.1	27.0	3.4
13	7.1	9.2	2.4	14.3	11.1
14	3.0	1.4	3.2	0.0	0.0

注　平成５年以前，平成11年以降では，それぞれ未処置歯の診断基準が異なる．

出典　厚生労働省「平成28年歯科疾患実態調査結果の概要」（厚生労働省ウェブサイトより）

図Ⅰ-1-4　う歯を持つ者の割合の年次推移（乳歯：１～14歳）

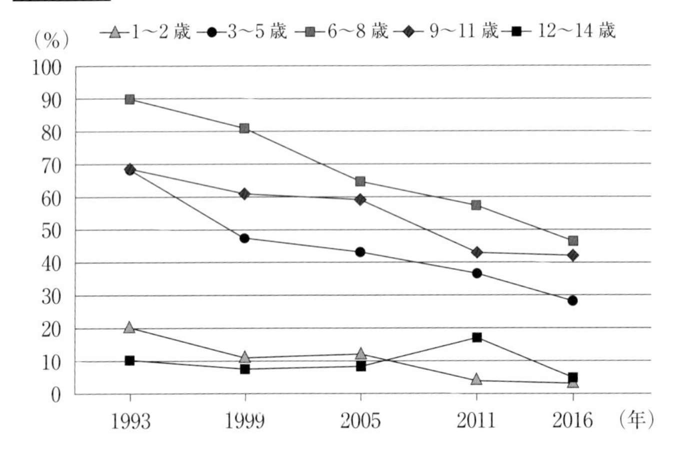

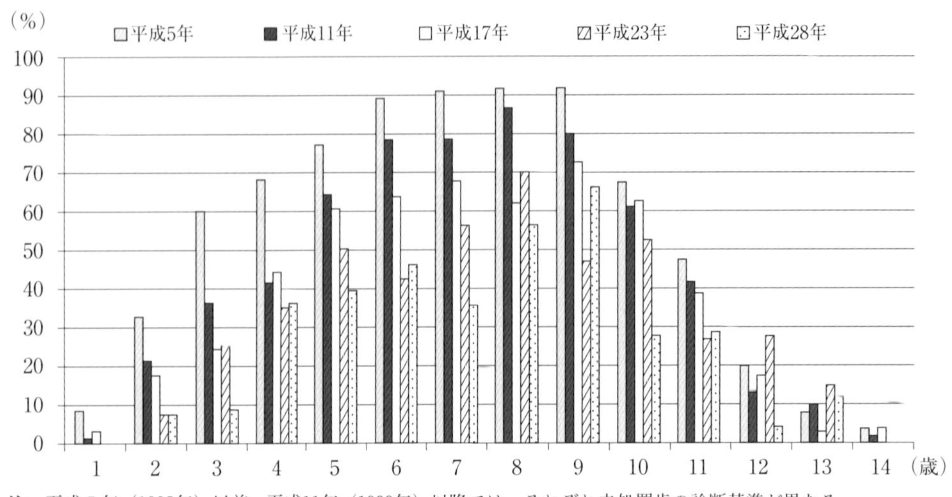

出典　厚生労働省「平成28年歯科疾患実態調査結果の概要」（厚生労働省ウェブサイトより）

注　平成５年（1993年）以前，平成11年（1999年）以降では，それぞれ未処置歯の診断基準が異なる．

表Ⅰ-1-5　1人平均う歯数（dft 指数）の年次推移（乳歯：１～14歳）

（本）

年齢（歳）	平成５年（1993年）	平成11年（1999年）	平成17（2005年）	平成23年（2011年）	平成28年（2016年）
1	0.3	0.0	0.0	0.0	0.0
2	1.4	0.8	0.4	0.2	1.0
3	3.2	2.1	0.9	0.6	1.0
4	4.3	2.5	2.9	1.5	0.9
5	6.2	3.7	2.3	2.8	1.7
6	7.1	5.0	3.7	1.8	2.4
7	6.2	4.0	4.2	2.6	1.4
8	5.8	4.8	3.0	3.0	1.7
9	4.8	3.5	3.6	1.7	2.1
10	2.7	2.2	2.1	2.0	0.6
11	1.3	1.1	1.0	0.7	0.8
12	0.6	0.2	0.3	0.5	0.2
13	0.1	0.2	0.0	0.3	0.3
14	0.0	0.0	0.1	0.0	0.0

注　平成５年以前，平成11年以降では，それぞれ未処置歯の診断基準が異なる．

出典　厚生労働省「平成28年歯科疾患実態調査結果の概要」（厚生労働省ウェブサイトより）

図Ⅰ-1-5　１人平均う歯数（dft 指数）の年次推移（乳歯：１～14歳）

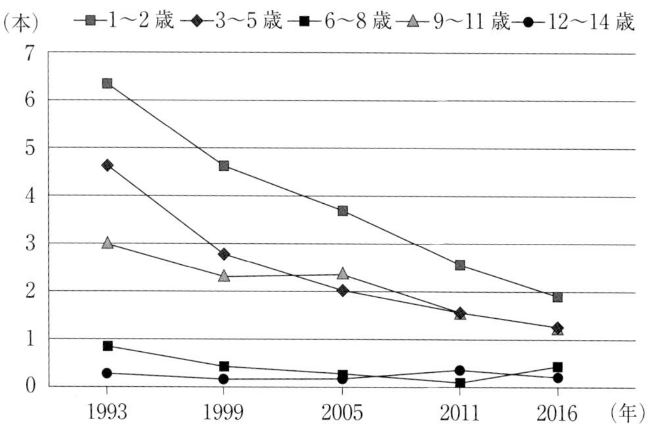

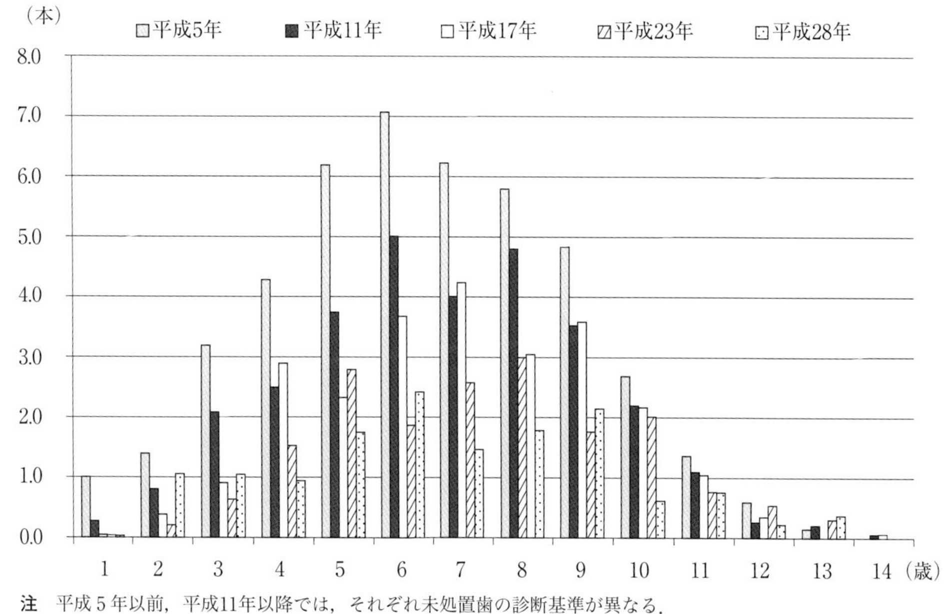

注　平成５年以前，平成11年以降では，それぞれ未処置歯の診断基準が異なる．

出典　厚生労働省「平成28年歯科疾患実態調査結果の概要」（厚生労働省ウェブサイトより）

表Ⅰ-1-6　1人平均未処置歯数の年次推移（乳歯：1～14歳）

（本）

年齢（歳）	平成5年（1993年）	平成11年（1999年）	平成17（2005年）	平成23年（2011年）	平成28年（2016年）
1	0.3	0.0	0.0	0.0	0.0
2	1.2	0.8	0.0	0.2	0.3
3	2.7	1.4	0.4	0.6	0.3
4	2.7	1.4	0.9	0.7	0.6
5	3.4	2.0	1.1	1.5	1.0
6	3.5	2.1	2.0	0.9	1.0
7	2.1	1.2	2.7	0.8	0.4
8	1.9	1.0	2.2	0.8	0.3
9	1.1	0.8	2.6	0.4	0.8
10	0.6	0.6	1.8	0.4	0.1
11	0.4	0.2	0.7	0.1	0.1
12	0.2	0.1	0.2	0.1	0.0
13	0.1	0.0	0.0	0.2	0.0
14	0.0	0.0	0.0	0.0	0.0

出典　厚生労働省「平成28年歯科疾患実態調査結果の概要」（厚生労働省ウェブサイトより）

注　平成5年以前，平成11年以降では，それぞれ未処置歯の診断基準が異なる．

図Ⅰ-1-6　1人平均未処置歯数の年次推移（乳歯：1～14歳）

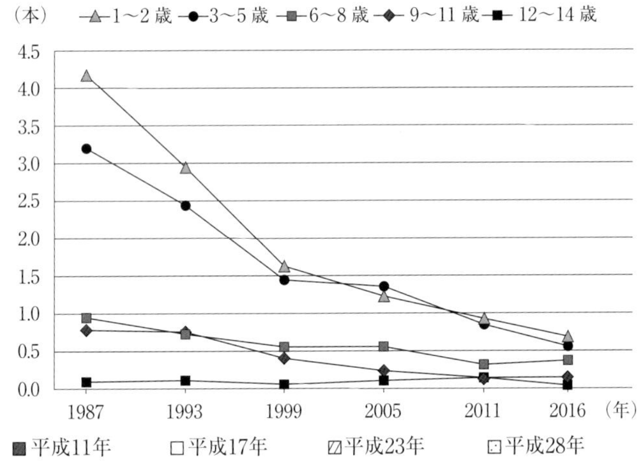

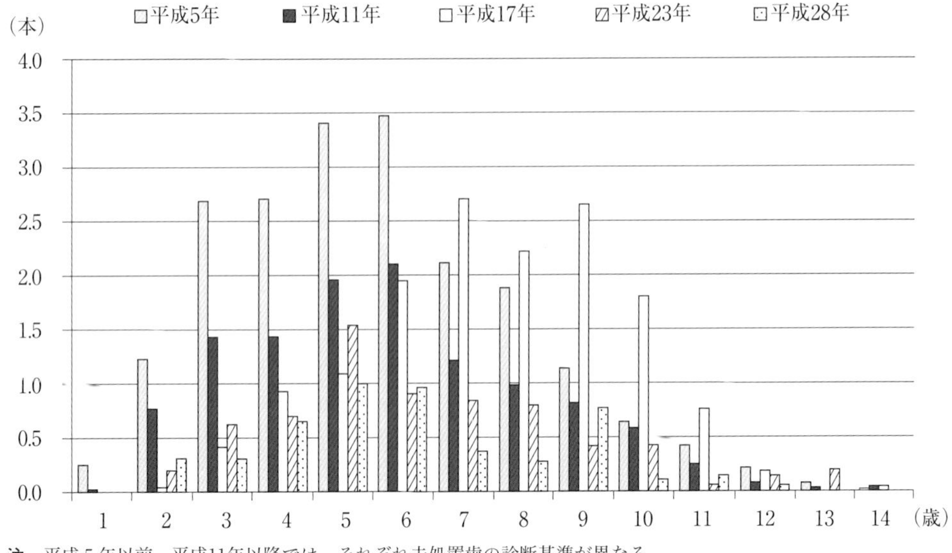

出典　厚生労働省「平成28年歯科疾患実態調査結果の概要」（厚生労働省ウェブサイトより）

注　平成5年以前，平成11年以降では，それぞれ未処置歯の診断基準が異なる．

表Ⅰ-1-7　う歯を持つ者の数及び割合（乳歯＋永久歯：５～14歳）

（％）

年齢（歳）	被調査者数（人）	人数（人）				割合（％）			
		う歯のない者	う歯のある者			う歯のない者	う歯のある者		
			処置完了の者	処置歯・未処置歯を併有する者	未処置の者		処置完了の者	処置歯・未処置歯を併有する者	未処置の者
5	41	25	8	4	4	61.0	19.5	9.8	9.8
6	44	24	9	8	3	54.5	20.5	18.2	6.8
7	34	21	7	6	—	61.8	20.6	17.6	0.0
8	43	17	16	5	5	39.5	37.2	11.6	11.6
9	32	9	9	13	1	28.1	28.1	40.6	3.1
10	22	14	6	1	1	63.6	27.3	4.5	4.5
11	32	21	7	2	2	65.6	21.9	6.3	6.3
12	29	26	1	1	1	89.7	3.4	3.4	3.4
13	18	10	5	1	2	55.6	27.8	5.6	11.1
14	21	13	2	1	5	61.9	9.5	4.8	23.8

注　平成５年以前，平成11年以降では，それぞれ未処置歯の診断基準が異なる．

出典　厚生労働省「平成28年歯科疾患実態調査結果の概要」（厚生労働省ウェブサイトより）

図Ⅰ-1-7　う歯を持つ者の割合（乳歯＋永久歯：５～14歳）

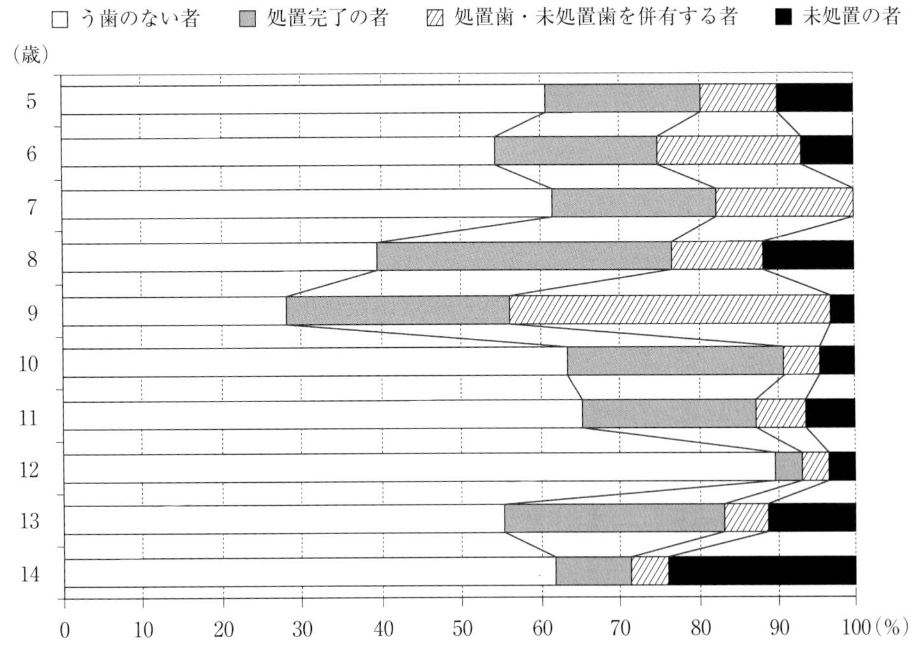

注　平成５年以前，平成11年以降では，それぞれ未処置歯の診断基準が異なる．

出典　厚生労働省「平成28年歯科疾患実態調査結果の概要」（厚生労働省ウェブサイトより）

表Ⅰ-1-8　う歯を持つ者の割合の年次推移（乳歯＋永久歯：5～14歳）

（%）

年齢（歳）	平成5年（1993年）	平成11年（1999年）	平成17（2005年）	平成23年（2011年）	平成28年（2016年）
5	77.0	64.0	60.5	50.0	39.0
6	89.0	78.0	63.4	42.1	45.5
7	91.0	79.3	67.3	57.8	38.2
8	92.4	89.4	61.7	69.2	60.5
9	95.1	84.5	75.4	53.3	71.9
10	94.3	80.3	81.3	62.5	36.4
11	94.8	77.5	68.1	42.1	34.4
12	87.4	71.9	58.5	45.9	10.3
13	92.1	72.3	70.7	42.9	44.4
14	91.7	84.9	71.0	52.6	38.1

注　平成5年以前，平成11年以降では，それぞれ未処置歯の診断基準が異なる．

出典　厚生労働省「平成28年歯科疾患実態調査結果の概要」（厚生労働省ウェブサイトより）

図Ⅰ-1-8　う歯を持つ者の割合の年次推移（乳歯＋永久歯：5～14歳）

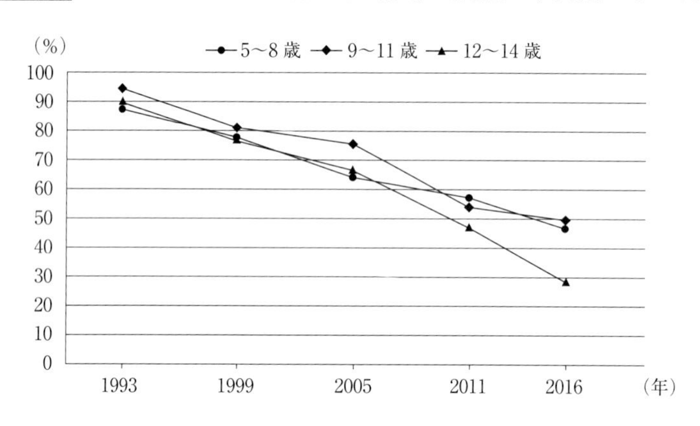

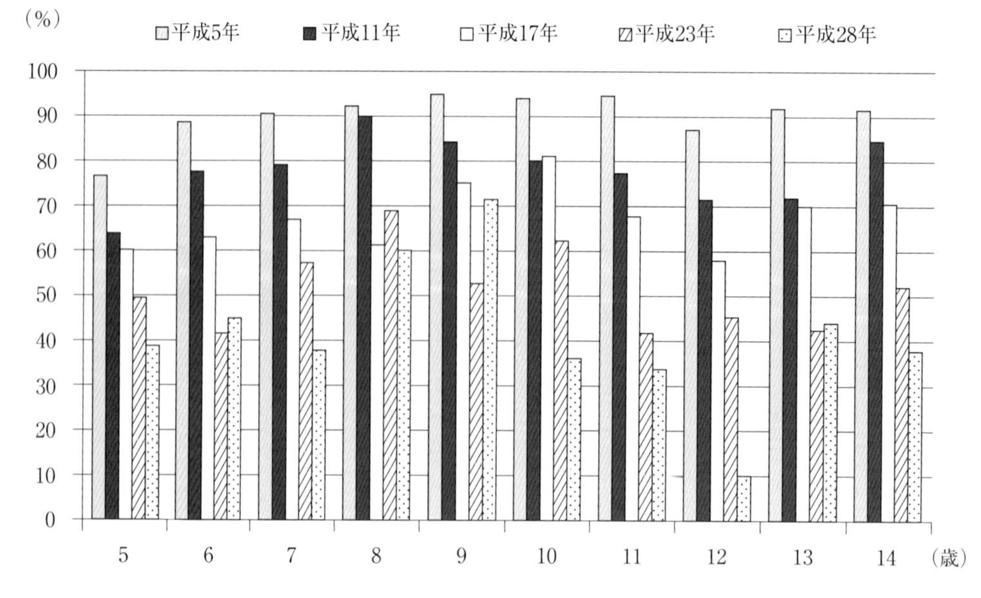

注　平成5年以前，平成11年以降では，それぞれ未処置歯の診断基準が異なる．

出典　厚生労働省「平成28年歯科疾患実態調査結果の概要」（厚生労働省ウェブサイトより）

表Ⅰ-1-9　う歯を持つ者の数及び割合（永久歯：５歳以上）

（%）

年齢（歳）	被調査者数（人）	人数（人）				割合（%）			
		う歯のない者	う歯のある者			う歯のない者	う歯のある者		
			処置完了の者	処置歯・未処置歯を併有する者	未処置の者		処置完了の者	処置歯・未処置歯を併有する者	未処置の者
5～9	194	178	8	3	25	91.8	4.1	1.5	2.6
10～14	122	98	12	2	10	80.3	9.8	1.6	8.2
15～19	51	27	14	4	6	52.9	27.5	7.8	11.8
20～24	70	15	32	20	3	21.4	45.7	28.6	4.3
25～29	86	10	40	33	3	11.6	46.5	38.4	3.5
30～34	139	12	79	45	3	8.6	56.8	32.4	2.2
35～39	190	1	122	64	3	0.5	64.2	33.7	1.6
40～44	254	2	163	87	2	0.8	64.2	34.3	0.8
45～49	202	1	140	60	1	0.5	69.3	29.7	0.5
50～54	221	1	155	64	1	0.5	70.1	29.0	0.5
55～59	254	4	165	80	5	1.6	65.0	31.5	2.0
60～64	351	7	221	117	6	2.0	63.0	33.3	1.7
65～69	503	16	323	154	10	3.2	64.2	30.6	2.0
70～74	380	28	226	120	6	7.4	59.5	31.6	1.6
75～79	319	28	179	104	8	8.8	56.1	32.6	2.5
80～84	224	38	118	64	4	17.0	52.7	28.6	1.8
85～	136	38	57	36	5	27.9	41.9	26.5	3.7

出典　厚生労働省「平成28年歯科疾患実態調査結果の概要」（厚生労働省ウェブサイトより）

図Ⅰ-1-9　う歯を持つ者の割合（永久歯：５歳以上）

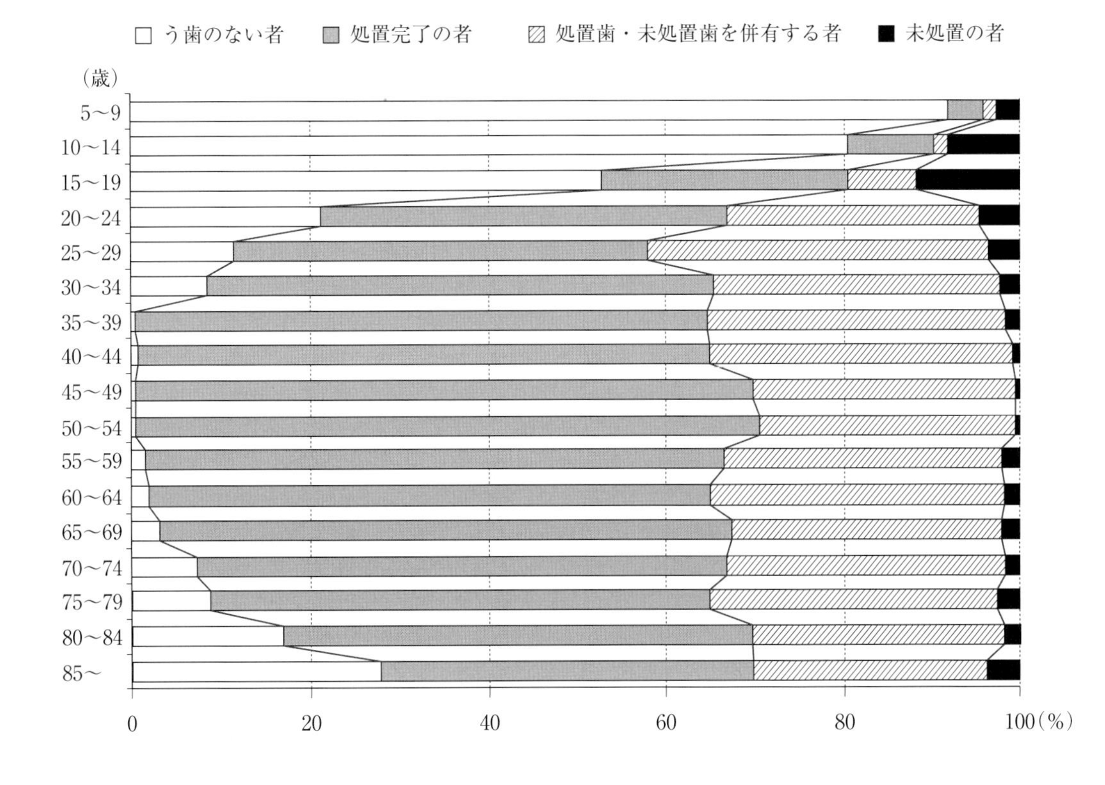

出典　厚生労働省「平成28年歯科疾患実態調査結果の概要」（厚生労働省ウェブサイトより）

表Ⅰ-1-10　う歯を持つ者の割合の年次推移（永久歯：５歳以上）

（%）

年齢（歳）	平成５年（1993年）	平成11年（1999年）	平成17年（2005年）	平成23年（2011年）	平成28年（2016年）
５～９	36.3	24.3	14.6	10.0	8.2
10～14	86.4	69.7	57.7	34.7	19.7
15～19	94.9	88.9	73.9	63.7	47.1
20～24	97.7	96.0	90.5	89.9	78.6
25～34	98.7	98.6	98.5	96.2	90.2
35～44	99.5	99.3	100.0	98.8	99.3
45～54	97.1	98.7	98.7	99.1	99.5
55～64	91.9	94.8	97.4	97.5	98.2
65～74	76.9	83.7	88.5	91.9	95.0
75～84	54.5	65.2	68.7	84.1	87.8
85～	39.4	41.8	58.3	65.1	72.1

注　平成５年以前，平成11年以降では，それぞれ未処置歯の診断基準が異なる．

出典　厚生労働省「平成28年歯科疾患実態調査結果の概要」（厚生労働省ウェブサイトより）

図Ⅰ-1-10　う歯を持つ者の割合の年次推移（永久歯：５歳以上）

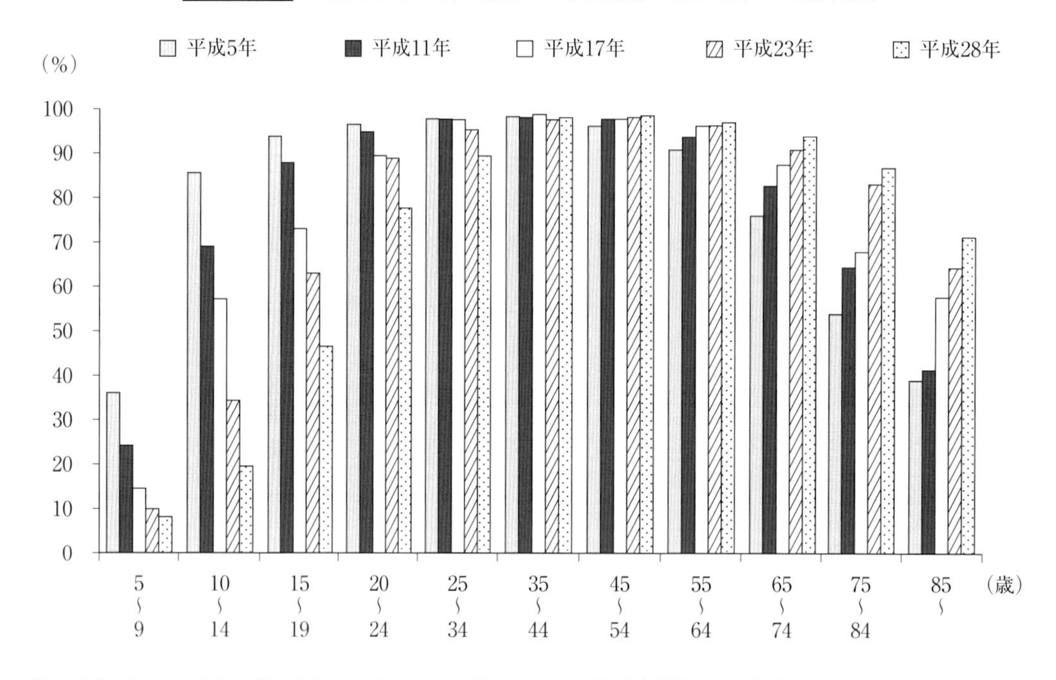

注　平成５年（1993年）以前，平成11年（1999年）以降では，それぞれ未処置歯の診断基準が異なる．

出典　厚生労働省「平成28年歯科疾患実態調査結果の概要」（厚生労働省ウェブサイトより）

表Ⅰ-1-11　１人平均 DMF 歯数（DMFT 指数）の年次推移（永久歯：5～15歳未満）

（本）

年齢（歳）	平成５年（1993年）	平成11年（1999年）	平成17年（2005年）	平成23年（2011年）	平成28年（2016年）
5	0.1	0.0	—	—	—
6	0.2	0.2	0.2	—	—
7	0.9	0.4	0.2	0.1	0.1
8	1.5	0.9	0.5	0.3	0.3
9	2.2	1.1	0.9	0.4	0.4
10	2.8	2.3	0.9	0.5	0.2
11	3.6	2.2	1.6	0.7	0.3
12	3.6	2.4	1.7	1.4	0.2
13	4.9	3.7	2.6	1.8	1.1
14	6.1	5.2	3.3	1.3	0.6

注　平成５年以前，平成11年以降では，それぞれ未処置歯の診断基準が異なる．

出典　厚生労働省「平成28年歯科疾患実態調査結果の概要」（厚生労働省ウェブサイトより）

図Ⅰ-1-11　１人平均 DMF 歯数（DMFT 指数）の年次推移（永久歯：５～15歳未満）

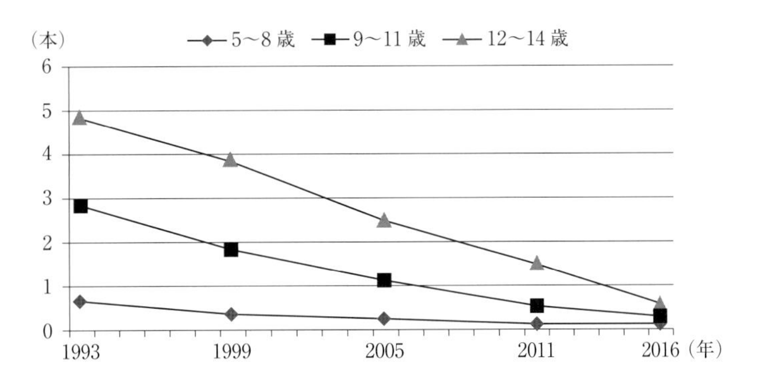

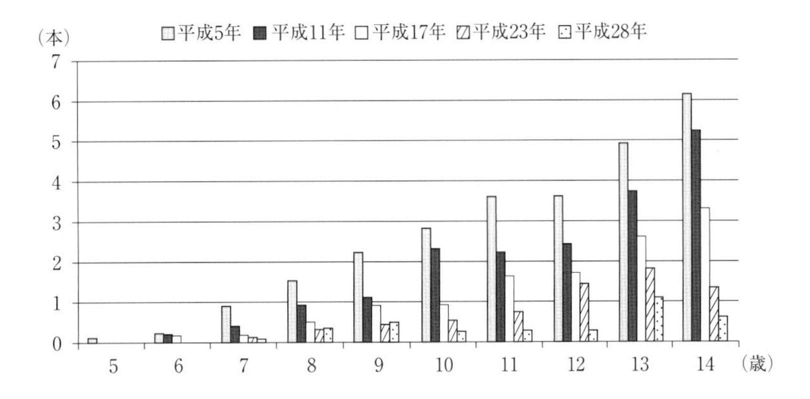

注　平成５年以前，平成11年以降では，それぞれ未処置歯の診断基準が異なる．

出典　厚生労働省「平成28年歯科疾患実態調査結果の概要」（厚生労働省ウェブサイトより）

表 I -1-12　1人平均DMF歯数（DMFT指数）の年次推移（永久歯：15歳以上）

（本）

年齢階級（歳）	平成5年（1993年）	平成11年（1999年）	平成17年（2005年）	平成23年（2011年）	平成28年（2016年）
15～24	9.0	8.2	6.1	4.4	3.1
25～34	14.1	12.9	11.5	9.9	7.4
35～44	15.5	15.4	14.9	12.3	12.1
45～54	16.1	16.5	16.2	15.7	14.8
55～64	19.6	18.3	17.4	17.9	17.1
65～74	23.7	22.5	21.6	20.0	19.2
75～	26.6	25.8	25.1	23.9	22.6

注　平成5年以前，平成11年以降では，それぞれ未処置歯の診断基準が異なる．

出典　厚生労働省「平成28年歯科疾患実態調査結果の概要」（厚生労働省ウェブサイトより）

図 I -1-12　1人平均DMF歯数（DMFT指数）の年次推移（永久歯：15歳以上）

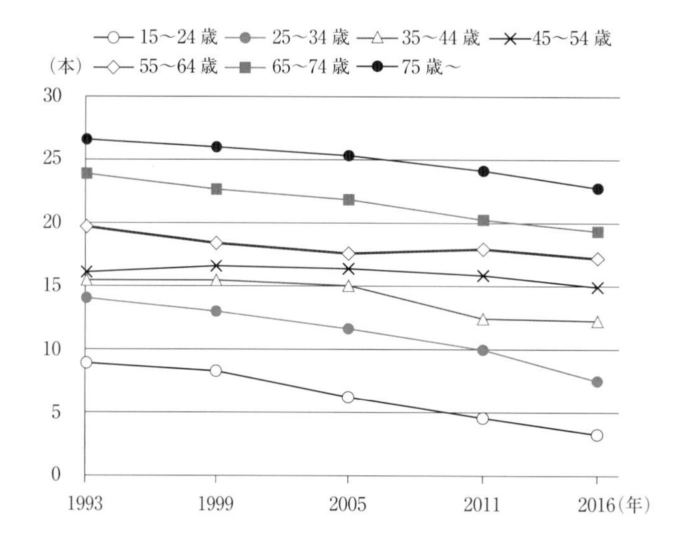

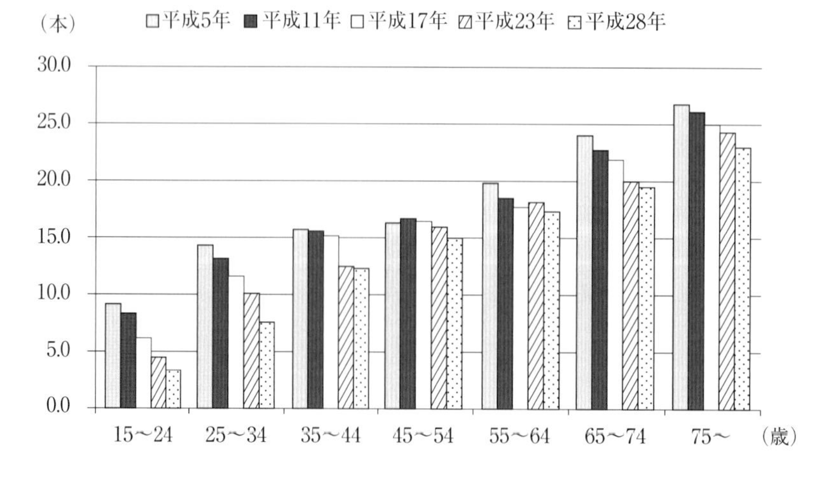

注　平成5年以前，平成11年以降では，それぞれ未処置歯の診断基準が異なる．

出典　厚生労働省「平成28年歯科疾患実態調査結果の概要」より一部改変（厚生労働省ウェブサイトより）

表Ⅰ-1-13　処置歯にしめる充填歯・クラウンの数及び割合（永久歯：５歳以上）

（%）

年齢階級（歳）	1人あたり平均歯数（本）			割合（%）		
	充填歯	クラウン（ブリッジの支台以外）	クラウン（ブリッジの支台）	充填歯	クラウン（ブリッジの支台以外）	クラウン（ブリッジの支台）
5～9	0.1	—	—	100	0.0	0.0
10～14	0.3	—	—	100	0.0	0.0
15～19	1.4	0.0	—	99	1.4	0.0
20～24	2.8	0.3	0.1	88	10.2	1.8
25～29	4.2	0.5	0.1	88	9.5	2.2
30～34	6.5	0.8	0.0	89	11.0	0.4
35～39	8.3	1.6	0.2	82	16.0	2.2
40～44	8.2	2.3	0.4	75	21.4	3.2
45～49	8.3	3.4	0.6	68	27.7	4.8
50～54	7.3	4.4	1.0	57	34.7	7.9
55～59	6.6	4.3	1.5	53	34.8	12.0
60～64	6.2	4.4	1.7	50	35.7	13.9
65～69	4.8	4.7	1.8	43	41.3	15.9
70～74	4.1	4.3	1.6	41	42.9	16.3
75～79	3.8	4.4	1.7	38	44.2	17.4
80～84	3.1	4.7	1.9	32	48.8	19.2
85～	1.6	3.6	1.4	24	54.9	21.1

出典　厚生労働省「平成28年歯科疾患実態調査結果の概要」（厚生労働省ウェブサイトより）

図Ⅰ-1-13　処置歯にしめる充填歯・クラウンの割合（永久歯：５歳以上）

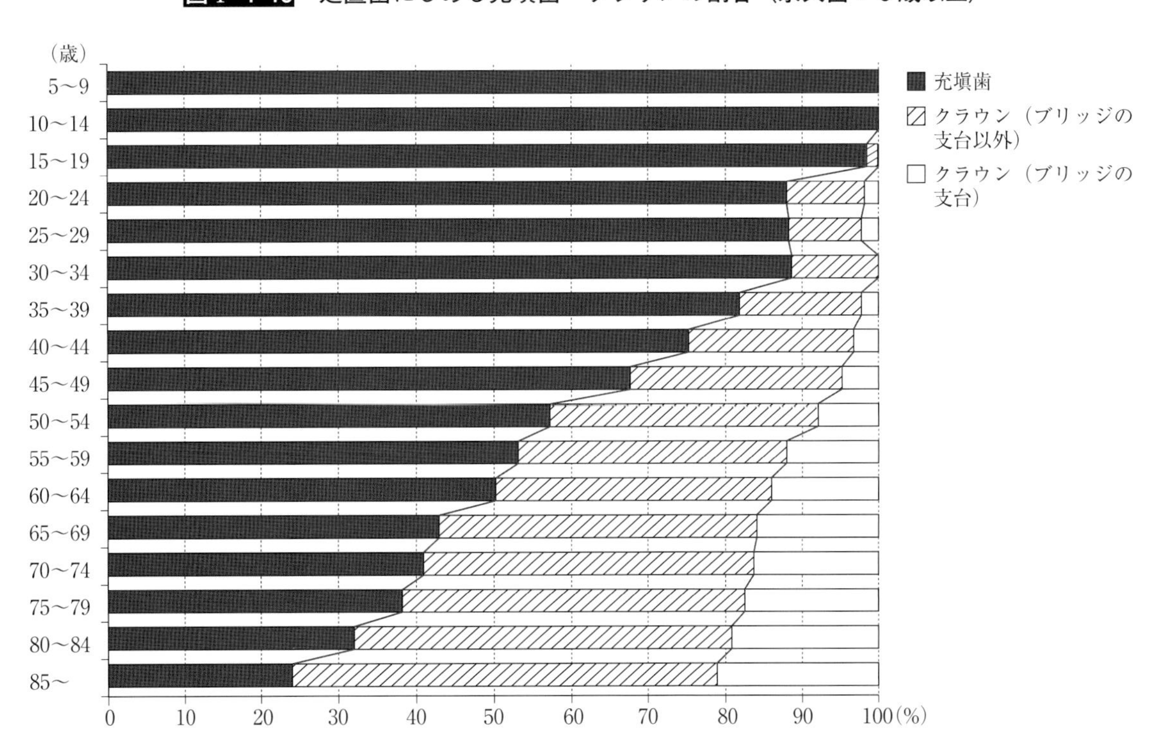

出典　厚生労働省「平成28年歯科疾患実態調査結果の概要」（厚生労働省ウェブサイトより）

表Ⅰ-1-14　喪失歯所有者率の年次推移（永久歯：５歳以上）

（%）

年齢階級（歳）	平成５年（1993年）	平成11年（1999年）	平成17（2005年）	平成23年（2011年）	平成28年（2016年）
5～9	—	—	—	0.9	—
10～14	0.8	0.3	1.0	1.2	—
15～19	4.7	4.1	3.4	1.8	2.0
20～24	13.3	6.3	12.4	9.0	2.9
25～29	33.7	23.3	13.2	10.7	8.1
30～34	49.1	31.5	25.9	24.9	11.5
35～39	61.2	49.6	42.1	22.5	20.5
40～44	67.3	62.4	49.0	34.4	31.1
45～49	73.2	70.8	63.7	44.3	41.1
50～54	78.8	78.3	67.7	58.8	61.5
55～59	84.0	80.1	82.6	76.2	72.8
60～64	91.3	88.4	85.9	83.0	79.2
65～69	95.6	92.8	91.5	87.3	87.9
70～74	98.7	96.4	94.6	91.4	87.4
75～79	98.6	98.3	98.1	96.2	90.9
80～84	100.0	97.4	97.7	97.3	93.8
85～	100.0	100.0	100.0	100.0	97.1

出典　厚生労働省「平成28年歯科疾患実態調査結果の概要」（厚生労働省ウェブサイトより）

図Ⅰ-1-14　喪失歯所有者率の年次推移（永久歯：５歳以上）

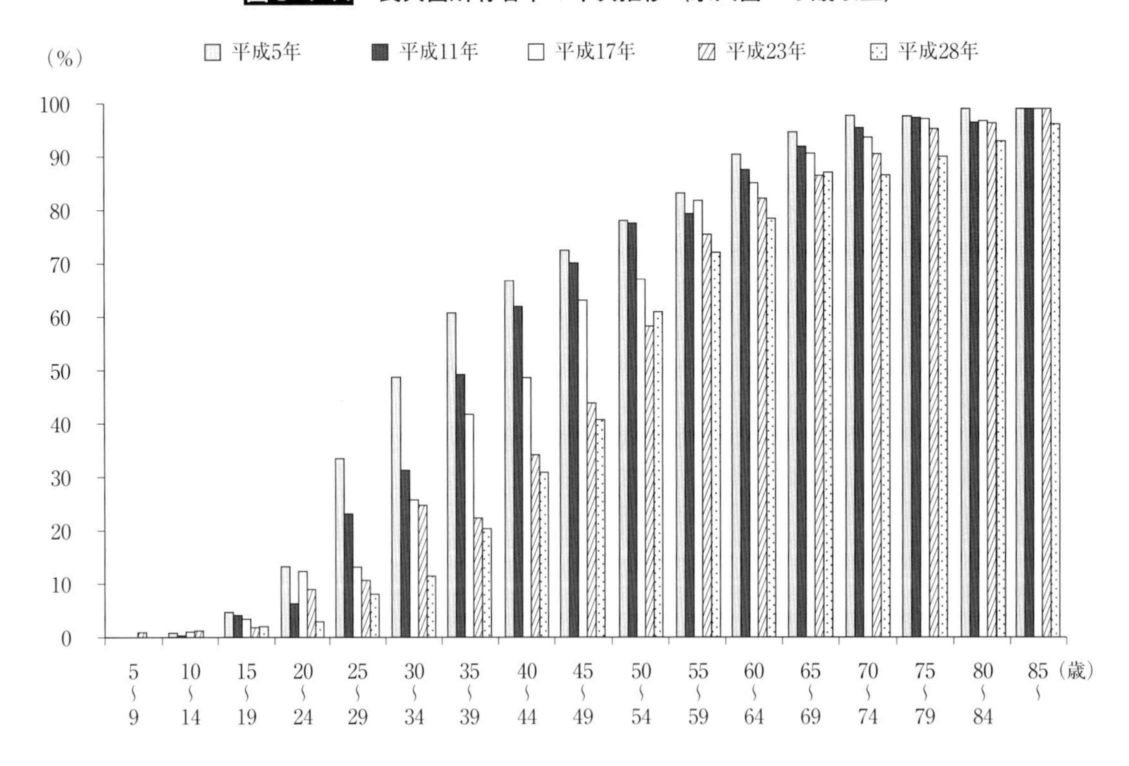

出典　厚生労働省「平成28年歯科疾患実態調査結果の概要」（厚生労働省ウェブサイトより）

表Ⅰ-1-15　１人平均喪失歯数の年次推移（永久歯：５歳以上）

（本）

年齢階級（歳）	平成５年（1993年）	平成11年（1999年）	平成17年（2005年）	平成23年（2011年）	平成28年（2016年）
５～９	0.0	0.0	0.0	0.0	0.0
10～14	0.0	0.0	0.0	0.0	0.0
15～19	0.1	0.0	0.0	0.0	0.1
20～24	0.2	0.2	0.3	0.1	0.0
25～29	0.7	0.4	0.2	0.2	0.2
30～34	1.3	0.6	0.4	0.4	0.2
35～39	1.9	1.2	1.0	0.5	0.3
40～44	2.7	1.8	1.4	0.9	0.8
45～49	3.6	3.4	2.3	1.5	0.9
50～54	5.6	4.4	3.7	2.6	2.0
55～59	7.7	6.3	5.0	4.1	3.1
60～64	11.3	8.0	7.1	5.9	4.6
65～69	15.6	11.6	10.1	7.2	6.7
70～74	17.6	15.6	13.1	11.0	8.6
75～79	21.4	19.1	17.6	12.7	10.3
80～84	22.9	20.8	19.3	16.1	12.9
85～	24.9	24.0	22.0	19.7	17.5

出典　厚生労働省「平成28年歯科疾患実態調査結果の概要」（厚生労働省ウェブサイトより）

図Ⅰ-1-15　１人平均喪失歯数の年次推移（永久歯：５歳以上）

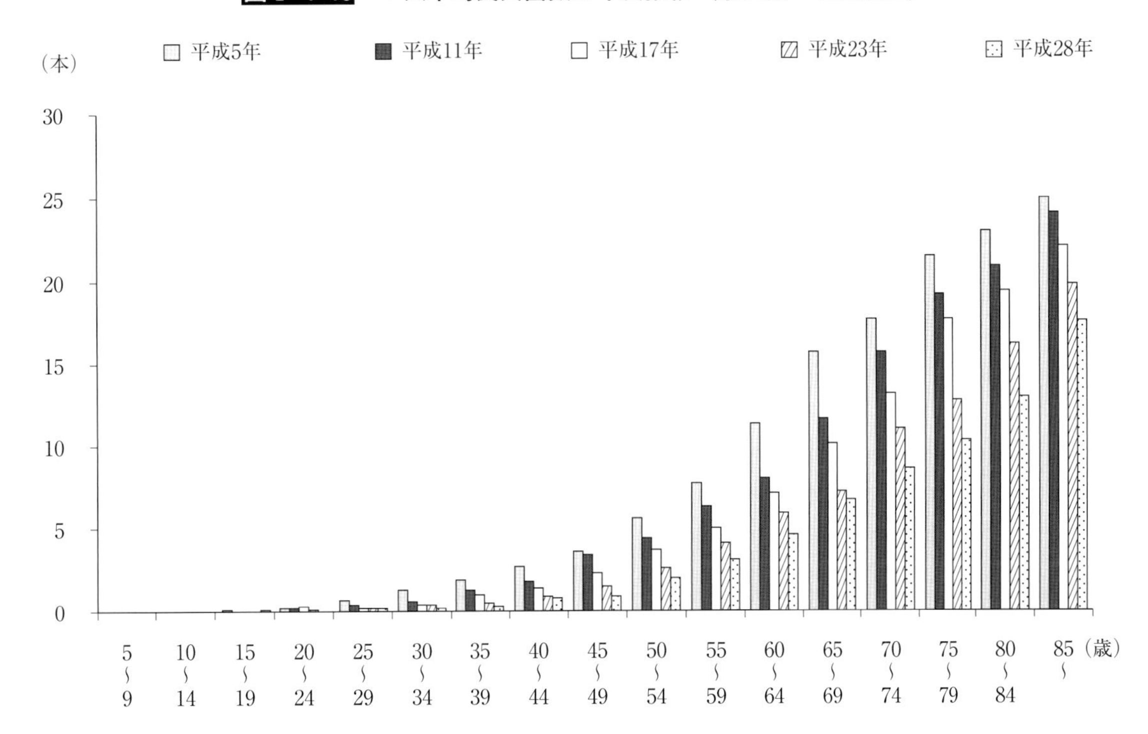

出典　厚生労働省「平成28年歯科疾患実態調査結果の概要」（厚生労働省ウェブサイトより）

表Ⅰ-1-16　補綴物の装着の有無と各補綴物の装着者の割合

（%）

年齢階級（歳）	被調査者数（人）	補綴物未装着者	ブリッジ装着者	部分床義歯装着者	全部床義歯装着者	インプラント装着者
15～19	51	100.0	—	—	—	—
20～24	70	98.6	1.4	—	—	—
25～29	86	95.3	4.7	—	—	—
30～34	139	97.1	2.9	—	—	—
35～39	190	88.4	10.0	1.6	—	—
40～44	254	83.9	16.1	1.2	—	2.0
45～49	202	78.7	20.3	1.5	—	1.5
50～54	221	60.2	34.4	6.3	0.9	1.4
55～59	254	47.6	46.9	10.6	1.6	2.8
60～64	351	41.9	46.7	18.8	4.0	2.3
65～69	503	29.4	50.9	31.0	8.9	4.6
70～74	380	24.5	47.9	38.2	14.7	3.7
75～79	319	21.0	45.5	41.7	20.1	3.4
80～84	224	13.4	45.1	42.4	31.3	2.7
85～	136	10.3	36.8	46.3	46.3	—

注　複数の種類の義歯を装着している者がいるため，義歯装着者の割合を合計すると100%以上となる年齢階級がある．

出典　厚生労働省「平成28年歯科疾患実態調査結果の概要」（厚生労働省ウェブサイトより）

図Ⅰ-1-16　補綴物の装着の有無と各補綴物の装着者の割合

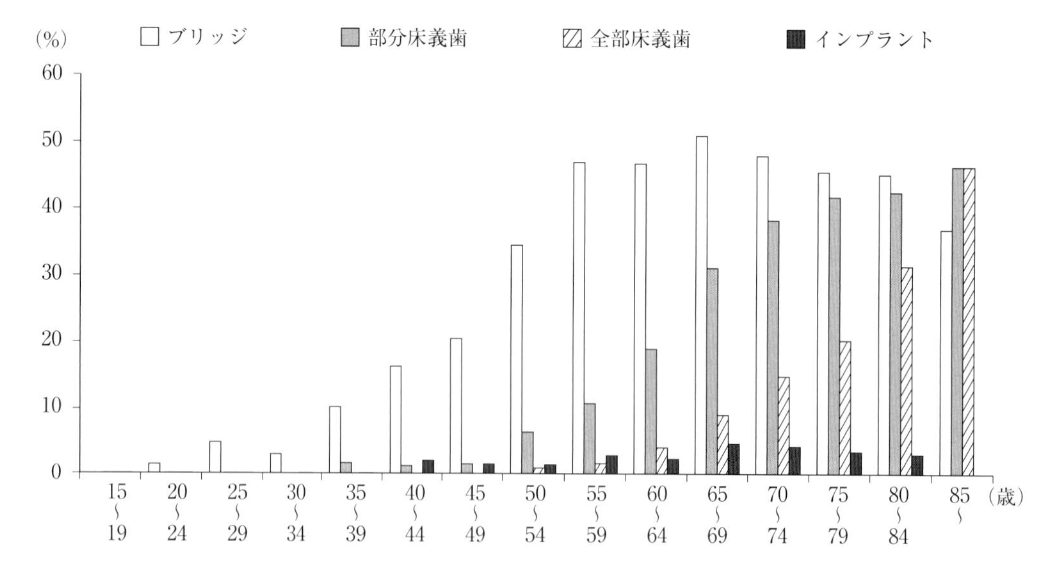

出典　厚生労働省「平成28年歯科疾患実態調査結果の概要」（厚生労働省ウェブサイトより）

表Ⅰ-1-17　20本以上の歯を有する者の割合の年次推移

（%）

年齢階級（歳）	平成５年（1993年）	平成11年（1999年）	平成17年（2005年）	平成23年（2011年）	平成28年（2016年）
40〜44	92.9	97.1	98.0	98.7	98.8
45〜49	88.1	90.0	95.0	97.1	99.0
50〜54	77.9	84.3	88.9	93.0	95.9
55〜59	67.5	74.6	82.3	85.7	91.3
60〜64	49.9	64.9	70.3	78.4	85.2
65〜69	31.4	48.8	57.1	69.6	73.0
70〜74	25.5	31.9	42.4	52.3	63.4
75〜79	10.0	17.5	27.1	47.6	56.1
80〜84	11.7	13.0	21.1	28.9	44.2
85〜	2.8	4.5	8.3	17.0	25.7

出典　厚生労働省「平成28年歯科疾患実態調査結果の概要」（厚生労働省ウェブサイトより）

図Ⅰ-1-17　20本以上の歯を有する者の割合の年次推移

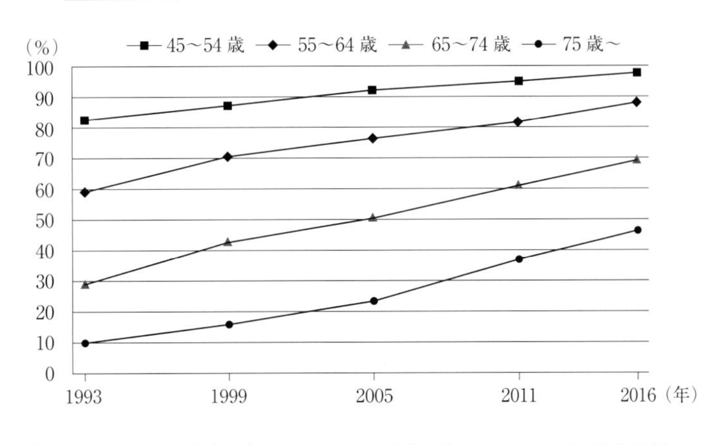

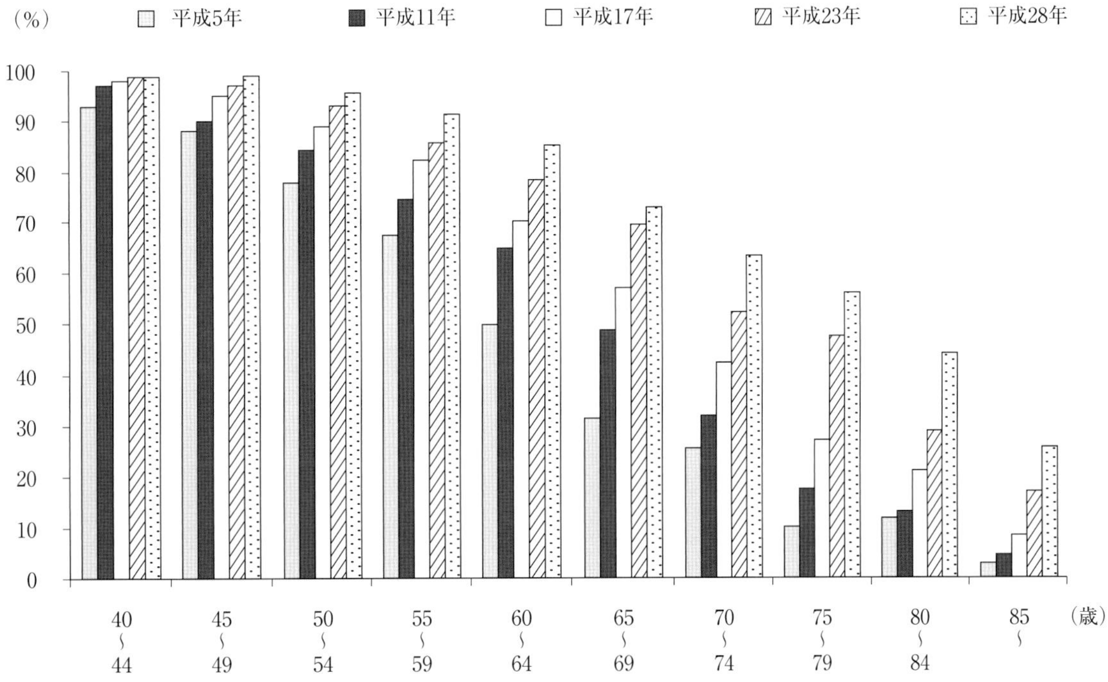

出典　厚生労働省「平成28年歯科疾患実態調査結果の概要」（厚生労働省ウェブサイトより）

表Ⅰ-1-18　20本以上の歯を有する者の数及び割合

（%）

年齢階級（歳）	被調査者数（人）	人数（人）			割合（%）		
		男	女	総数	男	女	総数
40～44	254	95	156	251	97.9	99.4	98.8
45～49	202	75	125	200	97.4	100.0	99.0
50～54	221	75	137	212	92.6	97.9	95.9
55～59	254	89	143	232	89.0	92.9	91.3
60～64	351	114	185	299	82.6	86.9	85.2
65～69	503	179	188	367	73.1	72.9	73.0
70～74	380	110	131	241	59.8	66.8	63.4
75～79	319	92	87	179	59.4	53.0	56.1
80～84	224	46	53	99	46.5	42.4	44.2
85～	136	20	15	35	31.3	20.8	25.7

出典　厚生労働省「平成28年歯科疾患実態調査結果の概要」（厚生労働省ウェブサイトより）

図Ⅰ-1-18　20本以上の歯を有する者の割合

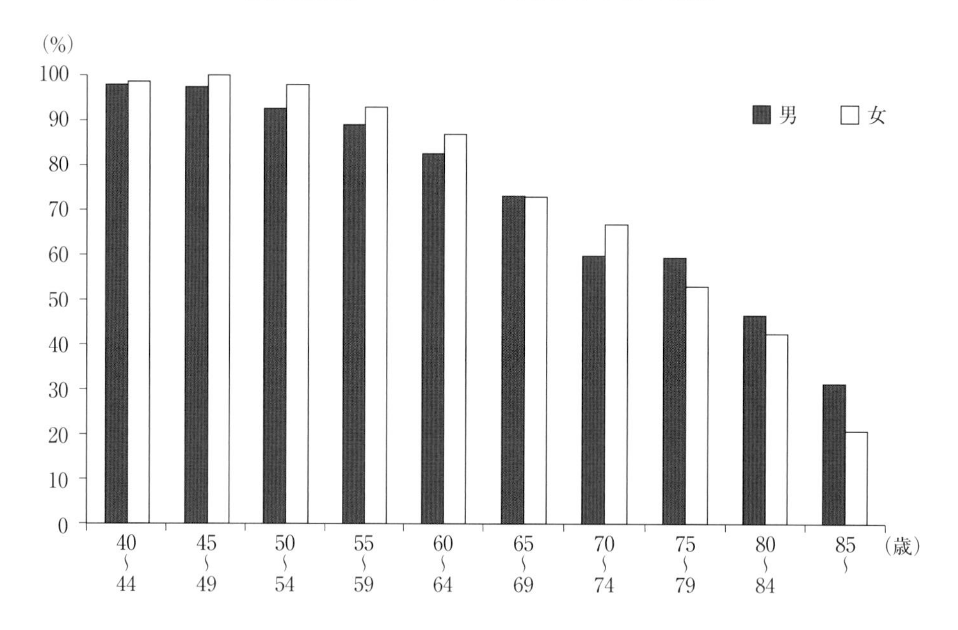

出典　厚生労働省「平成28年歯科疾患実態調査結果の概要」（厚生労働省ウェブサイトより）

表Ⅰ-1-19　１人平均現在歯数

（本）

年齢階級（歳）	男	女	総数
40～44	28.0	28.0	28.0
45～49	27.6	27.6	27.6
50～54	25.8	26.8	26.4
55～59	24.5	25.9	25.3
60～64	23.7	24.0	23.9
65～69	21.5	21.7	21.6
70～74	18.6	20.7	19.7
75～79	18.5	17.6	18.0
80～84	15.1	15.5	15.3
85～	12.0	9.5	10.7

出典　厚生労働省「平成28年歯科疾患実態調査結果の概要」（厚生労働省ウェブサイトより）

図Ⅰ-1-19　１人平均現在歯数

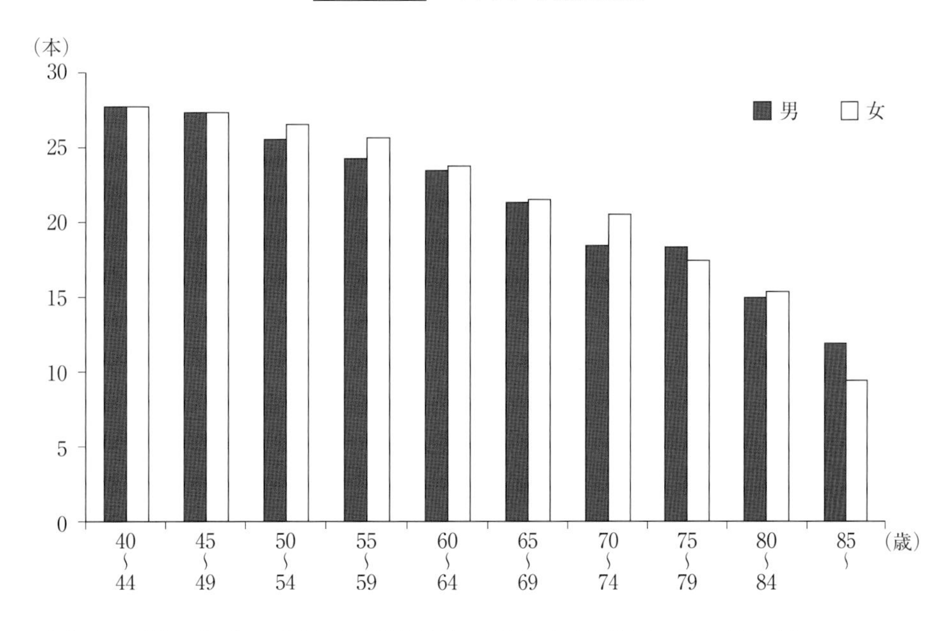

出典　厚生労働省「平成28年歯科疾患実態調査結果の概要」（厚生労働省ウェブサイトより）

表Ⅰ-1-20　歯周ポケットの保有者の割合，年齢階級別

（%）

年齢階級（歳）	4 mm 未満	歯周ポケット（4 mm 以上）のある者			対象歯のない者
		総数	4 mm 以上 6 mm 未満	6 mm 以上	
15〜19	93.9	6.1	6.1	—	—
20〜24	74.3	25.7	25.7	—	—
25〜29	68.6	31.4	31.4	—	—
30〜34	66.9	33.1	30.2	2.9	—
35〜39	60.5	39.5	33.7	5.8	—
40〜44	55.1	44.9	39.4	5.5	—
45〜49	55.4	44.6	40.6	4.0	—
50〜54	45.5	54.1	44.5	9.5	0.5
55〜59	50.6	47.8	37.5	10.3	1.6
60〜64	38.7	57.9	43.6	14.3	3.4
65〜69	34.9	60.5	42.3	18.2	4.6
70〜74	36.9	53.6	40.4	13.2	9.5
75〜79	30.2	55.3	40.3	15.1	14.5
80〜84	30.6	47.7	35.6	12.2	21.6
85〜	19.1	44.1	31.6	12.5	36.8

出典　厚生労働省「平成28年歯科疾患実態調査結果の概要」（厚生労働省ウェブサイトより）

図Ⅰ-1-20　歯周ポケットの保有者の割合，年齢階級別

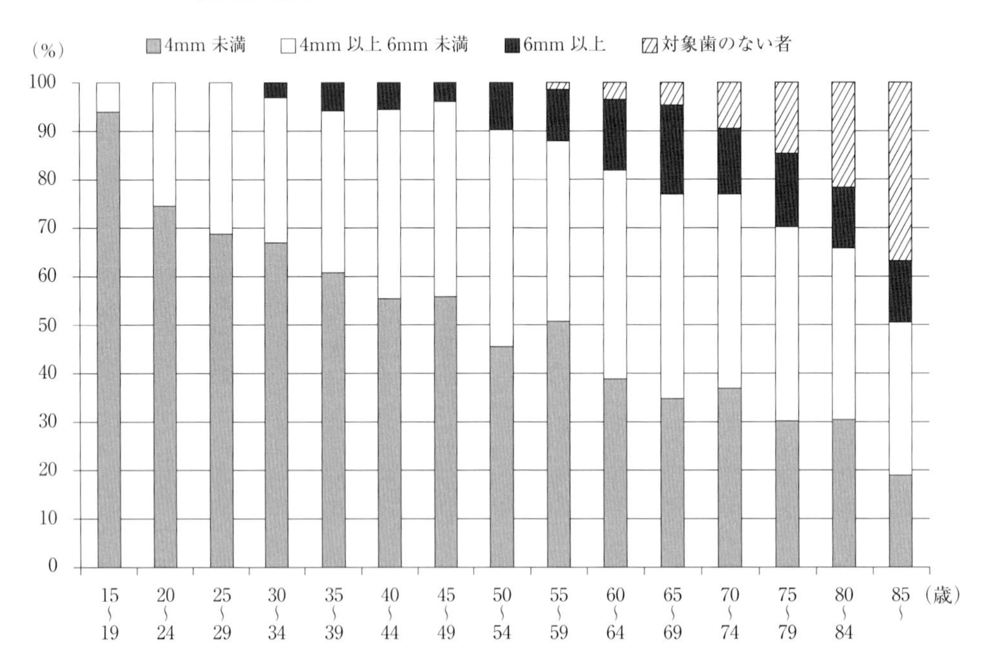

出典　厚生労働省「平成28年歯科疾患実態調査結果の概要」（厚生労働省ウェブサイトより）

表Ⅰ-1-21　4mm 以上の歯周ポケットを有する者の割合の年次推移

（%）

年齢階級（歳）	1999（平成11年）	2005（平成17年）	2011（平成23年）	2016（平成28年）
15～24	10.4	7.2	8.5	17.6
25～34	21.5	21.6	17.8	32.4
35～44	31.5	26.6	24.3	42.6
45～54	43.4	42.2	33.2	49.5
55～64	50.0	49.8	47.0	53.7
65～74	45.5	48.9	46.5	57.5
75～	28.0	36.5	44.9	50.6

注　1．平成11年（1999年）と平成17年（2005年）以降では，1歯あたりの診査部位が異なる．
　　2．被調査者のうち対象歯をもたない者も含めた割合を算出した．

出典　厚生労働省「平成28年歯科疾患実態調査結果の概要」（厚生労働省ウェブサイトより）

図Ⅰ-1-21　4mm 以上の歯周ポケットを有する者の割合の年次推移

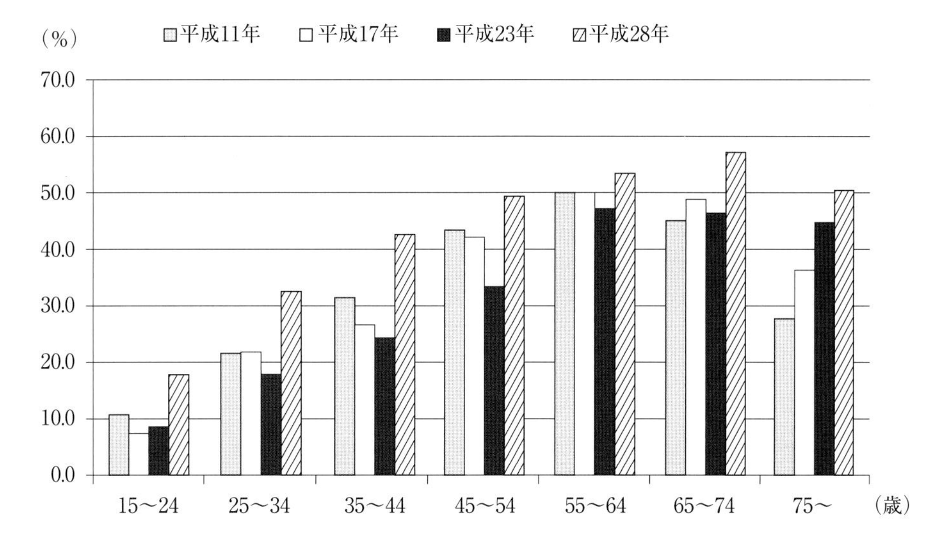

注　1．平成11年（1999年）と平成17年（2005年）以降では，1歯あたりの診査部位が異なる．
　　2．被調査者のうち対象歯をもたない者も含めた割合を算出した．

出典　厚生労働省「平成28年歯科疾患実態調査結果の概要」（厚生労働省ウェブサイトより）

表Ⅰ-1-22　歯肉出血を有する者の割合，年齢階級別

（%）

年齢階級（歳）	歯肉出血		
	なし	あり	対象歯のない者
10〜14	75.4	24.6	—
15〜19	69.4	30.6	—
20〜24	57.1	42.9	—
25〜29	62.8	37.2	—
30〜34	58.3	41.7	—
35〜39	56.8	43.2	—
40〜44	52.0	48.0	—
45〜49	55.9	44.1	—
50〜54	59.5	40.0	0.5
55〜59	59.3	39.1	1.6
60〜64	56.7	39.8	3.4
65〜69	51.7	43.7	4.6
70〜74	51.7	38.8	9.5
75〜79	46.2	39.3	14.5
80〜84	45.5	33.3	21.2
85〜	30.1	33.1	36.8

出典　厚生労働省「平成28年歯科疾患実態調査結果の概要」（厚生労働省ウェブサイトより）

図Ⅰ-1-22　歯肉出血を有する者の割合，年齢階級別

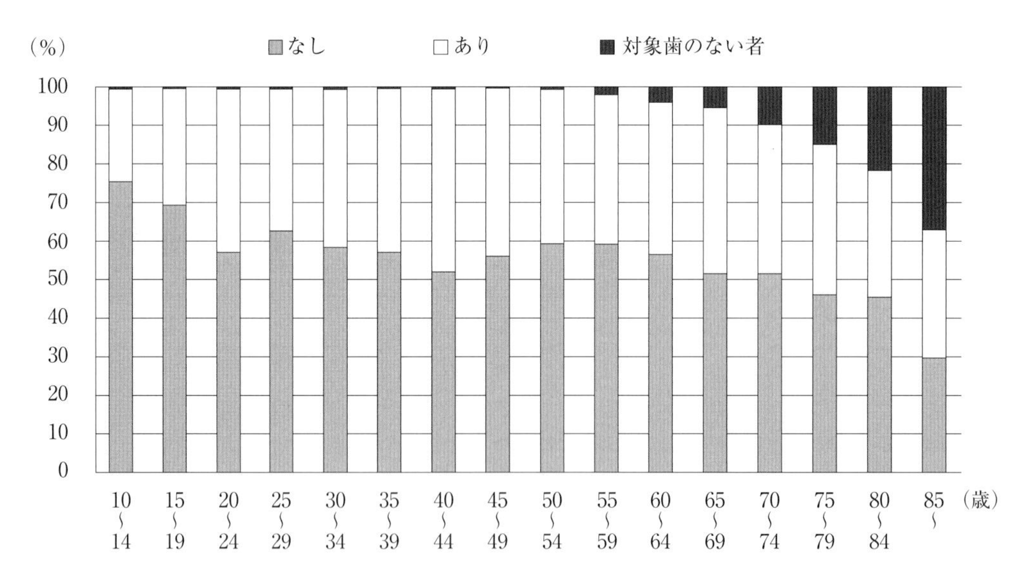

出典　厚生労働省「平成28年歯科疾患実態調査結果の概要」（厚生労働省ウェブサイトより）

表Ⅰ-1-23　歯列の状況（叢生），年齢階級別（12～20歳）

年齢階級（歳）	人数（人）				割合（%）			
	叢生なし	叢生あり			叢生なし	叢生あり		
		上顎のみ	下顎のみ	上下顎とも		上顎のみ	下顎のみ	上下顎とも
12～15	55	8	5	8	72.4	10.5	6.6	10.5
16～20	23	1	2	4	76.7	3.3	6.7	13.3
合計	78	9	7	12	73.6	8.5	6.6	11.3

出典　厚生労働省「平成28年歯科疾患実態調査結果の概要」（厚生労働省ウェブサイトより）

図Ⅰ-1-23　叢生の状況

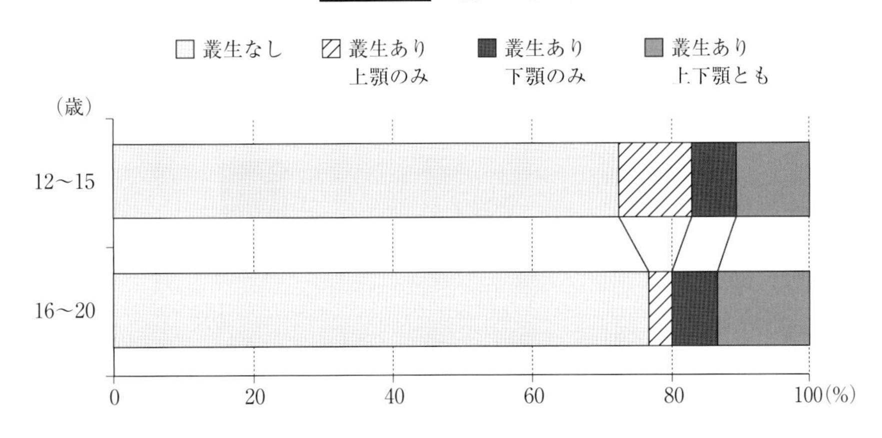

出典　厚生労働省「平成28年歯科疾患実態調査結果の概要」（厚生労働省ウェブサイトより）

表Ⅰ-1-24　歯列の状況（空隙），年齢階級別（12～20歳）

年齢階級（歳）	人数（人）				割合（%）			
	空隙なし	空隙あり			空隙なし	空隙あり		
		上顎のみ	下顎のみ	上下顎とも		上顎のみ	下顎のみ	上下顎とも
12～15	68	3	3	2	89.5	3.9	3.9	2.6
16～20	27	2	1	0	90.0	6.7	3.3	0.0
合計	95	5	4	2	89.6	4.7	3.8	1.9

出典　厚生労働省「平成28年歯科疾患実態調査結果の概要」（厚生労働省ウェブサイトより）

図Ⅰ-1-24　空隙の状況

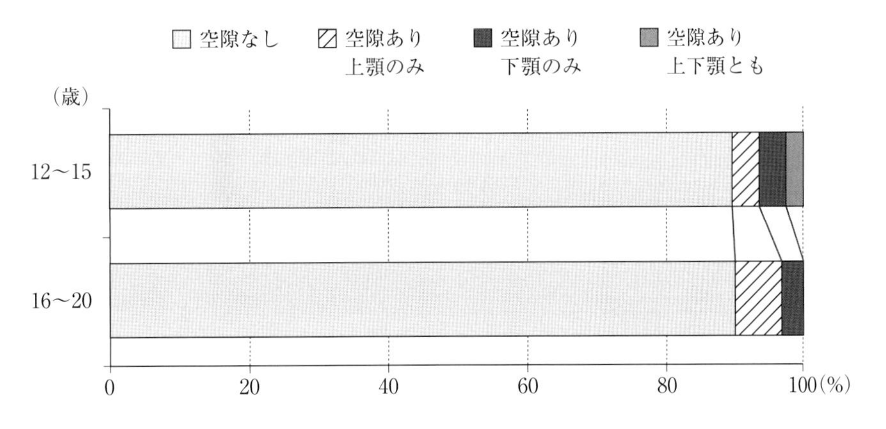

出典　厚生労働省「平成28年歯科疾患実態調査結果の概要」（厚生労働省ウェブサイトより）

表Ⅰ-1-25　咬合の状況（オーバージェット），年齢階級別（12～20歳）

年齢階級（歳）	オーバージェット（overjet）											
	人数（人）						割合（%）					
	−4 mm以下	−3～−1 mm	0 mm	1～3 mm	4～5 mm	6 mm以上	−4 mm以下	−3～−1 mm	0 mm	1～3 mm	4～5 mm	6 mm以上
12～15	0	1	2	43	23	7	0.0	1.3	2.6	56.6	30.3	9.2
16～20	1	0	2	15	13	0	3.2	0.0	6.5	48.4	41.9	0.0
合計	1	1	4	58	36	7	0.9	0.9	3.7	54.2	33.6	6.5

出典　厚生労働省「平成28年歯科疾患実態調査結果の概要」（厚生労働省ウェブサイトより）

図Ⅰ-1-25　オーバージェットの状況

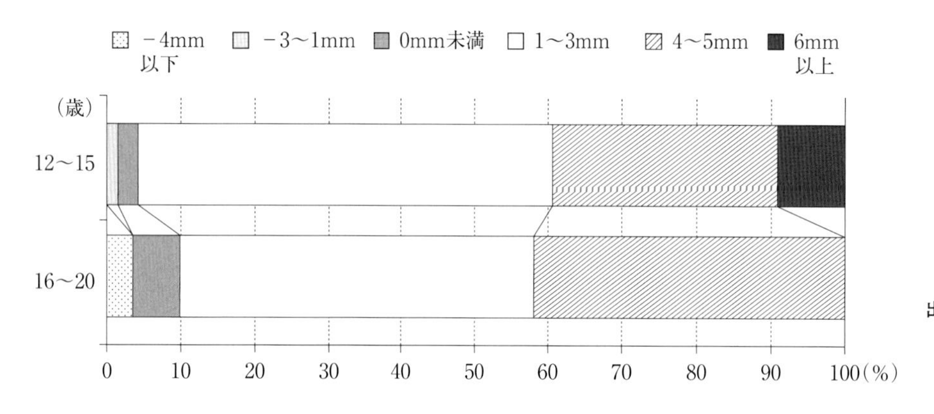

出典　厚生労働省「平成28年歯科疾患実態調査結果の概要」（厚生労働省ウェブサイトより）

表Ⅰ-1-26　咬合の状況（オーバーバイト），年齢階級別（12～20歳）

年齢階級（歳）	オーバーバイト（overbite）											
	人数（人）						割合（%）					
	−4 mm以下	−3～−1 mm	0 mm	1～3 mm	4～5 mm	6 mm以上	−4 mm以下	−3～−1 mm	0 mm	1～3 mm	4～5 mm	6 mm以上
12～15	1	1	7	45	21	2	1.3	1.3	9.1	58.4	27.3	0.0
16～20	0	0	3	20	9	0	0.0	0.0	9.4	62.5	28.1	0.0
合計	1	1	10	65	30	2	0.9	0.9	9.2	59.6	27.5	1.8

出典　厚生労働省「平成28年歯科疾患実態調査結果の概要」（厚生労働省ウェブサイトより）

図Ⅰ-1-26　オーバーバイトの状況

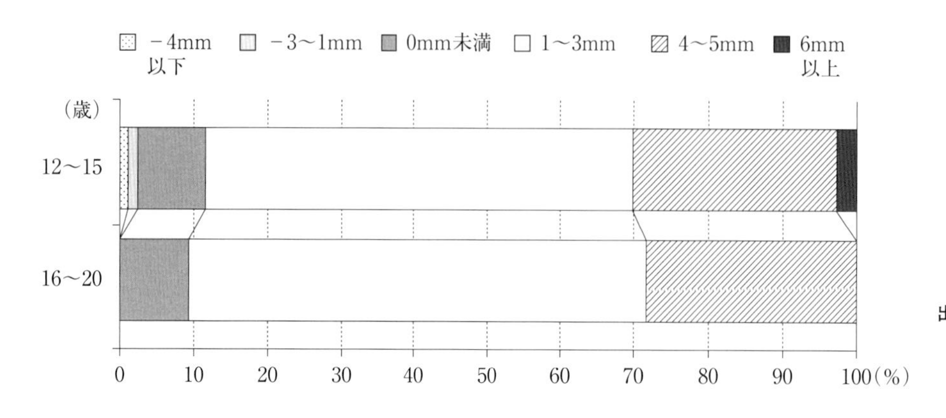

出典　厚生労働省「平成28年歯科疾患実態調査結果の概要」（厚生労働省ウェブサイトより）

表Ⅰ-1-27　正中のずれ，年齢階級別（12～20歳）

年齢階級（歳）	正中のずれ							
	人数（人）				割合（%）			
	0 mm	1 mm	2 mm	3 mm 以上	0 mm	1 mm	2 mm	3 mm 以上
12～15	36	11	18	12	46.8	14.3	23.4	15.6
16～20	12	8	11	1	37.5	25.0	34.4	3.1
合計	48	19	29	13	44.0	17.4	26.6	11.9

出典　厚生労働省「平成28年歯科疾患実態調査結果の概要」（厚生労働省ウェブサイトより）

図Ⅰ-1-27　正中のずれ

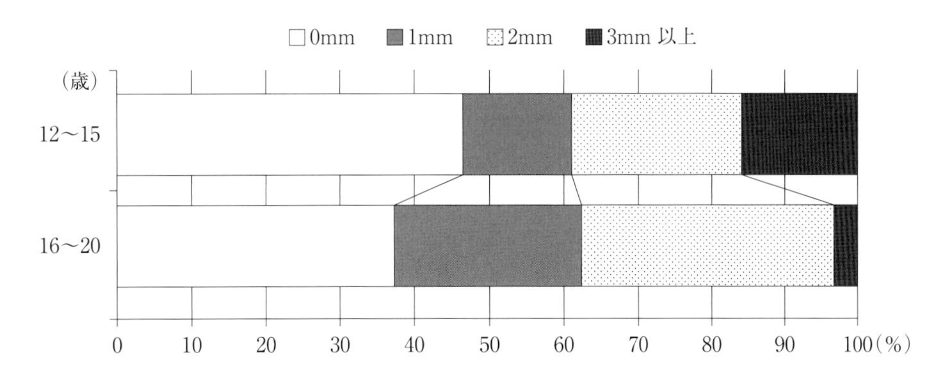

出典　厚生労働省「平成28年歯科疾患実態調査結果の概要」（厚生労働省ウェブサイトより）

表Ⅰ-1-28　フッ化物応用の経験の有無（1～14歳）

年齢（歳）	被調査者数[注1)]	人数（人）						割合（%）					
		フッ化物応用の経験がある者[注2)]				フッ化物応用の経験がない者	わからない	フッ化物応用の経験がある者[注2)]				フッ化物応用の経験がない者	わからない
		フッ化物塗布	フッ化物洗口	フッ化物配合歯磨剤の使用	その他			フッ化物塗布	フッ化物洗口	フッ化物配合歯磨剤の使用	その他		
総数	440	275	59	274	2	37	37	62.5	13.4	62.3	0.5	8.4	8.4
1	37	15	0	9	1	15	2	40.5	0.0	24.3	2.7	40.5	5.4
2	27	16	0	16	1	6	1	59.3	0.0	59.3	3.7	22.2	3.7
3	35	20	1	22	0	6	0	57.1	2.9	62.9	0.0	17.1	0.0
4	25	15	0	15	0	2	2	60.0	0.0	60.0	0.0	8.0	8.0
5	41	37	6	31	0	0	1	90.2	14.6	75.6	0.0	0.0	2.4
6	44	27	5	29	0	2	4	61.4	11.4	65.9	0.0	4.5	9.1
7	34	25	5	25	0	1	3	73.5	14.7	73.5	0.0	2.9	8.8
8	43	33	8	25	0	1	3	76.7	18.6	58.1	0.0	2.3	7.0
9	32	21	7	20	0	0	3	65.6	21.9	62.5	0.0	0.0	9.4
10	22	13	6	20	0	0	1	59.1	27.3	90.9	0.0	0.0	4.5
11	32	18	9	21	0	2	2	56.3	28.1	65.6	0.0	6.3	6.3
12	29	16	7	19	0	1	5	55.2	24.1	65.5	0.0	3.4	17.2
13	18	12	3	13	0	0	1	66.7	16.7	72.2	0.0	0.0	5.6
14	21	7	2	9	0	1	9	33.3	9.5	42.9	0.0	4.8	42.9

注　1）口腔診査受診者のみ
　　2）複数回答

出典　厚生労働省「平成28年歯科疾患実態調査結果の概要」より一部改変（厚生労働省ウェブサイトより）

図Ⅰ-1-28　各種フッ化物応用の経験がある者の割合

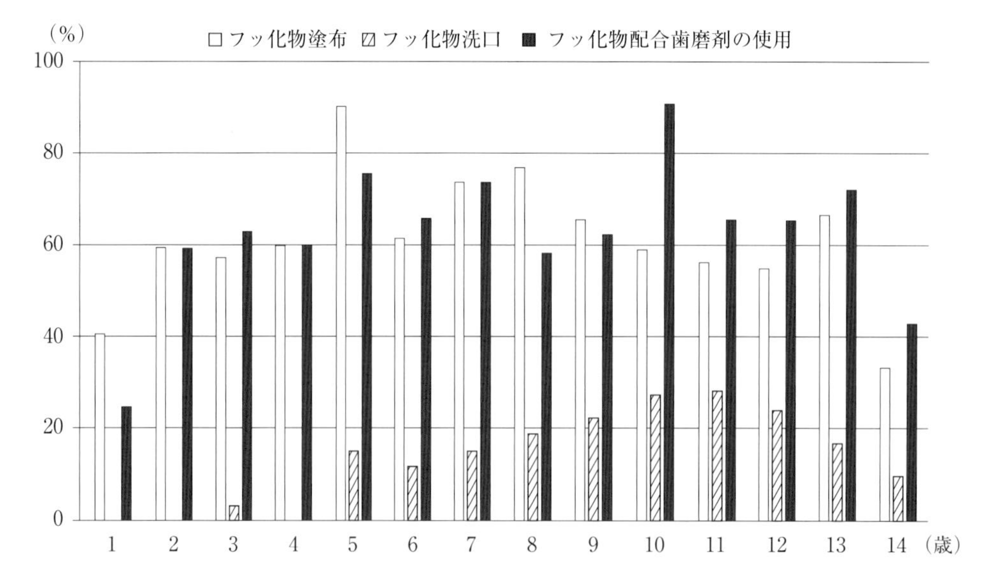

出典　厚生労働省「平成28年歯科疾患実態調査結果の概要」（厚生労働省ウェブサイトより）

表Ⅰ-1-29　フッ化物塗布経験者の割合の推移（昭和44年（1969年）～平成28年（2016年））

調査年次（年）	人数（人）				割合（%）	
	総　数	受けたことがある者	受けたことがない者注)	わからない注)	総　数	受けたことがある者
昭和44年（1969年）	5 542	334	4 744	464	100.0	6.0
昭和50年（1975年）	4 457	500	3 518	439	100.0	11.2
昭和56年（1981年）	3 999	891	2 687	421	100.0	22.3
昭和62年（1987年）	3 081	972	1 731	378	100.0	31.5
平成５年（1993年）	2 073	791	965	317	100.0	38.2
平成11年（1999年）	1 104	464	488	152	100.0	42.0
平成17年（2005年）	620	367	194	59	100.0	59.2
平成23年（2011年）	535	340	150	45	100.0	63.6
平成28年（2016年）	466	288	132	46	100.0	62.5

注） 平成28年（2016年）より設問の形式が変更された．

出典　厚生労働省「平成28年歯科疾患実態調査結果の概要」より一部改変（厚生労働省ウェブサイトより）

図Ⅰ-1-29　フッ化物塗布経験者の割合の推移

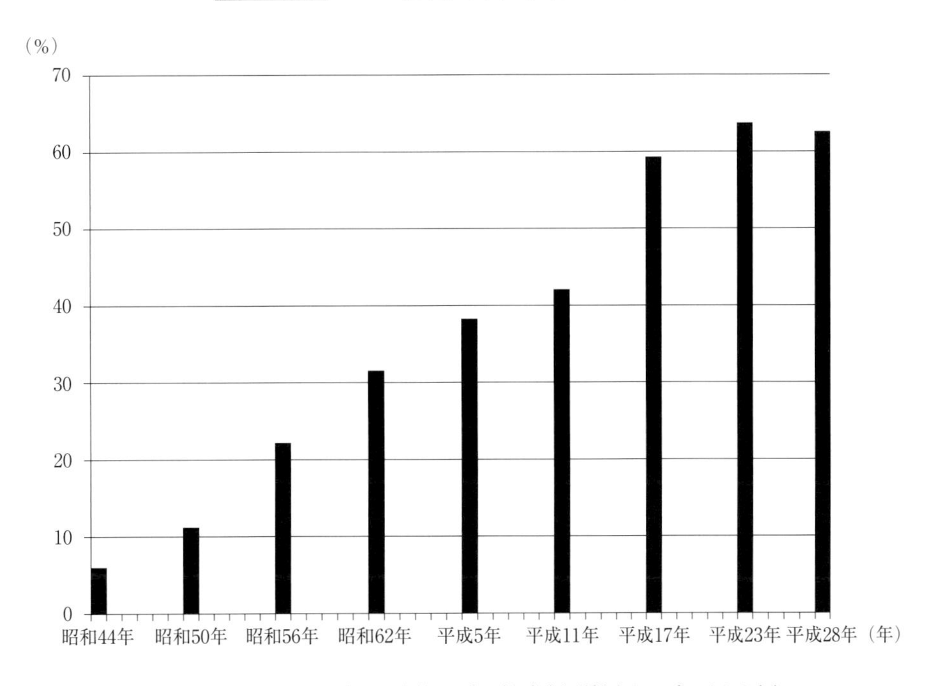

出典　厚生労働省「平成28年歯科疾患実態調査結果の概要」（厚生労働省ウェブサイトより）

表Ⅰ-1-30　歯ブラシの使用状況の推移（昭和44年（1969年）～平成28年（2016年）），総数（１歳以上）

調査年	みがかない者	ときどきみがく者	毎日みがく者					（再掲）毎日２回以上
			毎日（総数）	１回	２回	３回以上	回数不詳	
昭和44年（1969年）	8.1	11.8	79.7	62.8	15.1	1.8	—	16.9
昭和50年（1975年）	4.3	9.2	80.7	53.4	24.6	2.6	—	27.3
昭和56年（1981年）	2.4	7.1	90.5	46.4	36.6	7.5	—	44.1
昭和62年（1987年）	1.3	5.5	93.2	38.6	41.7	13.0	—	54.6
平成５年（1993年）	1.1	3.9	94.0	33.0	44.9	16.1	—	61.0
平成11年（1999年）	1.3	2.5	95.0	28.7	47.5	18.8	—	66.3
平成17年（2005年）	1.3	2.4	94.8	25.4	48.7	20.8	—	69.5
平成23年（2011年）	1.2	1.8	95.5	21.9	48.3	25.2	0	73.5
平成28年（2016年）	0.4	1.5	95.3	18.3	49.8	27.3	—	77.0

出典　厚生労働省「平成28年歯科疾患実態調査結果の概要」（厚生労働省ウェブサイトより）

図Ⅰ-1-30　歯ブラシの使用状況の推移（昭和44年（1969年）～平成28年（2016年）），総数（１歳以上）

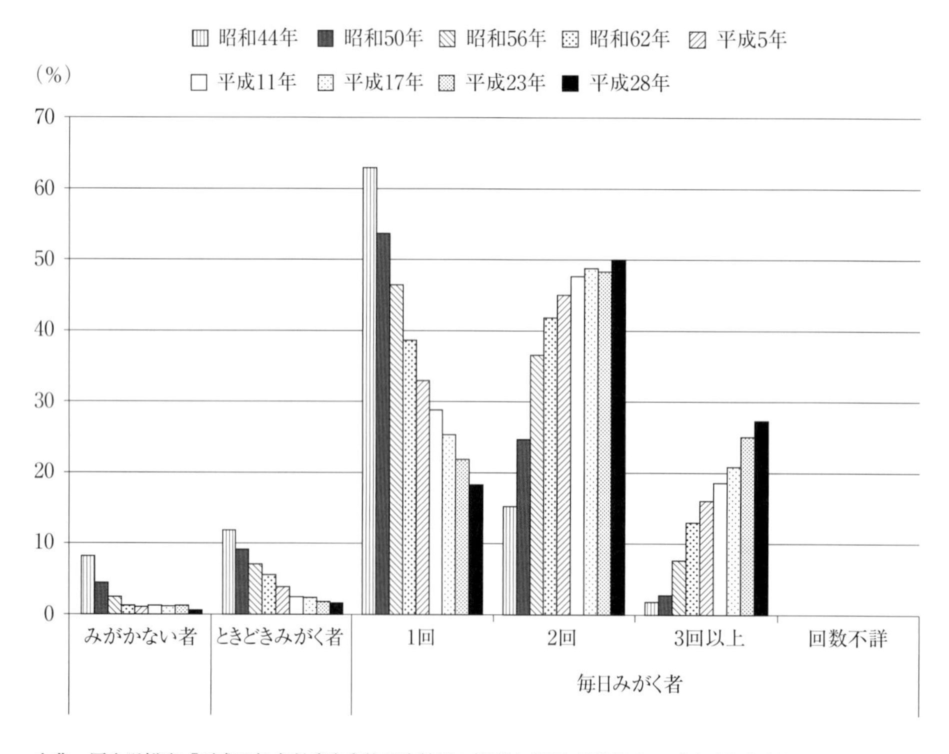

出典　厚生労働省「平成28年歯科疾患実態調査結果の概要」（厚生労働省ウェブサイトより）

表Ⅰ-1-31　顎関節の雑音を自覚する者の割合，性・年齢階級別

（%）

年齢階級（歳）	男	女
6～9	3.8	1.4
10～14	3.1	6.9
15～19	5.3	12.5
20～24	23.5	41.7
25～29	27.0	26.5
30～34	15.9	35.8
35～39	16.7	29.0
40～44	25.8	25.5
45～49	18.2	31.2
50～54	18.5	14.3
55～59	14.0	19.5
60～64	5.8	16.4
65～69	9.4	15.9
70～74	10.3	10.2
75～79	9.0	9.8
80～84	5.1	8.8
85～	6.3	11.1

※　口を大きく開け閉めした時，あごの音がするかという質問に「はい」と答えた者の割合．

出典　厚生労働省「平成28年歯科疾患実態調査結果の概要」（厚生労働省ウェブサイトより）

図Ⅰ-1-31　顎関節の雑音を自覚する者の割合，性・年齢階級別

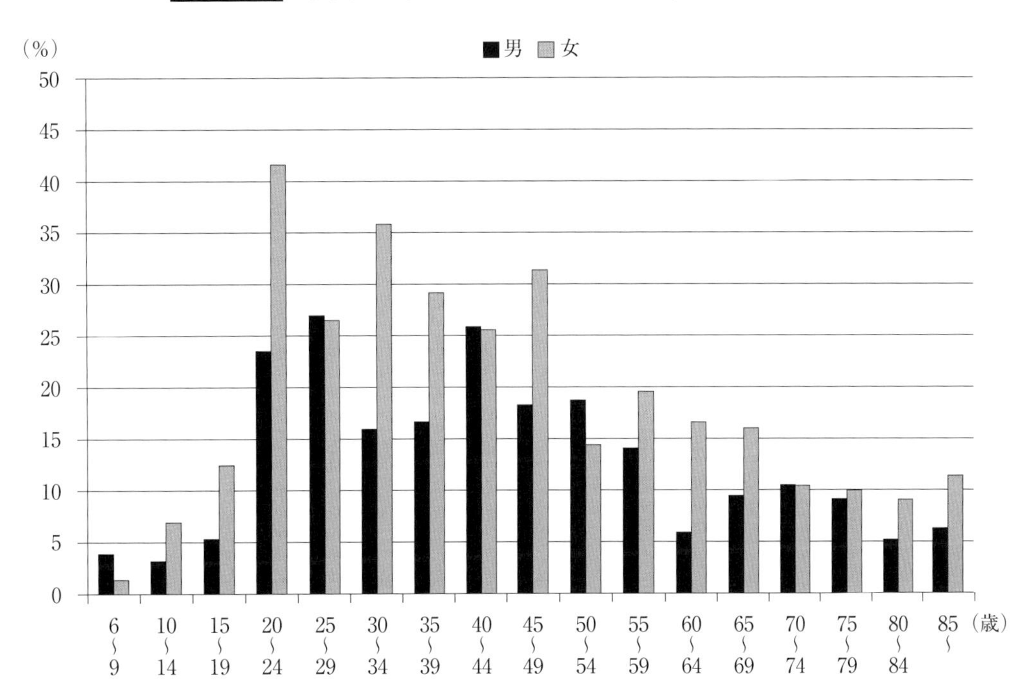

※　口を大きく開け閉めした時，あごの音がするかという質問に「はい」と答えた者の割合．

出典　厚生労働省「平成28年歯科疾患実態調査結果の概要」（厚生労働省ウェブサイトより）

表Ⅰ-1-32 顎関節に痛みを自覚する者の割合，
性・年齢階級別

（%）

年齢階級（歳）	男	女
6～9	2.5	0.0
10～14	1.6	0.0
15～19	5.3	0.0
20～24	2.9	13.9
25～29	5.4	6.1
30～34	2.3	6.3
35～39	1.5	9.7
40～44	6.2	5.7
45～49	1.3	8.0
50～54	3.7	5.0
55～59	4.0	5.2
60～64	1.4	1.9
65～69	2.9	1.2
70～74	1.6	3.1
75～79	1.9	0.6
80～84	1.0	1.6
85～	1.6	6.9

※ 口を大きく開け閉めした時，あごの痛みがあるかという質問に「はい」と答えた者の割合．

出典 厚生労働省「平成28年歯科疾患実態調査結果の概要」（厚生労働省ウェブサイトより）

図Ⅰ-1-32 顎関節に痛みを自覚する者の割合，性・年齢階級別

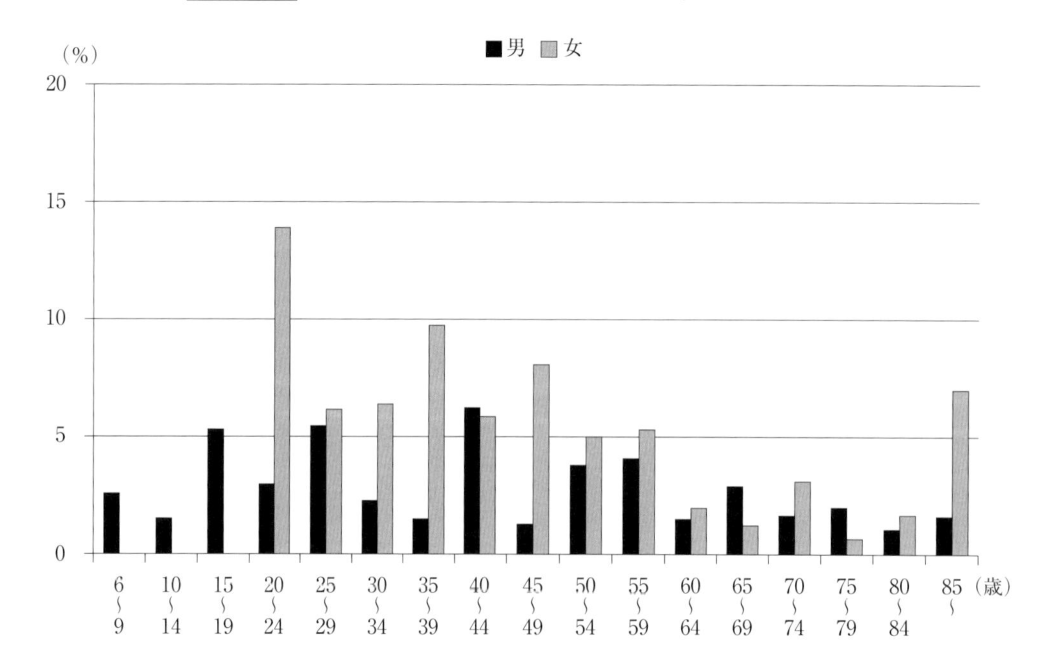

※ 口を大きく開け閉めした時，あごの痛みがあるかという質問に「はい」と答えた者の割合．

出典 厚生労働省「平成28年歯科疾患実態調査結果の概要」（厚生労働省ウェブサイトより）

表Ⅰ-1-33　歯や口の状態，年齢階級別

（%）

年齢階級	被調査者数	歯や口の状態について気になるところ									
		ない	ある[注1)]								
			総数[注2)]	歯が痛い，しみる	歯ぐきが痛い，はれている，出血がある	噛めないものがある	飲み込みにくい	味が分かりにくい	口がかわく	口臭がある	その他
総数 Total	6 216	59.0	41.0	12.2	11.3	7.0	1.3	1.1	8.5	9.6	8.2
1～4	200	88.0	12.0	0.5	1.0	—	—	—	—	3.0	8.0
5～14	555	83.8	16.2	4.0	2.5	0.4	—	—	0.7	2.5	7.9
15～24	390	75.9	24.1	13.6	4.6	—	—	—	0.8	3.3	6.2
25～34	448	56.3	43.8	20.1	13.8	0.7	—	0.2	4.9	6.3	9.8
35～44	788	56.1	43.9	17.9	13.3	1.6	1.4	0.5	8.0	10.9	7.9
45～54	758	58.2	41.8	17.9	13.9	2.4	0.7	0.3	6.7	9.5	6.9
55～64	920	48.3	51.7	15.7	17.3	8.5	1.3	1.0	10.2	14.7	9.1
65～74	1 207	54.8	45.2	9.8	10.4	12.5	1.7	2.0	10.9	13.0	7.5
75～84	732	52.3	47.7	5.9	12.6	16.3	2.9	2.9	16.9	9.6	9.4
85～	218	49.1	50.9	4.6	9.6	23.9	5.5	3.7	17.4	7.8	11.0

注　1）複数回答可
　　2）いずれか1つでもある者

出典　厚生労働省「平成28年歯科疾患実態調査結果の概要」（厚生労働省ウェブサイトより）

図Ⅰ-1-33　歯や口の状態，年齢階級別

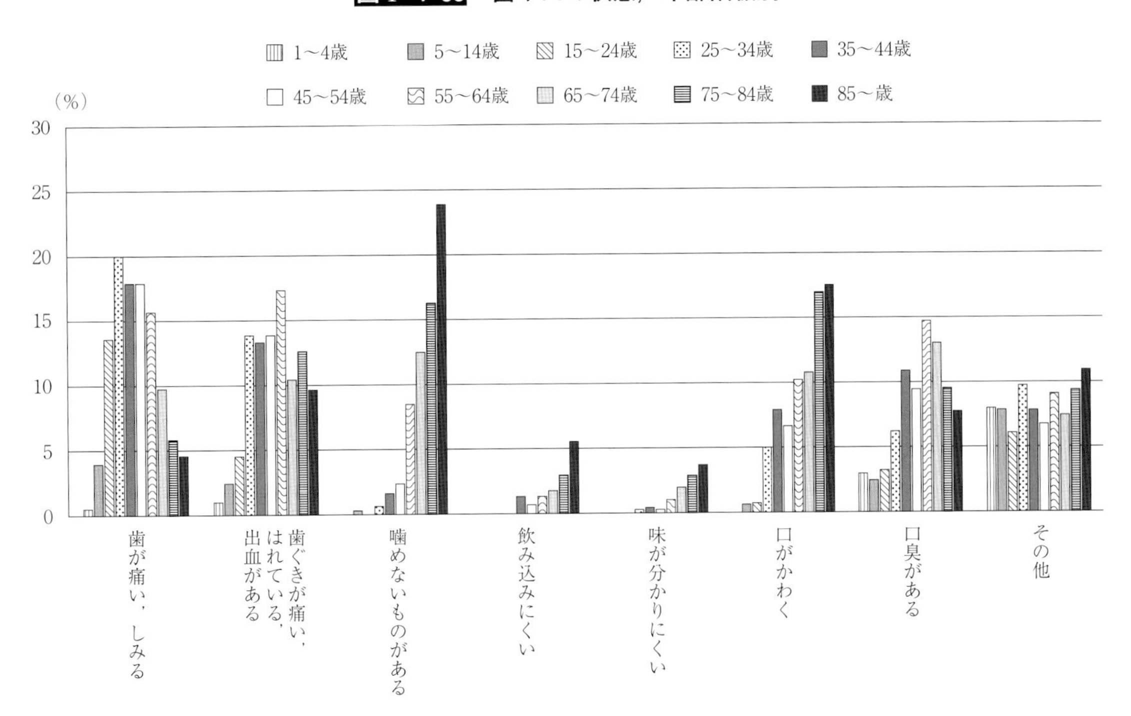

出典　厚生労働省「平成28年歯科疾患実態調査結果の概要」（厚生労働省ウェブサイトより）

表Ⅰ-1-34　歯や口の清掃状況，性・年齢階級別

（%）

	年齢階級	被調査者数（人）	歯ブラシを用いた歯みがきに加えておこなう歯や口の清掃				
			おこなっている[注1)]				おこなっていない
			総数[注2)]	デンタルフロスや歯間ブラシを使った，歯と歯の間の清掃	舌の清掃	その他	
男	総数	2 868	53.7	30.6	16.6	6.5	53.2
	1～4	100	20.0	11.0	6.0	3.0	83.0
	5～9	158	29.1	18.4	8.9	1.9	70.9
	10～14	127	25.2	15.0	7.9	2.4	76.4
	15～19	96	26.0	12.5	9.4	4.2	77.1
	20～24	90	37.8	17.8	16.7	3.3	68.9
	25～29	87	60.9	25.3	29.9	5.7	51.7
	30～34	114	57.9	25.4	25.4	7.0	51.8
	35～39	155	60.6	31.0	23.9	5.8	48.4
	40～44	185	63.8	34.6	25.9	3.2	50.8
	45～49	161	60.2	34.8	20.5	5.0	49.7
	50～54	178	61.6	29.2	18.0	7.3	51.7
	55～59	184	57.6	37.0	14.1	6.5	48.4
	60～64	224	60.7	38.8	13.4	8.5	47.3
	65～69	337	65.3	41.2	15.4	8.6	43.0
	70～74	240	69.2	37.9	19.2	12.1	38.3
	75～79	206	58.3	36.4	14.6	7.3	50.5
	80～84	135	57.8	31.1	18.5	8.1	45.9
	85～	91	36.3	20.9	8.8	6.6	61.5
女	総数	3 410	74.5	46.3	22.3	5.9	39.2
	1～4	101	28.7	19.8	6.9	2.0	71.3
	5～9	153	31.4	23.5	5.2	2.6	67.3
	10～14	123	26.0	17.1	7.3	1.6	74.8
	15～19	110	37.3	16.4	19.1	1.8	64.5
	20～24	96	53.1	22.9	24.0	6.3	59.4
	25～29	85	77.6	36.5	36.5	4.7	42.4
	30～34	164	75.0	39.6	31.1	4.3	36.0
	35～39	191	80.6	48.7	28.3	3.7	33.0
	40～44	263	88.6	54.0	30.0	4.6	30.8
	45～49	215	85.1	54.0	24.2	7.0	32.6
	50～54	212	81.1	54.7	21.7	4.7	32.1
	55～59	240	93.3	63.3	22.1	7.9	24.6
	60～64	276	85.1	60.9	19.6	4.7	30.8
	65～69	373	92.2	57.4	25.2	9.7	28.4
	70～74	269	86.6	54.3	24.5	7.8	34.6
	75～79	242	84.7	52.5	25.6	6.6	30.2
	80～84	165	63.0	37.0	18.8	7.3	44.8
	85～	132	49.2	23.5	15.9	9.8	56.8

注　1）複数回答可
　　2）いずれか1つでもある者

出典　厚生労働省「平成28年歯科疾患実態調査結果の概要」（厚生労働省ウェブサイトより）

図Ⅰ-1-34　デンタルフロスや歯間ブラシを使った，歯と歯の間の清掃を行っている者の割合，性・年齢階級別

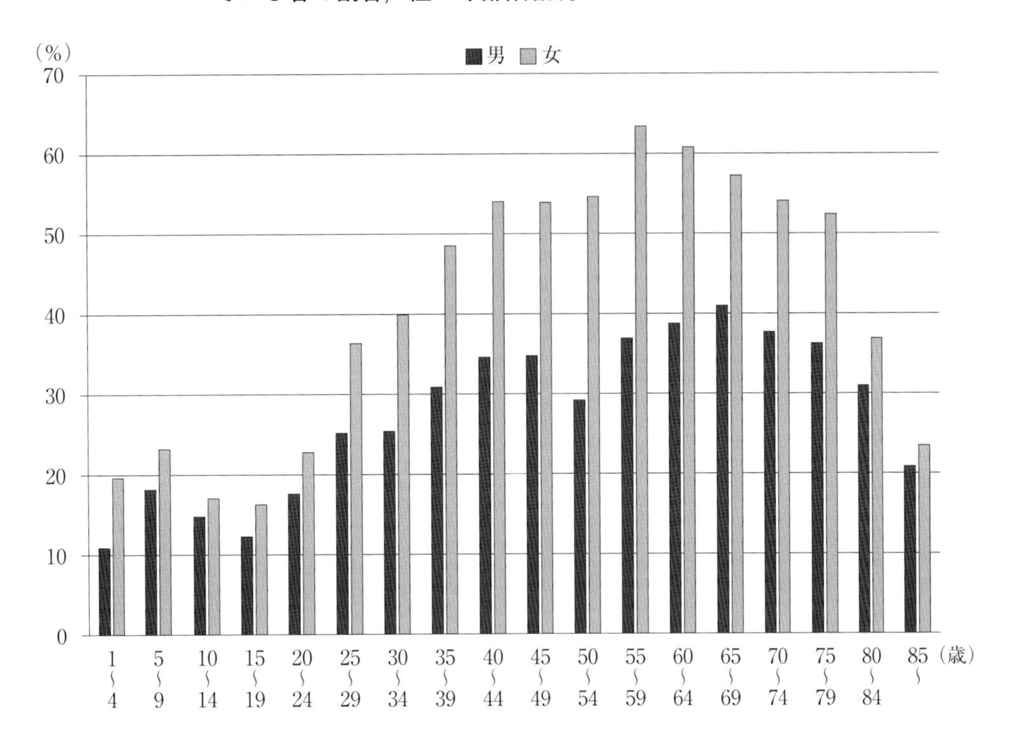

出典　厚生労働省「平成28年歯科疾患実態調査結果の概要」(厚生労働省ウェブサイトより)

図Ⅰ-1-35　舌の清掃を行っている者の割合，性・年齢階級別

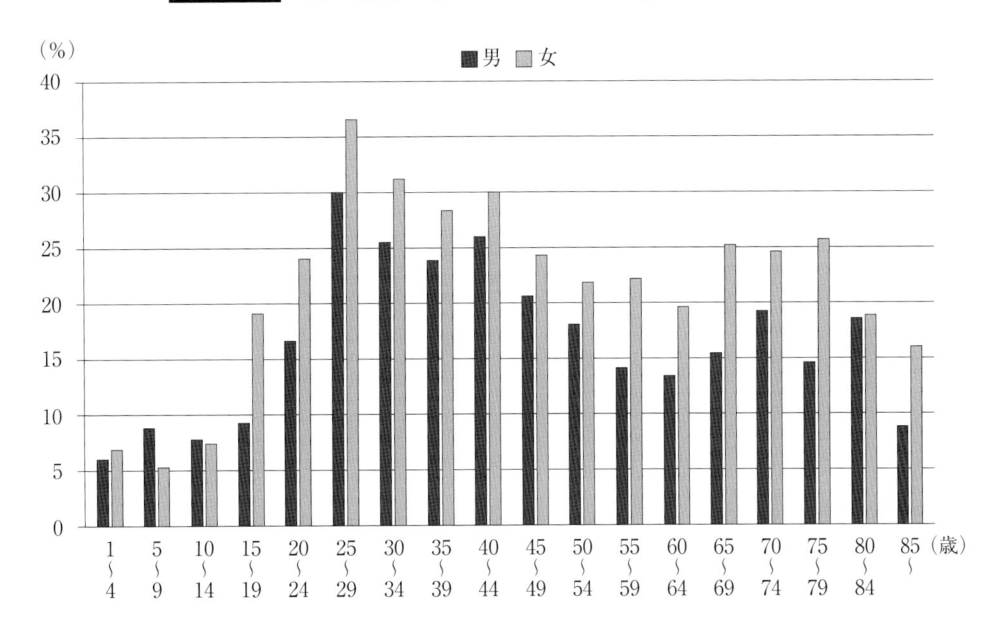

出典　厚生労働省「平成28年歯科疾患実態調査結果の概要」(厚生労働省ウェブサイトより)

表Ⅰ-1-35　年齢階級別にみた施設の種類別推計患者数

（単位：千人）　　（平成29年10月）

性 年齢階級	入院			外来			
	総数	病院	一般診療所	総数	病院	一般診療所	歯科診療所
総数	1 312.6	1 272.6	39.9	7 191.0	1 630.0	4 213.3	1 347.7
男	599.4	588.0	11.4	3 053.7	761.4	1 733.4	558.9
女	713.2	684.7	28.5	4 137.3	868.7	2 479.9	788.7
0歳	11.2	10.6	0.6	70.1	14.0	56.0	0.1
1～4	6.7	6.7	0.0	257.2	32.3	210.1	14.7
5～9	4.5	4.5	0.0	229.8	25.5	152.5	51.8
10～14	5.1	5.0	0.1	150.2	19.8	103.8	26.6
15～19	6.8	6.7	0.1	115.3	19.1	75.3	20.9
20～24	9.8	9.0	0.8	131.3	24.3	76.3	30.8
25～29	14.8	12.7	2.0	173.1	32.8	98.4	41.9
30～34	20.7	18.3	2.4	220.7	43.3	129.2	48.2
35～39	23.3	21.7	1.6	252.5	51.9	144.4	56.2
40～44	29.4	28.5	0.9	317.4	66.3	174.1	77.0
45～49	37.7	36.9	0.7	357.7	79.7	189.1	88.9
50～54	45.0	44.4	0.6	365.5	85.7	195.9	83.9
55～59	57.5	56.5	1.0	397.3	96.6	211.0	89.7
60～64	77.8	76.6	1.2	490.0	124.2	262.7	103.1
65～69	129.5	127.2	2.3	776.2	197.6	422.7	155.8
70～74	132.7	130.3	2.4	788.4	195.7	444.6	148.2
75～79	165.0	161.1	3.9	816.8	205.9	476.2	134.8
80～84	192.3	186.8	5.5	664.3	166.6	402.8	95.0
85～89	180.9	174.5	6.4	394.2	98.8	245.3	50.1
90歳以上	160.6	153.4	7.2	204.9	48.5	131.2	25.2
不詳	1.4	1.2	0.2	18.1	1.4	11.8	4.8
（再掲）							
65歳以上	960.9	933.3	27.6	3 644.8	913.1	2 122.7	609.0
75歳以上	698.8	675.8	22.9	2 080.3	519.8	1 255.3	305.1

出典　厚生労働省「平成29年患者調査（結果の概要）」（厚生労働省ウェブサイトより）

表Ⅰ-1-36　傷病分類別にみた施設の種類別推計患者数

(単位：千人)　(平成29年10月)

傷病分類		入院			外来			
		総数	病院	一般診療所	総数	病院	一般診療所	歯科診療所
総数		1 312.6	1 272.6	39.9	7 191.0	1 630.0	4 213.3	1 347.7
Ⅰ 感染症及び寄生虫症		19.8	19.5	0.3	169.8	35.9	133.9	・
結核	(再掲)	2.8	2.8	0.0	1.5	1.3	0.2	・
ウイルス性肝炎	(再掲)	0.9	0.8	0.1	18.0	10.6	7.4	・
Ⅱ 新生物〈腫瘍〉		142.2	140.6	1.5	249.5	200.2	49.2	・
悪性新生物〈腫瘍〉	(再掲)	126.1	124.9	1.3	183.6	157.1	26.5	・
胃の悪性新生物〈腫瘍〉	(再掲)	12.5	12.3	0.2	19.9	15.8	4.1	・
結腸及び直腸の悪性新生物〈腫瘍〉	(再掲)	18.7	18.4	0.3	29.7	24.6	5.1	・
肝及び肝内胆管の悪性新生物〈腫瘍〉	(再掲)	5.9	5.9	0.0	5.5	4.5	1.0	・
気管，気管支及び肺の悪性新生物〈腫瘍〉	(再掲)	17.8	17.6	0.2	17.1	15.2	1.9	・
乳房の悪性新生物〈腫瘍〉	(再掲)	5.7	5.6	0.1	27.7	24.6	3.0	・
Ⅲ 血液及び造血器の疾患並びに免疫機構の障害		5.9	5.7	0.1	21.1	10.8	10.3	・
Ⅳ 内分泌，栄養及び代謝疾患		33.0	31.6	1.4	442.9	120.8	322.1	・
糖尿病	(再掲)	18.9	18.0	0.9	224.0	75.9	148.1	・
脂質異常症	(再掲)	0.2	0.2	0.0	148.0	21.0	127.0	・
Ⅴ 精神及び行動の障害		252.0	250.4	1.6	260.9	108.1	152.8	・
血管性及び詳細不明の認知症	(再掲)	27.8	27.4	0.4	11.7	3.5	8.1	・
統合失調症，統合失調症型障害及び妄想性障害	(再掲)	153.5	153.3	0.2	62.7	39.9	22.8	・
気分［感情］障害（躁うつ病を含む）	(再掲)	29.9	29.2	0.7	89.6	27.2	62.4	・
Ⅵ 神経系の疾患		126.2	124.3	1.9	164.9	67.6	97.3	・
アルツハイマー病	(再掲)	49.3	48.5	0.8	46.7	15.9	30.7	・
Ⅶ 眼及び付属器の疾患		11.7	10.6	1.1	358.5	61.5	297.0	・
Ⅷ 耳及び乳様突起の疾患		2.6	2.5	0.1	99.2	14.4	84.8	・
Ⅸ 循環器系の疾患		228.6	222.4	6.3	888.9	221.3	667.6	・
高血圧性疾患	(再掲)	5.6	4.5	1.1	646.9	99.2	547.7	・
心疾患（高血圧性のものを除く）	(再掲)	64.0	62.4	1.5	134.2	67.5	66.7	・
脳血管疾患	(再掲)	146.0	142.5	3.5	85.9	41.2	44.7	・
Ⅹ 呼吸器系の疾患		95.9	93.3	2.6	629.9	81.1	548.7	・
肺炎	(再掲)	35.6	34.4	1.3	7.8	3.5	4.2	・
慢性閉塞性肺疾患	(再掲)	8.2	7.9	0.3	17.6	6.9	10.6	・
喘息	(再掲)	3.5	3.3	0.2	121.1	20.2	100.9	・
Ⅺ 消化器系の疾患		66.1	64.2	1.9	1 293.2	130.8	151.1	1 011.3
う蝕	(再掲)	0.0	0.0	—	277.1	3.4	0.9	272.9
歯肉炎及び歯周疾患	(再掲)	0.1	0.1	—	469.1	12.5	2.3	454.4
肝疾患	(再掲)	7.4	7.1	0.3	26.9	12.8	14.1	・
Ⅻ 皮膚及び皮下組織の疾患		11.7	11.3	0.4	303.5	44.7	258.8	・
XIII 筋骨格系及び結合組織の疾患		71.3	67.3	4.0	877.2	183.4	693.8	・
XIV 腎尿路生殖器系の疾患		50.3	47.5	2.8	321.5	115.9	205.6	・
慢性腎臓病	(再掲)	24.0	22.0	1.9	143.3	51.2	92.1	・
XV 妊娠，分娩及び産じょく		18.3	13.0	5.2	15.1	7.3	7.8	・
XVI 周産期に発生した病態		7.0	6.7	0.3	3.0	2.6	0.5	・
XVII 先天奇形，変形及び染色体異常		5.7	5.7	0.0	14.1	10.3	3.8	・
XVIII 症状，徴候及び異常臨床所見・異常検査所見で他に分類されないもの		14.4	13.7	0.7	78.9	37.0	41.9	・
XIX 損傷，中毒及びその他の外因の影響		137.7	131.0	6.7	299.0	92.0	203.2	3.8
骨折	(再掲)	97.4	92.0	5.5	98.6	39.0	59.6	・
XXI 健康状態に影響を及ぼす要因及び保健サービスの利用		12.1	11.2	1.0	700.1	84.4	283.1	332.6

出典　厚生労働省「平成29年患者調査（結果の概要）」（厚生労働省ウェブサイトより）

表Ⅰ-1-37　年齢階級別にみた在宅医療を受けた推計患者数

（単位：千人）　　　　　　　　　　　　　　　　　　　　　　　　　　　　　　　　　　　　（平成29年10月）

年齢階級	推計外来患者数総数	（総数）				（病院）				（一般診療所）				（歯科診療所）		
		在宅医療	往診	訪問診療	医師・歯科医師以外の訪問	在宅医療	往診	訪問診療	医師・歯科医師以外の訪問	在宅医療	往診	訪問診療	医師以外の訪問	在宅医療	訪問診療	歯科医師以外の訪問
総　数	7 191.0	180.1	44.3	116.3	19.6	20.3	7.6	9.8	3.0	105.2	36.7	64.7	3.7	54.6	41.7	12.9
0～14歳	707.2	0.3	0.1	0.1	0.0	0.1	0.0	0.1	0.0	0.1	0.1	0.0	0.0	0.0	0.0	—
15 ～ 34	640.4	1.8	1.1	0.5	0.3	0.9	0.6	0.2	0.2	0.7	0.4	0.2	0.1	0.1	0.1	—
35 ～ 64	2 180.5	11.3	3.9	5.5	1.9	4.0	2.1	0.6	1.3	5.0	1.8	2.7	0.5	2.3	2.3	0.1
65歳以上	3 644.8	166.0	39.1	109.6	17.3	15.2	4.7	9.0	1.5	99.0	34.4	61.6	3.0	51.8	39.0	12.8
（再　掲）																
75歳以上	2 080.3	148.9	34.5	98.3	16.1	13.0	3.9	8.2	1.0	88.0	30.6	54.7	2.6	47.9	35.4	12.5

注　1．総数には，年齢不詳を含む．
2．「往診」とは，患家（介護老人保健施設等を含む．以下同じ．）の求めに応じて患家に赴いて診療するものをいう．
3．「訪問診療」とは，医科においては，居宅において療養を行っている患者であって，通院が困難な者に対して，その同意を得て計画的な医学管理の下に，定期的に医師が訪問して診療を行うものをいい，歯科においては，歯科医師が患家に赴いて診療を行うものをいう．
4．「医師・歯科医師以外の訪問」「医師以外の訪問」及び「歯科医師以外の訪問」とは，居宅において療養を行っている患者であって，通院が困難な者に対して，その同意を得て計画的な医学管理の下に，定期的に当該職種以外の者が訪問して実施されるものをいう．

出典　厚生労働省「平成29年患者調査（結果の概要）」（厚生労働省ウェブサイトより）

表Ⅰ-1-38　主要な傷病の総患者数

（単位：千人）　　　　　　　　　　　　　　　　　　　　　　　　　　　　　　　　　　　　（平成29年10月）

主な傷病	総　数	男	女
結　　核	18	8	10
ウイルス性肝炎	156	75	81
悪性新生物〈腫瘍〉	1 782	970	812
胃の悪性新生物〈腫瘍〉	196	135	61
結腸及び直腸の悪性新生物〈腫瘍〉	288	164	124
肝及び肝内胆管の悪性新生物〈腫瘍〉	56	38	19
気管，気管支及び肺の悪性新生物〈腫瘍〉	169	102	67
乳房の悪性新生物〈腫瘍〉	232	3	229
糖　尿　病	3 289	1 848	1 442
脂質異常症	2 205	639	1 565
血管性及び詳細不明の認知症	142	49	93
統合失調症，統合失調症型障害及び妄想性障害	792	379	414
気分［感情］障害（躁うつ病を含む）	1 276	495	781
アルツハイマー病	562	150	412
高血圧性疾患	9 937	4 313	5 643
心疾患（高血圧性のものを除く）	1 732	963	775
脳血管疾患	1 115	556	558
慢性閉塞性肺疾患	220	154	66
喘　　息	1 117	509	607
う　　蝕	1 907	832	1 075
歯肉炎及び歯周疾患	3 983	1 621	2 363
肝　疾　患	249	127	123
慢性腎臓病	393	242	151
骨　　折	677	249	428

注　総患者数は表章単位ごとの平均診療間隔を用いて算出するため，男と女の合計が総数に合わない場合がある．

出典　厚生労働省「平成29年患者調査（結果の概要）」（厚生労働省ウェブサイトより）

Ⅰ. 口 腔 保 健

第２章　歯科保健行動

表Ⅰ-2-1　歯科検診の受診状況―この１年間における歯科検診の受診状況，年齢階級別，人数，割合―全国補正値，総数・男性・女性，20歳以上

区分	回答	総数 人数	総数 %	20～29歳 人数	20～29歳 %	30～39歳 人数	30～39歳 %	40～49歳 人数	40～49歳 %	50～59歳 人数	50～59歳 %	60～69歳 人数	60～69歳 %	70歳以上 人数	70歳以上 %
総数	総数	25 514	100.0	1 851	100.0	3 038	100.0	4 107	100.0	3 810	100.0	5 660	100.0	7 048	100.0
	受けた	13 104	52.9	774	43.3	1 342	44.6	2 020	49.4	1 918	52.4	3 185	58.1	3 865	57.9
	受けていない	12 410	47.1	1 077	56.7	1 696	55.4	2 087	50.6	1 892	47.6	2 475	41.9	3 183	42.1
男性	総数	11 764	100.0	888	100.0	1 456	100.0	1 931	100.0	1 767	100.0	2 666	100.0	3 056	100.0
	受けた	5 603	48.7	321	37.8	537	36.6	842	44.0	820	48.4	1 383	53.9	1 700	57.3
	受けていない	6 161	51.3	567	62.2	919	63.4	1 089	56.0	947	51.6	1 283	46.1	1 356	42.7
女性	総数	13 750	100.0	963	100.0	1 582	100.0	2 176	100.0	2 043	100.0	2 994	100.0	3 992	100.0
	受けた	7 501	56.5	453	48.3	805	51.8	1 178	54.0	1 098	55.9	1 802	62.0	2 165	58.4
	受けていない	6 249	43.5	510	51.7	777	48.2	998	46.0	945	44.1	1 192	38.0	1 827	41.6

問：あなたはこの１年間に，歯科健康診査を受けましたか．あてはまる番号を１つ選んで○印をつけてください．

注　割合は全国補正値であり，単なる人数比とは異なる．

（参考表）　歯科検診の受診状況の年次比較―年齢階級，人数，割合―男女計，20歳以上

	21年 人数	21年 %	24年 人数	24年 %	28年 人数	28年 %	P値
総数	2 732	34.1	13 922	47.8	13 104	52.9	<0.01
年齢調整値	—	33.8	—	47.0	—	51.5	<0.01
20～29歳	216	29.4	969	37.7	774	43.3	<0.01
30～39歳	380	32.2	1 758	42.7	1 342	44.6	0.28
40～49歳	410	32.2	1 874	43.5	2 020	49.4	<0.01
50～59歳	486	35.9	2 161	48.0	1 918	52.4	0.01
60～69歳	666	41.4	3 353	55.3	3 185	58.1	0.04
70歳以上	574	31.0	3 807	51.4	3 865	57.9	<0.01

注　平成24年，28年は抽出率を考慮した全国補正値である．

出典　厚生労働省「平成28年国民健康・栄養調査報告」（政府統計の総合窓口 e-Stat より）

図Ⅰ-2-1　過去１年間に歯科検診を受けた者の割合の年次変化（20歳以上，男女計・年齢階級別）（平成21年，24年，28年）

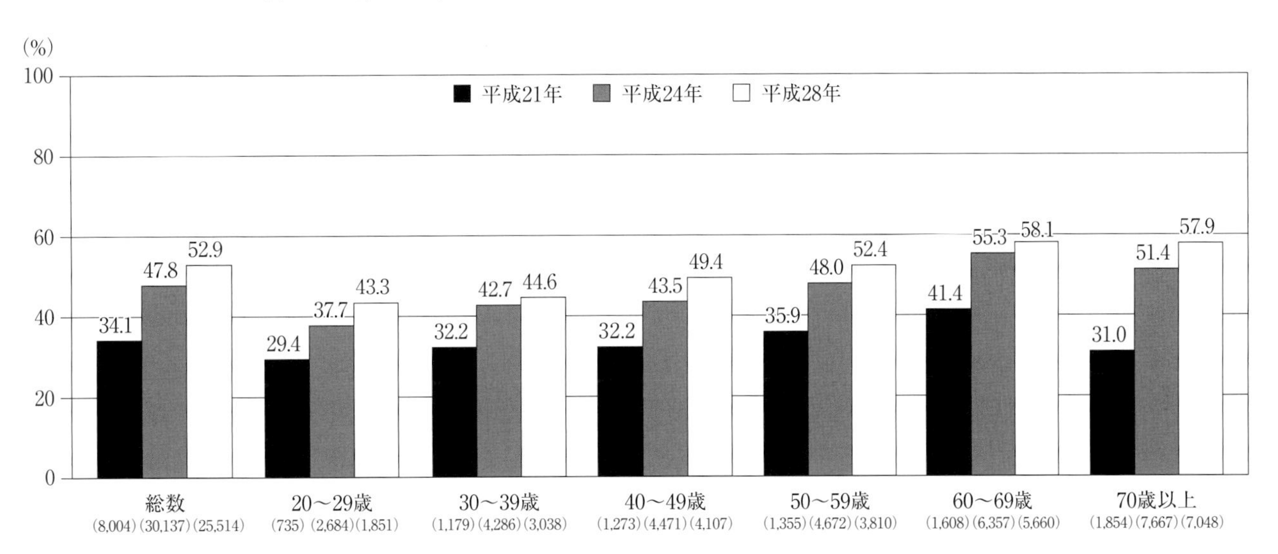

※年齢調整した，歯科検診を受診した者の割合（総数）は，平成21年で33.8％，平成24年で47.0％，平成28年で51.5％であり，平成21年，24年，28年の推移でみると，有意に増加している．

出典　厚生労働省「平成28年国民健康・栄養調査結果の概要」（厚生労働省ウェブサイトより）

図Ⅰ-2-2　過去１年間に歯科検診を受けた者の割合（20歳以上，性・年齢階級別，全国補正値）

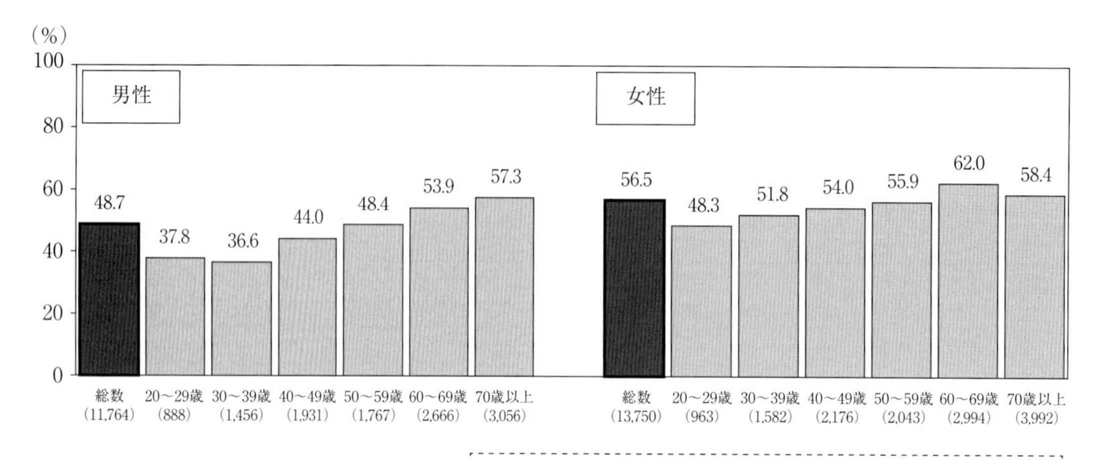

（参考）「健康日本21（第二次）」の目標
　過去１年間に歯科検診を受診した者の割合の増加
　目標値：65％

出典　厚生労働省「平成28年国民健康・栄養調査結果の概要」（厚生労働省ウェブサイトより）

表Ⅰ-2-2　歯ぐきの状態─歯ぐきの状態，年齢階級別，人数，割合─総数・男性・女性，20歳以上

			総数		20～29歳		30～39歳		40～49歳		50～59歳		60～69歳		70歳以上	
			人数	%	人数	%	人数	%	人数	%	人数	%	人数	%	人数	%
1．歯ぐきが腫れている	総数	総数	6 521	100.0	522	100.0	768	100.0	1 053	100.0	1 030	100.0	1 305	100.0	1 843	100.0
		はい	650	10.0	36	6.9	82	10.7	111	10.5	126	12.2	137	10.5	158	8.6
		いいえ	5 871	90.0	486	93.1	686	89.3	942	89.5	904	87.8	1 168	89.5	1 685	91.4
	男性	総数	3 038	100.0	254	100.0	373	100.0	511	100.0	479	100.0	615	100.0	806	100.0
		はい	321	10.6	15	5.9	40	10.7	53	10.4	75	15.7	73	11.9	65	8.1
		いいえ	2 717	89.4	239	94.1	333	89.3	458	89.6	404	84.3	542	88.1	741	91.9
	女性	総数	3 483	100.0	268	100.0	395	100.0	542	100.0	551	100.0	690	100.0	1 037	100.0
		はい	329	9.4	21	7.8	42	10.6	58	10.7	51	9.3	64	9.3	93	9.0
		いいえ	3 154	90.6	247	92.2	353	89.4	484	89.3	500	90.7	626	90.7	944	91.0
2．歯を磨いたときに血が出る	総数	総数	6 514	100.0	521	100.0	769	100.0	1 055	100.0	1 032	100.0	1 306	100.0	1 831	100.0
		はい	1 079	16.6	101	19.4	182	23.7	244	23.1	195	18.9	187	14.3	170	9.3
		いいえ	5 435	83.4	420	80.6	587	76.3	811	76.9	837	81.1	1 119	85.7	1 661	90.7
	男性	総数	3 038	100.0	254	100.0	373	100.0	511	100.0	481	100.0	616	100.0	803	100.0
		はい	593	19.5	46	18.1	107	28.7	145	28.4	105	21.8	106	17.2	84	10.5
		いいえ	2 445	80.5	208	81.9	266	71.3	366	71.6	376	78.2	510	82.8	719	89.5
	女性	総数	3 476	100.0	267	100.0	396	100.0	544	100.0	551	100.0	690	100.0	1 028	100.0
		はい	486	14.0	55	20.6	75	18.9	99	18.2	90	16.3	81	11.7	86	8.4
		いいえ	2 990	86.0	212	79.4	321	81.1	445	81.8	461	83.7	609	88.3	942	91.6

注　生活習慣調査票の問９の１，２にそれぞれ回答した者を集計対象とした．
問：あなたの歯ぐきの状態について，「はい」「いいえ」でお答えください．
　１．歯ぐきが腫れている
　２．歯を磨いたときに血が出る

出典　厚生労働省「平成30年国民健康・栄養調査報告」（政府統計の総合窓口 e-Stat より）

表Ⅰ-2-3　歯肉の炎症の有無―歯肉の炎症の有無，年齢階級別，人数，割合―総数・男性・女性，20歳以上

		総数		20～29歳		30～39歳		40～49歳		50～59歳		60～69歳		70歳以上	
		人数	%	人数	%	人数	%	人数	%	人数	%	人数	%	人数	%
総数	総数	6 533	100.0	522	100.0	769	100.0	1 057	100.0	1 032	100.0	1 308	100.0	1 845	100.0
	歯肉の炎症あり	1 393	21.3	110	21.1	213	27.7	291	27.5	259	25.1	253	19.3	267	14.5
	歯肉の炎症なし	5 140	78.7	412	78.9	556	72.3	766	72.5	773	74.9	1 055	80.7	1 578	85.5
男性	総数	3 044	100.0	254	100.0	373	100.0	513	100.0	481	100.0	617	100.0	806	100.0
	歯肉の炎症あり	736	24.2	48	18.9	119	31.9	167	32.6	144	29.9	138	22.4	120	14.9
	歯肉の炎症なし	2 308	75.8	206	81.1	254	68.1	346	67.4	337	70.1	479	77.6	686	85.1
女性	総数	3 489	100.0	268	100.0	396	100.0	544	100.0	551	100.0	691	100.0	1 039	100.0
	歯肉の炎症あり	657	18.8	62	23.1	94	23.7	124	22.8	115	20.9	115	16.6	147	14.1
	歯肉の炎症なし	2 832	81.2	206	76.9	302	76.3	420	77.2	436	79.1	576	83.4	892	85.9

注　1．生活習慣調査票の問9の1，2のいずれか，または両方に回答した者を集計対象とした．
　　2．生活習慣調査票の問9-1（歯ぐきが腫れている）問9-2（歯を磨いたときに血が出る）のいずれかに「はい」と回答した者を「歯肉の炎症あり」とした．

※年齢調整した，歯肉に炎症所見を有すると回答した者の割合（20歳以上）は，総数22.3%．
　年齢調整値は，平成22年国勢調査による基準人口（20-29歳，30-39歳，40-49歳，50-59歳，60-69歳，70歳以上の6区分）を用いて算出した．

出典　厚生労働省「平成30年国民健康・栄養調査報告」（政府統計の総合窓口 e-Stat より）

図Ⅰ-2-3　歯肉に炎症所見を有する者の割合の年次比較（20歳以上，男女計）

問：あなたの歯ぐきの状態について，「はい」「いいえ」でお答えください．

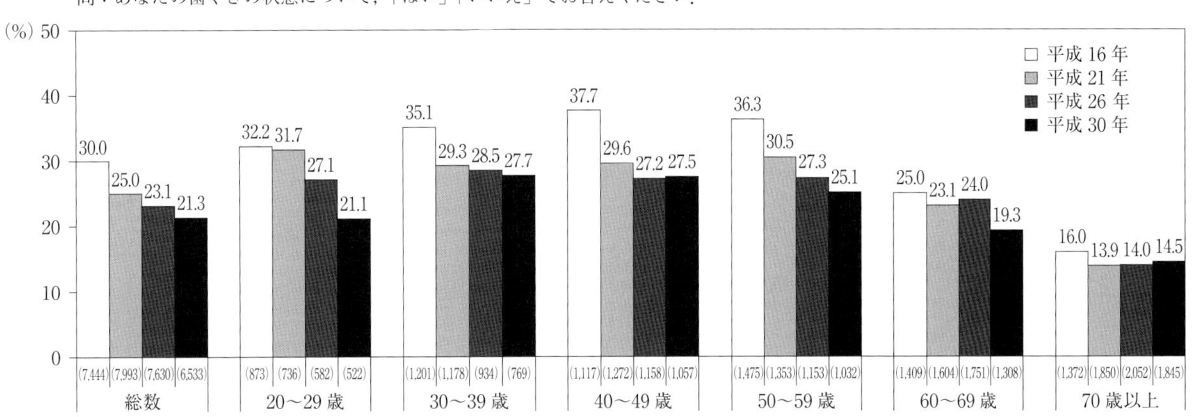

※歯肉に炎症所見を有する者とは，「歯ぐきの状態」において，「歯ぐきが腫れている」，「歯を磨いた時に血が出る」のいずれかに「はい」と回答した者．

※年齢調整した，歯肉に炎症所見を有すると回答した者の割合（総数）は，平成16年で29.7%，21年で25.7%，26年で24.2%，30年で22.3%であり，平成16年，21年，26年，30年の推移でみると，減少している．

（参考）「健康日本21（第二次）」の目標
　　20 歳代における歯肉に炎症所見を有する者の割合の減少　　目標値：25%

出典　厚生労働省「平成30年国民健康・栄養調査結果の概要」（厚生労働省ウェブサイトより）

表Ⅰ-2-4 咀嚼の状況─咀嚼の状況，年齢階級別，人数，割合─総数・男性・女性，20歳以上

		総 数		20～29歳		30～39歳		40～49歳		50～59歳		60～69歳		70歳以上		（再掲）80歳以上	
		人数	%	人数	%	人数	%	人数	%	人数	%	人数	%	人数	%	人数	%
総数	総 数	5 701	100.0	447	100.0	552	100.0	896	100.0	893	100.0	1 169	100.0	1 744	100.0	561	100.0
	何でもかんで食べることができる	4 479	78.6	435	97.3	518	93.8	824	92.0	764	85.6	836	71.5	1 102	63.2	308	54.9
	一部かめない食べ物がある	1 048	18.4	11	2.5	34	6.2	71	7.9	116	13.0	296	25.3	520	29.8	195	34.8
	かめない食べ物が多い	150	2.6	1	0.2	0	0.0	1	0.1	10	1.1	32	2.7	106	6.1	54	9.6
	かんで食べることはできない	24	0.4	0	0.0	0	0.0	0	0.0	3	0.3	5	0.4	16	0.9	4	0.7
男性	総 数	2 665	100.0	221	100.0	254	100.0	427	100.0	412	100.0	563	100.0	788	100.0	229	100.0
	何でもかんで食べることができる	2 066	77.5	215	97.3	243	95.7	387	90.6	350	85.0	376	66.8	495	62.8	126	55.0
	一部かめない食べ物がある	504	18.9	5	2.3	11	4.3	40	9.4	54	13.1	163	29.0	231	29.3	82	35.8
	かめない食べ物が多い	77	2.9	1	0.5	0	0.0	0	0.0	5	1.2	20	3.6	51	6.5	20	8.7
	かんで食べることはできない	18	0.7	0	0.0	0	0.0	0	0.0	3	0.7	4	0.7	11	1.4	1	0.4
女性	総 数	3 036	100.0	226	100.0	298	100.0	469	100.0	481	100.0	606	100.0	956	100.0	332	100.0
	何でもかんで食べることができる	2 413	79.5	220	97.3	275	92.3	437	93.2	414	86.1	460	75.9	607	63.5	182	54.8
	一部かめない食べ物がある	544	17.9	6	2.7	23	7.7	31	6.6	62	12.9	133	21.9	289	30.2	113	34.0
	かめない食べ物が多い	73	2.4	0	0.0	0	0.0	1	0.2	5	1.0	12	2.0	55	5.8	34	10.2
	かんで食べることはできない	6	0.2	0	0.0	0	0.0	0	0.0	0	0.0	1	0.2	5	0.5	3	0.9

問17：かんで食べるときの状態について，あてはまる番号を１つ選んで○印をつけて下さい．

注 生活習慣調査票の問17に回答した者を集計対象とした．

出典 厚生労働省「令和元年国民健康・栄養調査報告」（政府統計の総合窓口 e-Stat より）

表Ⅰ-2-5　咀嚼の状況別，低栄養傾向（BMI20以下）の者の割合―年齢階級，咀嚼の状況別，人数，割合―総数・男性・女性，60歳以上

			総数		BMI20以下		BMI20超	
			人数	%	人数	%	人数	%
総数	総数	何でもかんで食べることができる	1 854	100.0	265	14.3	1 589	85.7
		上記以外	769	100.0	154	20.0	615	80.0
	60～64歳	何でもかんで食べることができる	387	100.0	53	13.7	334	86.3
		上記以外	98	100.0	17	17.3	81	82.7
	65～74歳	何でもかんで食べることができる	863	100.0	123	14.3	740	85.7
		上記以外	328	100.0	66	20.1	262	79.9
	75歳以上	何でもかんで食べることができる	604	100.0	89	14.7	515	85.3
		上記以外	343	100.0	71	20.7	272	79.3
	（再掲）80歳以上	何でもかんで食べることができる	285	100.0	47	16.5	238	83.5
		上記以外	198	100.0	46	23.2	152	76.8
男性	総数	何でもかんで食べることができる	841	100.0	75	8.9	766	91.1
		上記以外	348	100.0	57	16.4	291	83.6
	60～64歳	何でもかんで食べることができる	174	100.0	7	4.0	167	96.0
		上記以外	48	100.0	5	10.4	43	89.6
	65～74歳	何でもかんで食べることができる	381	100.0	35	9.2	346	90.8
		上記以外	162	100.0	27	16.7	135	83.3
	75歳以上	何でもかんで食べることができる	286	100.0	33	11.5	253	88.5
		上記以外	138	100.0	25	18.1	113	81.9
	（再掲）80歳以上	何でもかんで食べることができる	149	100.0	22	14.8	127	85.2
		上記以外	64	100.0	15	23.4	49	76.6
女性	総数	何でもかんで食べることができる	1 013	100.0	190	18.8	823	81.2
		上記以外	421	100.0	97	23.0	324	77.0
	60～64歳	何でもかんで食べることができる	213	100.0	46	21.6	167	78.4
		上記以外	50	100.0	12	24.0	38	76.0
	65～74歳	何でもかんで食べることができる	482	100.0	88	18.3	394	81.7
		上記以外	166	100.0	39	23.5	127	76.5
	75歳以上	何でもかんで食べることができる	318	100.0	56	17.6	262	82.4
		上記以外	205	100.0	46	22.4	159	77.6
	（再掲）80歳以上	何でもかんで食べることができる	136	100.0	25	18.4	111	81.6
		上記以外	134	100.0	31	23.1	103	76.9

注　1．生活習慣調査票の問８に回答し，身長と体重の測定を行った60歳以上の者を集計対象とした．
　　2．「何でもかんで食べることができる」以外の者は，かんで食べるときの状態について，「一部かめない食べ物がある」，「かめない食べ物が多い」又は「かんで食べることはできない」と回答した者．

出典　厚生労働省「平成29年国民健康・栄養調査報告」（政府統計の総合窓口 e-Stat より）

表Ⅰ-2-6　歯の本数の分布—歯の本数の区分，年齢階級別，人数，割合—総数・男性・女性，20歳以上

	回答	総数		20～29歳		30～39歳		40～49歳		50～59歳		60～69歳		70歳以上		(再掲) 80歳以上	
		人数	%	人数	%	人数	%	人数	%	人数	%	人数	%	人数	%	人数	%
総数	総数	5 660	100.0	442	100.0	550	100.0	887	100.0	889	100.0	1 162	100.0	1 730	100.0	551	100.0
	0本	297	5.2	1	0.2	2	0.4	1	0.1	4	0.4	42	3.6	247	14.3	138	25.0
	1～9本	417	7.4	0	0.0	0	0.0	4	0.5	15	1.7	84	7.2	314	18.2	126	22.9
	10～19本	718	12.7	0	0.0	7	1.3	30	3.4	73	8.2	229	19.7	379	21.9	112	20.3
	20～27本	2 164	38.2	73	16.5	127	23.1	328	37.0	420	47.2	595	51.2	621	35.9	135	24.5
	28本以上	2 064	36.5	368	83.3	414	75.3	524	59.1	377	42.4	212	18.2	169	9.8	40	7.3
	(再掲) 20本以上	4 228	74.7	441	99.8	541	98.4	852	96.1	797	89.7	807	69.4	790	45.7	175	31.8
	(再掲) 24本以上	3 601	63.6	436	98.6	526	95.6	805	90.8	705	79.3	605	52.1	524	30.3	111	20.1
男性	総数	2 648	100.0	218	100.0	252	100.0	420	100.0	411	100.0	560	100.0	787	100.0	228	100.0
	0本	145	5.5	0	0.0	1	0.4	0	0.0	4	1.0	26	4.6	114	14.5	57	25.0
	1～9本	204	7.7	0	0.0	0	0.0	1	0.2	12	2.9	54	9.6	137	17.4	46	20.2
	10～19本	348	13.1	0	0.0	4	1.6	15	3.6	31	7.5	115	20.5	183	23.3	53	23.2
	20～27本	999	37.7	35	16.1	52	20.6	176	41.9	196	47.7	269	48.0	271	34.4	61	26.8
	28本以上	952	36.0	183	83.9	195	77.4	228	54.3	168	40.9	96	17.1	82	10.4	11	4.8
	(再掲) 20本以上	1 951	73.7	218	100.0	247	98.0	404	96.2	364	88.6	365	65.2	353	44.9	72	31.6
	(再掲) 24本以上	1 650	62.3	216	99.1	240	95.2	378	90.0	315	76.6	264	47.1	237	30.1	42	18.4
女性	総数	3 012	100.0	224	100.0	298	100.0	467	100.0	478	100.0	602	100.0	943	100.0	323	100.0
	0本	152	5.0	1	0.4	1	0.3	1	0.2	0	0.0	16	2.7	133	14.1	81	25.1
	1～9本	213	7.1	0	0.0	0	0.0	3	0.6	3	0.6	30	5.0	177	18.8	80	24.8
	10～19本	370	12.3	0	0.0	3	1.0	15	3.2	42	8.8	114	18.9	196	20.8	59	18.3
	20～27本	1 165	38.7	38	17.0	75	25.2	152	32.5	224	46.9	326	54.2	350	37.1	74	22.9
	28本以上	1 112	36.9	185	82.6	219	73.5	296	63.4	209	43.7	116	19.3	87	9.2	29	9.0
	(再掲) 20本以上	2 277	75.6	223	99.6	294	98.7	448	95.9	433	90.6	442	73.4	437	46.3	103	31.9
	(再掲) 24本以上	1 951	64.8	220	98.2	286	96.0	427	91.4	390	81.6	341	56.6	287	30.4	69	21.4

問16：自分の歯は何本ありますか．

※自分の歯には，親知らず，入れ歯，ブリッジ，インプラントは含みません．さし歯は含みます．
親知らずを抜くと全部で28本が正常ですが，28本より多かったり少なかったりすることもあります．
0本の場合は00と書いて下さい．

注　生活習慣調査票の問16に回答した者を集計対象とした．

出典　厚生労働省「令和元年国民健康・栄養調査報告」(厚生労働省ウェブサイトより)

図Ⅰ-2-4　20歯以上有する者の年次比較（20歳以上，男女計）

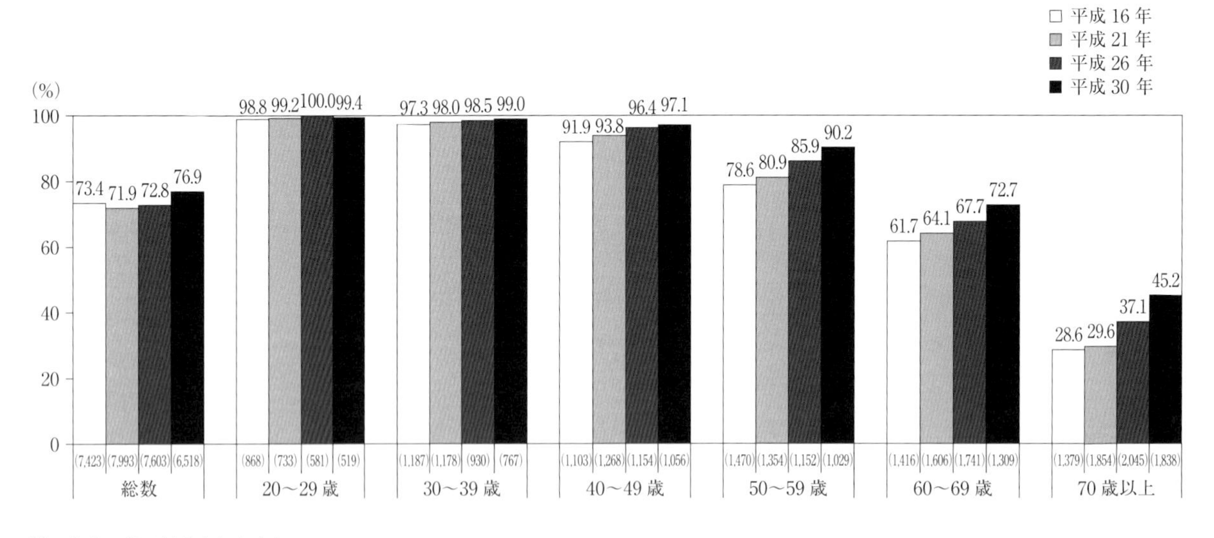

問：自分の歯は何本ありますか．

※年齢調整した，自分の歯を20本以上有する者の割合（総数）は，平成16年で73.6%，21年で75.0%，26年で78.6%，30年で81.9%であり，平成16年，21年，26年，30年の推移でみると，増加している．

出典　厚生労働省「平成30年国民健康・栄養調査結果の概要」(厚生労働省ウェブサイトより)

図Ⅰ-2-5　「何でもかんで食べることができる」者の割合の年次比較（40歳以上，男女計・年齢階級別）（平成21年，25年，27年，29年，令和元年）

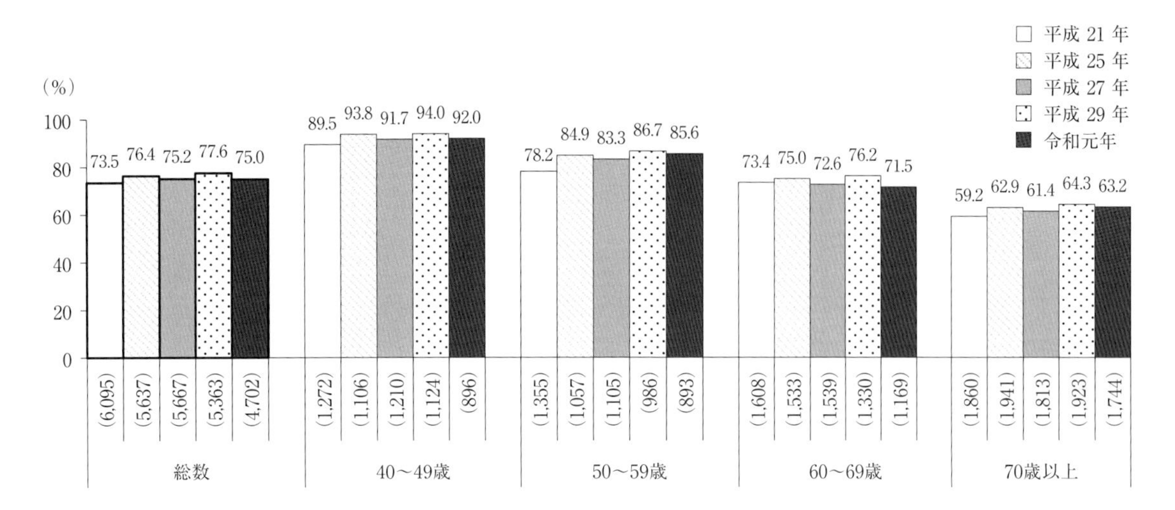

参考　「健康日本21（第二次）」の目標
　　口腔機能の維持・向上（60歳代における咀嚼良好者の割合の増加）
　　目標値：80％

出典　厚生労働省「令和元年国民健康・栄養調査結果の概要」（厚生労働省ウェブサイトより）

図Ⅰ-2-6　「何でもかんで食べることができる」者と歯の保有状況（20歳以上，男女計・年齢階級別）

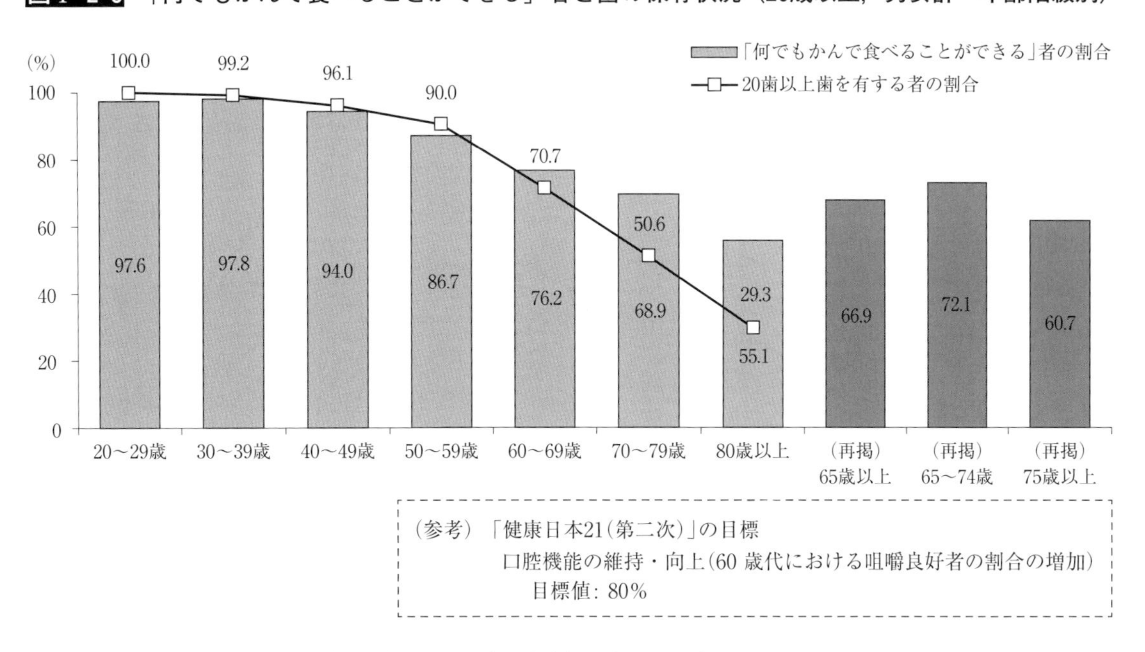

（参考）「健康日本21（第二次）」の目標
　　口腔機能の維持・向上（60 歳代における咀嚼良好者の割合の増加）
　　目標値：80％

出典　厚生労働省「平成29年国民健康・栄養調査結果の概要」（厚生労働省ウェブサイトより）

図Ⅰ-2-7 かんで食べるときの状態別，低栄養傾向の者（BMI≦20 kg/m²）の割合（65歳以上，性・年齢階級別）

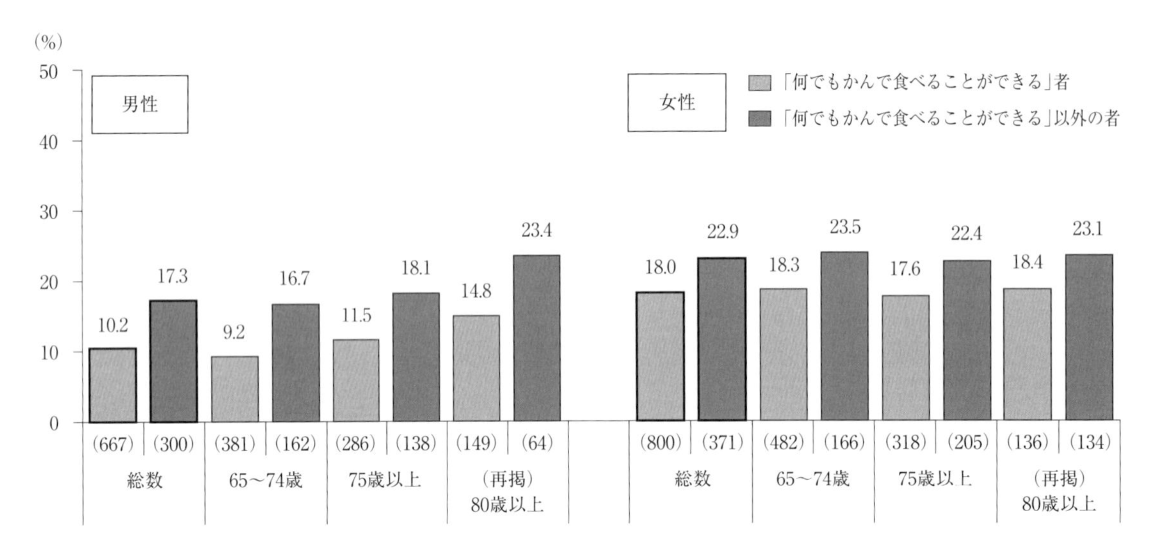

※「何でもかんで食べることができる」以外の者は，かんで食べるときの状態について，「一部かめない食べ物がある」，「かめない食べ物が多い」又は「かんで食べることはできない」と回答した者．

出典 厚生労働省「平成29年国民健康・栄養調査結果の概要」(厚生労働省ウェブサイトより)

図Ⅰ-2-8 食事中の様子（20歳以上，男女計・年齢階級別）

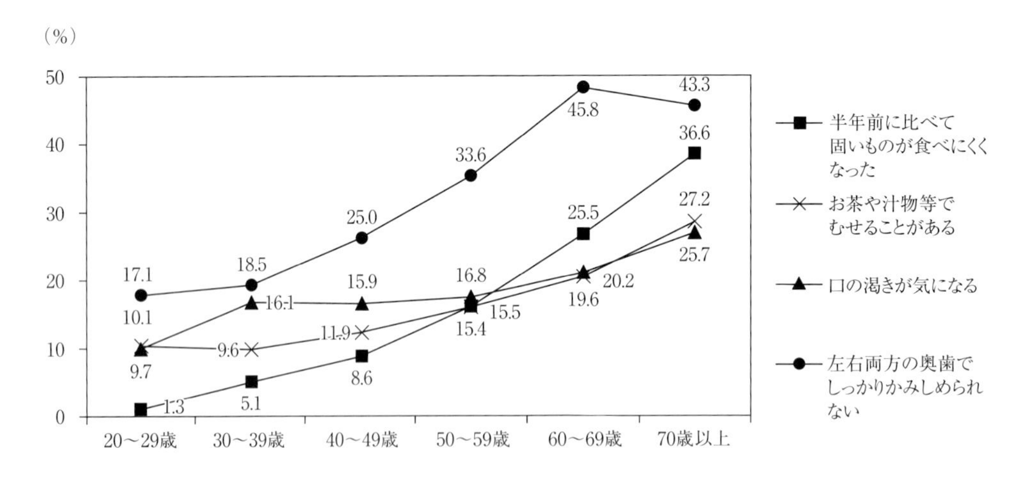

※図中の数値は，「半年前に比べて固いものが食べにくくなった」，「お茶や汁物等でむせることがある」，「口の渇きが気になる」に「はい」と回答した者，「左右両方の奥歯でしっかりかみしめられる」に「いいえ」と回答した者の割合．

出典 厚生労働省「令和元年国民健康・栄養調査結果の概要」(厚生労働省ウェブサイトより)

表Ⅰ-2-7　食べ方や食事中の様子―食べ方や食事中の様子, 年齢階級別, 人数, 割合―総数・男性・女性, 20歳以上

		総数		20～29歳		30～39歳		40～49歳		50～59歳		60～69歳		70歳以上		(再掲)80歳以上	
		人数	%	人数	%	人数	%	人数	%	人数	%	人数	%	人数	%	人数	%
総数	総　　数	5 638	100.0	445	100.0	552	100.0	891	100.0	889	100.0	1 157	100.0	1 704	100.0	539	100.0
	ゆっくりよくかんで食事をする	3 061	54.3	259	58.2	263	47.6	425	47.7	411	46.2	595	51.4	1 108	65.0	394	73.1
	半年前に比べて固いものが食べにくくなった	1 168	20.7	6	1.3	28	5.1	77	8.6	138	15.5	295	25.5	624	36.6	252	46.8
	お茶や汁物等でむせることがある	1 032	18.3	45	10.1	53	9.6	106	11.9	137	15.4	227	19.6	464	27.2	204	37.8
	口の渇きが気になる	1 095	19.4	43	9.7	89	16.1	142	15.9	149	16.8	234	20.2	438	25.7	165	30.6
	左右両方の奥歯でしっかりかみしめられる	3 670	65.1	369	82.9	450	81.5	668	75.0	590	66.4	627	54.2	966	56.7	318	59.0
男性	総　　数	2 648	100.0	221	100.0	254	100.0	425	100.0	412	100.0	561	100.0	775	100.0	225	100.0
	ゆっくりよくかんで食事をする	1 309	49.4	114	51.6	102	40.2	180	42.4	158	38.3	266	47.4	489	63.1	160	71.1
	半年前に比べて固いものが食べにくくなった	540	20.4	2	0.9	7	2.8	37	8.7	62	15.0	143	25.5	289	37.3	106	47.1
	お茶や汁物等でむせることがある	474	17.9	21	9.5	26	10.2	52	12.2	61	14.8	113	20.1	201	25.9	82	36.4
	口の渇きが気になる	510	19.3	24	10.9	37	14.6	74	17.4	71	17.2	118	21.0	186	24.0	67	29.8
	左右両方の奥歯でしっかりかみしめられる	1 701	64.2	183	82.8	215	84.6	315	74.1	276	67.0	289	51.5	423	54.6	131	58.2
女性	総　　数	2 990	100.0	224	100.0	298	100.0	466	100.0	477	100.0	596	100.0	929	100.0	314	100.0
	ゆっくりよくかんで食事をする	1 752	58.6	145	64.7	161	54.0	245	52.6	253	53.0	329	55.2	619	66.6	234	74.5
	半年前に比べて固いものが食べにくくなった	628	21.0	4	1.8	21	7.0	40	8.6	76	15.9	152	25.5	335	36.1	146	46.5
	お茶や汁物等でむせることがある	558	18.7	24	10.7	27	9.1	54	11.6	76	15.9	114	19.1	263	28.3	122	38.9
	口の渇きが気になる	585	19.6	19	8.5	52	17.4	68	14.6	78	16.4	116	19.5	252	27.1	98	31.2
	左右両方の奥歯でしっかりかみしめられる	1 969	65.9	186	83.0	235	78.9	353	75.8	314	65.8	338	56.7	543	58.4	187	59.6

問18：あなたの食べ方や食事中の様子についておたずねします．次のアからオの質問について，あてはまる番号を１つ選んで○印をつけて下さい．

注　生活習慣調査票の問18に回答した者を集計対象とした．

出典　厚生労働省「令和元年国民健康・栄養調査　第３部　生活習慣調査の結果」（厚生労働省ウェブサイトより）

図Ⅰ-2-9　喫煙の状況

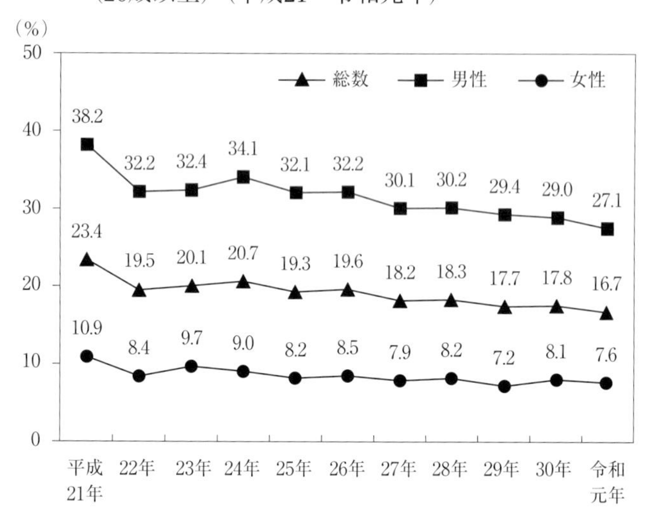

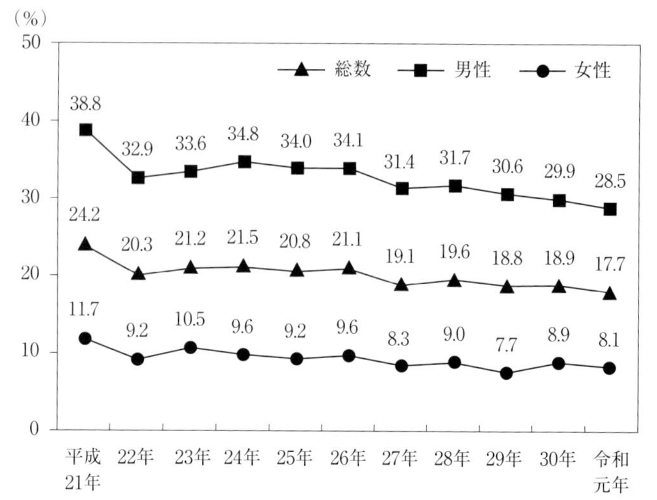

※「現在習慣的に喫煙している者」とは，たばこを「毎日吸っている」又は「時々吸う日がある」と回答した者．
なお，平成23，24年までは，これまでたばこを習慣的に吸っていたことがある者のうち，「この1か月間に毎日又はときどきたばこを吸っている」と回答した者であり，平成21，22年は，合計100本以上又は6か月以上たばこを吸っている（吸っていた）者．

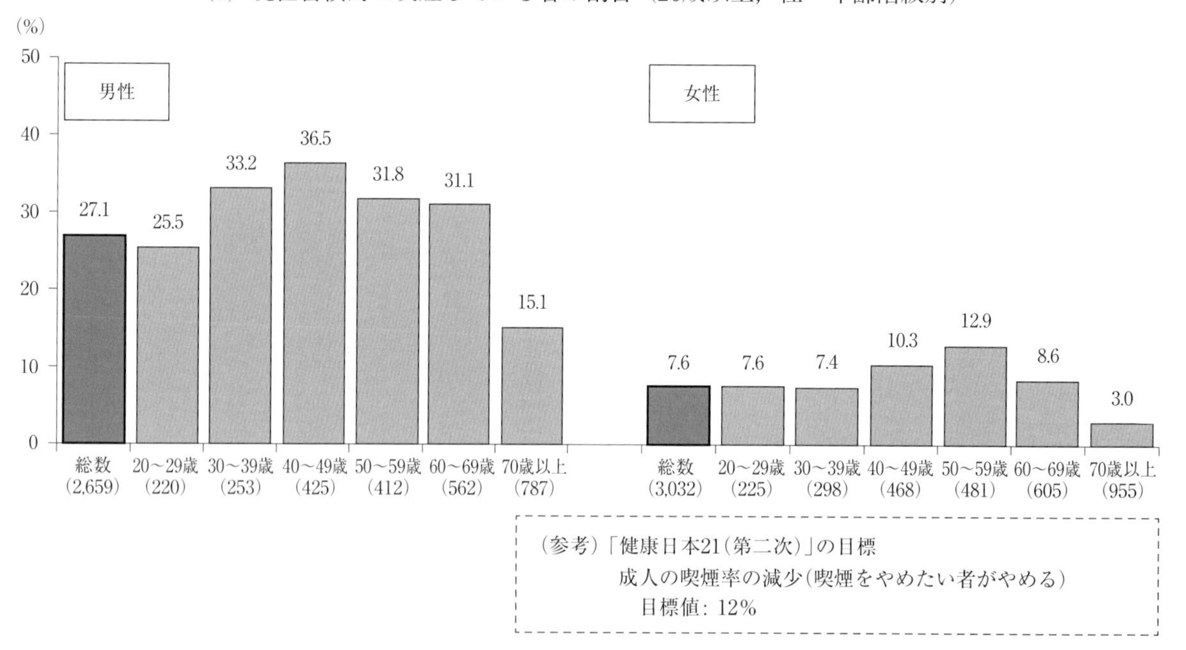

出典　厚生労働省「令和元年国民健康・栄養調査結果の概要」（厚生労働省ウェブサイトより）

図Ⅰ-2-10　禁煙意思の有無の状況

(1) 現在習慣的に喫煙している者におけるたばこをやめたいと思う者の割合の年次推移（20歳以上）（平成21～令和元年）

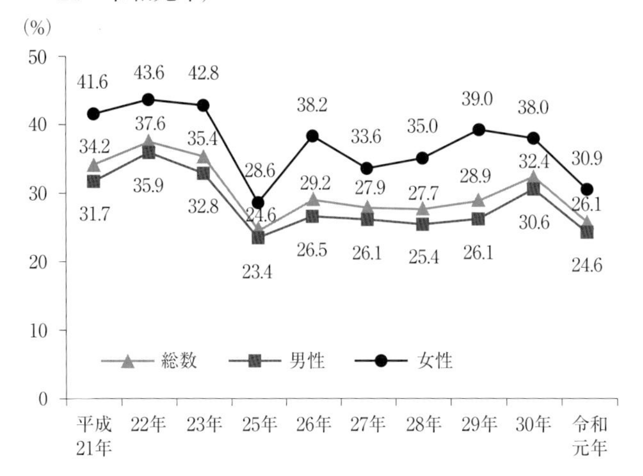

(2) 年齢調整した，現在習慣的に喫煙している者におけるたばこをやめたいと思う者の割合の年次推移（20歳以上）（平成21～令和元年）

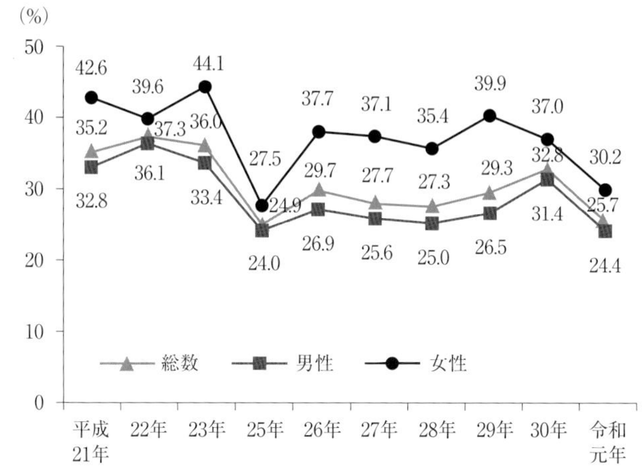

※平成24年は未実施.

(3) 現在習慣的に喫煙している者におけるたばこをやめたいと思う者の割合（20歳以上，性・年齢階級別）

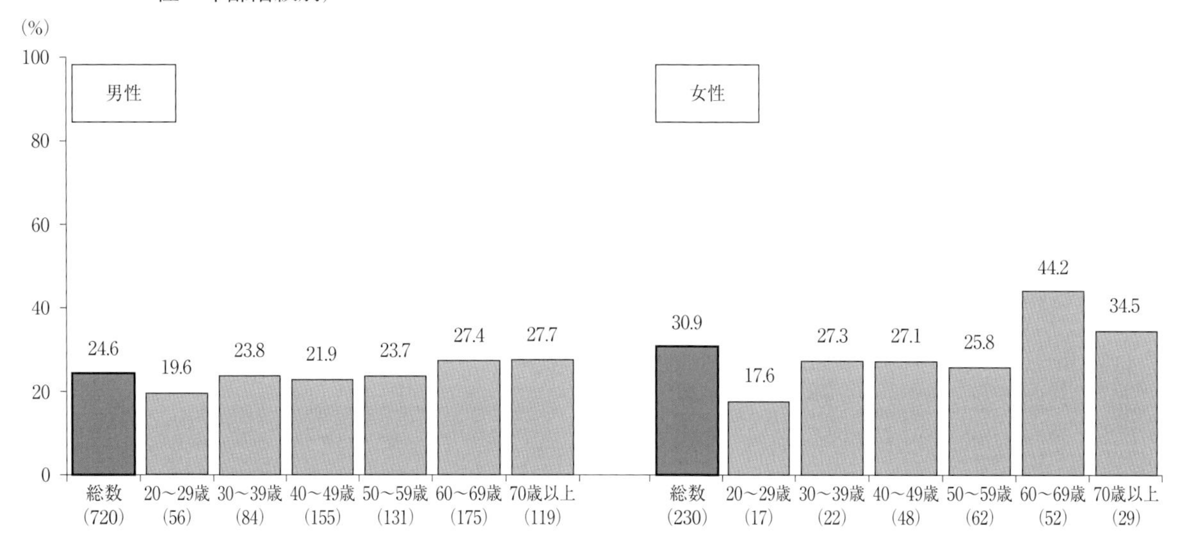

出典　厚生労働省「令和元年国民健康・栄養調査結果の概要」（厚生労働省ウェブサイトより）

図Ⅰ-2-11　受動喫煙の状況

(1) 自分以外の人が吸っていたたばこの煙を吸う機会（受動喫煙）を有する者の割合の年次推移（20歳以上，男女計，現在喫煙者を除く）（平成15年，20年，23年，25年，27年，28年，29年，30年，令和元年）

問：あなたはこの１ヶ月間に，望まずに自分以外の人が吸っていたたばこの煙を吸う機会（受動喫煙）がありましたか．

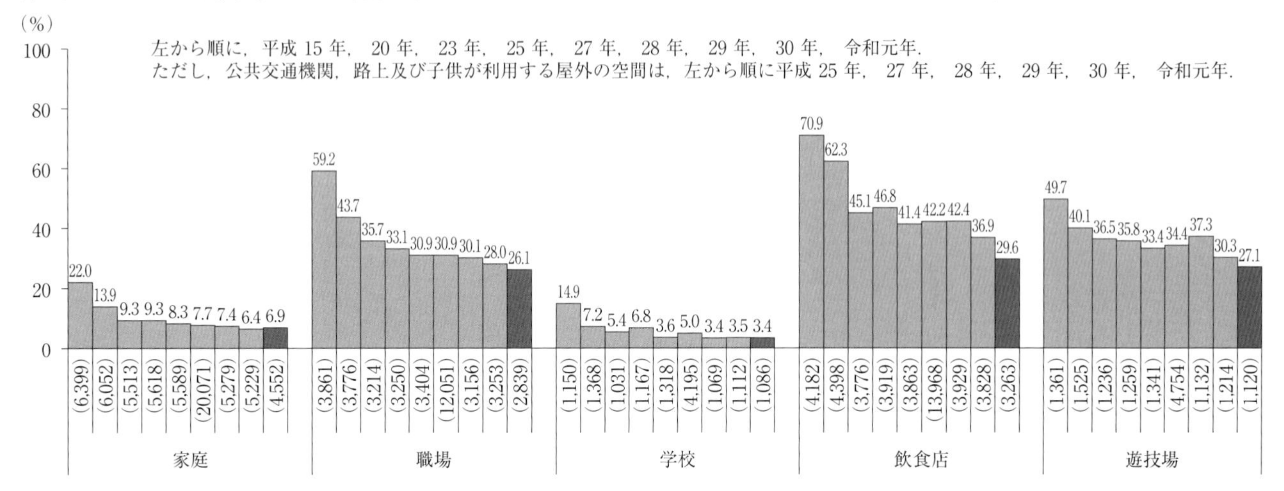

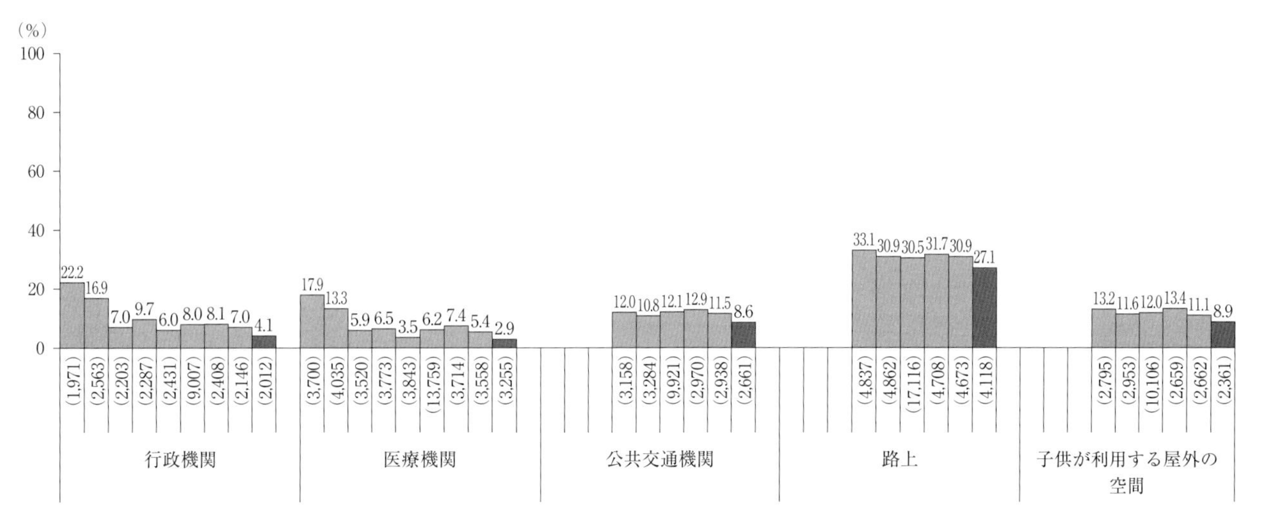

※「現在喫煙者」とは現在習慣的に喫煙している者．
※「受動喫煙の機会を有する者」とは，家庭：毎日受動喫煙の機会を有する者，その他：月１回以上受動喫煙の機会を有する者．
※学校，飲食店，遊技場などに勤務していて，その職場で受動喫煙があった場合は，「職場」欄に回答．
※屋内・屋外等，受動喫煙が生じた場所や場面は不明．

参考　「健康日本21（第二次）」の目標
望まない受動喫煙のない社会の実現

出典　厚生労働省「令和元年国民健康・栄養調査結果の概要」（厚生労働省ウェブサイトより）

図Ⅰ-2-12　飲酒の状況

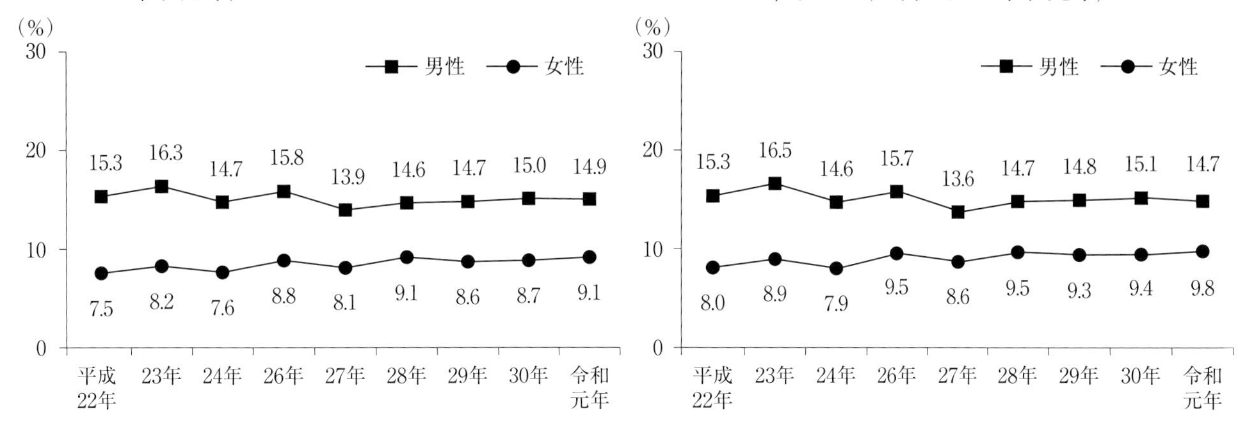

※平成25年は未実施.
※「生活習慣病のリスクを高める量を飲酒している者」とは，１日当たりの純アルコール摂取量が男性で40ｇ以上，女性20ｇ以上の者とし，以下の方法で算出.
①男性：「毎日×２合以上」+「週５～６日×２合以上」+「週３～４日×３合以上」+「週１～２日×５合以上」+「月１～３日×５合以上」
②女性：「毎日×１合以上」+「週５～６日×１合以上」+「週３～４日×１合以上」+「週１～２日×３合以上」+「月１～３日×５合以上」

清酒１合（180 ml）は，次の量にほぼ相当する.
ビール・発泡酒中瓶１本（約500 ml），焼酎20度（135 ml），焼酎25度（110 ml），焼酎30度（80 ml），チュウハイ７度（350 ml），ウィスキーダブル１杯（60 ml），ワイン２杯（240 ml）

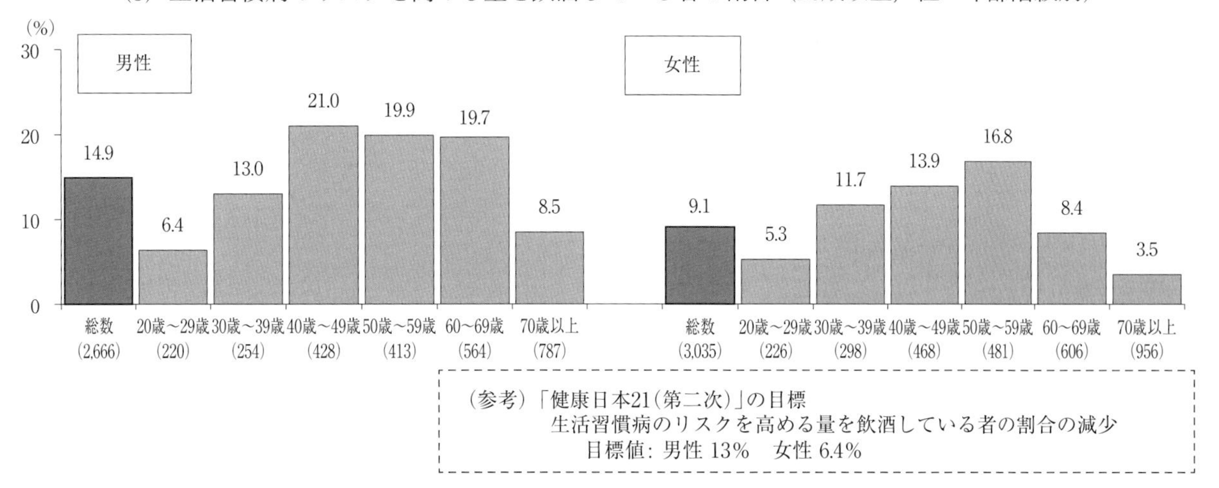

（参考）「健康日本21（第二次）」の目標
生活習慣病のリスクを高める量を飲酒している者の割合の減少
目標値: 男性 13%　女性 6.4%

出典　厚生労働省「令和元年国民健康・栄養調査結果の概要」（厚生労働省ウェブサイトより）

表Ⅰ-2-8　2019年度（1月～12月）歯磨出荷統計（出荷実績）

事項／区分	出荷数量（千個）			出荷中味総量（kg）			出荷金額（千円）		
	化粧品	医薬部外品	計	化粧品	医薬部外品	計	化粧品	医薬部外品	合　計
練	8 905	478 487	487 392	714 357	53 860 689	54 575 046	1 753 443	103 833 247	105 586 690
潤製・粉・他	702	298	1 000	25 817	22 719	48 536	259 918	92 587	352 505
小　　計	9 607	478 785	488 392	740 174	53 883 408	54 623 582	2 013 361	103 925 834	105 939 195
液　　体	2 341	37 310	39 651	1 720 720	24 846 022	26 566 742	1 159 996	18 158 990	19 318 986
洗 口 液	20 665	40 766	61 431	10 506 842	22 632 090	33 138 932	4 918 133	14 154 655	19 072 788
小　　計	23 006	78 076	101 082	12 227 562	47 478 112	59 705 674	6 078 129	32 313 645	38 391 774
合　　計	32 613	556 861	589 474	12 967 736	101 361 520	114 329 256	8 091 490	136 239 479	144 330 969

注　歯磨出荷実績は，日本歯磨工業会の会員の合計である．

出典　日本歯磨工業会「歯磨出荷統計（2020年2月）」

表Ⅰ-2-9　歯磨の剤型別構成比（2019年1月～12月）

（%）

項　　目	数　　量	中味総量	金　　額
練	82.7	47.8	73.2
潤製・粉・他	0.2	0.0	0.2
小　　計	82.9	47.8	73.4
液体歯みがき	6.7	23.2	13.4
洗　口　剤	10.4	29.0	13.2
小　　計	17.1	52.2	26.6
合　　計	100.0	100.0	100.0

出典　日本歯磨工業会「歯磨出荷統計（2020年2月）」

Ⅰ. 口 腔 保 健

第3章 う蝕の予防

表Ⅰ-3-1　砂糖消費量の年次推移

年　度	消費高（トン）	人　口（1,000人）	1人当り消費量（kg）	年　度	消費高（トン）	人　口（1,000人）	1人当り消費量（kg）
大正10(1921)	611 960	56 670	10.78	昭和46(1971)	2 885 109	105 145	27.44
11(1922)	676 843	57 390	11.79	47(1972)	3 087 635	107 595	28.70
12(1923)	634 995	58 120	10.93	48(1973)	3 183 784	109 104	29.18
13(1924)	673 218	58 880	11.43	49(1974)	2 985 085	110 573	27.00
14(1925)	710 355	59 737	11.89	50(1975)	2 820 944	111 940	25.20
15(1926)	769 208	60 740	12.66	51(1976)	2 958 660	113 094	26.16
昭和 2(1927)	738 350	61 660	11.97	52(1977)	3 167 185	114 165	27.74
3(1928)	792 704	62 600	12.66	53(1978)	3 022 182	115 190	26.24
4(1929)	825 533	63 460	13.01	54(1979)	3 115 283	116 155	26.82
5(1930)	795 492	64 450	12.34	55(1980)	2 813 064	117 060	24.03
6(1931)	807 703	65 460	12.34	56(1981)	2 707 396	117 902	22.96
7(1932)	858 611	66 430	12.93	57(1982)	2 803 719	118 728	23.61
8(1933)	836 211	67 430	12.40	58(1983)	2 681 689	119 536	22.43
9(1934)	870 622	68 309	12.75	59(1984)	2 733 049	120 305	22.72
10(1935)	990 333	69 254	14.30	60(1985)	2 717 661	121 049	22.45
11(1936)	1 037 212	70 114	14.79	61(1986)	2 751 064	121 672	22.61
12(1937)	1 006 837	70 630	14.26	62(1987)	2 776 620	122 264	22.71
13(1938)	1 086 906	71 013	15.31	63(1988)	2 674 000	122 783	21.78
14(1939)	1 161 764	71 380	16.28	平成元(1989)	2 631 000	123 255	21.35
15(1940)	987 716	71 933	13.73	2(1990)	2 638 000	123 611	21.34
16(1941)	786 679	72 218	10.89	3(1991)	2 634 000	124 101	21.22
17(1942)	743 000	72 880	10.19	4(1992)	2 560 000	124 567	20.55
18(1943)	528 208	73 903	7.15	5(1993)	2 455 000	124 938	19.65
19(1944)	216 055	74 433	2.90	6(1994)	2 506 000	125 265	20.01
20(1945)	46 059	72 147	0.64	7(1995)	2 445 000	125 570	19.47
21(1946)	15 524	75 750	0.20	8(1996)	2 418 000	125 864	19.21
22(1947)	28 086	78 101	0.36	9(1997)	2 359 000	126 166	18.70
23(1948)	134 731	80 002	1.68	10(1998)	2 296 000	126 486	18.15
24(1949)	237 605	81 773	2.91	11(1999)	2 302 000	126 686	18.17
25(1950)	406 871	83 200	4.89	12(2000)	2 306 000	126 926	18.17
26(1951)	533 385	84 541	6.31	13(2001)	2 283 000	127 291	17.94
27(1952)	867 097	85 808	10.11	14(2002)	2 281 000	127 486	17.89
28(1953)	1 130 886	86 981	13.00	15(2003)	2 268 000	127 694	17.76
29(1954)	1 044 107	88 239	11.83	16(2004)	2 228 000	127 787	17.44
30(1955)	1 102 507	89 276	12.35	17(2005)	2 226 000	127 768	17.42
31(1956)	1 163 384	90 172	12.90	18(2006)	2 157 000	127 901	16.86
32(1957)	1 158 079	90 928	12.74	19(2007)	2 202 000	128 033	17.20
33(1958)	1 264 065	91 767	13.78	20(2008)	2 142 000	128 084	16.72
34(1959)	1 327 483	92 641	14.33	21(2009)	2 135 000	128 032	16.68
35(1960)	1 402 555	93 419	15.01	22(2010)	2 098 000	128 057	16.38
36(1961)	1 491 543	94 287	15.82	23(2011)	2 047 000	127 834	16.01
37(1962)	1 599 189	95 181	16.80	24(2012)	2 017 000	127 593	15.81
38(1963)	1 590 825	96 156	16.54	25(2013)	2 045 000	127 414	16.05
39(1964)	1 723 113	97 182	17.73	26(2014)	2 006 000	127 237	15.77
40(1965)	1 863 501	98 275	18.96	27(2015)	1 991 000	127 095	15.67
41(1966)	1 997 759	99 036	20.17	28(2016)	1 971 100	126 933	15.53
42(1967)	2 129 385	100 196	21.25	29(2017)	1 938 500	126 706	15.30
43(1968)	2 277 638	101 331	22.48				
44(1969)	2 536 147	102 536	24.74				
45(1970)	2 851 096	103 720	27.49				

注　1．昭和9年～15年は日本砂糖協会発行「砂糖年鑑」，昭和16年～25年は統制機関の配給実績，昭和26年～62年は国税庁の砂糖消費税課税高および同免除高，昭和63年以降は精糖工業会調べによる（平成24年の統計より，調査方法を見直した）．

2．人口は，総務省統計局統計センター調べ．

3．昭和20年～46年は沖縄県は含まない．

4．昭和42年6月1日以降，租税特別措置法第90条8により，以下の第1種甲類の砂糖は，非課税となったため，本表から除かれた．
42年18,716，43年19,986，44年15,200，45年16,691，46年8,252，47年13,183，48年12,143，49年10,594，50年12,162，51年11,006，52年10,756，53年14,365，54年10,977年，55年6,879，56年11,443，57年8,466，58年9,594，59年12,236，60年11,239，61年8,755，62年12,719（単位：トン）

出典　（株）精糖工業会館「砂糖統計年鑑2020年」

表Ⅰ-3-2-(1)　保健所及び市区町村が実施した歯科健診及び保健指導の受診延人員

	総					
	総数				個	
	総　数	妊産婦	乳幼児	その他	総　数	妊産婦
全　国	4 593 656	306 521	3 350 442	936 693	1 343 375	243 311
北海道	131 162	2 966	114 960	13 236	35 386	1 384
青森	35 520	2 393	29 858	3 269	13 142	2 274
岩手	58 470	3 262	41 194	14 014	24 105	2 912
宮城	114 123	8 406	83 118	22 599	23 499	6 692
秋田	38 090	3 648	22 214	12 228	9 855	3 436
山形	36 057	1 297	26 505	8 255	6 093	805
福島	58 672	2 682	45 576	10 414	12 416	1 211
茨城	79 475	3 471	66 255	9 749	22 847	2 633
栃木	76 244	2 340	53 776	20 128	12 904	1 932
群馬	78 331	5 528	58 646	14 157	26 590	4 712
埼玉	184 302	7 142	150 822	26 338	56 635	4 195
千葉	288 908	14 364	177 033	97 511	67 758	11 088
東京	576 358	41 117	370 602	164 639	219 082	32 051
神奈川	269 857	22 936	222 038	24 883	76 950	17 358
新潟	95 260	5 593	69 715	19 952	25 785	2 851
富山	45 546	2 836	32 228	10 482	12 574	2 808
石川	27 171	3 460	20 262	3 449	7 826	3 351
福井	17 510	6	13 858	3 646	1 900	—
山梨	33 920	1 141	24 223	8 556	11 553	865
長野	128 684	5 721	93 590	29 373	39 572	3 809
岐阜	121 877	6 127	84 896	30 854	34 723	5 047
静岡	127 205	9 077	89 338	28 790	37 113	8 087
愛知	357 512	37 506	237 947	82 059	101 055	31 205
三重	61 781	3 013	46 102	12 666	14 829	2 254
滋賀	52 463	1 861	43 383	7 219	11 161	1 723
京都	69 366	3 459	56 467	9 440	10 582	2 683
大阪	273 913	13 851	191 685	68 377	108 744	12 235
兵庫	224 275	12 963	172 046	39 266	65 518	11 607
奈良	38 076	2 647	29 532	5 897	10 350	1 961
和歌山	27 218	1 181	24 167	1 870	6 967	976
鳥取	22 806	1 317	17 592	3 897	7 451	1 057
島根	27 714	4 048	16 093	7 573	6 298	2 128
岡山	50 872	4 913	40 211	5 748	10 473	4 672
広島	70 632	9 789	51 061	9 782	21 426	9 530
山口	33 785	2 428	26 137	5 220	11 304	1 886
徳島	24 212	1 747	16 925	5 540	6 221	745
香川	27 453	3 342	18 588	5 523	9 371	3 135
愛媛	39 926	4 220	23 855	11 851	14 425	4 023
高知	31 799	1 293	17 861	12 645	9 940	1 156
福岡	161 357	12 527	139 321	9 509	33 972	10 083
佐賀	32 454	2 125	24 183	6 146	6 973	1 521
長崎	45 450	3 967	35 080	6 403	17 134	3 373
熊本	92 223	8 600	59 347	24 276	21 786	7 099
大分	29 378	1 553	25 768	2 057	8 988	1 419
宮崎	34 216	1 276	29 489	3 451	11 957	1 273
鹿児島	92 003	10 478	68 522	13 003	35 285	5 196
沖縄	50 030	904	48 373	753	2 857	870
指定都市・特別区(再掲)						
東京都区部	412 564	31 647	256 006	124 911	164 632	25 994
札幌市	25 861	728	25 133	—	—	—
仙台市	54 849	3 496	43 323	8 030	4 794	2 954
さいたま市	45 851	1 014	38 149	6 688	28 979	76
千葉市	39 775	5 108	23 968	10 699	12 878	4 512
横浜市	114 212	13 098	101 114	—	33 751	10 342
川崎市	37 038	2 984	30 432	3 622	3 652	2 781
相模原市	17 319	1 066	13 295	2 958	3 057	—
新潟市	24 059	1 528	19 990	2 541	5 968	—
静岡市	14 929	2 061	12 828	40	4 107	2 061
浜松市	19 817	2 514	14 631	2 672	5 186	2 514
名古屋市	122 932	16 607	87 763	18 562	39 055	15 061
京都市	38 057	1 266	30 647	6 144	1 761	810
大阪市	46 216	2 246	43 970	—	8 823	2 246
堺市	37 551	559	26 763	10 229	18 480	250
神戸市	99 406	3 886	79 888	15 632	26 889	3 886
岡山市	16 802	1 866	12 085	2 851	2 779	1 866
広島市	27 022	4 503	19 267	3 252	7 358	4 503

出典　厚生労働省「令和元年度地域保健・健康増進事業報告（地域保健編）」（政府統計の総合窓口 e-Stat より）

《都道府県―指定都市・特別区―中核市―その他政令市，個別―集団・対象区分別》

（令和元年度）

数					
別		集		団	
乳幼児	その他	総数	妊産婦	乳幼児	その他
615 148	484 916	3 250 281	63 210	2 735 294	451 777
28 703	5 299	95 776	1 582	86 257	7 937
8 877	1 991	22 378	119	20 981	1 278
12 804	8 389	34 365	350	28 390	5 625
10 634	6 173	90 624	1 714	72 484	16 426
4 889	1 530	28 235	212	17 325	10 698
3 856	1 432	29 964	492	22 649	6 823
9 197	2 008	46 256	1 471	36 379	8 406
15 131	5 083	56 628	838	51 124	4 666
6 710	4 262	63 340	408	47 066	15 866
17 766	4 112	51 741	816	40 880	10 045
34 661	17 779	127 667	2 947	116 161	8 559
33 180	23 490	221 150	3 276	143 853	74 021
43 444	143 587	357 276	9 066	327 158	21 052
40 580	19 012	192 907	5 578	181 458	5 871
12 242	10 692	69 475	2 742	57 473	9 260
7 715	2 051	32 972	28	24 513	8 431
3 008	1 467	19 345	109	17 254	1 982
820	1 080	15 610	6	13 038	2 566
5 457	5 231	22 367	276	18 766	3 325
26 226	9 537	89 112	1 912	67 364	19 836
17 787	11 889	87 154	1 080	67 109	18 965
16 840	12 186	90 092	990	72 498	16 604
17 683	52 167	256 457	6 301	220 264	29 892
5 211	7 364	46 952	759	40 891	5 302
6 477	2 961	41 302	138	36 906	4 258
6 647	1 252	58 784	776	49 820	8 188
41 644	54 865	165 169	1 616	150 041	13 512
42 021	11 890	158 757	1 356	130 025	27 376
6 985	1 404	27 726	686	22 547	4 493
5 027	964	20 251	205	19 140	906
4 599	1 795	15 355	260	12 993	2 102
2 642	1 528	21 416	1 920	13 451	6 045
4 408	1 393	40 399	241	35 803	4 355
5 905	5 991	49 206	259	45 156	3 791
7 756	1 662	22 481	542	18 381	3 558
3 772	1 704	17 991	1 002	13 153	3 836
2 665	3 571	18 082	207	15 923	1 952
2 639	7 763	25 501	197	21 216	4 088
3 886	4 898	21 859	137	13 975	7 747
19 319	4 570	127 385	2 444	120 002	4 939
4 425	1 027	25 481	604	19 758	5 119
9 952	3 809	28 316	594	25 128	2 594
9 377	5 310	70 437	1 501	49 970	18 966
7 097	472	20 390	134	18 671	1 585
8 416	2 268	22 259	3	21 073	1 183
24 297	5 792	56 718	5 282	44 225	7 211
1 771	216	47 173	34	46 602	537
26 682	111 956	247 932	5 653	229 324	12 955
—	—	25 861	728	25 133	—
1 794	46	50 055	542	41 529	7 984
22 363	6 540	16 872	938	15 786	148
3 211	5 155	26 897	596	20 757	5 544
23 409	—	80 461	2 756	77 705	—
514	357	33 386	203	29 918	3 265
99	2 958	14 262	1 066	13 196	—
3 427	2 541	18 091	1 528	16 563	—
2 006	40	10 822	—	10 822	—
—	2 672	14 631	—	14 631	—
8 541	15 453	83 877	1 546	79 222	3 109
555	396	36 296	456	30 092	5 748
6 577	—	37 393	—	37 393	—
14 116	4 114	19 071	309	12 647	6 115
21 737	1 266	72 517	—	58 151	14 366
—	913	14 023	—	12 085	1 938
—	2 855	19 664	—	19 267	397

（表Ⅰ-3-2-(1)つづき）

	総					
	総		数		個	
	総数	妊産婦	乳幼児	その他	総数	妊産婦
指定都市・特別区（再掲）続き						
北九州市	30 894	2 231	27 590	1 073	13 688	1 932
福岡市	64 889	5 734	58 653	502	5 417	4 965
熊本市	41 782	3 845	23 016	14 921	10 676	3 834
中核市（再掲）						
旭川市	4 618	369	4 188	61	819	369
函館市	7 450	256	6 294	900	6 560	120
青森市	3 834	40	3 762	32	124	—
八戸市	6 491	669	5 822	—	3 567	669
盛岡市	13 168	640	10 204	2 324	9 187	640
秋田市	10 058	997	8 614	447	4 788	997
山形市	5 049	306	3 389	1 354	—	—
郡山市	6 360	110	6 214	36	—	—
いわき市	6 662	203	6 141	318	210	2
福島市	5 599	77	4 615	907	174	—
宇都宮市	23 918	1 183	20 526	2 209	1 678	1 183
前橋市	15 757	1 494	10 489	3 774	4 611	1 359
高崎市	11 240	1 722	9 518	—	11 240	1 722
川越市	7 227	122	6 977	128	145	—
越谷市	7 683	1 276	5 171	1 236	1 845	996
川口市	11 608	113	7 314	4 181	7 446	—
船橋市	50 902	2 059	10 180	29 663	5 016	1 581
柏市	19 939	424	13 010	6 505	2 935	—
八王子市	10 346	288	9 055	1 003	604	—
横須賀市	9 356	490	6 521	2 345	3 679	475
富山市	18 522	972	13 719	3 831	4 571	972
金沢市	8 877	1 621	7 095	161	1 621	1 621
福井市	4 314	—	4 314	—	276	—
甲府市	10 567	50	7 700	2 817	6 083	6
長野市	13 771	1 018	10 016	2 737	1 886	1 018
岐阜市	13 105	1 152	8 878	3 075	4 208	1 152
豊橋市	10 146	1 410	7 898	838	3 940	1 410
豊田市	11 941	2 038	8 486	1 417	5 491	2 038
岡崎市	12 439	1 605	9 195	1 639	3 244	1 605
大津市	10 929	511	9 855	563	1 288	511
高槻市	13 693	789	10 618	2 286	8 105	594
東大阪市	7 241	888	6 353	—	888	888
豊中市	11 076	28	7 483	3 565	3 593	28
枚方市	11 636	777	8 064	2 795	3 367	777
八尾市	7 140	746	4 260	2 134	3 539	746
寝屋川市	4 589	446	4 143	—	446	446
姫路市	12 284	642	11 642	—	642	642
西宮市	12 976	1 636	7 835	3 505	6 647	1 636
尼崎市	23 782	896	19 755	3 131	5 772	341
明石市	8 071	822	7 249	—	2 690	822
奈良市	5 474	227	5 247	—	—	—
和歌山市	10 981	532	10 447	2	1 642	460
鳥取市	5 190	569	4 110	511	956	569
松江市	7 516	3 179	4 235	102	1 527	1 527
倉敷市	12 021	1 823	10 198	—	1 823	1 823
福山市	9 517	1 561	7 956	—	2 972	1 561
呉市	3 955	579	3 376	—	626	531
下関市	5 494	268	3 987	1 239	1 335	—
高松市	10 136	1 636	8 500	—	3 653	1 636
松山市	14 274	1 844	7 746	4 684	6 397	1 844
高知市	12 129	590	7 303	4 236	3 084	590
久留米市	7 221	1 000	6 221	—	4 519	1 000
長崎市	8 626	1 481	7 094	51	2 290	1 053
佐世保市	10 732	1 269	7 598	1 865	6 701	1 147
大分市	9 758	166	9 542	50	1 142	166
宮崎市	12 848	—	11 288	1 560	6 571	—
鹿児島市	20 061	4 023	15 793	245	5 905	—
那覇市	7 401	445	6 956	—	445	445
その他政令市（再掲）						
小樽市	3 256	—	3 255	1	536	—
町田市	20 345	600	16 446	3 299	2 533	461
藤沢市	14 408	211	14 194	3	3 012	1
茅ヶ崎市	6 235	116	5 054	1 065	2 498	11
四日市市	6 542	64	5 253	1 225	11	—
大牟田市	3 944	528	1 754	1 662	208	91

（令和元年度）

数					
別		集　団			
乳幼児	その他	総　数	妊産婦	乳幼児	その他
11 053	703	17 206	299	16 537	370
10	442	59 472	769	58 643	60
2 966	3 876	31 106	11	20 050	11 045
389	61	3 799	—	3 799	—
6 294	146	890	136	—	754
124	—	3 710	40	3 638	32
2 898	—	2 924	—	2 924	—
6 223	2 324	3 981	—	3 981	—
3 344	447	5 270	—	5 270	—
—	—	5 049	306	3 389	1 354
—	—	6 360	110	6 214	36
198	10	6 452	201	5 943	308
161	13	5 425	77	4 454	894
—	495	22 240	—	20 526	1 714
1 259	1 993	11 146	135	9 230	1 781
9 518	—	—	—	—	—
145	—	7 082	122	6 832	128
—	849	5 838	280	5 171	387
3 265	4 181	4 162	113	4 049	—
1 071	2 364	45 886	478	18 109	27 299
2 657	278	17 004	424	10 353	6 227
110	494	9 742	288	8 945	509
1 845	1 359	5 677	15	4 676	986
2 035	1 564	13 951	—	11 684	2 267
—	—	7 256	—	7 095	161
276	—	4 038	—	4 038	—
3 885	2 192	4 484	44	3 815	625
868	—	11 885	—	9 148	2 737
36	3 020	8 897	—	8 842	55
1 692	838	6 206	—	6 206	—
2 036	1 417	6 450	—	6 450	—
—	1 639	9 195	—	9 195	—
214	563	9 641	—	9 641	—
5 309	2 202	5 588	195	5 309	84
—	—	6 353	—	6 353	—
—	3 565	7 483	—	7 483	—
773	1 817	8 269	—	7 291	978
754	2 039	3 601	—	3 506	95
—	—	4 143	—	4 143	—
—	—	11 642	—	11 642	—
1 744	3 267	6 329	—	6 091	238
5 056	375	18 010	555	14 699	2 756
1 868	—	5 381	—	5 381	—
—	—	5 474	227	5 247	—
1 180	2	9 339	72	9 267	—
—	387	4 234	—	4 110	124
—	—	5 989	1 652	4 235	102
—	—	10 198	—	10 198	—
1 411	—	6 545	—	6 545	—
95	—	3 329	48	3 281	—
1 328	7	4 159	268	2 659	1 232
2 017	—	6 483	—	6 483	—
102	4 451	7 877	—	7 644	233
1 258	1 236	9 045	—	6 045	3 000
3 519	—	2 702	—	2 702	—
1 186	51	6 336	428	5 908	—
4 029	1 525	4 031	122	3 569	340
926	50	8 616	—	8 616	—
5 011	1 560	6 277	—	6 277	—
5 905	—	14 156	4 023	9 888	245
—	—	6 956	—	6 956	—
535	1	2 720	—	2 720	—
—	2 072	17 812	139	16 446	1 227
3 008	3	11 396	210	11 186	—
1 603	884	3 737	105	3 451	181
11	—	6 531	64	5 242	1 225
36	81	3 736	437	1 718	1 581

表Ⅰ-3-2-(2)　前表の内，医療機関等へ委託した受診延人員分

	(再掲)医療機 総数 総数	妊産婦	乳幼児	その他	個 総数	妊産婦
全国	894 359	210 341	280 550	403 468	746 805	208 837
北海道	22 529	938	16 623	4 968	18 888	912
青森	4 635	1 502	1 392	1 741	4 322	1 502
岩手	22 269	2 912	12 137	7 220	20 794	2 912
宮城	8 361	4 635	330	3 396	8 361	4 635
秋田	6 895	2 566	2 243	2 086	6 046	2 566
山形	2 497	377	297	1 823	1 409	377
福島	2 822	660	1 053	1 109	1 978	660
茨城	7 133	1 594	2 112	3 427	7 026	1 594
栃木	16 618	1 686	9 543	5 389	5 435	1 686
群馬	9 770	4 239	2 465	3 066	9 519	4 239
埼玉	50 184	4 111	29 080	16 993	44 176	3 831
千葉	27 181	10 563	2 969	13 649	27 181	10 563
東京	232 079	31 998	54 186	145 895	202 823	31 843
神奈川	31 361	16 385	2 742	12 234	31 361	16 385
新潟	19 068	2 777	5 886	10 405	18 868	2 777
富山	3 440	2 495	—	945	3 419	2 495
石川	5 685	3 351	1 108	1 226	4 537	3 351
福井	1 072	—	—	1 072	1 072	—
山梨	4 934	776	80	4 078	4 823	776
長野	12 623	3 549	4 165	4 909	7 622	3 500
岐阜	13 975	4 821	1 600	7 554	13 495	4 821
静岡	16 724	7 394	3 737	5 593	12 860	7 321
愛知	80 937	30 340	7 732	42 865	75 887	30 340
三重	8 470	1 479	2 920	4 071	7 521	1 479
滋賀	2 557	1 024	—	1 533	2 557	1 024
京都	3 145	1 761	979	405	3 145	1 761
大阪	65 841	8 755	4 754	52 332	63 267	8 755
兵庫	20 517	10 305	2 483	7 729	20 205	10 305
奈良	2 096	1 179	432	485	1 961	1 179
和歌山	1 803	899	9	895	1 803	899
鳥取	1 027	425	—	602	1 027	425
島根	1 949	358	307	1 284	1 145	358
岡山	5 630	4 295	84	1 251	5 596	4 295
広島	14 307	9 538	397	4 372	14 296	9 527
山口	4 160	1 886	1 213	1 061	4 160	1 886
徳島	1 095	273	421	401	1 095	273
香川	9 917	3 135	3 151	3 631	9 252	3 135
愛媛	10 290	4 023	—	6 267	10 290	4 023
高知	2 829	841	1 376	612	1 254	841
福岡	86 540	9 946	72 107	4 487	31 232	9 514
佐賀	1 752	860	—	892	1 752	860
長崎	6 292	2 363	2 617	1 312	5 767	1 935
熊本	6 577	3 005	1 274	2 298	4 187	2 958
大分	1 343	614	493	236	1 343	614
宮崎	8 916	382	6 443	2 091	8 208	379
鹿児島	11 179	2 470	5 509	3 200	11 037	2 470
沖縄	13 335	856	12 101	378	2 803	856
指定都市・特別区(再掲)						
東京都区部	184 957	25 907	46 403	112 647	160 648	25 907
札幌市	—	—	—	—	—	—
仙台市	2 954	2 954	—	—	2 954	2 954
さいたま市	24 190	—	18 457	5 733	24 190	—
千葉市	4 311	4 311	—	—	4 311	4 311
横浜市	10 342	10 342	—	—	10 342	10 342
川崎市	2 631	2 631	—	—	2 631	2 631
相模原市	2 958	—	—	2 958	2 958	—
新潟市	5 968	—	3 427	2 541	5 968	—
静岡市	3 803	2 061	1 742	—	2 061	2 061
浜松市	2 514	2 514	—	—	2 514	2 514
名古屋市	28 555	14 747	—	13 808	28 555	14 747
京都市	—	—	—	—	—	—
大阪市	—	—	—	—	—	—
堺市	2 116	—	—	2 116	2 116	—
神戸市	4 930	3 886	—	1 044	4 930	3 886
岡山市	2 779	1 866	—	913	2 779	1 866
広島市	7 358	4 503	—	2 855	7 358	4 503

《都道府県―指定都市・特別区―中核市―その他政令市，個別―集団・対象区分別》

（令和元年度）

関	等	へ	委	託	
別		集	団		
乳幼児	その他	総数	妊産婦	乳幼児	その他
153 222	384 746	147 554	1 504	127 328	18 722
14 400	3 576	3 641	26	2 223	1 392
1 287	1 533	313	—	105	208
11 362	6 520	1 475	—	775	700
330	3 396	—	—	—	—
2 243	1 237	849	—	—	849
297	735	1 088	—	—	1 088
871	447	844	—	182	662
2 112	3 320	107	—	—	107
202	3 547	11 183	—	9 341	1 842
2 465	2 815	251	—	—	251
23 739	16 606	6 008	280	5 341	387
2 969	13 649	—	—	—	—
29 090	141 890	29 256	155	25 096	4 005
2 742	12 234	—	—	—	—
5 886	10 205	200	—	—	200
—	924	21	—	—	21
151	1 035	1 148	—	957	191
—	1 072	—	—	—	—
74	3 973	111	—	6	105
242	3 880	5 001	49	3 923	1 029
1 120	7 554	480	—	480	—
31	5 508	3 864	73	3 706	85
4 036	41 511	5 050	—	3 696	1 354
2 010	4 032	949	—	910	39
—	1 533	—	—	—	—
979	405	—	—	—	—
2 548	51 964	2 574	—	2 206	368
2 300	7 600	312	—	183	129
297	485	135	—	135	—
9	895	—	—	—	—
—	602	—	—	—	—
220	567	804	—	87	717
67	1 234	34	—	17	17
397	4 372	11	11	—	—
1 213	1 061	—	—	—	—
421	401	—	—	—	—
2 604	3 513	665	—	547	118
—	6 267	—	—	—	—
116	297	1 575	—	1 260	315
17 742	3 976	55 308	432	54 365	511
—	892	—	—	—	—
2 617	1 215	525	428	—	97
321	908	2 390	47	953	1 390
493	236	—	—	—	—
6 016	1 813	708	3	427	278
5 469	3 098	142	—	40	102
1 734	213	10 532	—	10 367	165
23 606	111 135	24 309	—	22 797	1 512
—	—	—	—	—	—
—	—	—	—	—	—
18 457	5 733	—	—	—	—
—	—	—	—	—	—
—	—	—	—	—	—
—	—	—	—	—	—
—	2 958	—	—	—	—
3 427	2 541	—	—	—	—
—	—	1 742	—	1 742	—
—	—	—	—	—	—
—	13 808	—	—	—	—
—	—	—	—	—	—
—	—	—	—	—	—
—	2 116	—	—	—	—
—	1 044	—	—	—	—
—	913	—	—	—	—
—	2 855	—	—	—	—

（表Ⅰ-3-2-(2)つづき）

	（再　掲）医　療　機					
	総　数				個	
	総　数	妊産婦	乳幼児	その他	総　数	妊産婦
指定都市・特別区(再掲)続き						
北九州市	30 894	2 231	27 590	1 073	13 688	1 932
福岡市	37 995	4 965	32 528	502	5 417	4 965
熊本市	1 179	1 179	—	—	1 179	1 179
中核市（再掲）						
旭川市	371	369	—	2	371	369
函館市	7 314	120	6 294	900	6 560	120
青森市	—	—	—	—	—	—
八戸市	669	669	—	—	669	669
盛岡市	9 187	640	6 223	2 324	9 187	640
秋田市	3 128	997	1 684	447	3 128	997
山形市	1 088	—	—	1 088	—	—
郡山市	—	—	—	—	—	—
いわき市	—	—	—	—	—	—
福島市	—	—	—	—	—	—
宇都宮市	12 675	1 183	9 283	2 209	1 678	1 183
前橋市	2 623	1 094	—	1 529	2 623	1 094
高崎市	4 040	1 722	2 318	—	4 040	1 722
川越市	—	—	—	—	—	—
越谷市	7 683	1 276	5 171	1 236	1 845	996
川口市	7 446	—	3 265	4 181	7 446	—
船橋市	2 910	1 581		1 329	2 910	1 581
柏市	214	—	—	214	214	
八王子市	406	—	—	406	406	—
横須賀市	2 428	475	1 610	343	2 428	475
富山市	1 466	972	—	494	1 466	972
金沢市	1 621	1 621	—	—	1 621	1 621
福井市	—	—	—	—	—	—
甲府市	2 085	—	70	2 015	2 085	—
長野市	1 018	1 018	—	—	1 018	1 018
岐阜市	3 706	1 152	—	2 554	3 706	1 152
豊橋市	3 930	1 410	1 682	838	3 930	1 410
豊田市	5 286	2 038	1 831	1 417	5 286	2 038
岡崎市	6 039	1 605	2 795	1 639	3 244	1 605
大津市	1 074	511	—	563	1 074	511
高槻市	2 601	399	—	2 202	2 601	399
東大阪市	888	888	—	—	888	888
豊中市	3 423	—	—	3 423	3 423	—
枚方市	2 498	777	—	1 721	2 498	777
八尾市	2 785	746	—	2 039	2 785	746
寝屋川市	446	446	—	—	446	446
姫路市	642	642	—	—	642	642
西宮市	3 622	1 636	—	1 986	3 622	1 636
尼崎市	—	—	—	—	—	—
明石市	2 690	822	1 868	—	2 690	822
奈良市	—	—	—	—	—	—
和歌山市	460	460	—	—	460	460
鳥取市	—	—	—	—	—	—
松江市	—	—	—	—	—	—
倉敷市	1 823	1 823	—	—	1 823	1 823
福山市	1 561	1 561	—	—	1 561	1 561
呉市	626	531	95	—	626	531
下関市	—	—	—	—	—	—
高松市	3 653	1 636	2 017	—	3 653	1 636
松山市	6 295	1 844	—	4 451	6 295	1 844
高知市	736	531	—	205	531	531
久留米市	7 221	1 000	6 221	—	4 519	1 000
長崎市	2 718	1 481	1 186	51	2 290	1 053
佐世保市	858	240	—	618	858	240
大分市	—	—	—	—	—	—
宮崎市	6 114	—	4 819	1 295	6 114	—
鹿児島市	3 728	—	3 728	—	3 728	—
那覇市	445	445	—	—	445	445
その他政令市(再掲)						
小樽市	—	—	—	—	—	—
町田市	2 533	461	—	2 072	2 533	461
藤沢市	—	—	—	—	—	—
茅ヶ崎市	871	—	—	871	871	—
四日市市	—	—	—	—	—	—
大牟田市	—	—	—	—	—	—

（令和元年度）

関等へ委託					
別		集団			
乳幼児	その他	総数	妊産婦	乳幼児	その他
11 053	703	17 206	299	16 537	370
10	442	32 578	—	32 518	60
—	—	—	—	—	—
—	2	—	—	—	—
6 294	146	754	—	—	754
—	—	—	—	—	—
—	—	—	—	—	—
6 223	2 324	—	—	—	—
1 684	447	—	—	—	—
—	—	1 088	—	—	1 088
—	—	—	—	—	—
—	—	—	—	—	—
—	—	—	—	—	—
—	495	10 997	—	9 283	1 714
—	1 529	—	—	—	—
2 318	—	—	—	—	—
—	—	—	—	—	—
—	849	5 838	280	5 171	387
3 265	4 181	—	—	—	—
—	1 329	—	—	—	—
—	214	—	—	—	—
—	406	—	—	—	—
1 610	343	—	—	—	—
—	494	—	—	—	—
—	—	—	—	—	—
—	—	—	—	—	—
70	2 015	—	—	—	—
—	—	—	—	—	—
—	2 554	—	—	—	—
1 682	838	—	—	—	—
1 831	1 417	—	—	—	—
—	1 639	2 795	—	2 795	—
—	563	—	—	—	—
—	2 202	—	—	—	—
—	—	—	—	—	—
—	3 423	—	—	—	—
—	1 721	—	—	—	—
—	2 039	—	—	—	—
—	—	—	—	—	—
—	—	—	—	—	—
—	1 986	—	—	—	—
—	—	—	—	—	—
1 868	—	—	—	—	—
—	—	—	—	—	—
—	—	—	—	—	—
—	—	—	—	—	—
—	—	—	—	—	—
—	—	—	—	—	—
—	—	—	—	—	—
95	—	—	—	—	—
—	—	—	—	—	—
2 017	—	—	—	—	—
—	4 451	—	—	—	—
—	—	205	—	—	205
3 519	—	2 702	—	2 702	—
1 186	51	428	428	—	—
—	618	—	—	—	—
—	—	—	—	—	—
4 819	1 295	—	—	—	—
3 728	—	—	—	—	—
—	—	—	—	—	—
—	—	—	—	—	—
—	2 072	—	—	—	—
—	—	—	—	—	—
—	871	—	—	—	—
—	—	—	—	—	—
—	—	—	—	—	—

表Ⅰ-3-3 保健所及び市区町村が実施した訪問による歯科健診及び保健指導の受診実人員―延人員・医療機関等へ

	総数		（再掲） 身体障害者(児)・知的障害者(児)・精神障害者		（再掲） 医療機関等へ委託		（再掲） 身体障害者(児)・知的障害者(児)・精神障害者	
	実人員	延人員	実人員	延人員	実人員	延人員	実人員	延人員
全国	20 482	29 023	9 425	11 158	8 613	11 262	2 902	2 917
北海道	489	795	313	445	22	22	2	2
青森	232	249	32	38	5	21	2	7
岩手	270	343	9	9	119	190	8	8
宮城	227	289	187	248	—	—	—	—
秋田	—	—	—	—	—	—	—	—
山形	51	106	4	11	—	—	—	—
福島	272	300	166	170	—	—	—	—
茨城	140	349	108	317	24	24	—	—
栃木	8	9	—	—	8	9	—	—
群馬	25	26	2	2	—	—	—	—
埼玉	3 491	3 799	1 487	1 640	882	883	611	611
千葉	878	1 581	487	837	17	143	6	6
東京	4 888	8 760	839	1 162	4 243	6 391	381	383
神奈川	222	295	136	149	10	40	—	—
新潟	57	58	18	18	48	48	18	18
富山	1	1	1	1	—	—	—	—
石川	30	30	—	—	—	—	—	—
福井	22	22	22	22	—	—	—	—
山梨	3	3	—	—	—	—	—	—
長野	721	1 545	252	434	114	114	33	33
岐阜	231	238	222	226	—	—	—	—
静岡	3 997	4 052	3 287	3 342	2 078	2 086	1 410	1 418
愛知	302	330	248	269	34	34	34	34
三重	35	35	—	—	—	—	—	—
滋賀	712	746	611	645	—	—	—	—
京都	1	1	—	—	—	—	—	—
大阪	549	566	290	307	412	412	208	208
兵庫	180	972	23	23	5	5	2	2
奈良	110	124	2	2	—	—	—	—
和歌山	—	—	—	—	—	—	—	—
鳥取	—	—	—	—	—	—	—	—
島根	12	12	1	1	—	—	—	—
岡山	196	196	187	187	187	187	187	187
広島	550	1 346	48	176	392	557	—	—
山口	36	45	1	9	—	—	—	—
徳島	619	619	91	91	—	—	—	—
香川	—	—	—	—	—	—	—	—
愛媛	37	37	23	23	—	—	—	—
高知	45	176	12	36	—	—	—	—
福岡	—	—	—	—	—	—	—	—
佐賀	248	248	244	244	—	—	—	—
長崎	27	27	23	23	1	1	—	—
熊本	171	171	3	3	—	—	—	—
大分	2	2	—	—	—	—	—	—
宮崎	184	267	—	—	12	95	—	—
鹿児島	125	167	46	48	—	—	—	—
沖縄	86	86	—	—	—	—	—	—
指定都市・特別区(再掲)								
東京都区部	4 326	7 044	478	566	4 229	6 377	375	377
札幌市	8	8	8	8	—	—	—	—
仙台市	92	92	92	92	—	—	—	—
さいたま市	6	6	1	1	1	1	1	1
千葉市	5	5	—	—	—	—	—	—
横浜市	—	—	—	—	—	—	—	—
川崎市	6	6	3	3	—	—	—	—
相模原市	2	3	1	1	—	—	—	—
新潟市	—	—	—	—	—	—	—	—
静岡市	1 904	1 904	1 236	1 236	1 454	1 454	786	786
浜松市	1 889	1 936	1 889	1 936	465	465	465	465
名古屋市	181	181	176	176	—	—	—	—
京都市	—	—	—	—	—	—	—	—
大阪市	—	—	—	—	—	—	—	—
堺市	—	—	—	—	—	—	—	—
神戸市	81	870	—	—	—	—	—	—
岡山市	—	—	—	—	—	—	—	—
広島市	348	348	—	—	348	348	—	—

出典 厚生労働省「令和元年度地域保健・健康増進事業報告（地域保健編）」（政府統計の総合窓口 e-Stat より）

委託した受診実人員―延人員《都道府県―指定都市・特別区―中核市―その他政令市，対象区分別》（令和元年度）

	総数		（再掲）身体障害者(児)・知的障害者(児)・精神障害者		（再掲）医療機関等へ委託		（再掲）身体障害者(児)・知的障害者(児)・精神障害者	
	実人員	延人員	実人員	延人員	実人員	延人員	実人員	延人員
北九州市	—	—	—	—	—	—	—	—
福岡市	—	—	—	—	—	—	—	—
熊本市	3	3	2	2	—	—	—	—
中核市(再掲)								
旭川市	—	—	—	—	—	—	—	—
函館市	—	—	—	—	—	—	—	—
青森市	—	—	—	—	—	—	—	—
八戸市	—	—	—	—	—	—	—	—
盛岡市	—	—	—	—	—	—	—	—
秋田市	—	—	—	—	—	—	—	—
山形市	—	—	—	—	—	—	—	—
郡山市	—	—	—	—	—	—	—	—
いわき市	1	1	—	—	—	—	—	—
福島市	4	4	3	3	—	—	—	—
宇都宮市	—	—	—	—	—	—	—	—
前橋市	—	—	—	—	—	—	—	—
高崎市	—	—	—	—	—	—	—	—
川越市	638	692	638	692	—	—	—	—
越谷市	10	10	10	10	10	10	10	10
川口市	838	838	600	600	838	838	600	600
船橋市	214	269	212	267	—	—	—	—
柏市	338	548	—	—	—	—	—	—
八王子市	—	—	—	—	—	—	—	—
横須賀市	2	2	2	2	—	—	—	—
富山市	—	—	—	—	—	—	—	—
金沢市	—	—	—	—	—	—	—	—
福井市	—	—	—	—	—	—	—	—
甲府市	3	3	—	—	—	—	—	—
長野市	—	—	—	—	—	—	—	—
岐阜市	7	14	6	10	—	—	—	—
豊橋市	2	2	—	—	—	—	—	—
豊田市	…	—	—	—	—	—	—	—
岡崎市	—	—	—	—	—	—	—	—
大津市	2	2	2	2	—	—	—	—
高槻市	7	7	7	7	—	—	—	—
東大阪市	—	—	—	—	—	—	—	—
豊中市	2	16	2	16	—	—	—	—
枚方市	207	207	207	207	207	207	207	207
八尾市	—	—	—	—	—	—	—	—
寝屋川市	—	—	—	—	—	—	—	—
姫路市	—	—	—	—	—	—	—	—
西宮市	—	—	—	—	—	—	—	—
尼崎市	—	—	—	—	—	—	—	—
明石市	—	—	—	—	—	—	—	—
奈良市	—	—	—	—	—	—	—	—
和歌山市	—	—	—	—	—	—	—	—
鳥取市	—	—	—	—	—	—	—	—
松江市	—	—	—	—	—	—	—	—
倉敷市	187	187	187	187	187	187	187	187
福山市	—	—	—	—	—	—	—	—
呉市	—	—	—	—	—	—	—	—
下関市	—	—	—	—	—	—	—	—
高松市	—	—	—	—	—	—	—	—
松山市	—	—	—	—	—	—	—	—
高知市	4	5	4	5	—	—	—	—
久留米市	—	—	—	—	—	—	—	—
長崎市	1	1	—	—	1	1	—	—
佐世保市	—	—	—	—	—	—	—	—
大分市	—	—	—	—	—	—	—	—
宮崎市	172	172	—	—	—	—	—	—
鹿児島市	—	—	—	—	—	—	—	—
那覇市	—	—	—	—	—	—	—	—
その他政令市(再掲)								
小樽市	64	124	64	124	—	—	—	—
町田市	238	238	238	238	—	—	—	—
藤沢市	17	21	6	7	—	—	—	—
茅ヶ崎市	24	25	21	21	—	—	—	—
四日市市	5	5	—	—	—	—	—	—
大牟田市	—	—	—	—	—	—	—	—

表Ⅰ-3-4　保健所及び市区町村が実施した歯科予防処置及び治療の受診延人員・医療機関等

	総数					（再掲）医療機関等へ委託				
	予防処置				治療	予防処置				治療
	総数	妊産婦	乳幼児	その他		総数	妊産婦	乳幼児	その他	
全国	1 972 785	2 698	1 350 899	619 188	13 365	206 648	2 197	189 169	15 282	4 690
北海道	65 785	27	60 805	4 953	2 505	17 943	22	17 664	257	2 483
青森	13 308	24	10 172	3 112	—	5 976	4	5 966	6	—
岩手	32 430	32	15 589	16 809	—	5 854	32	5 177	645	—
宮城	12 852	—	12 637	215	—	331	—	331	—	—
秋田	16 483	—	9 050	7 433	2	6 410	—	6 410	—	2
山形	15 165	1	15 117	47	—	652	—	652	—	—
福島	45 970	136	43 084	2 750	82	3 115	32	2 474	609	82
茨城	20 008	—	19 936	72	—	—	—	—	—	—
栃木	66 722	—	14 890	51 832	—	10 790	—	9 341	1 449	—
群馬	25 138	—	24 164	974	—	2 688	—	2 437	251	—
埼玉	45 799	113	45 036	650	—	20 394	—	20 296	98	—
千葉	284 259	23	125 709	158 527	104	3 502	—	3 502	—	—
東京	52 881	22	49 504	3 355	2 961	24 506	14	22 050	2 442	1 604
神奈川	13 186	—	13 124	62	10	89	—	89	—	10
新潟	50 023	13	49 799	211	34	11 031	13	11 018	—	34
富山	42 127	—	22 288	19 839	—	—	—	—	—	—
石川	2 896	—	2 352	544	—	511	—	428	83	—
福井	1 749	—	1 749	—	—	—	—	—	—	—
山梨	13 127	2	4 269	8 856	—	774	—	609	165	—
長野	168 872	4	81 641	87 227	—	788	4	784	—	—
岐阜	25 478	21	23 393	2 064	—	2 916	21	2 819	76	—
静岡	179 312	229	152 628	26 455	5 659	755	229	526	—	—
愛知	113 817	165	109 129	4 523	163	6 076	165	5 588	323	163
三重	8 405	11	8 173	221	—	2 446	11	2 220	215	—
滋賀	34 059	—	27 330	6 729	—	—	—	—	—	—
京都	6 622	42	6 150	430	36	1 088	42	1 046	—	36
大阪	76 309	632	74 811	866	9	2 605	632	1 973	—	9
兵庫	22 933	—	22 933	—	1 343	2 647	—	2 647	—	—
奈良	4 655	220	3 820	615	—	—	—	—	—	—
和歌山	1 895	3	1 827	65	—	3	3	—	—	—
鳥取	10 891	—	10 891	—	—	—	—	—	—	—
島根	41 649	—	23 739	17 910	—	512	—	512	—	—
岡山	9 081	—	9 051	30	—	—	—	—	—	—
広島	16 327	49	15 709	569	44	855	49	697	109	44
山口	742	—	742	—	—	203	—	203	—	—
徳島	4 266	—	4 116	150	—	636	—	636	—	—
香川	1 613	91	1 464	58	—	424	91	333	—	—
愛媛	1 540	71	1 376	93	99	103	71	—	32	99
高知	12 669	31	11 408	1 230	—	31	31	—	—	—
福岡	28 922	—	26 798	2 124	—	12 516	—	12 479	37	—
佐賀	27 285	—	25 971	1 314	182	1 077	—	1 077	—	—
長崎	18 653	—	18 653	—	—	2 334	—	2 334	—	—
熊本	111 177	192	37 194	73 791	—	2 887	188	2 510	189	—
大分	13 957	—	12 919	1 038	—	5 316	—	4 278	1 038	—
宮崎	43 325	22	31 663	11 640	—	23 661	22	16 782	6 857	—
鹿児島	138 401	67	38 854	99 480	132	13 682	66	13 540	76	124
沖縄	30 022	455	29 242	325	—	8 521	455	7 741	325	—
指定都市・特別区（再掲）										
東京都区部	37 264	—	34 680	2 584	1 750	22 298	—	20 365	1 933	394
札幌市	—	—	—	—	—	—	—	—	—	—
仙台市	—	—	—	—	—	—	—	—	—	—
さいたま市	13 548	—	13 548	—	—	13 548	—	13 548	—	—
千葉市	—	—	—	—	—	—	—	—	—	—
横浜市	1 036	—	1 036	—	—	—	—	—	—	—
川崎市	993	—	993	—	—	—	—	—	—	—
相模原市	2 128	—	2 128	—	—	—	—	—	—	—
新潟市	15 843	—	15 843	—	—	3 427	—	3 427	—	—
静岡市	5 662	—	5 662	—	3 505	—	—	—	—	—
浜松市	—	—	—	—	2 154	—	—	—	—	—
名古屋市	16 428	—	16 428	—	—	—	—	—	—	—
京都市	—	—	—	—	—	—	—	—	—	—
大阪市	34 710	—	34 710	—	—	—	—	—	—	—
堺市	8 212	—	8 212	—	—	—	—	—	—	—
神戸市	13 951	—	13 951	—	—	—	—	—	—	—
岡山市	441	—	441	—	—	—	—	—	—	—
広島市	9 223	—	9 223	—	—	—	—	—	—	—

出典　厚生労働省「令和元年度地域保健・健康増進事業報告（地域保健編）」（政府統計の総合窓口 e-Stat より）

へ委託した受診延人員《都道府県―指定都市・特別区―中核市―その他政令市，対象区分別》

（令和元年度）

	総数					（再掲）医療機関等へ委託				
	予防処置				治療	予防処置				治療
	総数	妊産婦	乳幼児	その他		総数	妊産婦	乳幼児	その他	
北九州市	8 810	—	8 810	—	—	8 810	—	8 810	—	—
福岡市	188	—	—	188	—	—	—	—	—	—
熊本市	62 179	3	6 068	56 108	—	—	—	—	—	—
中核市(再掲)										
旭川市	623	—	623	—	2 483	—	—	—	—	2 483
函館市	2 632	—	2 632	—	—	2 632	—	2 632	—	—
青森市	3 935	—	3 935	—	—	3 915	—	3 915	—	—
八戸市	—	—	—	—	—	—	—	—	—	—
盛岡市	799	—	799	—	—	799	—	799	—	—
秋田市	4 851	—	4 851	—	—	4 851	—	4 851	—	—
山形市	1 590	—	1 590	—	—	—	—	—	—	—
郡山市	3 585	—	3 585	—	—	—	—	—	—	—
いわき市	3 599	—	3 599	—	—	—	—	—	—	—
福島市	—	—	—	—	—	—	—	—	—	—
宇都宮市	10 549	—	9 283	1 266	—	10 549	—	9 283	1 266	—
前橋市	—	—	—	—	—	—	—	—	—	—
高崎市	2 225	—	2 225	—	—	2 225	—	2 225	—	—
川越市	1 558	—	1 558	—	—	—	—	—	—	—
越谷市	192	—	192	—	—	192	—	192	—	—
川口市	5 364	—	5 364	—	—	5 364	—	5 364	—	—
船橋市	23 923	—	3 378	20 545	—	—	—	—	—	—
柏市	1 655	—	1 655	—	—	1 655	—	1 655	—	—
八王子市	—	—	—	—	—	—	—	—	—	—
横須賀市	—	—	—	—	—	—	—	—	—	—
富山市	6 769	—	1 648	5 121	—	—	—	—	—	—
金沢市	—	—	—	—	—	—	—	—	—	—
福井市	—	—	—	—	—	—	—	—	—	—
甲府市	1 430	—	1 265	165	—	295	—	130	165	—
長野市	141 606	—	75 559	66 047	—	—	—	—	—	—
岐阜市	6 574	—	6 574	—	—	—	—	—	—	—
豊橋市	6 582	—	6 582	—	—	1 463	—	1 463	—	—
豊田市	2 889	—	2 889	—	—	—	—	—	—	—
岡崎市	2 619	—	2 619	—	—	2 619	—	2 619	—	—
大津市	7 541	—	7 541	—	—	—	—	—	—	—
高槻市	—	—	—	—	—	—	—	—	—	—
東大阪市	—	—	—	—	—	—	—	—	—	—
豊中市	466	—	466	—	—	—	—	—	—	—
枚方市	7 091	—	7 091	—	—	—	—	—	—	—
八尾市	727	632	3	92	—	632	632	—	—	—
寝屋川市	1 220	—	1 220	—	—	—	—	—	—	—
姫路市	312	—	312	—	—	—	—	—	—	—
西宮市	83	—	83	—	—	—	—	—	—	—
尼崎市	1 600	—	1 600	—	—	—	—	—	—	—
明石市	2 351	—	2 351	—	—	2 351	—	2 351	—	—
奈良市	910	204	706	—	—	—	—	—	—	—
和歌山市	—	—	—	—	—	—	—	—	—	—
鳥取市	2 541	—	2 541	—	—	—	—	—	—	—
松江市	2 847	—	2 847	—	—	—	—	—	—	—
倉敷市	2 558	—	2 558	—	—	—	—	—	—	—
福山市	—	—	—	—	—	—	—	—	—	—
呉市	1 235	—	1 235	—	—	—	—	—	—	—
下関市	—	—	—	—	—	—	—	—	—	—
高松市	—	—	—	—	—	—	—	—	—	—
松山市	219	—	219	—	—	—	—	—	—	—
高知市	2 404	—	2 359	45	—	—	—	—	—	—
久留米市	6 076	—	6 076	—	—	3 410	—	3 410	—	—
長崎市	3 276	—	3 276	—	—	1 186	—	1 186	—	—
佐世保市	12	—	12	—	—	—	—	—	—	—
大分市	4 571	—	4 571	—	—	—	—	—	—	—
宮崎市	11 048	—	10 681	367	—	4 712	—	4 712	—	—
鹿児島市	11 122	—	11 122	—	—	11 122	—	11 122	—	—
那覇市	6 995	445	6 550	—	—	445	445	—	—	—
その他政令市(再掲)										
小樽市	1 717	—	1 717	—	—	—	—	—	—	—
町田市	4 515	—	4 515	—	—	—	—	—	—	—
藤沢市	171	—	171	—	—	—	—	—	—	—
茅ヶ崎市	242	—	230	12	—	—	—	—	—	—
四日市市	500	—	500	—	—	—	—	—	—	—
大牟田市	1 650	—	1 191	459	—	—	—	—	—	—

表Ⅰ-3-5　保健所及び市区町村が実施した訪問による歯科予防処置及び治療の受診実人員―延人員・医療機関等へ

	総数		（再掲）身体障害者(児)・知的障害者(児)・精神障害者		（再掲）医療機関等へ委託		（再掲）身体障害者(児)・知的障害者(児)・精神障害者	
	実人員	延人員	実人員	延人員	実人員	延人員	実人員	延人員
全国	3 460	9 966	1 649	2 535	1 518	3 167	1 044	1 274
北海道	163	240	105	177	—	—	—	—
青森	—	—	—	—	—	—	—	—
岩手	522	1 072	36	67	184	453	15	17
宮城	41	166	14	50	41	166	14	50
秋田	—	—	—	—	—	—	—	—
山形	80	156	4	11	31	54	—	—
福島	—	—	—	—	—	—	—	—
茨城	56	223	55	222	—	—	—	—
栃木	7	9	—	—	3	4	—	—
群馬	—	—	—	—	—	—	—	—
埼玉	49	228	6	34	39	171	—	—
千葉	192	391	169	329	16	55	—	—
東京	240	1 036	149	149	240	827	149	149
神奈川	33	75	3	22	21	51	—	—
新潟	—	—	—	—	—	—	—	—
富山	—	—	—	—	—	—	—	—
石川	—	—	—	—	—	—	—	—
福井	—	—	—	—	—	—	—	—
山梨	—	—	—	—	—	—	—	—
長野	78	268	31	141	39	128	8	21
岐阜	7	14	6	10	—	—	—	—
静岡	676	908	666	885	661	837	661	837
愛知	153	962	32	32	—	—	—	—
三重	108	108	—	—	—	—	—	—
滋賀	175	208	175	208	—	—	—	—
京都	—	—	—	—	—	—	—	—
大阪	197	197	197	197	197	197	197	197
兵庫	139	657	—	—	—	—	—	—
奈良	409	2 735	—	—	—	—	—	—
和歌山	—	—	—	—	—	—	—	—
鳥取	—	—	—	—	—	—	—	—
島根	—	—	—	—	—	—	—	—
岡山	—	—	—	—	—	—	—	—
広島	29	174	—	—	29	174	—	—
山口	—	—	—	—	—	—	—	—
徳島	—	—	—	—	—	—	—	—
香川	—	—	—	—	—	—	—	—
愛媛	—	—	—	—	—	—	—	—
高知	1	1	1	1	—	—	—	—
福岡	—	—	—	—	—	—	—	—
佐賀	—	—	—	—	—	—	—	—
長崎	17	50	—	—	17	50	—	—
熊本	—	—	—	—	—	—	—	—
大分	—	—	—	—	—	—	—	—
宮崎	87	87	—	—	—	—	—	—
鹿児島	1	1	—	—	—	—	—	—
沖縄	—	—	—	—	—	—	—	—
指定都市・特別区(再掲)								
東京都区部	149	358	149	149	149	149	149	149
札幌市	—	—	—	—	—	—	—	—
仙台市	—	—	—	—	—	—	—	—
さいたま市	—	—	—	—	—	—	—	—
千葉市	—	—	—	—	—	—	—	—
横浜市	—	—	—	—	—	—	—	—
川崎市	—	—	—	—	—	—	—	—
相模原市	1	1	—	—	—	—	—	—
新潟市	—	—	—	—	—	—	—	—
静岡市	—	—	—	—	—	—	—	—
浜松市	—	—	—	—	—	—	—	—
名古屋市	32	32	32	32	—	—	—	—
京都市	—	—	—	—	—	—	—	—
大阪市	—	—	—	—	—	—	—	—
堺市	—	—	—	—	—	—	—	—
神戸市	135	640	—	—	—	—	—	—
岡山市	—	—	—	—	—	—	—	—
広島市	—	—	—	—	—	—	—	—

出典　厚生労働省「令和元年度地域保健・健康増進事業報告（地域保健編）」（政府統計の総合窓口 e-Stat より）

委託した受診実人員―延人員《都道府県―指定都市・特別区―中核市―その他政令市，対象区分別》（令和元年度）

	総数		（再掲）身体障害者(児)・知的障害者(児)・精神障害者		（再掲）医療機関等へ委託		（再掲）身体障害者(児)・知的障害者(児)・精神障害者	
	実人員	延人員	実人員	延人員	実人員	延人員	実人員	延人員
北九州市	—	—	—	—	—	—	—	—
福岡市	—	—	—	—	—	—	—	—
熊本市	—	—	—	—	—	—	—	—
中核市(再掲)								
旭川市	—	—	—	—	—	—	—	—
函館市	—	—	—	—	—	—	—	—
青森市	—	—	—	—	—	—	—	—
八戸市	—	—	—	—	—	—	—	—
盛岡市	—	—	—	—	—	—	—	—
秋田市	—	—	—	—	—	—	—	—
山形市	—	—	—	—	—	—	—	—
郡山市	—	—	—	—	—	—	—	—
いわき市	—	—	—	—	—	—	—	—
福島市	—	—	—	—	—	—	—	—
宇都宮市	—	—	—	—	—	—	—	—
前橋市	—	—	—	—	—	—	—	—
高崎市	—	—	—	—	—	—	—	—
川越市	—	—	—	—	—	—	—	—
越谷市	—	—	—	—	—	—	—	—
川口市	—	—	—	—	—	—	—	—
船橋市	102	155	102	155	—	—	—	—
柏市	—	—	—	—	—	—	—	—
八王子市	—	—	—	—	—	—	—	—
横須賀市	—	—	—	—	—	—	—	—
富山市	—	—	—	—	—	—	—	—
金沢市	—	—	—	—	—	—	—	—
福井市	—	—	—	—	—	—	—	—
甲府市	—	—	—	—	—	—	—	—
長野市	—	—	—	—	—	—	—	—
岐阜市	7	14	6	10	—	—	—	—
豊橋市	—	—	—	—	—	—	—	—
豊田市	—	—	—	—	—	—	—	—
岡崎市	—	—	—	—	—	—	—	—
大津市	2	2	2	2	—	—	—	—
高槻市	—	—	—	—	—	—	—	—
東大阪市	—	—	—	—	—	—	—	—
豊中市	—	—	—	—	—	—	—	—
枚方市	197	197	197	197	197	197	197	197
八尾市	—	—	—	—	—	—	—	—
寝屋川市	—	—	—	—	—	—	—	—
姫路市	—	—	—	—	—	—	—	—
西宮市	—	—	—	—	—	—	—	—
尼崎市	—	—	—	—	—	—	—	—
明石市	—	—	—	—	—	—	—	—
奈良市	—	—	—	—	—	—	—	—
和歌山市	—	—	—	—	—	—	—	—
鳥取市	—	—	—	—	—	—	—	—
松江市	—	—	—	—	—	—	—	—
倉敷市	—	—	—	—	—	—	—	—
福山市	—	—	—	—	—	—	—	—
呉市	—	—	—	—	—	—	—	—
下関市	—	—	—	—	—	—	—	—
高松市	—	—	—	—	—	—	—	—
松山市	—	—	—	—	—	—	—	—
高知市	1	1	1	1	—	—	—	—
久留米市	—	—	—	—	—	—	—	—
長崎市	—	—	—	—	—	—	—	—
佐世保市	—	—	—	—	—	—	—	—
大分市	—	—	—	—	—	—	—	—
宮崎市	87	87	—	—	—	—	—	—
鹿児島市	—	—	—	—	—	—	—	—
那覇市	—	—	—	—	—	—	—	—
その他政令市(再掲)								
小樽市	63	119	63	119	—	—	—	—
町田市	—	—	—	—	—	—	—	—
藤沢市	2	3	1	2	—	—	—	—
茅ヶ崎市	—	—	—	—	—	—	—	—
四日市市	—	—	—	—	—	—	—	—
大牟田市	—	—	—	—	—	—	—	—

表Ⅰ-3-6-(1) 保健所が実施した歯科健診及び保健指導の受診延人員—

	延						
	総数					個	
	総数	妊産婦	乳幼児	その他	(再掲)歯周疾患検診[1]	総数	妊産婦
全国	1 300 133	68 352	971 416	260 365	90 476	355 197	49 421
北海道	4 303	380	3 680	243	2	1 119	369
青森	10 448	709	9 641	98	—	3 757	669
岩手	575	—	23	552	—	—	—
宮城	51 895	542	43 323	8 030	—	1 840	—
秋田	781	—	27	754	169	517	—
山形	5 049	306	3 389	1354	1 088	—	—
福島	384	2	19	363	—	70	2
茨城	58	—	—	58	・	—	—
栃木	1 045	—	75	970	943	495	—
群馬	221	—	22	199	—	103	—
埼玉	43 779	236	32 748	10 795	10 479	32 504	1
千葉	70 963	2 483	32 224	36 256	7 439	8 019	1 581
東京	354 628	23 101	219 535	111 992	45 566	140 891	19 132
神奈川	159 732	3 759	141 265	14 708	5 147	40 015	680
新潟	24 551	1 528	19 990	3 033	2 541	6 460	—
富山	15 406	972	10 486	3 948	494	4 637	972
石川	—	—	—	—	—	—	—
福井	16	—	8	8	—	16	—
山梨	318	—	125	193	—	—	—
長野	13 771	1 018	10 016	2 737	148	1 886	1 018
岐阜	60	—	30	30	—	10	—
静岡	129	—	7	122	—	3	—
愛知	116 993	4 864	104 861	7 268	5 217	17 713	3 318
三重	6 542	64	5 253	1 225	—	11	—
滋賀	11 309	511	10 235	563	563	1 668	511
京都	38 746	1 266	30 649	6 831	396	2 015	810
大阪	29 953	1 693	21 900	6 360	5 144	7 848	1 693
兵庫	146 068	7 060	119 129	19 879	2 482	37 513	6 505
奈良	5 597	227	5 247	123	—	5	—
和歌山	11 046	532	10 475	39	—	1 707	460
鳥取	419	—	6	413	—	40	—
島根	215	—	28	187	—	42	—
岡山	28 831	3 689	22 291	2 851	—	4 610	3 689
広島	13 584	2 140	11 388	56	—	3 632	2 092
山口	—	—	—	—	—	—	—
徳島	2 496	—	436	2 060	・	1 276	—
香川	10 226	1 636	8 499	91	—	3 652	1 636
愛媛	15 188	1 844	7 801	5 543	155	6 893	1 844
高知	12 599	590	7 315	4 694	205	3 202	590
福岡	30 718	1 297	27 754	1 667	—	208	91
佐賀	150	—	26	124	・	35	—
長崎	10 732	1 269	7 598	1 865	953	6 701	1 147
熊本	1	—	—	1	—	—	—
大分	9 848	166	9 542	140	50	1 142	166
宮崎	12 848	—	11 288	1 560	1 295	6 571	—
鹿児島	20 291	4 023	16 016	252	—	5 926	—
沖縄	7 621	445	7 046	130	—	445	445
指定都市・特別区(再掲)							
東京都区部	334 283	22 501	203 089	108 693	45 566	138 358	18 671
札幌市	—	—	—	—	—	—	—
仙台市	51 895	542	43 323	8 030	—	1 840	—
さいたま市	24 913	1	18 457	6 455	6 170	24 913	1
千葉市	68	—	34	34	—	68	—
横浜市	103 870	2 756	101 114	—	—	23 409	—
川崎市	34 407	353	30 432	3 622	—	1 021	150
相模原市	2 965	—	7	2 958	2 947	2 965	—
新潟市	24 059	1 528	19 990	2 541	2 541	5 968	—
静岡市	—	—	—	—	—	—	—
浜松市	—	—	—	—	—	—	—
名古屋市	94 377	1 860	87 763	4 754	2 740	10 500	314
京都市	38 057	1 266	30 647	6 144	396	1 761	810
大阪市	—	—	—	—	—	—	—
堺市	—	—	—	—	—	—	—
神戸市	99 406	3 886	79 888	15 632	328	26 889	3 886
岡山市	16 802	1 866	12 085	2 851	—	2 779	1 866
広島市	—	—	—	—	—	—	—

注 1）「(再掲）歯周疾患検診」は，政令市及び特別区が設置する保健所の報告表の項目である．

《都道府県―指定都市・特別区―中核市―その他政令市，個別―集団・対象区分別》

（令和元年度）

人員							
別			集団				
乳幼児	その他	（再掲）歯周疾患検診[1]	総数	妊産婦	乳幼児	その他	（再掲）歯周疾患検診[1]
153 895	151 881	78 381	944 936	18 931	817 521	108 484	12 095
651	99	2	3 184	11	3 029	144	—
3 055	33	—	6 691	40	6 586	65	—
—	—	—	575	—	23	552	—
1 794	46	—	50 055	542	41 529	7 984	—
13	504	169	264	—	14	250	—
—	—	—	5 049	306	3 389	1 354	1 088
15	53	—	314	—	4	310	—
—	—	・	58	—	—	58	・
—	495	495	550	—	75	475	448
2	101	—	118	—	20	98	—
21 867	10 636	10 351	11 275	235	10 881	159	128
3 762	2 676	2 578	62 944	902	28 462	33 580	4 861
23 426	98 333	45 566	213 737	3 969	196 109	13 659	—
29 882	9 453	4 161	119 717	3 079	111 383	5 255	986
3 427	3 033	2 541	18 091	1 528	16 563	—	—
2 050	1 615	494	10 769	—	8 436	2 333	—
—	—	—	—	—	—	—	—
8	8	—	—	—	—	—	—
—	—	—	318	—	125	193	—
868	—	—	11 885	—	9 148	2 737	148
5	5	—	50	—	25	25	—
3	—	—	126	—	4	122	—
10 238	4 157	3 391	99 280	1 546	94 623	3 111	1 826
11	—	—	6 531	64	5 242	1 225	—
594	563	563	9 641	—	9 641	—	—
557	648	396	36 731	456	30 092	6 183	—
773	5 382	5 144	22 105	—	21 127	978	—
28 546	2 462	539	108 555	555	90 583	17 417	1 943
—	5	—	5 592	227	5 247	118	—
1 208	39	—	9 339	72	9 267	—	—
2	38	—	379	—	4	375	—
21	21	—	173	—	7	166	—
8	913	—	24 221	—	22 283	1 938	—
1 523	17	—	9 952	48	9 865	39	—
—	—	—	—	—	—	—	—
226	1 050	・	1 220	—	210	1 010	・
2 016	—	—	6 574	—	6 483	91	—
147	4 902	—	8 295	—	7 654	641	155
1 258	1 354	—	9 397	—	6 057	3 340	205
36	81	—	30 510	1 206	27 718	1 586	—
18	17	・	115	—	8	107	・
4 029	1 525	646	4 031	122	3 569	340	307
—	—	—	1	—	—	1	—
926	50	50	8 706	—	8 616	90	—
5 011	1 560	1 295	6 277	—	6 277	—	—
5 919	7	—	14 365	4 023	10 097	245	—
—	—	—	7 176	—	7 046	130	—
23 426	96 261	45 566	195 925	3 830	179 663	12 432	—
—	—	—	—	—	—	—	—
1 794	46	—	50 055	542	41 529	7 984	—
18 457	6 455	6 170	—	—	—	—	—
34	34	—	—	—	—	—	—
23 409	—	—	80 461	2 756	77 705	—	—
514	357	—	33 386	203	29 918	3 265	—
7	2 958	2 947	—	—	—	—	—
3 427	2 541	2 541	18 091	1 528	16 563	—	—
—	—	—	—	—	—	—	—
—	—	—	—	—	—	—	—
8 541	1 645	914	83 877	1 546	79 222	3 109	1 826
555	396	396	36 296	456	30 092	5 748	—
—	—	—	—	—	—	—	—
—	—	—	—	—	—	—	—
21 737	1 266	164	72 517	—	58 151	14 366	164
—	913	—	14 023	—	12 085	1 938	—
—	—	—	—	—	—	—	—

出典　厚生労働省「令和元年度地域保健・健康増進事業報告（地域保健編）」（政府統計の総合窓口 e-Stat より）

（表Ⅰ-3-6-(1) つづき）

	延						
	総 数					個	
	総 数	妊産婦	乳幼児	その他	（再掲）歯周疾患検診[1]	総 数	妊産婦
指定都市・特別区（再掲）続き							
北九州市	—	—	—	—	—	—	—
福岡市	26 769	769	26 000	—	—	—	—
熊本市	—	—	—	—	—	—	—
中核市（再掲）							
旭川市	542	369	112	61	2	530	369
函館市	—	—	—	—	—	—	—
青森市	3 834	40	3 762	32	—	124	—
八戸市	6 491	669	5 822	—	—	3 567	669
盛岡市	—	—	—	—	—	—	—
秋田市	447	—	—	447	169	447	—
山形市	5 049	306	3 389	1 354	1 088	—	—
郡山市	—	—	—	—	—	—	—
いわき市	25	2	13	10	—	25	2
福島市	—	—	—	—	—	—	—
宇都宮市	943	—	—	943	943	495	—
前橋市	—	—	—	—	—	—	—
高崎市	—	—	—	—	—	—	—
川越市	7 227	122	6 977	128	128	145	—
越谷市	—	—	—	—	—	—	—
川口市	11 608	113	7 314	4 181	4 181	7 446	—
船橋市	50 902	2 059	19 180	29 663	7 225	5 010	1 581
柏市	19 939	424	13 010	6 505	214	2 935	—
八王子市	—	—	—	—	—	—	—
横須賀市	4 778	490	1 943	2 345	1 329	3 679	475
富山市	15 267	972	10 464	3 831	494	4 571	972
金沢市	—	—	—	—	—	—	—
福井市	—	—	—	—	—	—	—
甲府市	—	—	—	—	—	—	—
長野市	13 771	1 018	10 016	2 737	148	1 886	1 018
岐阜市	—	—	—	—	—	—	—
豊橋市	10 146	1 410	7 898	838	838	3 940	1 410
豊田市	—	—	—	—	—	—	—
岡崎市	12 427	1 593	9 195	1 639	1 639	3 232	1 593
大津市	10 929	511	9 855	563	563	1 288	511
高槻市	—	—	—	—	—	—	—
東大阪市	7 241	888	6 353	—	—	888	888
豊中市	11 076	28	7 483	3 565	3 423	3 593	28
枚方市	11 636	777	8 064	2 795	1 721	3 367	777
八尾市	—	—	—	—	—	—	—
寝屋川市	—	—	—	—	—	—	—
姫路市	12 284	642	11 642	—	—	642	642
西宮市	10 350	1 636	7 835	879	—	4 021	1 636
尼崎市	23 782	896	19 755	3 131	2 154	5 772	341
明石市	—	—	—	—	—	—	—
奈良市	5 474	227	5 247	—	—	—	—
和歌山市	10 981	532	10 447	2	—	1 642	460
鳥取市	160	—	—	160	—	36	—
松江市	—	—	—	—	—	—	—
倉敷市	12 021	1 823	10 198	—	—	1 823	1 823
福山市	9 517	1 561	7 956	—	—	2 972	1 561
呉市	3 955	579	3 376	—	—	626	531
下関市	—	—	—	—	—	—	—
高松市	10 135	1 636	8 499	—	—	3 652	1 636
松山市	14 274	1 844	7 746	4 684	155	6 397	1 844
高知市	12 129	590	7 303	4 236	205	3 084	590
久留米市	—	—	—	—	—	—	—
長崎市	—	—	—	—	—	—	—
佐世保市	10 732	1 269	7 598	1 865	953	6 701	1 147
大分市	9 758	166	9 542	50	50	1 142	166
宮崎市	12 848	—	11 288	1 560	1 295	6 571	—
鹿児島市	20 061	4 023	15 793	245	—	5 905	—
那覇市	7 401	445	6 956	—	—	445	445
その他政令市（再掲）							
小樽市	3 256	—	3 255	1	—	536	—
町田市	20 345	600	16 446	3 299	—	2 533	461
藤沢市	—	—	—	—	—	—	—
茅ヶ崎市	6 235	116	5 054	1 065	871	2 498	11
四日市市	6 542	64	5 253	1 225	—	11	—
大牟田市	3 944	528	1 754	1 662	—	208	91

（令和元年度）

人員							
別			集団				
乳幼児	その他	（再掲）歯周疾患検診[1]	総数	妊産婦	乳幼児	その他	（再掲）歯周疾患検診[1]
—	—	—	—	—	—	—	—
—	—	—	26 769	769	26 000	—	—
—	—	—	—	—	—	—	—
100	61	2	12	—	12	—	—
—	—	—	—	—	—	—	—
124	—	—	3 710	40	3 638	32	—
2 898	—	—	2 924	—	2 924	—	—
—	—	—	—	—	—	—	—
—	447	169	—	—	—	—	—
—	—	—	5 049	306	3 389	1 354	1 088
—	—	—	—	—	—	—	—
13	10	—	—	—	—	—	—
—	—	—	—	—	—	—	—
—	495	495	448	—	—	448	448
—	—	—	—	—	—	—	—
—	—	—	—	—	—	—	—
145	—	—	7 082	122	6 832	128	128
—	—	—	—	—	—	—	—
3 265	4 181	4 181	4 162	113	4 049	—	—
1 071	2 364	2 364	45 886	478	18 109	27 299	4 861
2 657	278	214	17 004	424	10 353	6 227	—
—	—	—	—	—	—	—	—
1 845	1 359	343	1 099	15	98	986	986
2 035	1 564	494	10 696	—	8 429	2 267	—
—	—	—	—	—	—	—	—
—	—	—	—	—	—	—	—
—	—	—	—	—	—	—	—
868	—	—	11 885	—	9 148	2 737	148
—	—	—	—	—	—	—	—
1 692	838	838	6 206	—	6 206	—	—
—	—	—	—	—	—	—	—
—	1 639	1 639	9 195	—	9 195	—	—
214	563	563	9 641	—	9 641	—	—
—	—	—	—	—	—	—	—
—	—	—	6 353	—	6 353	—	—
—	3 565	3 423	7 483	—	7 483	—	—
773	1 817	1 721	8 269	—	7 291	978	—
—	—	—	—	—	—	—	—
—	—	—	—	—	—	—	—
—	—	—	11 642	—	11 642	—	—
1 744	641	—	6 329	—	6 091	238	—
5 056	375	375	18 010	555	14 699	2 756	1 779
—	—	—	—	—	—	—	—
—	—	—	5 474	227	5 247	—	—
1 180	2	—	9 339	72	9 267	—	—
—	36	—	124	—	—	124	—
—	—	—	—	—	—	—	—
—	—	—	10 198	—	10 198	—	—
1 411	—	—	6 545	—	6 545	—	—
95	—	—	3 329	48	3 281	—	—
—	—	—	—	—	—	—	—
2 016	—	—	6 483	—	6 483	—	—
102	4 451	—	7 877	—	7 644	233	155
1 258	1 236	—	9 045	—	6 045	3 000	205
—	—	—	—	—	—	—	—
—	—	—	—	—	—	—	—
4 029	1 525	646	4 031	122	3 569	340	307
926	50	50	8 616	—	8 616	—	—
5 011	1 560	1 295	6 277	—	6 277	—	—
5 905	—	—	14 156	4 023	9 888	245	—
—	—	—	6 956	—	6 956	—	—
535	1	—	2 720	—	2 720	—	—
—	2 072	—	17 812	139	16 446	1 227	—
—	—	—	—	—	—	—	—
1 603	884	871	3 737	105	3 451	181	—
11	—	—	6 531	64	5 242	1 225	—
36	81	—	3 736	437	1 718	1 581	—

表Ⅰ-3-6-(2) 前表の内，医療機関等へ委託した受診延人員

	（再掲）						
	総数					個	
	総数	妊産婦	乳幼児	その他	（再掲）歯周疾患検診[1]	総数	妊産婦
全国	269 791	46 447	85 693	137 651	76 353	240 928	46 447
北海道	371	369	—	2	2	371	369
青森	669	669	—	—	—	669	669
岩手	1	—	—	1	—	—	—
宮城	—	—	—	—	—	—	—
秋田	447	—	—	447	169	447	—
山形	1 088	—	—	1 088	1 088	—	—
福島	—	—	—	—	—	—	—
茨城	—	—	—	—	・	—	—
栃木	943	—	—	943	943	495	—
群馬	—	—	—	—	—	—	—
埼玉	31 636	—	21 722	9 914	9 914	31 636	—
千葉	3 124	1 581	—	1 543	1 543	3 124	1 581
東京	162 262	19 083	43 886	99 293	45 496	137 953	19 083
神奈川	6 257	475	1 610	4 172	4 161	6 257	475
新潟	6 460	—	3 427	3 033	2 541	6 460	—
富山	1 466	972	—	494	494	1 466	972
石川	—	—	—	—	—	—	—
福井	—	—	—	—	—	—	—
山梨	—	—	—	—	—	—	—
長野	1 018	1 018	—	—	—	1 018	1 018
岐阜	—	—	—	—	—	—	—
静岡	—	—	—	—	—	—	—
愛知	9 957	3 003	4 477	2 477	2 477	7 162	3 003
三重	—	—	—	—	—	—	—
滋賀	1 074	511	—	563	563	1 074	511
京都	—	—	—	—	—	—	—
大阪	6 809	1 665	—	5 144	5 144	6 809	1 665
兵庫	7 208	6 164	—	1 044	—	7 208	6 164
奈良	—	—	—	—	—	—	—
和歌山	462	460	1	1	—	462	460
鳥取	—	—	—	—	—	—	—
島根	14	—	7	7	—	—	—
岡山	4 602	3 689	—	913	—	4 602	3 689
広島	2 092	2 092	—	—	—	2 092	2 092
山口	—	—	—	—	—	—	—
徳島	—	—	—	—	・	—	—
香川	3 652	1 636	2 016	—	—	3 652	1 636
愛媛	6 295	1 844	—	4 451	—	6 295	1 844
高知	736	531	—	205	205	531	531
福岡	2	—	—	2	—	—	—
佐賀	—	—	—	—	・	—	—
長崎	858	240	—	618	318	858	240
熊本	1	—	—	1	—	—	—
大分	—	—	—	—	—	—	—
宮崎	6 114	—	4 819	1 295	1 295	6 114	—
鹿児島	3 728	—	3 728	—	—	3 728	—
沖縄	445	445	—	—	—	445	445
指定都市・特別区(再掲)							
東京都区部	159 729	18 622	43 886	97 221	45 496	135 420	18 622
札幌市	—	—	—	—	—	—	—
仙台市	—	—	—	—	—	—	—
さいたま市	24 190	—	18 457	5 733	5 733	24 190	—
千葉市	—	—	—	—	—	—	—
横浜市	—	—	—	—	—	—	—
川崎市	—	—	—	—	—	—	—
相模原市	2 958	—	—	2 958	2 947	2 958	—
新潟市	5 968	—	3 427	2 541	2 541	5 968	—
静岡市	—	—	—	—	—	—	—
浜松市	—	—	—	—	—	—	—
名古屋市	—	—	—	—	—	—	—
京都市	—	—	—	—	—	—	—
大阪市	—	—	—	—	—	—	—
堺市	—	—	—	—	—	—	—
神戸市	4 930	3 886	—	1 044	—	4 930	3 886
岡山市	2 779	1 866	—	913	—	2 779	1 866
広島市	—	—	—	—	—	—	—

注 1）「（再掲）歯周疾患検診」は，政令市及び特別区が設置する保健所の報告表の項目である．

《都道府県―指定都市・特別区―中核市―その他政令市，個別―集団・対象区分別》

（令和元年度）

医療機関等へ委託							
別			集団				
乳幼児	その他	（再掲）歯周疾患検診[1)]	総数	妊産婦	乳幼児	その他	（再掲）歯周疾患検診[1)]
60 094	134 387	74 612	28 863	—	25 599	3 264	1 741
—	2	2	—	—	—	—	—
—	—	—	—	—	—	—	—
—	—	—	1	—	—	1	—
—	—	—	—	—	—	—	—
—	447	169	—	—	—	—	—
—	—	—	1 088	—	—	1 088	1 088
—	—	—	—	—	—	—	—
—	—	·	—	—	—	—	·
—	495	495	448	—	—	448	448
—	—	—	—	—	—	—	—
21 722	9 914	9 914	—	—	—	—	—
—	1 543	1 543	—	—	—	—	—
21 089	97 781	45 496	24 309	—	22 797	1 512	—
1 610	4 172	4 161	—	—	—	—	—
3 427	3 033	2 541	—	—	—	—	—
—	494	494	—	—	—	—	—
—	—	—	—	—	—	—	—
—	—	—	—	—	—	—	—
—	—	—	—	—	—	—	—
—	—	—	—	—	—	—	—
—	—	—	—	—	—	—	—
—	—	—	—	—	—	—	—
1 682	2 477	2 477	2 795	—	2 795	—	—
—	—	—	—	—	—	—	—
—	563	563	—	—	—	—	—
—	—	—	—	—	—	—	—
—	5 144	5 144	—	—	—	—	—
—	1 044	—	—	—	—	—	—
—	—	—	—	—	—	—	—
1	1	—	—	—	—	—	—
—	—	—	—	—	—	—	—
—	—	—	14	—	7	7	—
—	913	—	—	—	—	—	—
—	—	—	—	—	—	—	—
—	—	—	—	—	—	—	—
—	—	·	—	—	—	—	·
2 016	—	—	—	—	—	—	—
—	4 451	—	—	—	—	—	—
—	—	—	205	—	—	205	205
—	—	—	2	—	—	2	—
—	—	·	—	—	—	—	·
—	618	318	—	—	—	—	—
—	—	—	1	—	—	1	—
—	—	—	—	—	—	—	—
4 819	1 295	1 295	—	—	—	—	—
3 728	—	—	—	—	—	—	—
—	—	—	—	—	—	—	—
21 089	95 709	45 496	24 309	—	22 797	1 512	—
—	—	—	—	—	—	—	—
—	—	—	—	—	—	—	—
18 457	5 733	5 733	—	—	—	—	—
—	—	—	—	—	—	—	—
—	—	—	—	—	—	—	—
—	—	—	—	—	—	—	—
—	2 958	2 947	—	—	—	—	—
3 427	2 541	2 541	—	—	—	—	—
—	—	—	—	—	—	—	—
—	—	—	—	—	—	—	—
—	—	—	—	—	—	—	—
—	—	—	—	—	—	—	—
—	—	—	—	—	—	—	—
—	—	—	—	—	—	—	—
—	1 044	—	—	—	—	—	—
—	913	—	—	—	—	—	—
—	—	—	—	—	—	—	—

（表Ⅰ-3-6-(2)つづき）

	（再掲）						
	総数					個	
	総数	妊産婦	乳幼児	その他	（再掲）歯周疾患検診[1]	総数	妊産婦
指定都市・特別区(再掲)続き							
北九州市	—	—	—	—	—	—	—
福岡市	—	—	—	—	—	—	—
熊本市	—	—	—	—	—	—	—
中核市（再掲）							
旭川市	371	369	—	2	2	371	369
函館市	—	—	—	—	—	—	—
青森市	—	—	—	—	—	—	—
八戸市	669	669	—	—	—	669	669
盛岡市	—	—	—	—	—	—	—
秋田市	447	—	—	447	169	447	—
山形市	1 088	—	—	1 088	1 088	—	—
郡山市	—	—	—	—	—	—	—
いわき市	—	—	—	—	—	—	—
福島市	—	—	—	—	—	—	—
宇都宮市	943	—	—	943	943	495	—
前橋市	—	—	—	—	—	—	—
高崎市	—	—	—	—	—	—	—
川越市	—	—	—	—	—	—	—
越谷市	—	—	—	—	—	—	—
川口市	7 446	—	3 266	4 181	4 181	7 446	—
船橋市	2 910	1 581	—	1 329	1 329	2 910	1 581
柏市	214	—	—	214	214	214	—
八王子市	—	—	—	—	—	—	—
横須賀市	2 428	475	1 610	343	343	2 428	475
富山市	1 466	972	—	494	494	1 466	972
金沢市	—	—	—	—	—	—	—
福井市	—	—	—	—	—	—	—
甲府市	—	—	—	—	—	—	—
長野市	1 018	1 018	—	—	—	1 018	1 018
岐阜市	—	—	—	—	—	—	—
豊橋市	3 930	1 410	1 682	838	838	3930	1 410
豊田市	—	—	—	—	—	—	—
岡崎市	6 027	1 593	2 795	1 639	1 639	3 232	1 593
大津市	1 074	511	—	563	563	1 074	511
高槻市	—	—	—	—	—	—	—
東大阪市	888	888	—	—	—	888	888
豊中市	3 423	—	—	3 423	3 423	3 423	—
枚方市	2 498	777	—	1 721	1 721	2 498	777
八尾市	—	—	—	—	—	—	—
寝屋川市	—	—	—	—	—	—	—
姫路市	642	642	—	—	—	642	642
西宮市	1 636	1 636	—	—	—	1 636	1 636
尼崎市	—	—	—	—	—	—	—
明石市	—	—	—	—	—	—	—
奈良市	—	—	—	—	—	—	—
和歌山市	460	460	—	—	—	460	460
鳥取市	—	—	—	—	—	—	—
松江市	—	—	—	—	—	—	—
倉敷市	1 823	1 823	—	—	—	1 823	1 823
福山市	1 561	1 561	—	—	—	1 561	1 561
呉市	531	531	—	—	—	531	531
下関市	—	—	—	—	—	—	—
高松市	3 652	1 636	2 016	—	—	3 652	1 636
松山市	6 295	1 844	—	4 451	—	6 295	1 844
高知市	736	531	—	205	205	531	531
久留米市	—	—	—	—	—	—	—
長崎市	—	—	—	—	—	—	—
佐世保市	858	240	—	618	318	858	240
大分市	—	—	—	—	—	—	—
宮崎市	6 114	—	4 819	1 295	1 295	6 114	—
鹿児島市	3 728	—	3 728	—	—	3 728	—
那覇市	445	445	—	—	—	445	445
その他政令市（再掲）							
小樽市	—	—	—	—	—	—	—
町田市	2 533	461	—	2 072	—	2 533	461
藤沢市	—	—	—	—	—	—	—
茅ヶ崎市	871	—	—	871	871	871	—
四日市市	—	—	—	—	—	—	—
大牟田市	—	—	—	—	—	—	—

（令和元年度）

医療機関等へ委託							
別			集団				
乳幼児	その他	（再掲）歯周疾患検診[1]	総数	妊産婦	乳幼児	その他	（再掲）歯周疾患検診[1]
—	—	—	—	—	—	—	—
—	—	—	—	—	—	—	—
—	—	—	—	—	—	—	—
—	2	2	—	—	—	—	—
—	—	—	—	—	—	—	—
—	—	—	—	—	—	—	—
—	—	—	—	—	—	—	—
—	—	—	—	—	—	—	—
—	447	169	—	—	—	—	—
—	—	—	1 088	—	—	1 088	1 088
—	—	—	—	—	—	—	—
—	—	—	—	—	—	—	—
—	—	—	—	—	—	—	—
—	495	495	448	—	—	448	448
—	—	—	—	—	—	—	—
—	—	—	—	—	—	—	—
—	—	—	—	—	—	—	—
—	—	—	—	—	—	—	—
3 265	4 181	4 181	—	—	—	—	—
—	1 329	1 329	—	—	—	—	—
—	214	214	—	—	—	—	—
—	—	—	—	—	—	—	—
1 610	343	343	—	—	—	—	—
—	494	494	—	—	—	—	—
—	—	—	—	—	—	—	—
—	—	—	—	—	—	—	—
—	—	—	—	—	—	—	—
—	—	—	—	—	—	—	—
—	—	—	—	—	—	—	—
1 682	838	838	—	—	—	—	—
—	—	—	—	—	—	—	—
—	1 639	1 639	2 795	—	2 795	—	—
—	563	563	—	—	—	—	—
—	—	—	—	—	—	—	—
—	—	—	—	—	—	—	—
—	3 423	3 423	—	—	—	—	—
—	1 721	1 721	—	—	—	—	—
—	—	—	—	—	—	—	—
—	—	—	—	—	—	—	—
—	—	—	—	—	—	—	—
—	—	—	—	—	—	—	—
—	—	—	—	—	—	—	—
—	—	—	—	—	—	—	—
—	—	—	—	—	—	—	—
—	—	—	—	—	—	—	—
—	—	—	—	—	—	—	—
—	—	—	—	—	—	—	—
—	—	—	—	—	—	—	—
—	—	—	—	—	—	—	—
—	—	—	—	—	—	—	—
—	—	—	—	—	—	—	—
2 016	—	—	—	—	—	—	—
—	4 451	—	—	—	—	—	—
—	—	—	205	—	—	205	205
—	—	—	—	—	—	—	—
—	—	—	—	—	—	—	—
—	618	318	—	—	—	—	—
—	—	—	—	—	—	—	—
4 819	1 295	1 295	—	—	—	—	—
3 728	—	—	—	—	—	—	—
—	—	—	—	—	—	—	—
—	—	—	—	—	—	—	—
—	2 072	—	—	—	—	—	—
—	—	—	—	—	—	—	—
—	871	871	—	—	—	—	—
—	—	—	—	—	—	—	—
—	—	—	—	—	—	—	—

表Ⅰ-3-7　保健所が実施した訪問による歯科健診及び保健指導の受診実人員─延人員・医療機関等へ

	総数		（再掲）身体障害者（児）・知的障害者（児）・精神障害者		（再掲）医療機関等へ委託		（再掲）身体障害者（児）・知的障害者（児）・精神障害者	
	実人員	延人員	実人員	延人員	実人員	延人員	実人員	延人員
全国	9 069	12 532	3 439	3 696	4 694	6 824	638	638
北海道	317	414	264	343	—	—	—	—
青森	21	21	21	21	—	—	—	—
岩手	—	—	—	—	—	—	—	—
宮城	92	92	92	92	—	—	—	—
秋田	—	—	—	—	—	—	—	—
山形	—	—	—	—	—	—	—	—
福島	226	252	160	162	—	—	—	—
茨城	52	52	45	45	—	—	—	—
栃木	—	—	—	—	—	—	—	—
群馬	1	2	—	—	—	—	—	—
埼玉	876	930	638	692	238	238	—	—
千葉	552	817	212	267	—	—	—	—
東京	4 082	6 217	293	297	3 989	6 119	201	201
神奈川	94	121	46	57	—	—	—	—
新潟	49	49	18	18	48	48	18	18
富山	1	1	1	1	—	—	—	—
石川	—	—	—	—	—	—	—	—
福井	—	—	—	—	—	—	—	—
山梨	—	—	—	—	—	—	—	—
長野	27	27	27	27	25	25	25	25
岐阜	—	—	—	—	—	—	—	—
静岡	35	35	—	—	—	—	—	—
愛知	187	187	176	176	—	—	—	—
三重	5	5	—	—	—	—	—	—
滋賀	711	744	610	643	—	—	—	—
京都	—	—	—	—	—	—	—	—
大阪	220	237	220	237	207	207	207	207
兵庫	109	898	20	20	—	—	—	—
奈良	17	31	2	2	—	—	—	—
和歌山	—	—	—	—	—	—	—	—
鳥取	—	—	—	—	—	—	—	—
島根	1	1	1	1	—	—	—	—
岡山	187	187	187	187	187	187	187	187
広島	—	—	—	—	—	—	—	—
山口	—	—	—	—	—	—	—	—
徳島	615	615	91	91	—	—	—	—
香川	—	—	—	—	—	—	—	—
愛媛	23	23	23	23	—	—	—	—
高知	4	5	4	5	—	—	—	—
福岡	—	—	—	—	—	—	—	—
佐賀	248	248	244	244	—	—	—	—
長崎	—	—	—	—	—	—	—	—
熊本	—	—	—	—	—	—	—	—
大分	—	—	—	—	—	—	—	—
宮崎	172	172	—	—	—	—	—	—
鹿児島	59	63	44	45	—	—	—	—
沖縄	86	86	—	—	—	—	—	—
指定都市・特別区(再掲)								
東京都区部	4 082	6 217	293	297	3 989	6 119	201	201
札幌市	—	—	—	—	—	—	—	—
仙台市	92	92	92	92	—	—	—	—
さいたま市	—	—	—	—	—	—	—	—
千葉市	—	—	—	—	—	—	—	—
横浜市	—	—	—	—	—	—	—	—
川崎市	6	6	3	3	—	—	—	—
相模原市	—	—	—	—	—	—	—	—
新潟市	—	—	—	—	—	—	—	—
静岡市	—	—	—	—	—	—	—	—
浜松市	—	—	—	—	—	—	—	—
名古屋市	181	181	176	176	—	—	—	—
京都市	—	—	—	—	—	—	—	—
大阪市	—	—	—	—	—	—	—	—
堺市	—	—	—	—	—	—	—	—
神戸市	81	870	—	—	—	—	—	—
岡山市	—	—	—	—	—	—	—	—
広島市	—	—	—	—	—	—	—	—

出典　厚生労働省「令和元年度地域保健・健康増進事業報告（地域保健編）」（政府統計の総合窓口 e-Stat より）

委託した受診実人員—延人員《都道府県—指定都市・特別区—中核市—その他政令市，対象区分別》(令和元年度)

	総数		(再掲) 身体障害者(児)・知的障害者(児)・精神障害者		(再掲) 医療機関等へ委託		(再掲) 身体障害者(児)・知的障害者(児)・精神障害者	
	実人員	延人員	実人員	延人員	実人員	延人員	実人員	延人員
北九州市	—	—	—	—	—	—	—	—
福岡市	—	—	—	—	—	—	—	—
熊本市	—	—	—	—	—	—	—	—
中核市(再掲)								
旭川市	—	—	—	—	—	—	—	—
函館市	—	—	—	—	—	—	—	—
青森市	—	—	—	—	—	—	—	—
八戸市	—	—	—	—	—	—	—	—
盛岡市	—	—	—	—	—	—	—	—
秋田市	—	—	—	—	—	—	—	—
山形市	—	—	—	—	—	—	—	—
郡山市	—	—	—	—	—	—	—	—
いわき市	1	1	—	—	—	—	—	—
福島市	—	—	—	—	—	—	—	—
宇都宮市	—	—	—	—	—	—	—	—
前橋市	—	—	—	—	—	—	—	—
高崎市	—	—	—	—	—	—	—	—
川越市	638	692	638	692	—	—	—	—
越谷市	—	—	—	—	—	—	—	—
川口市	238	238	—	—	238	238	—	—
船橋市	214	269	212	267	—	—	—	—
柏市	338	548	—	—	—	—	—	—
八王子市	—	—	—	—	—	—	—	—
横須賀市	2	2	2	2	—	—	—	—
富山市	—	—	—	—	—	—	—	—
金沢市	—	—	—	—	—	—	—	—
福井市	—	—	—	—	—	—	—	—
甲府市	—	—	—	—	—	—	—	—
長野市	—	—	—	—	—	—	—	—
岐阜市	—	—	—	—	—	—	—	—
豊橋市	2	2	—	—	—	—	—	—
豊田市	—	—	—	—	—	—	—	—
岡崎市	—	—	—	—	—	—	—	—
大津市	2	2	2	2	—	—	—	—
高槻市	3	3	3	3	—	—	—	—
東大阪市	—	—	—	—	—	—	—	—
豊中市	2	16	2	16	—	—	—	—
枚方市	207	207	207	207	207	207	207	207
八尾市	—	—	—	—	—	—	—	—
寝屋川市	—	—	—	—	—	—	—	—
姫路市	—	—	—	—	—	—	—	—
西宮市	—	—	—	—	—	—	—	—
尼崎市	—	—	—	—	—	—	—	—
明石市	—	—	—	—	—	—	—	—
奈良市	—	—	—	—	—	—	—	—
和歌山市	—	—	—	—	—	—	—	—
鳥取市	—	—	—	—	—	—	—	—
松江市	—	—	—	—	—	—	—	—
倉敷市	187	187	187	187	187	187	187	187
福山市	—	—	—	—	—	—	—	—
呉市	—	—	—	—	—	—	—	—
下関市	—	—	—	—	—	—	—	—
高松市	—	—	—	—	—	—	—	—
松山市	—	—	—	—	—	—	—	—
高知市	4	5	4	5	—	—	—	—
久留米市	—	—	—	—	—	—	—	—
長崎市	—	—	—	—	—	—	—	—
佐世保市	—	—	—	—	—	—	—	—
大分市	—	—	—	—	—	—	—	—
宮崎市	172	172	—	—	—	—	—	—
鹿児島市	—	—	—	—	—	—	—	—
那覇市	—	—	—	—	—	—	—	—
その他政令市(再掲)								
小樽市	64	124	64	124	—	—	—	—
町田市	—	—	—	—	—	—	—	—
藤沢市	—	—	—	—	—	—	—	—
茅ヶ崎市	24	25	21	21	—	—	—	—
四日市市	5	5	—	—	—	—	—	—
大牟田市	—	—	—	—	—	—	—	—

表Ⅰ-3-8 保健所が実施した歯科予防処置及び治療の受診延人員・医療機関等へ

	総数					（再掲）医療機関等へ委託				
	予防処置				治療	予防処置				治療
	総数	妊産婦	乳幼児	その他		総数	妊産婦	乳幼児	その他	
全国	362 569	649	271 575	90 345	4 233	70 348	445	67 970	1 933	2 877
北海道	2 603	—	2 603	—	2 483	—	—	—	—	2 483
青森	3 935	—	3 935	—	—	3 915	—	3 915	—	—
岩手	—	—	—	—	—	—	—	—	—	—
宮城	—	—	—	—	—	—	—	—	—	—
秋田	—	—	—	—	—	—	—	—	—	—
山形	1 590	—	1 590	—	—	—	—	—	—	—
福島	3 599	—	3 599	—	—	—	—	—	—	—
茨城	—	—	—	—	—	—	—	—	—	—
栃木	—	—	—	—	—	—	—	—	—	—
群馬	—	—	—	—	—	—	—	—	—	—
埼玉	20 470	—	20 470	—	—	18 912	—	18 912	—	—
千葉	25 578	—	5 033	20 545	—	1 655	—	1 655	—	—
東京	39 980	—	37 396	2 584	1 750	21 595	—	19 662	1 933	394
神奈川	4 386	—	4 334	52	—	—	—	—	—	—
新潟	15 843	—	15 843	—	—	3 427	—	3 427	—	—
富山	1 508	—	1 508	—	—	—	—	—	—	—
石川	—	—	—	—	—	—	—	—	—	—
福井	—	—	—	—	—	—	—	—	—	—
山梨	—	—	—	—	—	—	—	—	—	—
長野	141 606	—	75 559	66 047	—	—	—	—	—	—
岐阜	—	—	—	—	—	—	—	—	—	—
静岡	—	—	—	—	—	—	—	—	—	—
愛知	25 629	—	25 629	—	—	4 082	—	4 082	—	—
三重	500	—	500	—	—	—	—	—	—	—
滋賀	7 915	—	7 915	—	—	—	—	—	—	—
京都	—	—	—	—	—	—	—	—	—	—
大阪	7 557	—	7 557	—	—	—	—	—	—	—
兵庫	16 429	—	16 429	—	—	483	—	483	—	—
奈良	910	204	706	—	—	—	—	—	—	—
和歌山	—	—	—	—	—	—	—	—	—	—
鳥取	—	—	—	—	—	—	—	—	—	—
島根	—	—	—	—	—	—	—	—	—	—
岡山	2 999	—	2 999	—	—	—	—	—	—	—
広島	1 235	—	1 235	—	—	—	—	—	—	—
山口	—	—	—	—	—	—	—	—	—	—
徳島	—	—	—	—	—	—	—	—	—	—
香川	—	—	—	—	—	—	—	—	—	—
愛媛	307	—	249	58	—	—	—	—	—	—
高知	2 404	—	2 359	45	—	—	—	—	—	—
福岡	1 838	—	1 191	647	—	—	—	—	—	—
佐賀	—	—	—	—	—	—	—	—	—	—
長崎	12	—	12	—	—	—	—	—	—	—
熊本	—	—	—	—	—	—	—	—	—	—
大分	4 571	—	4 571	—	—	—	—	—	—	—
宮崎	11 048	—	10 681	367	—	4 712	—	4 712	—	—
鹿児島	11 122	—	11 122	—	—	11 122	—	11 122	—	—
沖縄	6 995	445	6 550	—	—	445	445	—	—	—
指定都市・特別区（再掲）										
東京都区部	35 465	—	32 881	2 584	1 750	21 595	—	19 662	1 933	394
札幌市	—	—	—	—	—	—	—	—	—	—
仙台市	—	—	—	—	—	—	—	—	—	—
さいたま市	13 548	—	13 548	—	—	13 548	—	13 548	—	—
千葉市	—	—	—	—	—	—	—	—	—	—
横浜市	1 036	—	1 036	—	—	—	—	—	—	—
川崎市	993	—	993	—	—	—	—	—	—	—
相模原市	—	—	—	—	—	—	—	—	—	—
新潟市	15 843	—	15 843	—	—	3 427	—	3 427	—	—
静岡市	—	—	—	—	—	—	—	—	—	—
浜松市	—	—	—	—	—	—	—	—	—	—
名古屋市	16 428	—	16 428	—	—	—	—	—	—	—
京都市	—	—	—	—	—	—	—	—	—	—
大阪市	—	—	—	—	—	—	—	—	—	—
堺市	—	—	—	—	—	—	—	—	—	—
神戸市	13 951	—	13 951	—	—	—	—	—	—	—
岡山市	441	—	441	—	—	—	—	—	—	—
広島市	—	—	—	—	—	—	—	—	—	—

出典 厚生労働省「令和元年度地域保健・健康増進事業報告（地域保健編）」（政府統計の総合窓口 e-Stat より）

委託した受診延人員《都道府県―指定都市・特別区―中核市―その他政令市，対象区分別》

（令和元年度）

	総数					（再掲）医療機関等へ委託				
	予防処置				治療	予防処置				治療
	総数	妊産婦	乳幼児	その他		総数	妊産婦	乳幼児	その他	
北九州市	—	—	—	—	—	—	—	—	—	—
福岡市	188	—	—	188	—	—	—	—	—	—
熊本市	—	—	—	—	—	—	—	—	—	—
中核市（再掲）										
旭川市	623	—	623	—	2 483	—	—	—	—	2 483
函館市	—	—	—	—	—	—	—	—	—	—
青森市	3 935	—	3 935	—	—	3 915	—	3 915	—	—
八戸市	—	—	—	—	—	—	—	—	—	—
盛岡市	—	—	—	—	—	—	—	—	—	—
秋田市	—	—	—	—	—	—	—	—	—	—
山形市	1 590	—	1 590	—	—	—	—	—	—	—
郡山市	—	—	—	—	—	—	—	—	—	—
いわき市	3 599	—	3 599	—	—	—	—	—	—	—
福島市	—	—	—	—	—	—	—	—	—	—
宇都宮市	—	—	—	—	—	—	—	—	—	—
前橋市	—	—	—	—	—	—	—	—	—	—
高崎市	—	—	—	—	—	—	—	—	—	—
川越市	1 558	—	1 558	—	—	—	—	—	—	—
越谷市	—	—	—	—	—	—	—	—	—	—
川口市	5 364	—	5 364	—	—	5 364	—	5 364	—	—
船橋市	23 923	—	3 378	20 545	—	—	—	—	—	—
柏市	1 655	—	1 655	—	—	1 655	—	1 655	—	—
八王子市	—	—	—	—	—	—	—	—	—	—
横須賀市	—	—	—	—	—	—	—	—	—	—
富山市	1 508	—	1 508	—	—	—	—	—	—	—
金沢市	—	—	—	—	—	—	—	—	—	—
福井市	—	—	—	—	—	—	—	—	—	—
甲府市	—	—	—	—	—	—	—	—	—	—
長野市	141 606	—	75 559	66 047	—	—	—	—	—	—
岐阜市	—	—	—	—	—	—	—	—	—	—
豊橋市	6 582	—	6 582	—	—	1 463	—	1 463	—	—
豊田市	—	—	—	—	—	—	—	—	—	—
岡崎市	2 619	—	2 619	—	—	2 619	—	2 619	—	—
大津市	7 541	—	7 541	—	—	—	—	—	—	—
高槻市	—	—	—	—	—	—	—	—	—	—
東大阪市	—	—	—	—	—	—	—	—	—	—
豊中市	466	—	466	—	—	—	—	—	—	—
枚方市	7 091	—	7 091	—	—	—	—	—	—	—
八尾市	—	—	—	—	—	—	—	—	—	—
寝屋川市	—	—	—	—	—	—	—	—	—	—
姫路市	312	—	312	—	—	—	—	—	—	—
西宮市	83	—	83	—	—	—	—	—	—	—
尼崎市	1 600	—	1 600	—	—	—	—	—	—	—
明石市	483	—	483	—	—	483	—	483	—	—
奈良市	910	204	706	—	—	—	—	—	—	—
和歌山市	—	—	—	—	—	—	—	—	—	—
鳥取市	—	—	—	—	—	—	—	—	—	—
松江市	—	—	—	—	—	—	—	—	—	—
倉敷市	2 558	—	2 558	—	—	—	—	—	—	—
福山市	—	—	—	—	—	—	—	—	—	—
呉市	1 235	—	1 235	—	—	—	—	—	—	—
下関市	—	—	—	—	—	—	—	—	—	—
高松市	—	—	—	—	—	—	—	—	—	—
松山市	219	—	219	—	—	—	—	—	—	—
高知市	2 404	—	2 359	45	—	—	—	—	—	—
久留米市	—	—	—	—	—	—	—	—	—	—
長崎市	—	—	—	—	—	—	—	—	—	—
佐世保市	12	—	12	—	—	—	—	—	—	—
大分市	4 571	—	4 571	—	—	—	—	—	—	—
宮崎市	11 048	—	10 681	367	—	4 712	—	4 712	—	—
鹿児島市	11 122	—	11 122	—	—	11 122	—	11 122	—	—
那覇市	6 995	445	6 550	—	—	445	445	—	—	—
その他政令市（再掲）										
小樽市	1 717	—	1 717	—	—	—	—	—	—	—
町田市	4 515	—	4 515	—	—	—	—	—	—	—
藤沢市	—	—	—	—	—	—	—	—	—	—
茅ヶ崎市	242	—	230	12	—	—	—	—	—	—
四日市市	500	—	500	—	—	—	—	—	—	—
大牟田市	1 650	—	1 191	459	—	—	—	—	—	—

表Ⅰ-3-9　保健所が実施した訪問による歯科予防処置及び治療の受診実人員―延人員・医療機関等へ

	総数		(再掲) 身体障害者(児)・知的障害者(児)・精神障害者		(再掲) 医療機関等へ委託		(再掲) 身体障害者(児)・知的障害者(児)・精神障害者	
	実人員	延人員	実人員	延人員	実人員	延人員	実人員	延人員
全国	847	1 728	617	791	197	197	197	197
北海道	104	174	104	174	—	—	—	—
青森	—	—	—	—	—	—	—	—
岩手	—	—	—	—	—	—	—	—
宮城	—	—	—	—	—	—	—	—
秋田	—	—	—	—	—	—	—	—
山形	—	—	—	—	—	—	—	—
福島	—	—	—	—	—	—	—	—
茨城	5	5	4	4	—	—	—	—
栃木	—	—	—	—	—	—	—	—
群馬	—	—	—	—	—	—	—	—
埼玉	—	—	—	—	—	—	—	—
千葉	102	155	102	155	—	—	—	—
東京	…	209	…	…	—	—	—	—
神奈川	9	20	2	20	—	—	—	—
新潟	—	—	—	—	—	—	—	—
富山	—	—	—	—	—	—	—	—
石川	—	—	—	—	—	—	—	—
福井	—	—	—	—	—	—	—	—
山梨	—	—	—	—	—	—	—	—
長野	—	—	—	—	—	—	—	—
岐阜	—	—	—	—	—	—	—	—
静岡	—	—	—	—	—	—	—	—
愛知	32	32	32	32	—	—	—	—
三重	—	—	—	—	—	—	—	—
滋賀	175	208	175	208	—	—	—	—
京都	—	—	—	—	—	—	—	—
大阪	197	197	197	197	197	197	197	197
兵庫	135	640	—	—	—	—	—	—
奈良	—	—	—	—	—	—	—	—
和歌山	—	—	—	—	—	—	—	—
鳥取	—	—	—	—	—	—	—	—
島根	—	—	—	—	—	—	—	—
岡山	—	—	—	—	—	—	—	—
広島	—	—	—	—	—	—	—	—
山口	—	—	—	—	—	—	—	—
徳島	—	—	—	—	—	—	—	—
香川	—	—	—	—	—	—	—	—
愛媛	—	—	—	—	—	—	—	—
高知	1	1	1	1	—	—	—	—
福岡	—	—	—	—	—	—	—	—
佐賀	—	—	—	—	—	—	—	—
長崎	—	—	—	—	—	—	—	—
熊本	—	—	—	—	—	—	—	—
大分	—	—	—	—	—	—	—	—
宮崎	87	87	—	—	—	—	—	—
鹿児島	—	—	—	—	—	—	—	—
沖縄	—	—	—	—	—	—	—	—
指定都市・特別区(再掲)								
東京都区部	…	209	…	…	—	—	—	—
札幌市	—	—	—	—	—	—	—	—
仙台市	—	—	—	—	—	—	—	—
さいたま市	—	—	—	—	—	—	—	—
千葉市	—	—	—	—	—	—	—	—
横浜市	—	—	—	—	—	—	—	—
川崎市	—	—	—	—	—	—	—	—
相模原市	—	—	—	—	—	—	—	—
新潟市	—	—	—	—	—	—	—	—
静岡市	—	—	—	—	—	—	—	—
浜松市	—	—	—	—	—	—	—	—
名古屋市	32	32	32	32	—	—	—	—
京都市	—	—	—	—	—	—	—	—
大阪市	—	—	—	—	—	—	—	—
堺市	—	—	—	—	—	—	—	—
神戸市	135	640	—	—	—	—	—	—
岡山市	—	—	—	—	—	—	—	—
広島市	—	—	—	—	—	—	—	—

出典　厚生労働省「令和元年度地域保健・健康増進事業報告（地域保健編）」（政府統計の総合窓口 e-Statより）

委託した受診実人員―延人員《都道府県―指定都市・特別区―中核市―その他政令市，対象区分別》（令和元年度）

	総数		（再掲）身体障害者（児）・知的障害者（児）・精神障害者		（再掲）医療機関等へ委託		（再掲）身体障害者（児）・知的障害者（児）・精神障害者	
	実人員	延人員	実人員	延人員	実人員	延人員	実人員	延人員
北九州市	—	—	—	—	—	—	—	—
福岡市	—	—	—	—	—	—	—	—
熊本市	—	—	—	—	—	—	—	—
中核市（再掲）								
旭川市	—	—	—	—	—	—	—	—
函館市	—	—	—	—	—	—	—	—
青森市	—	—	—	—	—	—	—	—
八戸市	—	—	—	—	—	—	—	—
盛岡市	—	—	—	—	—	—	—	—
秋田市	—	—	—	—	—	—	—	—
山形市	—	—	—	—	—	—	—	—
郡山市	—	—	—	—	—	—	—	—
いわき市	—	—	—	—	—	—	—	—
福島市	—	—	—	—	—	—	—	—
宇都宮市	—	—	—	—	—	—	—	—
前橋市	—	—	—	—	—	—	—	—
高崎市	—	—	—	—	—	—	—	—
川越市	—	—	—	—	—	—	—	—
越谷市	—	—	—	—	—	—	—	—
川口市	—	—	—	—	—	—	—	—
船橋市	102	155	102	155	—	—	—	—
柏市	—	—	—	—	—	—	—	—
八王子市	—	—	—	—	—	—	—	—
横須賀市	—	—	—	—	—	—	—	—
富山市	—	—	—	—	—	—	—	—
金沢市	—	—	—	—	—	—	—	—
福井市	—	—	—	—	—	—	—	—
甲府市	—	—	—	—	—	—	—	—
長野市	—	—	—	—	—	—	—	—
岐阜市	—	—	—	—	—	—	—	—
豊橋市	—	—	—	—	—	—	—	—
豊田市	—	—	—	—	—	—	—	—
岡崎市	—	—	—	—	—	—	—	—
大津市	2	2	2	2	—	—	—	—
高槻市	—	—	—	—	—	—	—	—
東大阪市	—	—	—	—	—	—	—	—
豊中市	—	—	—	—	—	—	—	—
枚方市	197	197	197	197	197	197	197	197
八尾市	—	—	—	—	—	—	—	—
寝屋川市	—	—	—	—	—	—	—	—
姫路市	—	—	—	—	—	—	—	—
西宮市	—	—	—	—	—	—	—	—
尼崎市	—	—	—	—	—	—	—	—
明石市	—	—	—	—	—	—	—	—
奈良市	—	—	—	—	—	—	—	—
和歌山市	—	—	—	—	—	—	—	—
鳥取市	—	—	—	—	—	—	—	—
松江市	—	—	—	—	—	—	—	—
倉敷市	—	—	—	—	—	—	—	—
福山市	—	—	—	—	—	—	—	—
呉市	—	—	—	—	—	—	—	—
下関市	—	—	—	—	—	—	—	—
高松市	—	—	—	—	—	—	—	—
松山市	—	—	—	—	—	—	—	—
高知市	1	1	1	1	—	—	—	—
久留米市	—	—	—	—	—	—	—	—
長崎市	—	—	—	—	—	—	—	—
佐世保市	—	—	—	—	—	—	—	—
大分市	—	—	—	—	—	—	—	—
宮崎市	87	87	—	—	—	—	—	—
鹿児島市	—	—	—	—	—	—	—	—
那覇市	—	—	—	—	—	—	—	—
その他政令市（再掲）								
小樽市	63	119	63	119	—	—	—	—
町田市	—	—	—	—	—	—	—	—
藤沢市	—	—	—	—	—	—	—	—
茅ヶ崎市	—	—	—	—	—	—	—	—
四日市市	—	—	—	—	—	—	—	—
大牟田市	—	—	—	—	—	—	—	—

表Ⅰ-3-10-(1) 市区町村が実施した歯科健診及び保健指導の受診延人員―

	延						
	総数					個	
	総数	妊産婦	乳幼児	その他	（再掲）歯周疾患検診	総数	妊産婦
全国	4 575 856	306 465	3 345 648	923 743	368 018	1 333 040	243 266
北海道	130 657	2 955	114 647	13 055	3 576	35 333	1 384
青森	35 397	2 393	29 801	3 203	1 497	13 076	2 274
岩手	57 895	3 262	41 171	13 462	6 587	24 105	2 912
宮城	114 123	8 406	83 118	22 599	4 315	23 499	6 692
秋田	37 756	3 648	22 187	11 921	2 124	9 785	3 436
山形	36 057	1 297	26 505	8 255	1 607	6 093	805
福島	58 313	2 682	45 570	10 061	680	12 371	1 211
茨城	79 417	3 471	66 255	9 691	3 034	22 847	2 633
栃木	76 142	2 340	53 701	20 101	3 727	12 904	1 932
群馬	78 110	5 528	58 624	13 958	2 897	26 487	4 712
埼玉	184 271	7 142	150 822	26 307	19 049	56 635	4 195
千葉	288 854	14 364	177 033	97 457	24 071	67 758	11 088
東京	576 358	41 117	370 602	164 639	70 702	219 082	32 051
神奈川	262 380	22 892	219 323	20 165	13 141	70 507	17 314
新潟	94 768	5 593	69 715	19 460	11 416	25 293	2 851
富山	45 407	2 836	32 206	10 365	951	12 508	2 808
石川	27 171	3 460	20 262	3 449	1 498	7 826	3 351
福井	17 494	6	13 850	3 638	1 799	1 884	—
山梨	33 602	1 141	24 098	8 363	3 218	11 553	865
長野	128 684	5 721	93 590	29 373	8 497	39 572	3 809
岐阜	121 817	6 127	84 866	30 824	8 956	34 713	5 047
静岡	127 076	9 077	89 331	28 668	10 835	37 110	8 087
愛知	357 469	37 505	237 942	82 022	48 243	101 014	31 204
三重	61 781	3 013	46 102	12 666	6 586	14 829	2 254
滋賀	52 083	1 861	43 003	7 219	2 519	10 781	1 723
京都	68 677	3 459	56 465	8 753	1 185	10 328	2 683
大阪	273 913	13 851	191 685	68 377	52 191	108 744	12 235
兵庫	224 029	12 963	172 037	39 029	14 257	65 329	11 607
奈良	37 953	2 647	29 532	5 774	1 394	10 345	1 961
和歌山	27 153	1 181	24 139	1 833	985	6 902	976
鳥取	22 547	1 317	17 586	3 644	904	7 447	1 057
島根	27 499	4 048	16 065	7 386	1 321	6 256	2 128
岡山	50 864	4 913	40 203	5 748	979	10 465	4 672
広島	70 520	9 789	51 005	9 726	4 932	21 392	9 530
山口	33 785	2 428	26 137	5 220	1 218	11 304	1 886
徳島	21 716	1 747	16 489	3 480	463	4 945	745
香川	27 362	3 342	18 588	5 432	2 572	9 371	3 135
愛媛	39 012	4 220	23 800	10 992	2 240	13 929	4 023
高知	31 329	1 293	17 849	12 187	1 665	9 822	1 156
福岡	161 352	12 527	139 321	9 504	4 577	33 972	10 083
佐賀	32 304	2 125	24 157	6 022	2 611	6 938	1 521
長崎	45 450	3 967	35 080	6 403	2 284	17 134	3 373
熊本	92 222	8 600	59 347	24 275	2 219	21 786	7 099
大分	29 288	1 553	25 768	1 967	313	8 988	1 419
宮崎	34 216	1 276	29 489	3 451	2 687	11 957	1 273
鹿児島	91 773	10 478	68 299	12 996	5 299	35 264	5 196
沖縄	49 810	904	48 283	623	197	2 857	870
指定都市・特別区（再掲）							
東京都区部	412 564	31 647	256 006	124 911	52 830	164 632	25 994
札幌市	25 861	728	25 133	—	—	—	—
仙台市	54 849	3 496	43 323	8 030	—	4 794	2 954
さいたま市	45 851	1 014	38 149	6 688	6 399	28 979	76
千葉市	39 775	5 108	23 968	10 699	5 155	12 878	4 512
横浜市	114 212	13 098	101 114	—	—	33 751	10 342
川崎市	37 038	2 984	30 432	3 622	—	3 652	2 781
相模原市	17 319	1 066	13 295	2 958	2 947	3 057	—
新潟市	24 059	1 528	19 990	2 541	2 541	5 968	—
静岡市	14 929	2 061	12 828	40	—	4 107	2 061
浜松市	19 817	2 514	14 631	2 672	2 672	5 186	2 514
名古屋市	122 932	16 607	87 763	18 562	16 548	39 055	15 061
京都市	38 057	1 266	30 647	6 144	396	1 761	810
大阪市	46 216	2 246	43 970	—	—	8 823	2 246
堺市	37 551	559	26 763	10 229	3 139	18 480	250
神戸市	99 406	3 886	79 888	15 632	328	26 889	3 886
岡山市	16 802	1 866	12 085	2 851	—	2 779	1 866
広島市	27 022	4 503	19 267	3 252	2 855	7 358	4 503

出典 厚生労働省「令和元年度地域保健・健康増進事業報告（地域保健編）」（政府統計の総合窓口 e-Stat より）

《都道府県―指定都市・特別区―中核市―その他政令市，個別―集団・対象区分別》

（令和元年度）

人員							
別			集団				
乳幼児	その他	(再掲)歯周疾患検診	総数	妊産婦	乳幼児	その他	(再掲)歯周疾患検診
611 772	478 002	313 430	3 242 816	63 199	2 733 876	445 741	54 588
28 687	5 262	1 901	95 324	1 571	85 960	7 793	1 675
8 844	1 958	1 455	22 321	119	20 957	1 245	42
12 804	8 389	6 101	33 790	350	28 367	5 073	486
10 634	6 173	4 055	90 624	1 714	72 484	16 426	260
4 876	1 473	1 106	27 971	212	17 311	10 448	1 018
3 856	1 432	424	29 964	492	22 649	6 823	1 183
9 195	1 965	268	45 942	1 471	36 375	8 096	412
15 131	5 083	2 679	56 570	838	51 124	4 608	355
6 710	4 262	3 204	63 238	408	46 991	15 839	523
17 764	4 011	2 707	51 623	816	40 860	9 947	190
34 661	17 779	16 850	127 636	2 947	116 161	8 528	2 199
33 180	23 490	18 851	221 096	3 276	143 853	73 967	5 220
43 444	143 587	70 523	357 276	9 066	327 158	21 052	179
38 076	15 117	12 149	191 873	5 578	181 247	5 048	992
12 242	10 200	8 817	69 475	2 742	57 473	9 260	2 599
7 700	2 000	930	32 899	28	24 506	8 365	21
3 008	1 467	1 035	19 345	109	17 254	1 982	463
812	1 072	1 072	15 610	6	13 038	2 566	727
5 457	5 231	3 064	22 049	276	18 641	3 132	154
26 226	9 537	4 942	89 112	1 912	67 364	19 836	3 555
17 782	11 884	7 471	87 104	1 080	67 084	18 940	1 485
16 837	12 186	8 152	89 966	990	72 494	16 482	2 683
17 678	52 132	42 395	256 455	6 301	220 264	29 890	5 848
5 211	7 364	6 425	46 952	759	40 891	5 302	161
6 097	2 961	1 861	41 302	138	36 906	4 258	658
6 645	1 000	799	58 349	776	49 820	7 753	386
41 644	54 865	48 465	165 169	1 616	150 041	13 512	3 726
42 012	11 710	7 881	158 700	1 356	130 025	27 319	6 376
6 985	1 399	682	27 608	686	22 547	4 375	712
4 999	927	874	20 251	205	19 140	906	111
4 597	1 793	904	15 100	260	12 989	1 851	—
2 621	1 507	412	21 243	1 920	13 444	5 879	909
4 400	1 393	321	40 399	241	35 803	4 355	658
5 888	5 974	4 280	49 128	259	45 117	3 752	652
7 756	1 662	1 061	22 481	542	18 381	3 558	157
3 546	654	355	16 771	1 002	12 943	2 826	108
2 665	3 571	2 224	17 991	207	15 923	1 861	348
2 594	7 312	1 831	25 083	197	21 206	3 680	409
3 886	4 780	401	21 507	137	13 963	7 407	1 264
19 319	4 570	4 052	127 380	2 444	120 002	4 934	525
4 407	1 010	891	25 366	604	19 750	5 012	1 720
9 952	3 809	1 324	28 316	594	25 128	2 594	960
9 377	5 310	1 344	70 436	1 501	49 970	18 965	875
7 097	472	286	20 300	134	18 671	1 495	27
8 416	2 268	1 826	22 259	3	21 073	1 183	861
24 283	5 785	4 617	56 509	5 282	44 016	7 211	682
1 771	216	163	46 953	34	46 512	407	34
26 682	111 956	52 830	247 932	5 653	229 324	12 955	—
—	—	—	25 861	728	25 133	—	—
1 794	46	—	50 055	542	41 529	7 984	—
22 363	6 540	6 251	16 872	938	15 786	148	148
3 211	5 155	5 155	26 897	596	20 757	5 544	—
23 409	—	—	80 461	2 756	77 705	—	—
514	357	—	33 386	203	29 918	3 265	—
99	2 958	2 947	14 262	1 066	13 196	—	—
3 427	2 541	2 541	18 091	1 528	16 563	—	—
2 006	40	—	10 822	—	10 822	—	—
—	2 672	2 672	14 631	—	14 631	—	—
8 541	15 453	14 722	83 877	1 546	79 222	3 109	1 826
555	396	396	36 296	456	30 092	5 748	—
6 577	—	—	37 393	—	37 393	—	—
14 116	4 114	3 139	19 071	309	12 647	6 115	—
21 737	1 266	164	72 517	—	58 151	14 366	164
—	913	—	14 023	—	12 085	1 938	—
—	2 855	2 855	19 664	—	19 267	397	—

（表Ⅰ-3-10-(1)つづき）

	延						
	総　　数					個	
	総　数	妊産婦	乳幼児	その他	(再掲)歯周疾患検診	総　数	妊産婦
指定都市・特別区(再掲)続き							
北九州市	30 894	2 231	27 590	1 073	703	13 688	1 932
福岡市	64 889	5 734	58 653	502	502	5 417	4 965
熊本市	41 782	3 845	23 016	14 921	330	10 676	3 834
中核市（再掲）							
旭川市	4 618	369	4 188	61	2	819	369
函館市	7 450	256	6 294	900	146	6 560	120
青森市	3 834	40	3 762	32	—	124	—
八戸市	6 491	669	5 822	—	—	3 567	669
盛岡市	13 168	640	10 204	2 324	2 324	9 187	640
秋田市	10 058	997	8 614	447	169	4 788	997
山形市	5 049	306	3 389	1 354	1 088	—	—
郡山市	6 360	110	6 214	36	—	—	—
いわき市	6 662	203	6 141	318	—	210	2
福島市	5 599	77	4 615	907	—	174	—
宇都宮市	23 918	1 183	20 526	2 209	943	1 678	1 183
前橋市	15 757	1 494	10 489	3 774	1 529	4 611	1 359
高崎市	11 240	1 722	9 518	—	—	11 240	1 722
川越市	7 227	122	6 977	128	128	145	—
越谷市	7 683	1 276	5 171	1 236	985	1 845	996
川口市	11 608	113	7 314	4 181	4 181	7 446	—
船橋市	50 902	2 059	19 180	29 663	7 225	5 016	1 581
柏市	19 939	424	13 010	6 505	214	2 935	—
八王子市	10 346	288	9 055	1 003	100	604	—
横須賀市	9 356	490	6 521	2 345	1 329	3 679	475
富山市	18 522	972	13 719	3 831	494	4 571	972
金沢市	8 877	1 621	7 095	161	—	1 621	1 621
福井市	4 314	—	4 314	—	—	276	—
甲府市	10 567	50	7 700	2 817	1 495	6 083	6
長野市	13 771	1 018	10 016	2 737	148	1 886	1 018
岐阜市	13 105	1 152	8 878	3 075	2 554	4 208	1 152
豊橋市	10 146	1 410	7 898	838	838	3 940	1 410
豊田市	11 941	2 038	8 486	1 417	1 417	5 491	2 038
岡崎市	12 439	1 605	9 195	1 639	1 639	3 244	1 605
大津市	10 929	511	9 855	563	563	1 288	511
高槻市	13 693	789	10 618	2 286	—	8 105	594
東大阪市	7 241	888	6 353	—	—	888	888
豊中市	11 076	28	7 483	3 565	3 423	3 593	28
枚方市	11 636	777	8 064	2 795	1 721	3 367	777
八尾市	7 140	746	4 260	2 134	2 039	3 539	746
寝屋川市	4 589	446	4 143	—	—	446	446
姫路市	12 284	642	11 642	—	—	642	642
西宮市	12 976	1 636	7 835	3 505	1 986	6 647	1 636
尼崎市	23 782	896	19 755	3 131	2 154	5 772	341
明石市	8 071	822	7 249	—	—	2 690	822
奈良市	5 474	227	5 247	—	—	—	—
和歌山市	10 981	532	10 447	2	—	1 642	460
鳥取市	5 190	569	4 110	511	302	956	569
松江市	7 516	3 179	4 235	102	—	1 527	1 527
倉敷市	12 021	1 823	10 198	—	—	1 823	1 823
福山市	9 517	1 561	7 956	—	—	2 972	1 561
呉市	3 955	579	3 376	—	—	626	531
下関市	5 494	268	3 987	1 239	—	1 335	—
高松市	10 136	1 636	8 500	—	—	3 653	1 636
松山市	14 274	1 844	7 746	4 684	155	6 397	1 844
高知市	12 129	590	7 303	4 236	205	3 084	590
久留米市	7 221	1 000	6 221	—	—	4 519	1 000
長崎市	8 626	1 481	7 094	51	51	2 290	1 053
佐世保市	10 732	1 269	7 598	1 865	953	6 701	1 147
大分市	9 758	166	9 542	50	50	1 142	166
宮崎市	12 848	—	11 288	1 560	1 295	6 571	—
鹿児島市	20 061	4 023	15 793	245	—	5 905	—
那覇市	7 401	445	6 956	—	—	445	445
その他政令市(再掲)							
小樽市	3 256	—	3 255	1	—	536	—
町田市	20 345	600	16 446	3 299	101	2 533	461
藤沢市	14 408	211	14 194	3	—	3 012	1
茅ヶ崎市	6 235	116	5 054	1 065	871	2 498	11
四日市市	6 542	64	5 253	1 225	—	11	—
大牟田市	3 944	528	1 754	1 662	—	208	91

（令和元年度）

人員							
別			集団				
乳幼児	その他	（再掲）歯周疾患検診	総数	妊産婦	乳幼児	その他	（再掲）歯周疾患検診
11 053	703	703	17 206	299	16 537	370	—
10	442	442	59 472	769	58 643	60	60
2 966	3 876	330	31 106	11	20 050	11 045	—
389	61	2	3 799	—	3 799	—	—
6 294	146	146	890	136	—	754	—
124	—	—	3 710	40	3 638	32	—
2 898	—	—	2 924	—	2 924	—	—
6 223	2 324	2 324	3 981	—	3 981	—	—
3 344	447	169	5 270	—	5 270	—	—
—	—	—	5 049	306	3 389	1 354	1 088
—	—	—	6 360	110	6 214	36	—
198	10	—	6 452	201	5 943	308	—
161	13	—	5 425	77	4 454	894	—
—	495	495	22 240	—	20 526	1 714	448
1 259	1 993	1 529	11 146	135	9 230	1 781	—
9 518	—	—	—	—	—	—	—
145	—	—	7 082	122	6 832	128	128
—	849	849	5 838	280	5 171	387	136
3 265	4 181	4 181	4 162	113	4 049	—	—
1 071	2 364	2 364	45 886	478	18 109	27 299	4 861
2 657	278	214	17 004	424	10 353	6 227	—
110	494	100	9 742	288	8 945	509	—
1 845	1 359	343	5 677	15	4 676	986	986
2 035	1 564	494	13 951	—	11 684	2 267	—
—	—	—	7 256	—	7 095	161	—
276	—	—	4 038	—	4 038	—	—
3 885	2 192	1 495	4 484	44	3 815	625	—
868	—	—	11 885	—	9 148	2 737	148
36	3 020	2 554	8 897	—	8 842	55	—
1 692	838	838	6 206	—	6 206	—	—
2 036	1 417	1 417	6 450	—	6 450	—	—
—	1 639	1 639	9 195	—	9 195	—	—
214	563	563	9 641	—	9 641	—	—
5 309	2 202	—	5 588	195	5 309	84	—
—	—	—	6 353	—	6 353	—	—
—	3 565	3 423	7 483	—	7 483	—	—
773	1 817	1 721	8 269	—	7 291	978	—
754	2 039	2 039	3 601	—	3 506	95	—
—	—	—	4 143	—	4 143	—	—
—	—	—	11 642	—	11 642	—	—
1 744	3 267	1 986	6 329	—	6 091	238	—
5 056	375	375	18 010	555	14 699	2 756	1 779
1 868	—	—	5 381	—	5 381	—	—
—	—	—	5 474	227	5 247	—	—
1 180	2	—	9 339	72	9 267	—	—
—	387	302	4 234	—	4 110	124	—
—	—	—	5 989	1 652	4 235	102	—
—	—	—	10 198	—	10 198	—	—
1 411	—	—	6 545	—	6 545	—	—
95	—	—	3 329	48	3 281	—	—
1 328	7	—	4 159	268	2 659	1 232	—
2 017	—	—	6 483	—	6 483	—	—
102	4 451	—	7 877	—	7 644	233	155
1 258	1 236	—	9 045	—	6 045	3 000	205
3 519	—	—	2 702	—	2 702	—	—
1 186	51	51	6 336	428	5 908	—	—
4 029	1 525	646	4 031	122	3 569	340	307
926	50	50	8 616	—	8 616	—	—
5 011	1 560	1 295	6 277	—	6 277	—	—
5 905	—	—	14 156	4 023	9 888	245	—
—	—	—	6 956	—	6 956	—	—
535	1	—	2 720	—	2 720	—	—
—	2 072	101	17 812	139	16 446	1 227	—
3 008	3	—	11 396	210	11 186	—	—
1 603	884	871	3 737	105	3 451	181	—
11	—	—	6 531	64	5 242	1 225	—
36	81	—	3 736	437	1 718	1 581	—

表Ⅰ-3-10-(2) 前表の内，医療機関等へ委託した受診延人員

	（再 掲）						
	総 数					個	
	総 数	妊産婦	乳幼児	その他	（再掲）歯周疾患検診	総 数	妊産婦
全 国	893 847	210 341	280 542	402 964	292 945	746 311	208 837
北海道	22 529	938	16 623	4 968	1 854	18 888	912
青 森	4 635	1 502	1 392	1 741	1 454	4 322	1 502
岩 手	22 268	2 912	12 137	7 219	5 848	20 794	2 912
宮 城	8 361	4 635	330	3 396	3 396	8 361	4 635
秋 田	6 895	2 566	2 243	2 086	1 789	6 046	2 566
山 形	2 497	377	297	1 823	1 475	1 409	377
福 島	2 822	660	1 053	1 109	188	1 978	660
茨 城	7 133	1 594	2 112	3 427	2 518	7 026	1 594
栃 木	16 618	1 686	9 543	5 389	3 549	5 435	1 686
群 馬	9 770	4 239	2 465	3 066	2 516	9 519	4 239
埼 玉	50 184	4 111	29 080	16 993	16 348	44 176	3 831
千 葉	27 181	10 563	2 969	13 649	12 550	27 181	10 563
東 京	232 079	31 998	54 186	145 895	70 453	202 823	31 843
神奈川	31 361	16 385	2 742	12 234	12 116	31 361	16 385
新 潟	18 576	2 777	5 886	9 913	8 993	18 376	2 777
富 山	3 440	2 495	—	945	945	3 419	2 495
石 川	5 685	3 351	1 108	1 226	1 133	4 537	3 351
福 井	1 072	—	—	1 072	1 072	1 072	—
山 梨	4 934	776	80	4 078	2 028	4 823	776
長 野	12 623	3 549	4 165	4 909	4 612	7 622	3 500
岐 阜	13 975	4 821	1 600	7 554	6 923	13 495	4 821
静 岡	16 724	7 394	3 737	5 593	5 565	12 860	7 321
愛 知	80 937	30 340	7 732	42 865	39 831	75 887	30 340
三 重	8 470	1 479	2 920	4 071	3 484	7 521	1 479
滋 賀	2 557	1 024	—	1 533	1 533	2 557	1 024
京 都	3 145	1 761	979	405	403	3 145	1 761
大 阪	65 841	8 755	4 754	52 332	47 660	63 267	8 755
兵 庫	20 517	10 305	2 483	7 729	6 041	20 205	10 305
奈 良	2 096	1 179	432	485	476	1 961	1 179
和歌山	1 801	899	8	894	874	1 801	899
鳥 取	1 027	425	—	602	602	1 027	425
島 根	1 935	358	300	1 277	444	1 145	358
岡 山	5 630	4 295	84	1 251	338	5 596	4 295
広 島	14 307	9 538	397	4 372	3 983	14 296	9 527
山 口	4 160	1 886	1 213	1 061	1 051	4 160	1 886
徳 島	1 095	273	421	401	355	1 095	273
香 川	9 917	3 135	3 151	3 631	2 342	9 252	3 135
愛 媛	10 290	4 023	—	6 267	1 816	10 290	4 023
高 知	2 829	841	1 376	612	608	1 254	841
福 岡	86 538	9 946	72 107	4 485	4 055	31 232	9 514
佐 賀	1 752	860	—	892	891	1 752	860
長 崎	6 292	2 363	2 617	1 312	988	5 767	1 935
熊 本	6 576	3 005	1 274	2 297	1 513	4 187	2 958
大 分	1 343	614	493	236	236	1 343	614
宮 崎	8 916	382	6 443	2 091	1 821	8 208	379
鹿児島	11 179	2 470	5 509	3 200	3 200	11 037	2 470
沖 縄	13 335	856	12 101	378	175	2 803	856
指定都市・特別区（再掲）							
東京都区部	184 957	25 907	46 403	112 647	52 760	160 648	25 907
札幌市	—	—	—	—	—	—	—
仙台市	2 954	2 954	—	—	—	2 954	2 954
さいたま市	24 190	—	18 457	5 733	5 733	24 190	—
千葉市	4 311	4 311	—	—	—	4 311	4 311
横浜市	10 342	10 342	—	—	—	10 342	10 342
川崎市	2 631	2 631	—	—	—	2 631	2 631
相模原市	2 958	—	—	2 958	2 947	2 958	—
新潟市	5 968	—	3 427	2 541	2 541	5 968	—
静岡市	3 803	2 061	1 742	—	—	2 061	2 061
浜松市	2 514	2 514	—	—	—	2 514	2 514
名古屋市	28 555	14 747	—	13 808	13 808	28 555	14 747
京都市	—	—	—	—	—	—	—
大阪市	—	—	—	—	—	—	—
堺市	2 116	—	—	2 116	2 116	2 116	—
神戸市	4 930	3 886	—	1 044	—	4 930	3 886
岡山市	2 779	1 866	—	913	—	2 779	1 866
広島市	7 358	4 503	—	2 855	2 855	7 358	4 503

出典 厚生労働省「令和元年度地域保健・健康増進事業報告（地域保健編）」（政府統計の総合窓口 e-Stat より）

《都道府県―指定都市・特別区―中核市―その他政令市，個別―集団・対象区分別》

（令和元年度）

医療機関等へ委託							
別			集団				
乳幼児	その他	（再掲）歯周疾患検診	総数	妊産婦	乳幼児	その他	（再掲）歯周疾患検診
153 221	384 253	286 204	147 536	1 504	127 321	18 711	6 741
14 400	3 576	1 794	3 641	26	2 223	1 392	60
1 287	1 533	1 454	313	—	105	208	—
11 362	6 520	5 541	1 474	—	775	699	307
330	3 396	3 396	—	—	—	—	—
2 243	1 237	940	849	—	—	849	849
297	735	387	1 088	—	—	1 088	1 088
871	447	188	844	—	182	662	—
2 112	3 320	2 518	107	—	—	107	—
202	3 547	3 101	11 183	—	9 341	1 842	448
2 465	2 815	2 491	251	—	—	251	25
23 739	16 606	16 212	6 008	280	5 341	387	136
2 969	13 649	12 550	—	—	—	—	—
29 090	141 890	70 453	29 256	155	25 096	4 005	—
2 742	12 234	12 116	—	—	—	—	—
5 886	9 713	8 806	200	—	—	200	187
—	924	924	21	—	—	21	21
151	1 035	1 035	1 148	—	957	191	98
—	1 072	1 072	—	—	—	—	—
74	3 973	2 869	111	—	6	105	59
242	3 880	3 583	5 001	49	3 923	1 029	1 029
1 120	7 554	6 923	480	—	480	—	—
31	5 508	5 480	3 864	73	3 706	85	85
4 036	41 511	39 831	5 050	—	3 696	1 354	—
2 010	4 032	3 445	949	—	910	39	39
—	1 533	1 533	—	—	—	—	—
979	405	403	—	—	—	—	—
2 548	51 964	47 292	2 574	—	2 206	368	368
2 300	7 600	5 912	312	—	183	129	129
297	485	476	135	—	135	—	—
8	894	874	—	—	—	—	—
—	602	602	—	—	—	—	—
220	567	354	790	—	80	710	90
67	1 234	321	34	—	17	17	17
397	4 372	3 983	11	11	—	—	—
1 213	1 061	1 051	—	—	—	—	—
421	401	355	—	—	—	—	—
2 604	3 513	2 224	665	—	547	118	118
—	6 267	1 816	—	—	—	—	—
116	297	293	1 575	—	1 260	315	315
17 742	3 976	3 946	55 306	432	54 365	509	109
—	892	891	—	—	—	—	—
2 617	1 215	891	525	428	—	97	97
321	908	747	2 389	47	953	1 389	766
493	236	236	—	—	—	—	—
6 016	1 813	1 637	708	3	427	278	184
5 469	3 098	3 098	142	—	40	102	102
1 734	213	160	10 532	—	10 367	165	15
23 606	111 135	52 760	24 309	—	22 797	1 512	—
—	—	—	—	—	—	—	—
—	—	—	—	—	—	—	—
18 457	5 733	5 733	—	—	—	—	—
—	—	—	—	—	—	—	—
—	—	—	—	—	—	—	—
—	—	—	—	—	—	—	—
—	2 958	2 947	—	—	—	—	—
3 427	2 541	2 541	—	—	—	—	—
—	—	—	1 742	—	1 742	—	—
—	—	—	—	—	—	—	—
—	13 808	13 808	—	—	—	—	—
—	—	—	—	—	—	—	—
—	—	—	—	—	—	—	—
—	2 116	2 116	—	—	—	—	—
—	1 044	—	—	—	—	—	—
—	913	—	—	—	—	—	—
—	2 855	2 855	—	—	—	—	—

（表Ⅰ-3-10-(2) つづき）

	（再　掲）						
	総　　数					個	
	総　数	妊産婦	乳幼児	その他	（再掲）歯周疾患検診	総　数	妊産婦
指定都市・特別区(再掲)続き							
北九州市	30 894	2 231	27 590	1 073	703	13 688	1 932
福岡市	37 995	4 965	32 528	502	502	5 417	4 965
熊本市	1 179	1 179	—	—	—	1 179	1 179
中核市（再掲）							
旭川市	371	369	—	2	2	371	369
函館市	7 314	120	6 294	900	146	6 560	120
青森市	—	—	—	—	—	—	—
八戸市	669	669	—	—	—	669	669
盛岡市	9187	640	6 223	2 324	2 324	9 187	640
秋田市	3 128	997	1 684	447	169	3 128	997
山形市	1 088	—	—	1 088	1 088	—	—
郡山市	—	—	—	—	—	—	—
いわき市	—	—	—	—	—	—	—
福島市	—	—	—	—	—	—	—
宇都宮市	12 675	1 183	9 283	2 209	943	1 678	1 183
前橋市	2 623	1 094	—	1 529	1 529	2 623	1 094
高崎市	4 040	1 722	2 318	—	—	4 040	1 722
川越市	—	—	—	—	—	—	—
越谷市	7 683	1 276	5 171	1 236	985	1 845	996
川口市	7 446	—	3 265	4 181	4 181	7 446	—
船橋市	2 910	1 581	—	1 329	1 329	2 910	1 581
柏市	214	—	—	214	214	214	—
八王子市	406	—	—	406	100	406	—
横須賀市	2 428	475	1 610	343	343	2 428	475
富山市	1 466	972	—	494	494	1 466	972
金沢市	1 621	1 621	—	—	—	1 621	1 621
福井市	—	—	—	—	—	—	—
甲府市	2 085	—	70	2 015	1 495	2 085	—
長野市	1 018	1 018	—	—	—	1 018	1 018
岐阜市	3 706	1 152	—	2 554	2 554	3 706	1 152
豊橋市	3 930	1 410	1 682	838	838	3 930	1 410
豊田市	5 286	2 038	1 831	1 417	1 417	5 286	2 038
岡崎市	6 039	1 605	2 795	1 639	1 639	3 244	1 605
大津市	1 074	511	—	563	563	1 074	511
高槻市	2 601	399	—	2 202	—	2 601	399
東大阪市	888	888	—	—	—	888	888
豊中市	3 423	—	—	3 423	3 423	3 423	—
枚方市	2 498	777	—	1 721	1 721	2 498	777
八尾市	2 785	746	—	2 039	2 039	2 785	746
寝屋川市	446	446	—	—	—	446	446
姫路市	642	642	—	—	—	642	642
西宮市	3 622	1 636	—	1 986	1 986	3 622	1 636
尼崎市	—	—	—	—	—	—	—
明石市	2 690	822	1 868	—	—	2 690	822
奈良市	—	—	—	—	—	—	—
和歌山市	460	460	—	—	—	460	460
鳥取市	—	—	—	—	—	—	—
松江市	—	—	—	—	—	—	—
倉敷市	1 823	1 823	—	—	—	1 823	1 823
福山市	1 561	1 561	—	—	—	1 561	1 561
呉市	626	531	95	—	—	626	531
下関市	—	—	—	—	—	—	—
高松市	3 653	1 636	2 017	—	—	3 653	1 636
松山市	6 295	1 844	—	4 451	—	6 295	1 844
高知市	736	531	—	205	205	531	531
久留米市	7 221	1 000	6 221	—	—	4 519	1 000
長崎市	2 718	1 481	1 186	51	51	2 290	1 053
佐世保市	858	240	—	618	318	858	240
大分市	—	—	—	—	—	—	—
宮崎市	6 114	—	4 819	1 295	1 295	6 114	—
鹿児島市	3 728	—	3 728	—	—	3 728	—
那覇市	445	445	—	—	—	445	445
その他政令市（再掲）							
小樽市	—	—	—	—	—	—	—
町田市	2 533	461	—	2 072	101	2 533	461
藤沢市	—	—	—	—	—	—	—
茅ヶ崎市	871	—	—	871	871	871	—
四日市市	—	—	—	—	—	—	—
大牟田市	—	—	—	—	—	—	—

（令和元年度）

医療機関等へ委託							
別			集団				
乳幼児	その他	（再掲）歯周疾患検診	総数	妊産婦	乳幼児	その他	（再掲）歯周疾患検診
11 053	703	703	17 206	299	16 537	370	—
10	442	442	32 578	—	32 518	60	60
—	—	—	—	—	—	—	—
—	2	2	—	—	—	—	—
6 294	146	146	754	—	—	754	—
—	—	—	—	—	—	—	—
—	—	—	—	—	—	—	—
6 223	2 324	2 324	—	—	—	—	—
1 684	447	169	—	—	—	—	—
—	—	—	1 088	—	—	1 088	1 088
—	—	—	—	—	—	—	—
—	—	—	—	—	—	—	—
—	—	—	—	—	—	—	—
—	495	495	10 997	—	9 283	1 714	448
—	1 529	1 529	—	—	—	—	—
2 318	—	—	—	—	—	—	—
—	—	—	—	—	—	—	—
—	849	849	5 838	280	5 171	387	136
3 265	4 181	4 181	—	—	—	—	—
—	1 329	1 329	—	—	—	—	—
—	214	214	—	—	—	—	—
—	406	100	—	—	—	—	—
1 610	343	343	—	—	—	—	—
—	494	494	—	—	—	—	—
—	—	—	—	—	—	—	—
—	—	—	—	—	—	—	—
70	2 015	1 495	—	—	—	—	—
—	—	—	—	—	—	—	—
—	2 554	2 554	—	—	—	—	—
1 682	838	838	—	—	—	—	—
1 831	1 417	1 417	—	—	—	—	—
—	1 639	1 639	2 795	—	2 795	—	—
—	563	563	—	—	—	—	—
—	2 202	—	—	—	—	—	—
—	—	—	—	—	—	—	—
—	3 423	3 423	—	—	—	—	—
—	1 721	1 721	—	—	—	—	—
—	2 039	2 039	—	—	—	—	—
—	—	—	—	—	—	—	—
—	—	—	—	—	—	—	—
—	1 986	1 986	—	—	—	—	—
—	—	—	—	—	—	—	—
1 868	—	—	—	—	—	—	—
—	—	—	—	—	—	—	—
—	—	—	—	—	—	—	—
—	—	—	—	—	—	—	—
—	—	—	—	—	—	—	—
—	—	—	—	—	—	—	—
—	—	—	—	—	—	—	—
95	—	—	—	—	—	—	—
—	—	—	—	—	—	—	—
2 017	—	—	—	—	—	—	—
—	4 451	—	—	—	—	—	—
—	—	—	205	—	—	205	205
3 519	—	—	2 702	—	2 702	—	—
1 186	51	51	428	428	—	—	—
—	618	318	—	—	—	—	—
—	—	—	—	—	—	—	—
4 819	1 295	1 295	—	—	—	—	—
3 728	—	—	—	—	—	—	—
—	—	—	—	—	—	—	—
—	—	—	—	—	—	—	—
—	2 072	101	—	—	—	—	—
—	—	—	—	—	—	—	—
—	871	871	—	—	—	—	—
—	—	—	—	—	—	—	—
—	—	—	—	—	—	—	—

表Ⅰ-3-11　市区町村が実施した訪問による歯科健診及び保健指導の受診実人員―延人員・医療機関等へ

	総数		（再掲）身体障害者（児）・知的障害者（児）・精神障害者		（再掲）医療機関等へ委託		（再掲）身体障害者（児）・知的障害者（児）・精神障害者	
	実人員	延人員	実人員	延人員	実人員	延人員	実人員	延人員
全国	17 958	26 355	7 892	9 556	8 540	11 189	2 859	2 874
北海道	236	505	113	226	22	22	2	2
青森	211	228	11	17	5	21	2	7
岩手	270	343	9	9	119	190	8	8
宮城	227	289	187	248	—	—	—	—
秋田	—	—	—	—	—	—	—	—
山形	51	106	4	11	—	—	—	—
福島	47	49	6	8	—	—	—	—
茨城	88	297	63	272	24	24	—	—
栃木	8	9	—	—	8	9	—	—
群馬	24	24	2	2	—	—	—	—
埼玉	3 491	3 799	1 487	1 640	882	883	611	611
千葉	878	1 581	487	837	17	143	6	6
東京	4 888	8 760	839	1 162	4 243	6 391	381	383
神奈川	160	207	116	118	10	40	—	—
新潟	8	9	—	—	—	—	—	—
富山	—	—	—	—	—	—	—	—
石川	30	30	—	—	—	—	—	—
福井	22	22	22	22	—	—	—	—
山梨	3	3	—	—	—	—	—	—
長野	694	1518	225	407	89	89	8	8
岐阜	231	238	222	226	—	—	—	—
静岡	3 962	4 017	3 287	3 342	2 078	2 086	1 410	1 418
愛知	298	326	248	269	34	34	34	34
三重	35	35	—	—	—	—	—	—
滋賀	3	4	3	4	—	—	—	—
京都	1	1	—	—	—	—	—	—
大阪	541	555	282	296	412	412	208	208
兵庫	152	944	3	3	5	5	2	2
奈良	93	93	—	—	—	—	—	—
和歌山	—	—	—	—	—	—	—	—
鳥取	—	—	—	—	—	—	—	—
島根	11	11	—	—	—	—	—	—
岡山	196	196	187	187	187	187	187	187
広島	550	1 346	48	176	392	557	—	—
山口	36	45	1	9	—	—	—	—
徳島	4	4	—	—	—	—	—	—
香川	—	—	—	—	—	—	—	—
愛媛	14	14	—	—	—	—	—	—
高知	45	176	12	36	—	—	—	—
福岡	—	—	—	—	—	—	—	—
佐賀	—	—	—	—	—	—	—	—
長崎	27	27	23	23	1	1	—	—
熊本	171	171	3	3	—	—	—	—
大分	2	2	—	—	—	—	—	—
宮崎	184	267	—	—	12	95	—	—
鹿児島	66	104	2	3	—	—	—	—
沖縄	—	—	—	—	—	—	—	—
指定都市・特別区（再掲）								
東京都区部	4 326	7 044	478	566	4 229	6 377	375	377
札幌市	8	8	8	8	—	—	—	—
仙台市	92	92	92	92	—	—	—	—
さいたま市	6	6	1	1	1	1	1	1
千葉市	5	5	—	—	—	—	—	—
横浜市	—	—	—	—	—	—	—	—
川崎市	6	6	3	3	—	—	—	—
相模原市	2	3	1	1	—	—	—	—
新潟市	—	—	—	—	—	—	—	—
静岡市	1 904	1 904	1 236	1 236	1 454	1 454	786	786
浜松市	1 889	1 936	1 889	1 936	465	465	465	465
名古屋市	181	181	176	176	—	—	—	—
京都市	—	—	—	—	—	—	—	—
大阪市	—	—	—	—	—	—	—	—
堺市	—	—	—	—	—	—	—	—
神戸市	81	870	—	—	—	—	—	—
岡山市	—	—	—	—	—	—	—	—
広島市	348	348	—	—	348	348	—	—

出典　厚生労働省「令和元年度地域保健・健康増進事業報告（地域保健編）」（政府統計の総合窓口 e-Stat より）

委託した受診実人員―延人員《都道府県―指定都市・特別区―中核市―その他政令市，対象区分別》
（令和元年度）

	総数		（再掲）身体障害者(児)・知的障害者(児)・精神障害者		（再掲）医療機関等へ委託		（再掲）身体障害者(児)・知的障害者(児)・精神障害者	
	実人員	延人員	実人員	延人員	実人員	延人員	実人員	延人員
北九州市	—	—	—	—	—	—	—	—
福岡市	—	—	—	—	—	—	—	—
熊本市	3	3	2	2	—	—	—	—
中核市(再掲)								
旭川市	—	—	—	—	—	—	—	—
函館市	—	—	—	—	—	—	—	—
青森市	—	—	—	—	—	—	—	—
八戸市	—	—	—	—	—	—	—	—
盛岡市	—	—	—	—	—	—	—	—
秋田市	—	—	—	—	—	—	—	—
山形市	—	—	—	—	—	—	—	—
郡山市	—	—	—	—	—	—	—	—
いわき市	1	1	—	—	—	—	—	—
福島市	4	4	3	3	—	—	—	—
宇都宮市	—	—	—	—	—	—	—	—
前橋市	—	—	—	—	—	—	—	—
高崎市	—	—	—	—	—	—	—	—
川越市	638	692	638	692	—	—	—	—
越谷市	10	10	10	10	10	10	10	10
川口市	838	838	600	600	838	838	600	600
船橋市	214	269	212	267	—	—	—	—
柏市	338	548	—	—	—	—	—	—
八王子市	—	—	—	—	—	—	—	—
横須賀市	2	2	2	2	—	—	—	—
富山市	—	—	—	—	—	—	—	—
金沢市	—	—	—	—	—	—	—	—
福井市	—	—	—	—	—	—	—	—
甲府市	3	3	—	—	—	—	—	—
長野市	—	—	—	—	—	—	—	—
岐阜市	7	14	6	10	—	—	—	—
豊橋市	2	2	—	—	—	—	—	—
豊田市	…	—	—	—	—	—	—	—
岡崎市	—	—	—	—	—	—	—	—
大津市	2	2	2	2	—	—	—	—
高槻市	7	7	7	7	—	—	—	—
東大阪市	—	—	—	—	—	—	—	—
豊中市	2	16	2	16	—	—	—	—
枚方市	207	207	207	207	207	207	207	207
八尾市	—	—	—	—	—	—	—	—
寝屋川市	—	—	—	—	—	—	—	—
姫路市	—	—	—	—	—	—	—	—
西宮市	—	—	—	—	—	—	—	—
尼崎市	—	—	—	—	—	—	—	—
明石市	—	—	—	—	—	—	—	—
奈良市	—	—	—	—	—	—	—	—
和歌山市	—	—	—	—	—	—	—	—
鳥取市	—	—	—	—	—	—	—	—
松江市	—	—	—	—	—	—	—	—
倉敷市	187	187	187	187	187	187	187	187
福山市	—	—	—	—	—	—	—	—
呉市	—	—	—	—	—	—	—	—
下関市	—	—	—	—	—	—	—	—
高松市	—	—	—	—	—	—	—	—
松山市	—	—	—	—	—	—	—	—
高知市	4	5	4	5	—	—	—	—
久留米市	—	—	—	—	—	—	—	—
長崎市	1	1	—	—	1	1	—	—
佐世保市	—	—	—	—	—	—	—	—
大分市	—	—	—	—	—	—	—	—
宮崎市	172	172	—	—	—	—	—	—
鹿児島市	—	—	—	—	—	—	—	—
那覇市	—	—	—	—	—	—	—	—
その他政令市(再掲)								
小樽市	64	124	64	124	—	—	—	—
町田市	238	238	238	238	—	—	—	—
藤沢市	17	21	6	7	—	—	—	—
茅ヶ崎市	24	25	21	21	—	—	—	—
四日市市	5	5	—	—	—	—	—	—
大牟田市	—	—	—	—	—	—	—	—

表Ⅰ-3-12　市区町村が実施した歯科予防処置及び治療の受診延人員・医療

	総数					（再掲）医療機関等へ委託				
	予防処置				治療	予防処置				治療
	総数	妊産婦	乳幼児	その他		総数	妊産婦	乳幼児	その他	
全国	1 969 945	2 698	1 348 157	619 090	13 365	206 648	2 197	189 169	15 282	4 690
北海道	65 522	27	60 542	4 953	2 505	17 943	22	17 664	257	2 483
青森	13 308	24	10 172	3 112	—	5 976	4	5 966	6	—
岩手	32 430	32	15 589	16 809	—	5 854	32	5 177	645	—
宮城	12 852	—	12 637	215	—	331	—	331	—	—
秋田	16 483	—	9 050	7 433	2	6 410	—	6 410	—	2
山形	15 165	1	15 117	47	—	652	—	652	—	—
福島	45 970	136	43 084	2 750	82	3 115	32	2 474	609	82
茨城	20 008	—	19 936	72	—	—	—	—	—	—
栃木	66 722	—	14 890	51 832	—	10 790	—	9 341	1 449	—
群馬	25 138	—	24 164	974	—	2 688	—	2 437	251	—
埼玉	45 799	113	45 036	650	—	20 394	—	20 296	98	—
千葉	284 259	23	125 709	158 527	104	3 502	—	3 502	—	—
東京	52 881	22	49 504	3 355	2 961	24 506	14	22 050	2 442	1 604
神奈川	11 071	—	11 049	22	10	89	—	89	—	10
新潟	50 023	13	49 799	211	34	11 031	13	11 018	—	34
富山	42 127	—	22 288	19 839	—	—	—	—	—	—
石川	2 896	—	2 352	544	—	511	—	428	83	—
福井	1 749	—	1 749	—	—	—	—	—	—	—
山梨	13 127	2	4 269	8 856	—	774	—	609	165	—
長野	168 872	4	81 641	87 227	—	788	4	784	—	—
岐阜	25 478	21	23 393	2 064	—	2 916	21	2 819	76	—
静岡	179 312	229	152 628	26 455	5 659	755	229	526	—	—
愛知	113 817	165	109 129	4 523	163	6 076	165	5 588	323	163
三重	8 405	11	8 173	221	—	2 446	11	2 220	215	—
滋賀	33 685	—	26 956	6 729	—	—	—	—	—	—
京都	6 622	42	6 150	430	36	1 088	42	1 046	—	36
大阪	76 309	632	74 811	866	9	2 605	632	1 973	—	9
兵庫	22 933	—	22 933	—	1 343	2 647	—	2 647	—	—
奈良	4 655	220	3 820	615	—	—	—	—	—	—
和歌山	1 895	3	1 827	65	—	3	3	—	—	—
鳥取	10 891	—	10 891	—	—	—	—	—	—	—
島根	41 649	—	23 739	17 910	—	512	—	512	—	—
岡山	9 081	—	9 051	30	—	—	—	—	—	—
広島	16 327	49	15 709	569	44	855	49	697	109	44
山口	742	—	742	—	—	203	—	203	—	—
徳島	4 266	—	4 116	150	—	636	—	636	—	—
香川	1 613	91	1 464	58	—	424	91	333	—	—
愛媛	1 452	71	1 346	35	99	103	71	—	32	99
高知	12 669	31	11 408	1 230	—	31	31	—	—	—
福岡	28 922	—	26 798	2 124	—	12 516	—	12 479	37	—
佐賀	27 285	—	25 971	1 314	182	1 077	—	1 077	—	—
長崎	18 653	—	18 653	—	—	2 334	—	2 334	—	—
熊本	111 177	192	37 194	73 791	—	2 887	188	2 510	189	—
大分	13 957	—	12 919	1 038	—	5 316	—	4 278	1 038	—
宮崎	43 325	22	31 663	11 640	—	23 661	22	16 782	6 857	—
鹿児島	138 401	67	38 854	99 480	132	13 682	66	13 540	76	124
沖縄	30 022	455	29 242	325	—	8 521	455	7 741	325	—
指定都市・特別区（再掲）										
東京都区部	37 264	—	34 680	2 584	1 750	22 298	—	20 365	1 933	394
札幌市	—	—	—	—	—	—	—	—	—	—
仙台市	—	—	—	—	—	—	—	—	—	—
さいたま市	13 548	—	13 548	—	—	13 548	—	13 548	—	—
千葉市	—	—	—	—	—	—	—	—	—	—
横浜市	1 036	—	1 036	—	—	—	—	—	—	—
川崎市	993	—	993	—	—	—	—	—	—	—
相模原市	2 128	—	2 128	—	—	—	—	—	—	—
新潟市	15 843	—	15 843	—	—	3 427	—	3 427	—	—
静岡市	5 662	—	5 662	—	3 505	—	—	—	—	—
浜松市	—	—	—	—	2 154	—	—	—	—	—
名古屋市	16 428	—	16 428	—	—	—	—	—	—	—
京都市	—	—	—	—	—	—	—	—	—	—
大阪市	34 710	—	34 710	—	—	—	—	—	—	—
堺市	8 212	—	8 212	—	—	—	—	—	—	—
神戸市	13 951	—	13 951	—	—	—	—	—	—	—
岡山市	441	—	441	—	—	—	—	—	—	—
広島市	9 223	—	9 223	—	—	—	—	—	—	—

出典　厚生労働省「令和元年度地域保健・健康増進事業報告（地域保健編）」（政府統計の総合窓口 e-Stat より）

機関等へ委託した受診延人員《都道府県―指定都市・特別区―中核市―その他政令市，対象区分別》（令和元年度）

	総数					（再掲）医療機関等へ委託				
	予防処置				治療	予防処置				治療
	総数	妊産婦	乳幼児	その他		総数	妊産婦	乳幼児	その他	
北九州市	8 810	—	8 810	—	—	8 810	—	8 810	—	—
福岡市	188	—	—	188	—	—	—	—	—	—
熊本市	62 179	3	6 068	56 108	—	—	—	—	—	—
中核市（再掲）										
旭川市	623	—	623	—	2 483	—	—	—	—	2 483
函館市	2 632	—	2 632	—	—	2 632	—	2 632	—	—
青森市	3 935	—	3 935	—	—	3 915	—	3 915	—	—
八戸市	—	—	—	—	—	—	—	—	—	—
盛岡市	799	—	799	—	—	799	—	799	—	—
秋田市	4 851	—	4 851	—	—	4 851	—	4 851	—	—
山形市	1 590	—	1 590	—	—	—	—	—	—	—
郡山市	3 585	—	3 585	—	—	—	—	—	—	—
いわき市	3 599	—	3 599	—	—	—	—	—	—	—
福島市	—	—	—	—	—	—	—	—	—	—
宇都宮市	10 549	—	9 283	1 266	—	10 549	—	9 283	1 266	—
前橋市	—	—	—	—	—	—	—	—	—	—
高崎市	2 225	—	2 225	—	—	2 225	—	2 225	—	—
川越市	1 558	—	1 558	—	—	—	—	—	—	—
越谷市	192	—	192	—	—	192	—	192	—	—
川口市	5 364	—	5 364	—	—	5 364	—	5 364	—	—
船橋市	23 923	—	3 378	20 545	—	—	—	—	—	—
柏市	1 655	—	1 655	—	—	1 655	—	1 655	—	—
八王子市	—	—	—	—	—	—	—	—	—	—
横須賀市	—	—	—	—	—	—	—	—	—	—
富山市	6 769	—	1 648	5 121	—	—	—	—	—	—
金沢市	—	—	—	—	—	—	—	—	—	—
福井市	—	—	—	—	—	—	—	—	—	—
甲府市	1 430	—	1 265	165	—	295	—	130	165	—
長野市	141 606	—	75 559	66 047	—	—	—	—	—	—
岐阜市	6 574	—	6 574	—	—	—	—	—	—	—
豊橋市	6 582	—	6 582	—	—	1 463	—	1 463	—	—
豊田市	2 889	—	2 889	—	—	—	—	—	—	—
岡崎市	2 619	—	2 619	—	—	2 619	—	2 619	—	—
大津市	7 541	—	7 541	—	—	—	—	—	—	—
高槻市	—	—	—	—	—	—	—	—	—	—
東大阪市	—	—	—	—	—	—	—	—	—	—
豊中市	466	—	466	—	—	—	—	—	—	—
枚方市	7 091	—	7 091	—	—	—	—	—	—	—
八尾市	727	632	3	92	—	632	632	—	—	—
寝屋川市	1 220	—	1 220	—	—	—	—	—	—	—
姫路市	312	—	312	—	—	—	—	—	—	—
西宮市	83	—	83	—	—	—	—	—	—	—
尼崎市	1 600	—	1 600	—	—	—	—	—	—	—
明石市	2 351	—	2 351	—	—	2 351	—	2 351	—	—
奈良市	910	204	706	—	—	—	—	—	—	—
和歌山市	—	—	—	—	—	—	—	—	—	—
鳥取市	2 541	—	2 541	—	—	—	—	—	—	—
松江市	2 847	—	2 847	—	—	—	—	—	—	—
倉敷市	2 558	—	2 558	—	—	—	—	—	—	—
福山市	—	—	—	—	—	—	—	—	—	—
呉市	1 235	—	1 235	—	—	—	—	—	—	—
下関市	—	—	—	—	—	—	—	—	—	—
高松市	—	—	—	—	—	—	—	—	—	—
松山市	219	—	219	—	—	—	—	—	—	—
高知市	2 404	—	2 359	45	—	—	—	—	—	—
久留米市	6 076	—	6 076	—	—	3 410	—	3 410	—	—
長崎市	3 276	—	3 276	—	—	1 186	—	1 186	—	—
佐世保市	12	—	12	—	—	—	—	—	—	—
大分市	4 571	—	4 571	—	—	—	—	—	—	—
宮崎市	11 048	—	10 681	367	—	4 712	—	4 712	—	—
鹿児島市	11 122	—	11 122	—	—	11 122	—	11 122	—	—
那覇市	6 995	445	6 550	—	—	445	445	—	—	—
その他政令市（再掲）										
小樽市	1 717	—	1 717	—	—	—	—	—	—	—
町田市	4 515	—	4 515	—	—	—	—	—	—	—
藤沢市	171	—	171	—	—	—	—	—	—	—
茅ヶ崎市	242	—	230	12	—	—	—	—	—	—
四日市市	500	—	500	—	—	—	—	—	—	—
大牟田市	1 650	—	1 191	459	—	—	—	—	—	—

表Ⅰ-3-13 市区町村が実施した訪問による歯科予防処置及び治療の受診実人員―延人員・医療機関等へ

	総数		（再掲） 身体障害者(児)・知的障害者(児)・精神障害者		（再掲）医療機関等へ委託		（再掲） 身体障害者(児)・知的障害者(児)・精神障害者	
	実人員	延人員	実人員	延人員	実人員	延人員	実人員	延人員
全国	3 232	9 680	1 429	2 250	1 518	3 167	1 044	1 274
北海道	122	185	64	122	—	—	—	—
青森	—	—	—	—	—	—	—	—
岩手	522	1 072	36	67	184	453	15	17
宮城	41	166	14	50	41	166	14	50
秋田	—	—	—	—	—	—	—	—
山形	80	156	4	11	31	54	—	—
福島	—	—	—	—	—	—	—	—
茨城	51	218	51	218	—	—	—	—
栃木	7	9	—	—	3	4	—	—
群馬	—	—	—	—	—	—	—	—
埼玉	49	228	6	34	39	171	—	—
千葉	192	391	169	329	16	55	—	—
東京	240	1 036	149	149	240	827	149	149
神奈川	24	55	1	2	21	51	—	—
新潟	—	—	—	—	—	—	—	—
富山	—	—	—	—	—	—	—	—
石川	—	—	—	—	—	—	—	—
福井	—	—	—	—	—	—	—	—
山梨	—	—	—	—	—	—	—	—
長野	78	268	31	141	39	128	8	24
岐阜	7	14	6	10	—	—	—	—
静岡	676	908	666	885	661	837	661	837
愛知	153	962	32	32	—	—	—	—
三重	108	108	—	—	—	—	—	—
滋賀	2	2	2	2	—	—	—	—
京都	—	—	—	—	—	—	—	—
大阪	197	197	197	197	197	197	197	197
兵庫	139	657	—	—	—	—	—	—
奈良	409	2 735	—	—	—	—	—	—
和歌山	—	—	—	—	—	—	—	—
鳥取	—	—	—	—	—	—	—	—
島根	—	—	—	—	—	—	—	—
岡山	—	—	—	—	—	—	—	—
広島	29	174	—	—	29	174	—	—
山口	—	—	—	—	—	—	—	—
徳島	—	—	—	—	—	—	—	—
香川	—	—	—	—	—	—	—	—
愛媛	—	—	—	—	—	—	—	—
高知	1	1	1	1	—	—	—	—
福岡	—	—	—	—	—	—	—	—
佐賀	—	—	—	—	—	—	—	—
長崎	17	50	—	—	17	50	—	—
熊本	—	—	—	—	—	—	—	—
大分	—	—	—	—	—	—	—	—
宮崎	87	87	—	—	—	—	—	—
鹿児島	1	1	—	—	—	—	—	—
沖縄	—	—	—	—	—	—	—	—
指定都市・特別区(再掲)								
東京都区部	149	358	149	149	149	149	149	149
札幌市	—	—	—	—	—	—	—	—
仙台市	—	—	—	—	—	—	—	—
さいたま市	—	—	—	—	—	—	—	—
千葉市	—	—	—	—	—	—	—	—
横浜市	—	—	—	—	—	—	—	—
川崎市	—	—	—	—	—	—	—	—
相模原市	1	1	—	—	—	—	—	—
新潟市	—	—	—	—	—	—	—	—
静岡市	—	—	—	—	—	—	—	—
浜松市	—	—	—	—	—	—	—	—
名古屋市	32	32	32	32	—	—	—	—
京都市	—	—	—	—	—	—	—	—
大阪市	—	—	—	—	—	—	—	—
堺市	—	—	—	—	—	—	—	—
神戸市	135	640	—	—	—	—	—	—
岡山市	—	—	—	—	—	—	—	—
広島市	—	—	—	—	—	—	—	—

出典 厚生労働省「令和元年度地域保健・健康増進事業報告（地域保健編）」（政府統計の総合窓口 e-Stat より）

委託した受診実人員—延人員《都道府県—指定都市・特別区—中核市—その他政令市，対象区分別》（令和元年度）

	総数		（再掲）身体障害者(児)・知的障害者(児)・精神障害者		（再掲）医療機関等へ委託		（再掲）身体障害者(児)・知的障害者(児)・精神障害者	
	実人員	延人員	実人員	延人員	実人員	延人員	実人員	延人員
北九州市	—	—	—	—	—	—	—	—
福岡市	—	—	—	—	—	—	—	—
熊本市	—	—	—	—	—	—	—	—
中核市(再掲)								
旭川市	—	—	—	—	—	—	—	—
函館市	—	—	—	—	—	—	—	—
青森市	—	—	—	—	—	—	—	—
八戸市	—	—	—	—	—	—	—	—
盛岡市	—	—	—	—	—	—	—	—
秋田市	—	—	—	—	—	—	—	—
山形市	—	—	—	—	—	—	—	—
郡山市	—	—	—	—	—	—	—	—
いわき市	—	—	—	—	—	—	—	—
福島市	—	—	—	—	—	—	—	—
宇都宮市	—	—	—	—	—	—	—	—
前橋市	—	—	—	—	—	—	—	—
高崎市	—	—	—	—	—	—	—	—
川越市	—	—	—	—	—	—	—	—
越谷市	—	—	—	—	—	—	—	—
川口市	—	—	—	—	—	—	—	—
船橋市	102	155	102	155	—	—	—	—
柏市	—	—	—	—	—	—	—	—
八王子市	—	—	—	—	—	—	—	—
横須賀市	—	—	—	—	—	—	—	—
富山市	—	—	—	—	—	—	—	—
金沢市	—	—	—	—	—	—	—	—
福井市	—	—	—	—	—	—	—	—
甲府市	—	—	—	—	—	—	—	—
長野市	—	—	—	—	—	—	—	—
岐阜市	7	14	6	10	—	—	—	—
豊橋市	—	—	—	—	—	—	—	—
豊田市	—	—	—	—	—	—	—	—
岡崎市	—	—	—	—	—	—	—	—
大津市	2	2	2	2	—	—	—	—
高槻市	—	—	—	—	—	—	—	—
東大阪市	—	—	—	—	—	—	—	—
豊中市	—	—	—	—	—	—	—	—
枚方市	197	197	197	197	197	197	197	197
八尾市	—	—	—	—	—	—	—	—
寝屋川市	—	—	—	—	—	—	—	—
姫路市	—	—	—	—	—	—	—	—
西宮市	—	—	—	—	—	—	—	—
尼崎市	—	—	—	—	—	—	—	—
明石市	—	—	—	—	—	—	—	—
奈良市	—	—	—	—	—	—	—	—
和歌山市	—	—	—	—	—	—	—	—
鳥取市	—	—	—	—	—	—	—	—
松江市	—	—	—	—	—	—	—	—
倉敷市	—	—	—	—	—	—	—	—
福山市	—	—	—	—	—	—	—	—
呉市	—	—	—	—	—	—	—	—
下関市	—	—	—	—	—	—	—	—
高松市	—	—	—	—	—	—	—	—
松山市	—	—	—	—	—	—	—	—
高知市	1	1	1	1	—	—	—	—
久留米市	—	—	—	—	—	—	—	—
長崎市	—	—	—	—	—	—	—	—
佐世保市	—	—	—	—	—	—	—	—
大分市	—	—	—	—	—	—	—	—
宮崎市	87	87	—	—	—	—	—	—
鹿児島市	—	—	—	—	—	—	—	—
那覇市	—	—	—	—	—	—	—	—
その他政令市(再掲)								
小樽市	63	119	63	119	—	—	—	—
町田市	—	—	—	—	—	—	—	—
藤沢市	2	3	1	2	—	—	—	—
茅ヶ崎市	—	—	—	—	—	—	—	—
四日市市	—	—	—	—	—	—	—	—
大牟田市	—	—	—	—	—	—	—	—

Ⅰ. 口 腔 保 健

第4章　母子歯科保健

表Ⅰ-4-1　母子歯科保健事業の年次推移《乳幼児・妊産婦別》

	乳幼児		妊産婦	
	診査・指導（人）	予防処置（薬物塗布・歯口清掃）（人）	診査・指導（人）	予防処置（歯口清掃）（人）
昭和60年('85)	2 675 881	528 421	142 649	971
61　('86)	2 725 378	526 240	139 686	961
62　('87)	2 676 909	517 205	135 142	1 038
63　('88)	2 684 623	503 021	126 541	843
平成元年('89)	2 625 927	491 886	119 201	830
2　('90)	2 569 683	497 319	117 720	752
3　('91)	2 536 074	498 202	124 508	1 024
4　('92)	2 497 942	501 985	117 681	1 151
5　('93)	2 435 703	471 324	115 517	873
6　('94)	2 392 524	453 820	116 956	1 350
7　('95)	2 337 275	440 537	105 852	723
8　('96)	2 318 131	427 873	104 876	535
9　('97)	3 552 596	985 084	165 683	676
10　('98)	3 710 648	1 126 101	191 283	4 213
11　('99)	3 846 020	1 144 467	215 185	1 268
12　('00)	3 837 265	1 130 962	200 546	608
13　('01)	3 841 295	1 106 005	198 643	801
14　('02)	3 872 271	1 348 251	196 975	1 597
15　('03)	4 031 734	1 370 969	205 415	1 164
16　('04)	3 932 679	1 562 680	204 321	1 364
17　('05)	3 769 081	1 548 731	184 362	1 374
18　('06)	3 546 341	1 632 172	190 916	624
19　('07)	3 587 920	1 744 612	195 872	2 815
20　('08)	3 560 528	1 837 394	212 171	4 625
21　('09)	3 536 728	1 907 997	228 840	928
22　('10)	3 486 926	1 886 140	218 572	895
23　('11)	3 678 850	1 389 352	236 023	1 280
24　('12)	3 668 400	1 592 210	253 008	4 075
25　('13)	3 617 727	1 846 911	246 553	1 510
26　('14)	3 715 198	1 924 082	289 401	1 524
27　('15)	3 746 581	1 922 986	291 631	1 818
28　('16)	3 709 994	1 474 732	296 865	1 513
29　('17)	3 740 559	1 479 115	307 466	1 606
30　('18)	3 611 946	1 424 978	311 363	1 687
令和元年('19)	3 350 442	1 350 899	306 521	2 698

注　1．平成8年までは保健所が実施した事業で，平成9年からは保健所と市町村が実施した事業である．
2．平成22年度については，東日本大震災の影響により，岩手県の一部の市町村（釜石市，大槌町，宮古市，陸前高田市），宮城県のうち仙台市以外の保健所及び市町村，福島県の一部の市町村（南相馬市，楢葉町，富岡町，川内町，大熊町，双葉町，飯舘村，会津若松市）が含まれていない．

出典　平成8年までは，厚生省「保健所運営報告」，平成9年からは厚生省「地域保健事業報告」，平成12年からは厚生労働省「地域保健・老人保健事業報告（地域保健編）」，平成20年からは厚生労働省「地域保健・健康増進事業報告（地域保健編）」より作成

表Ⅰ-4-2　保健所および市区町村が実施した栄養指導を受けた人の延数《個別―集団・対象区分・（再掲）医療機関等へ委託》

（令和元年度）

	総数	個別	集団
総数	4 567 394	1 496 026	3 071 368
妊産婦	257 023	138 792	118 225
乳幼児	2 652 092	968 991	1 683 101
20歳未満（乳幼児・妊産婦を除く）	230 497	15 580	214 917
20歳以上（妊産婦を除く）	1 427 782	372 657	1 055 125

出典　厚生労働省「令和元年度地域保健・健康増進事業報告（地域保健編）」より改変（政府統計の総合窓口 e-Stat より）

表Ⅰ-4-3　1歳6カ月児歯科健康診査実施状況《都道府県》

（令和元年度）

	対象人員	受診実人員	むし歯の総本数	1人平均むし歯数（本）	むし歯のある人員	むし歯のない者（人）	むし歯有病者率（%）	軟組織異常のある人員	咬合異常のある人員	その他異常のある人員
北海道	14 915	14 124	687	0.05	221	13 903	1.56	899	1 019	447
青森県	4 488	4 364	210	0.05	64	4 300	1.47	70	351	228
岩手県	5 498	5 421	165	0.03	57	5 364	1.05	297	394	95
宮城県	7 456	7 259	218	0.03	87	7 172	1.20	372	570	243
秋田県	3 111	3 067	96	0.03	38	3 029	1.24	63	197	77
山形県										
福島県	5 711	5 596	191	0.03	62	5 534	1.11	424	396	159
茨城県	19 333	18 564	625	0.03	205	18 359	1.10	1 220	1 333	519
栃木県	9 059	8 776	297	0.03	84	8 692	0.96	675	624	167
群馬県	7 865	7 524	310	0.04	104	7 420	1.38	284	465	226
埼玉県	32 116	30 577	792	0.03	277	30 300	0.91	1 315	1 897	1 499
千葉県	28 955	27 008	688	0.03	244	26 764	0.90	1 294	1 910	1 318
東京都	24 055	22 540	555	0.02	178	22 362	0.79	1 637	1 626	1 849
神奈川県	13 744	12 889	321	0.02	107	12 782	0.83	776	905	611
新潟県	8 708	8 546	137	0.02	58	8 488	0.68	106	312	50
富山県	4 060	4 023	78	0.02	35	3 988	0.87	269	252	196
石川県	4 722	4 602	77	0.02	34	4 568	0.74	34	231	143
福井県	3 494	3 431	57	0.02	24	3 407	0.70	185	262	145
山梨県	4 057	3 952	146	0.04	49	3 903	1.24	417	271	66
長野県	11 720	11 445	322	0.03	131	11 314	1.14	587	607	199
岐阜県	11 084	10 731	214	0.02	85	10 646	0.79	785	746	270
静岡県	14 355	14 107	342	0.02	110	13 997	0.78	177	881	860
愛知県	32 795	31 893	718	0.02	238	31 655	0.75	2 807	2 972	1 713
三重県	10 465	10 237	238	0.02	92	10 145	0.90	613	890	383
滋賀県	8 636	8 228	136	0.02	53	8 175	0.64	216	630	217
京都府	7 958	7 693	197	0.03	78	7 615	1.01	511	597	509
大阪府	22 202	21 116	558	0.03	214	20 902	1.01	2 674	1 796	987
兵庫県	14 434	13 993	279	0.02	95	13 898	0.68	696	789	353
奈良県	6 385	6 131	134	0.02	51	6 080	0.83	253	414	213
和歌山県	3 573	3 499	111	0.03	43	3 456	1.23	135	217	12
鳥取県	2 787	2 737	79	0.03	33	2 704	1.21	317	491	484
島根県	3 415	3 388	79	0.02	35	3 353	1.03	292	416	280
岡山県	4 256	4 107	102	0.02	29	4 078	0.71	144	211	80
広島県	6 243	5 985	204	0.03	69	5 916	1.15	277	388	158
山口県	7 405	6 846	252	0.04	94	6 752	1.37	227	344	270
徳島県	4 950	4 757	167	0.04	45	4 712	0.95	734	928	140
香川県	3 693	3 636	87	0.02	36	3 600	0.99	85	223	98
愛媛県	5 140	4 980	158	0.03	48	4 932	0.96	120	360	159
高知県	2 181	2 102	53	0.03	28	2 074	1.33	71	124	32
福岡県	17 656	16 566	615	0.04	203	16 363	1.23	698	1 067	364
佐賀県	6 470	6 345	176	0.03	60	6 285	0.95	211	404	180
長崎県	5 137	4 941	204	0.04	74	4 867	1.50	236	363	145
熊本県	7 655	7 420	257	0.03	100	7 320	1.35	227	567	142
大分県	4 049	3 895	138	0.04	52	3 843	1.34	131	292	110
宮崎県	4 804	4 625	151	0.03	58	4 567	1.25	74	143	43
鹿児島県	7 700	7 430	295	0.04	95	7 335	1.28	314	600	68
沖縄県	15 391	11 491	500	0.04	189	11 302	1.64	908	712	254
小計	458 995	437 626	12 497	0.03	4 404	433 222	1.01	25 032	31 409	16 855
合計	918 994	860 447	24 346	0.03	8 561	851 886	0.99	61 404	64 832	42 583

注　合計は，都道府県（表Ⅰ-4-3）と政令市・特別区（表Ⅰ-4-4）の小計合計である．

出典　厚生労働省「令和元年度地域保健・健康増進事業報告（地域保健編）」より作成（政府統計の総合窓口 e-Stat より）

表Ⅰ-4-4　１歳６カ月児歯科健康診査実施状況《政令市・特別区》

（令和元年度）

	対象人員	受診実人員	むし歯の総本数	1人平均むし歯数（本）	むし歯のある人員	むし歯のない者（人）	むし歯有病者率（%）	軟組織異常のある人員	咬合異常のある人員	その他異常のある人員
指定都市										
札幌市	12 981	12 109	472	0.04	141	11 968	1.16	570	…	…
仙台市	8 006	7 831	339	0.04	130	7 701	1.66	198	540	742
さいたま市	10 818	9 288	320	0.03	106	9 182	1.14	643	858	453
千葉市	7 084	6 778	243	0.04	84	6 694	1.24	12	122	870
横浜市	28 276	26 088	695	0.03	254	25 834	0.97	4 454	1 939	2 562
川崎市	13 550	13 111	290	0.02	117	12 994	0.89	931	1 827	706
相模原市	4 722	4 298	100	0.02	34	4 264	0.79	19	396	—
新潟市	5 263	5 170	81	0.02	34	5 136	0.66	198	128	211
静岡市	4 651	4 299	88	0.02	29	4 270	0.67	496	444	217
浜松市	6 343	6 244	155	0.02	55	6 189	0.88	557	635	3
名古屋市	18 195	17 546	289	0.02	109	17 437	0.62	1 721	1 954	1 055
京都市	10 209	9 771	231	0.02	81	9 690	0.83	595	125	847
大阪市	19 500	18 753	554	0.03	214	18 539	1.14	1 852	1 050	845
堺市	6 086	5 957	107	0.02	44	5 913	0.74	517	369	4
神戸市	10 956	9 808	281	0.03	95	9 713	0.97	1 359	1 540	969
岡山市	6 099	5 750	127	0.02	51	5 699	0.89	518	353	46
広島市	12 184	9 572	297	0.03	55	9 517	0.57	529	476	90
北九州市	7 330	5 248	378	0.07	118	5 130	2.25	502	132	146
福岡市	13 409	12 964	462	0.04	155	12 809	1.20	687	639	270
熊本市	6 242	6 100	374	0.06	138	5 962	2.26	1 688	1 622	449
中核市										
旭川市	2 080	1 887	89	0.05	31	1 856	1.64	22	30	99
函館市	1 345	1 273	70	0.05	26	1 247	2.04	29	13	76
青森市	1 724	1 703	33	0.02	13	1 690	0.76	74	130	164
八戸市	1 451	1 429	36	0.03	12	1 417	0.84	67	73	66
盛岡市	1 973	1 932	54	0.03	19	1 913	0.98	113	146	82
秋田市	1 735	1 714	57	0.03	22	1 692	1.28	190	168	125
山形市	1 681	1 651	19	0.01	6	1 645	0.36	204	141	67
郡山市	2 358	2 320	99	0.04	31	2 289	1.34	444	252	100
いわき市	2 208	2 206	79	0.04	28	2 178	1.27	64	99	—
福島市	1 929	1 902	42	0.02	17	1 885	0.89	186	108	101
宇都宮市	4 153	3 936	106	0.03	34	3 902	0.86	308	306	347
前橋市	2 236	2 171	57	0.03	24	2 147	1.11	140	183	105
高崎市	2 643	2 635	59	0.02	24	2 611	0.91	187	253	73
川越市	2 363	2 283	50	0.02	19	2 264	0.83	267	156	79
越谷市	2 632	2 530	38	0.02	15	2 515	0.59	196	135	75
川口市	4 973	3 265	134	0.04	52	3 213	1.59	60	238	64
船橋市	4 705	4 231	70	0.02	26	4 205	0.61	216	86	170
柏市	3 657	3 284	142	0.04	44	3 240	1.34	310	317	224
八王子市	3 529	3 321	94	0.03	38	3 283	1.14	21	267	168
横須賀市	2 441	2 172	104	0.05	32	2 140	1.47	947	437	128
富山市	3 083	2 985	67	0.02	23	2 962	0.77	175	278	168
金沢市	3 465	3 425	49	0.01	17	3 408	0.50	290	155	69
福井市	1 894	1 867	42	0.02	15	1 852	0.80	4	100	2
甲府市	1 390	1 332	37	0.03	13	1 319	0.98	227	72	346
長野市	2 720	2 620	56	0.02	26	2 594	0.99	129	241	4
岐阜市	3 038	2 885	53	0.02	20	2 865	0.69	107	104	159
豊橋市	3 192	3 081	150	0.05	47	3 034	1.53	276	367	106
豊田市	3 339	3 213	73	0.02	25	3 188	0.78	387	288	143
岡崎市	3 161	3 138	92	0.03	25	3 113	0.80	214	399	199
大津市	2 502	2 352	85	0.04	18	2 334	0.77	—	225	—
高槻市	2 470	2 428	44	0.02	19	2 409	0.78	157	140	116
東大阪市	3 048	2 955	148	0.05	42	2 913	1.42	94	282	120
豊中市	3 313	3 205	84	0.03	38	3 167	1.19	575	390	188
枚方市	2 472	2 403	58	0.02	20	2 383	0.83	292	182	170
八尾市	1 825	1 770	32	0.02	13	1 757	0.73	349	172	62
寝屋川市	1 548	1 467	38	0.03	9	1 458	0.61	160	46	54
姫路市	3 930	3 780	105	0.03	39	3 741	1.03	626	416	198
西宮市	3 714	3 714	46	0.01	20	3 694	0.54	366	213	188
尼崎市	3 677	3 201	76	0.02	28	3 173	0.87	202	140	165
明石市	2 910	2 697	90	0.03	33	2 664	1.22	217	275	104
奈良市	2 142	2 039	31	0.02	14	2 025	0.69	32	156	147
和歌山市	2 671	2 603	48	0.02	14	2 589	0.54	152	147	2
鳥取市	1 420	1 401	12	0.01	5	1 396	0.36	83	115	462
松江市	1 571	1 567	75	0.05	28	1 539	1.79	2	62	140
倉敷市	3 860	3 693	71	0.02	23	3 670	0.62	325	429	188

（表Ⅰ-4-4　つづき）

	対象人員	受診実人員	むし歯の総本数	1人平均むし歯数（本）	むし歯のある人員	むし歯のない者（人）	むし歯有病者率（%）	軟組織異常のある人員	咬合異常のある人員	その他異常のある人員
福山市	4 013	3 854	106	0.03	35	3 819	0.91	38	68	145
呉市	1 305	1 265	13	0.01	5	1 260	0.40	74	74	2
下関市	1 474	1 468	34	0.02	9	1 459	0.61	1	281	390
高松市	3 323	3 172	60	0.02	24	3 148	0.76	224	177	176
松山市	3 621	3 508	68	0.02	26	3 482	0.74	45	328	143
高知市	2 361	2 251	81	0.04	30	2 221	1.33	289	562	251
久留米市	2 782	2 356	224	0.10	62	2 294	2.63	376	255	112
長崎市	3 008	2 912	111	0.04	44	2 868	1.51	269	536	239
佐世保市	1 868	1 768	23	0.01	9	1 759	0.51	143	150	73
大分市	3 754	3 611	131	0.04	43	3 568	1.19	395	168	241
宮崎市	3 420	3 090	51	0.02	17	3 073	0.55	86	255	802
鹿児島市	4 954	4 770	234	0.05	81	4 689	1.70	949	898	—
那覇市	2 781	2 454	94	0.04	31	2 423	1.26	92	83	22
その他政令市										
小樽市	510	487	24	0.05	9	478	1.85	12	10	41
町田市	2 958	2 692	86	0.03	26	2 666	0.97	202	235	240
藤沢市	3 592	3 310	70	0.02	26	3 284	0.79	492	161	154
茅ヶ崎市	1 659	1 592	10	0.01	5	1 587	0.31	250	97	6
四日市市	2 437	2 333	27	0.01	14	2 319	0.60	61	183	70
大牟田市	702	615	28	0.05	9	606	1.46	80	12	54
特別区										
千代田区	631	564	15	0.03	5	559	0.09	2	55	44
中央区	2 075	1 563	13	0.01	5	1 558	0.32	18	51	143
港区	2 937	1 564	20	0.01	9	1 555	0.58	132	124	152
新宿区	2 446	1 852	20	0.01	9	1 843	0.49	170	105	222
文京区	2 048	1 934	19	0.01	8	1 926	0.41	209	200	231
台東区	1 488	1 311	27	0.02	9	1 302	0.69	96	131	70
墨田区	2 309	2 157	26	0.01	10	2 147	0.46	74	73	117
江東区	4 752	3 442	90	0.03	34	3 408	0.99	314	464	630
品川区	3 793	3 600	132	0.04	20	3 580	0.56	354	281	318
目黒区	2 271	1 646	59	0.04	24	1 622	1.46	167	315	331
大田区	5 815	5 324	201	0.04	69	5 255	1.30	807	677	753
世田谷区	7 455	5 611	95	0.02	45	5 566	0.80	854	568	557
渋谷区	1 988	1 336	34	0.03	13	1 323	0.97	125	91	165
中野区	2 363	1 716	30	0.02	12	1 704	0.70	56	109	111
杉並区	4 442	4 283	42	0.01	16	4 267	0.37	194	304	434
豊島区	2 059	1 752	20	0.01	7	1 745	0.40	51	30	73
北区	2 814	2 501	54	0.02	16	2 485	0.64	44	136	214
荒川区	1 750	1 632	22	0.01	12	1 620	0.74	68	84	116
板橋区	4 399	4 028	109	0.03	49	3 979	1.22	13	83	300
練馬区	5 622	4 967	76	0.02	37	4 930	0.74	37	175	299
足立区	5 128	4 669	97	0.02	43	4 626	0.92	246	216	414
葛飾区	3 420	2 866	79	0.03	29	2 837	1.01	137	118	208
江戸川区	5 397	4 644	117	0.03	40	4 604	0.86	594	419	367
小計	459 999	422 821	11 849	0.03	4 157	418 664	0.98	36 372	33 423	25 728

出典　厚生労働省「令和元年度地域保健・健康増進事業報告（地域保健編）」より作成（政府統計の総合窓口 e-Stat より）

表Ⅰ-4-5　1歳6カ月児歯科健康診査実施状況《都道府県，政令指定都市，中核市，保健所を設置する市，特別区を含む》

（令和元年度）

	対象人員	受診実人員	むし歯の総本数	1人平均むし歯数（本）	むし歯のある人員	むし歯のない者（人）	むし歯有病者率（%）	軟組織異常のある人員	咬合異常のある人員	その他異常のある人員
北海道	31 831	29 880	1 342	0.04	428	29 452	1.43	1 532	1 072	663
青森県	7 663	7 496	279	0.04	89	7 407	1.19	211	554	458
岩手県	7 471	7 353	219	0.03	76	7 277	1.03	410	540	177
宮城県	15 462	15 090	557	0.04	217	14 873	1.44	570	1 110	985
秋田県	4 846	4 781	153	0.03	60	4 721	1.25	253	365	202
山形県	6 790	6 690	100	0.01	44	6 646	0.66	379	363	152
福島県	12 206	12 024	411	0.03	138	11 886	1.15	1 118	855	360
茨城県	19 333	18 564	625	0.03	205	18 359	1.10	1 220	1 333	519
栃木県	13 212	12 712	403	0.03	118	12 594	0.93	983	930	514
群馬県	12 744	12 330	426	0.03	152	12 178	1.23	611	901	404
埼玉県	52 902	47 943	1 334	0.03	469	47 474	0.98	2 481	3 284	2 170
千葉県	44 401	41 301	1 143	0.03	398	40 903	0.96	1 832	2 435	2 582
東京都	107 944	93 515	2 132	0.02	763	92 752	0.82	6 622	6 937	8 526
神奈川県	67 984	63 460	1 590	0.03	575	62 885	0.91	7 869	5 762	4 167
新潟県	13 971	13 716	218	0.02	92	13 624	0.67	304	440	261
富山県	7 143	7 008	145	0.02	58	6 950	0.83	444	530	364
石川県	8 187	8 027	126	0.02	51	7 976	0.64	324	386	212
福井県	5 388	5 298	99	0.02	39	5 259	0.74	189	362	147
山梨県	5 447	5 284	183	0.03	62	5 222	1.17	644	343	412
長野県	14 440	14 065	378	0.03	157	13 908	1.12	716	848	203
岐阜県	14 122	13 616	267	0.02	105	13 511	0.77	892	850	438
静岡県	25 349	24 650	585	0.02	194	24 456	0.79	1 230	1 960	1 080
愛知県	60 682	58 871	1 322	0.02	444	58 427	0.75	5 405	5 980	3 216
三重県	12 902	12 570	265	0.02	106	12 464	0.84	674	1 073	453
滋賀県	11 138	10 580	221	0.02	71	10 509	0.67	216	855	217
京都府	18 167	17 464	428	0.02	159	17 305	0.91	1 106	722	1 356
大阪府	62 464	60 054	1 623	0.03	613	59 441	1.02	6 670	4 427	2 546
兵庫県	39 621	37 193	877	0.02	310	36 883	0.83	3 466	3 373	1 977
奈良県	8 527	8 170	165	0.02	65	8 105	0.80	285	570	360
和歌山県	6 244	6 102	159	0.03	57	6 045	0.93	287	364	14
鳥取県	4 207	4 138	91	0.02	38	4 100	0.92	400	606	946
島根県	4 986	4 955	154	0.03	63	4 892	1.27	294	478	420
岡山県	14 215	13 550	300	0.02	103	13 447	0.76	987	993	314
広島県	23 745	20 676	620	0.03	164	20 512	0.79	918	1 006	395
山口県	8 879	8 314	286	0.03	103	8 211	1.24	228	625	660
徳島県	4 950	4 757	167	0.04	45	4 712	0.95	734	928	140
香川県	7 016	6 808	147	0.02	60	6 748	0.88	309	400	274
愛媛県	8 761	8 488	226	0.03	74	8 414	0.87	165	688	302
高知県	4 542	4 353	134	0.03	58	4 295	1.33	360	686	283
福岡県	41 879	37 749	1 707	0.05	547	37 202	1.45	2 343	2 105	946
佐賀県	6 470	6 345	176	0.03	60	6 285	0.95	211	404	180
長崎県	10 013	9 621	338	0.04	127	9 494	1.32	648	1 049	457
熊本県	13 897	13 520	631	0.05	238	13 282	1.76	1 915	2 189	591
大分県	7 803	7 506	269	0.04	95	7 411	1.27	526	460	351
宮崎県	8 224	7 715	202	0.03	75	7 640	0.97	160	398	845
鹿児島県	12 654	12 200	529	0.04	176	12 024	1.44	1 263	1 498	68
沖縄県	18 172	13 945	594	0.04	220	13 725	1.58	1 000	795	276
合計（全国）	918 994	860 447	24 346	0.03	8 561	851 886	0.99	61 404	64 832	42 583

出典　厚生労働省「令和元年度地域保健・健康増進事業報告（地域保健編）」より作成（政府統計の総合窓口 e-Stat より）

表Ⅰ-4-6　3歳児歯科健康診査実施状況《都道府県》

（令和元年度）

	対象人員	受診実人員	むし歯の総本数	1人平均むし歯数（本）	むし歯のある人員	むし歯のない者（人）	むし歯有病者率（%）	軟組織異常のある人員	咬合異常のある人員	その他異常のある人員
北海道	16 145	15 271	7 588	0.50	2 038	13 233	13.35	399	1 814	739
青森県	4 913	4 804	3 899	0.81	1 090	3 714	22.69	61	656	282
岩手県	5 971	5 863	3 704	0.63	1 011	4 852	17.24	173	704	116
宮城県	8 301	7 998	5 313	0.66	1 409	6 589	17.62	255	1 192	373
秋田県	3 593	3 548	2 216	0.62	624	2 924	17.59	42	515	123
山形県	5 659	5 587	2 670	0.48	796	4 791	14.25	70	509	74
福島県	6 111	5 979	3 869	0.65	996	4 983	16.66	152	676	136
茨城県	20 464	19 312	9 134	0.47	2 621	16 691	13.57	476	2 436	631
栃木県	9 920	9 594	3 987	0.42	1 217	8 377	12.69	295	1 186	193
群馬県	8 264	7 946	3 088	0.39	1 016	6 930	12.79	157	976	53
埼玉県	34 536	32 426	11 373	0.35	3 544	28 882	10.93	647	3 799	1 334
千葉県	30 354	27 666	10 707	0.39	3 282	24 384	11.86	526	3 551	1 698
東京都	25 586	24 172	5 611	0.23	1 897	22 275	7.85	777	2 806	2 201
神奈川県	14 976	14 212	5 346	0.38	1 576	12 636	11.09	283	1 279	738
新潟県	9 578	9 436	2 698	0.29	882	8 554	9.35	60	670	99
富山県	4 317	4 260	1 380	0.32	475	3 785	11.15	100	628	298
石川県	5 094	4 967	1 700	0.34	567	4 400	11.42	31	474	65
福井県	3 746	3 665	1 399	0.38	465	3 200	12.69	45	410	197
山梨県	4 358	4 189	2 148	0.51	662	3 527	15.80	137	445	106
長野県	12 476	12 107	3 959	0.33	1263	10 844	10.43	257	1 224	292
岐阜県	11 654	11 350	3 241	0.29	1 007	10 343	8.87	334	1 552	323
静岡県	15 442	15 095	4 011	0.27	1 227	13 868	8.13	66	1 789	795
愛知県	33 877	32 898	8 045	0.24	2 447	30 451	7.44	1 251	5 565	2 525
三重県	11 324	10 987	5 035	0.46	1 462	9 525	13.31	220	1 606	548
滋賀県	9 224	8 747	3 240	0.37	1 017	7 730	11.63	89	1 104	281
京都府	8 615	8 244	3 865	0.47	1 132	7 112	13.73	292	1 199	418
大阪府	23 510	21 534	9 698	0.45	2 916	18 618	13.54	764	3 002	1 184
兵庫県	16 052	15 477	4 812	0.31	1 543	13 934	9.97	286	1 477	878
奈良県	6 992	5 903	2 737	0.46	850	5 053	14.40	106	816	257
和歌山県	3 816	3 681	2 242	0.61	615	3 066	16.71	81	363	25
鳥取県	2 832	2 795	778	0.28	301	2 494	10.77	105	543	733
島根県	3 629	3 557	1 556	0.44	545	3 012	15.32	76	707	306
岡山県	4 849	4 636	1 809	0.39	569	4 067	12.27	34	485	75
広島県	6 507	6 187	2 380	0.38	791	5 396	12.78	96	628	137
山口県	7 928	7 325	4 196	0.57	1 273	6 052	17.38	70	921	447
徳島県	5 190	5 004	2 310	0.46	722	4 282	14.43	236	1 341	185
香川県	3 824	3 735	2 338	0.63	664	3 071	17.78	23	397	72
愛媛県	5 285	5 130	2 557	0.50	791	4 339	15.42	102	606	155
高知県	2 180	2 068	1 105	0.53	316	1 752	15.28	13	197	41
福岡県	18 692	18 001	7 123	0.40	2 356	15 645	13.09	194	1 993	364
佐賀県	6 894	6 717	4 175	0.62	1 187	5 530	17.67	83	743	215
長崎県	5 388	5 187	3 325	0.64	1 020	4 167	19.66	114	519	88
熊本県	7 563	7 334	4 901	0.67	1 402	5 932	19.12	120	943	201
大分県	4 381	4 136	2 840	0.69	818	3 318	19.78	35	390	72
宮崎県	5 220	4 933	3 658	0.74	1 038	3 895	21.04	39	321	91
鹿児島県	8 034	7 633	4 794	0.63	1 403	6 230	18.38	123	813	73
沖縄県	13 296	11 933	8 117	0.68	2 402	9 531	20.13	203	1 236	520
小計	486 560	463 229	196 677	0.42	59 245	403 984	12.79	10 098	57 206	20 757
合計	959 623	897 016	349 420	0.39	106 724	790 292	11.90	25 879	125 828	55 112

注　合計は，都道府県（表Ⅰ-4-6）と政令市・特別区（表Ⅰ-4-7）の小計合計である．

出典　厚生労働省「令和元年度地域保健・健康増進事業報告（地域保健編）」より作成（政府統計の総合窓口 e-Stat より）

表Ⅰ-4-7　３歳児歯科健康診査の実施状況《政令市・特別区》

（令和元年度）

	対象人員	受診実人員	むし歯の総本数	1人平均むし歯数(本)	むし歯のある人員	むし歯のない者(人)	むし歯有病者率(%)	軟組織異常のある人員	咬合異常のある人員	その他異常のある人員
指定都市										
札幌市	13 686	12 442	5 115	0.41	1 432	11 010	11.51	255	1 839	904
仙台市	8 380	7 966	3 787	0.48	1 161	6 805	14.57	217	1 012	835
さいたま市	11 471	9 169	2 913	0.32	873	8 296	9.52	198	1 293	534
千葉市	7 602	7 176	2 832	0.39	868	6 308	12.10	35	989	934
横浜市	29 117	26 829	7 263	0.27	2 419	24 410	9.02	1 682	4 251	3 077
川崎市	13 752	12 943	3 545	0.27	1 195	11 748	9.23	189	1967	591
相模原市	5 004	4 590	1 769	0.39	544	4 046	11.85	19	429	—
新潟市	5 638	5 522	1 383	0.25	454	5 068	8.22	67	403	216
静岡市	5 070	4 602	1 318	0.29	391	4 211	8.50	196	916	169
浜松市	6 598	4 018	883	0.22	304	3 714	7.57	138	650	2
名古屋市	17 913	17 190	3 496	0.20	1 068	16 122	6.21	1 000	3 539	1 460
京都市	10 786	10 210	3 567	0.35	1 182	9 028	11.58	409	1 574	1 169
大阪市	19 774	18 640	8 282	0.44	2 518	16 122	13.51	722	2 275	1 134
堺市	6 007	5 787	2 888	0.50	806	4 981	13.93	169	796	6
神戸市	11 887	10 596	3 334	0.31	1 076	9 520	10.15	663	2 537	1 532
岡山市	6 202	5 807	2 773	0.48	807	5 000	13.90	473	2 395	128
広島市	10 591	9 695	2 927	0.30	828	8 867	8.54	147	1 050	134
北九州市	7 447	5 097	3 249	0.64	844	4 253	16.56	153	877	223
福岡市	13 536	13 036	4 508	0.35	1 548	11 488	11.87	268	1 609	298
熊本市	6 388	6 185	4 187	0.68	1 155	5 030	18.67	1 028	2 153	813
中核市										
旭川市	2 235	1 900	884	0.47	247	1 653	13.00	5	210	104
函館市	1 202	1 132	759	0.67	200	932	17.67	12	100	88
青森市	1 938	1 896	933	0.49	283	1 613	14.93	68	277	399
八戸市	1 455	1 422	868	0.61	281	1 141	19.76	12	130	76
盛岡市	2 080	2 049	884	0.43	268	1 781	13.08	30	270	180
秋田市	1 926	1 839	951	0.52	294	1 545	15.99	70	280	161
山形市	1 767	1 738	800	0.46	207	1 531	11.91	54	265	124
郡山市	2 467	2 364	1 272	0.54	367	1 997	15.52	135	396	171
いわき市	1 719	1 718	1 067	0.62	297	1 421	17.29	34	184	—
福島市	2 040	1 945	1 004	0.52	309	1 636	15.89	37	269	151
宇都宮市	4 377	4 124	1 142	0.28	377	3 747	9.14	178	582	310
前橋市	2 368	2 262	815	0.36	251	2 011	11.10	60	326	116
高崎市	2 943	2 611	638	0.24	205	2 406	7.85	63	326	113
川越市	2 789	2 613	775	0.30	224	2 389	8.57	93	319	112
越谷市	2 744	2 641	854	0.32	254	2 387	9.62	87	322	127
川口市	4 760	4 049	2 112	0.52	619	3 430	15.29	41	485	—
船橋市	5 065	4 425	1 033	0.23	368	4 057	8.32	90	400	184
柏市	3 856	3 325	1 141	0.34	393	2 932	11.82	111	537	256
八王子市	3 882	3 542	986	0.28	335	3 207	9.46	18	485	553
横須賀市	2 711	2 406	1 124	0.47	316	2 090	13.13	181	558	146
富山市	3 291	3 148	1 200	0.38	392	2 756	12.45	39	347	252
金沢市	3 574	3 506	1 481	0.42	447	3 059	12.75	109	679	83
福井市	2 025	1 959	455	0.23	198	1 761	10.11	—	181	3
甲府市	1 343	1 274	803	0.63	210	1 064	16.48	111	280	202
長野市	2 890	2 784	979	0.35	308	2 476	11.06	28	453	—
岐阜市	3 218	3 059	776	0.25	263	2 796	8.60	69	521	300
豊橋市	3 279	3 125	1 053	0.34	308	2 817	9.86	141	554	17
豊田市	3 423	3 237	918	0.28	275	2 962	8.50	201	514	184
岡崎市	3 398	3 262	1 465	0.45	419	2 843	12.84	92	686	267
大津市	2 763	2 456	903	0.37	276	2 180	11.24	—	322	—
高槻市	2 625	2 520	1 009	0.40	334	2 186	13.25	42	282	147
東大阪市	3 106	2 951	1 809	0.61	478	2 473	16.20	47	503	123
豊中市	3 566	3 291	1 109	0.34	371	2 920	11.27	169	493	226
枚方市	2 819	2 532	707	0.28	245	2 287	9.68	147	323	349
八尾市	1 885	1 736	480	0.28	181	1 555	10.43	141	249	118
寝屋川市	1 566	1 359	689	0.51	185	1 174	13.61	96	149	82
姫路市	4 049	3 980	1 452	0.36	444	3 536	11.16	233	690	273
西宮市	3 921	3 919	825	0.21	291	3 628	7.43	123	492	276
尼崎市	3 578	3 169	1 058	0.33	302	2 867	9.53	109	298	245
明石市	2 889	2 684	994	0.37	295	2 389	10.99	77	448	—
奈良市	2 384	2 208	826	0.37	289	1 919	13.09	48	325	199
和歌山市	2 894	2 748	1 515	0.55	429	2 319	15.61	38	201	3
鳥取市	1 525	1 502	350	0.23	114	1 388	7.59	58	185	405
松江市	1 756	1 746	976	0.56	283	1 463	16.21	3	620	254
倉敷市	3 939	3 709	1431	0.39	439	3 270	11.84	115	735	229

（表Ⅰ-4-7　つづき）

	対象人員	受診実人員	むし歯の総本数	1人平均むし歯数(本)	むし歯のある人員	むし歯のない者(人)	むし歯有病者率(%)	軟組織異常のある人員	咬合異常のある人員	その他異常のある人員
福山市	2 692	2 543	930	0.37	293	2 250	11.52	2	128	99
呉市	1 453	1 411	723	0.51	218	1 193	15.45	11	202	7
下関市	1 770	1 173	735	0.63	222	951	18.93	7	219	154
高松市	3 582	3 311	1 403	0.42	523	2 788	15.80	100	491	225
松山市	3 883	3 617	1 775	0.49	534	3 083	14.76	16	1 239	243
高知市	2 489	2 330	774	0.33	246	2 084	10.56	226	847	394
久留米市	2 727	2 279	1 900	0.83	479	1 800	21.02	123	341	135
長崎市	3 148	2 996	1 883	0.63	572	2 424	19.09	146	1 160	443
佐世保市	2 068	1 853	779	0.42	236	1 617	12.74	39	211	65
大分市	4 071	3 904	1 984	0.51	645	3 259	16.52	134	434	281
宮崎市	3 523	3 187	1 050	0.33	317	2 870	9.95	63	452	932
鹿児島市	5 329	5 118	2 944	0.58	918	4 200	17.94	308	1 496	—
那覇市	3 067	2 702	1 695	0.63	540	2 162	19.99	74	246	63
その他政令市										
小樽市	501	473	213	0.45	69	404	14.59	12	102	42
町田市	3 125	2 813	617	0.22	227	2 586	8.07	82	349	408
藤沢市	3 911	3 445	1 256	0.36	398	3 047	11.55	181	490	271
茅ヶ崎市	1 938	1 765	605	0.34	204	1 561	11.56	106	187	2
四日市市	2 542	2 407	724	0.30	225	2 182	9.35	13	265	50
大牟田市	717	616	236	0.38	74	542	12.01	16	93	81
特別区										
千代田区	712	630	66	0.10	27	603	4.29	12	117	116
中央区	1 992	1 739	225	0.13	88	1 651	5.06	29	259	214
港区	2 969	2 407	359	0.15	139	2 268	5.77	84	394	300
新宿区	2 430	2 145	421	0.20	160	1 985	7.46	104	347	240
文京区	2 236	2 115	298	0.14	129	1 986	6.10	108	453	344
台東区	1 341	1 259	303	0.24	106	1 153	8.42	18	208	96
墨田区	2 180	2 070	376	0.18	123	1 947	5.94	40	184	177
江東区	4 949	4 574	887	0.19	320	4 254	7.00	275	712	583
品川区	3 594	3 375	567	0.17	173	3 202	5.13	149	479	409
目黒区	2 289	1 972	329	0.17	138	1 834	7.00	55	477	379
大田区	5 521	5 120	1 420	0.28	470	4 650	9.18	360	677	753
世田谷区	7 732	6 148	933	0.15	345	5 803	5.61	352	978	881
渋谷区	1 915	1 587	358	0.23	118	1 469	7.44	145	289	396
中野区	2 260	2 119	532	0.25	180	1 939	8.49	33	378	402
杉並区	4 355	4 266	741	0.17	278	3 988	6.52	90	599	652
豊島区	1 963	1 750	445	0.25	147	1 603	8.40	31	96	86
北区	2 892	2 705	429	0.16	146	2 559	5.40	37	342	271
荒川区	1 779	1 689	330	0.20	105	1 584	6.22	31	202	148
板橋区	4 542	4 264	1 115	0.26	374	3 890	8.77	30	291	393
練馬区	5 684	5 302	1 045	0.20	362	4 940	6.83	61	677	509
足立区	5 094	4 805	1 551	0.32	486	4 319	10.11	100	469	625
葛飾区	3 560	3 210	853	0.27	264	2 946	8.22	45	295	298
江戸川区	5 659	5 228	1 610	0.31	517	4 711	9.89	290	942	421
小計	473 063	433 787	152 743	0.35	47 479	386 308	10.95	15 781	68 622	34 355

出典　厚生労働省「令和元年度地域保健・健康増進事業報告（地域保健編）」より作成（政府統計の総合窓口 e-Stat より）

表Ⅰ-4-8　3歳児歯科健康診査実施状況《都道府県，政令指定都市，中核市，保健所を設置する市，特別区を含む》

（令和元年度）

	対象人員	受診実人員	むし歯の総本数	1人平均むし歯数（本）	むし歯のある人員	むし歯のない者（人）	むし歯有病者率（%）	軟組織異常のある人員	咬合異常のある人員	その他異常のある人員
北海道	33 769	31 218	14 559	0.47	3 986	27 232	12.77	683	4 065	1 877
青森県	8 306	8 122	5 700	0.70	1 654	6 468	20.36	141	1 063	757
岩手県	8 051	7 912	4 588	0.58	1 279	6 633	16.17	203	974	296
宮城県	16 681	15 964	9 100	0.57	2 570	13 394	16.10	472	2 204	1 208
秋田県	5 519	5 387	3 167	0.59	918	4 469	17.04	112	795	284
山形県	7 426	7 325	3 470	0.47	1 003	6 322	13.69	124	774	198
福島県	12 337	12 006	7 212	0.60	1 969	10 037	16.40	358	1 525	458
茨城県	20 464	19 312	9 134	0.47	2 621	16 691	13.57	476	2 436	631
栃木県	14 297	13 718	5 129	0.37	1 594	12 124	11.62	473	1 768	503
群馬県	13 575	12 819	4 541	0.35	1 472	11 347	11.48	280	1 628	282
埼玉県	56 300	50 898	18 027	0.35	5 514	45 384	10.83	1 066	6 218	2 107
千葉県	46 877	42 592	15 713	0.37	4 911	37 681	11.53	762	5 477	3 072
東京都	110 241	101 006	22 407	0.22	7 654	93 352	7.58	3 356	13 505	11 855
神奈川県	71 409	66 190	20 908	0.32	6 652	59 538	10.05	2 641	9 161	4 825
新潟県	15 216	14 958	4 081	0.27	1 336	13 622	8.93	127	1 073	315
富山県	7 608	7 408	2 580	0.35	867	6 541	11.70	139	975	550
石川県	8 668	8 473	3 181	0.38	1 014	7 459	11.97	140	1 153	148
福井県	5 771	5 624	1 854	0.33	663	4 961	11.79	45	591	200
山梨県	5 701	5 463	2 951	0.54	872	4 591	15.96	248	725	308
長野県	15 366	14 891	4 938	0.33	1 571	13 320	10.55	285	1 677	292
岐阜県	14 872	14 409	4 017	0.28	1 270	13 139	8.81	403	2 073	623
静岡県	27 110	23 715	6 212	0.26	1 922	21 793	8.10	400	3 355	966
愛知県	61 890	59 712	14 977	0.25	4 517	55 195	7.56	2 685	10 858	4 453
三重県	13 866	13 394	5 759	0.43	1 687	11 707	12.60	233	1 871	598
滋賀県	11 987	11 203	4 143	0.37	1 293	9 910	11.54	89	1 426	281
京都府	19 401	18 454	7 432	0.40	2 314	16 140	12.54	701	2 773	1 587
大阪府	64 858	60 350	26 671	0.44	8 034	52 316	13.31	2 297	8 072	3 369
兵庫県	42 376	39 825	12 475	0.31	3 951	35 874	9.92	1 491	5 942	3 204
奈良県	9 376	8 111	3 563	0.44	1 139	6 972	14.04	154	1 141	456
和歌山県	6 710	6 429	3 757	0.58	1 044	5 385	16.24	119	564	28
鳥取県	4 357	4 297	1 128	0.26	415	3 882	9.66	163	728	1 138
島根県	5 385	5 303	2 532	0.48	828	4 475	15.61	79	1 327	560
岡山県	14 990	14 152	6 013	0.42	1 815	12 337	12.83	622	3 615	432
広島県	21 243	19 836	6 960	0.35	2 130	17 706	10.74	256	2 008	377
山口県	9 698	8 498	4 931	0.58	1 495	7 003	17.59	77	1 140	601
徳島県	5 190	5 004	2 310	0.46	722	4 282	14.43	236	1 341	185
香川県	7 406	7 046	3 741	0.53	1 187	5 859	16.85	123	888	297
愛媛県	9 168	8 747	4 332	0.50	1 325	7 422	15.15	118	1 845	398
高知県	4 669	4 398	1 879	0.43	562	3 836	12.78	239	1 044	435
福岡県	43 119	39 029	17 016	0.44	5 301	33 728	13.58	754	4 913	1 101
佐賀県	6 894	6 717	4 175	0.62	1 187	5 530	17.67	83	743	215
長崎県	10 604	10 036	5 987	0.60	1 828	8 208	18.21	299	1 890	596
熊本県	13 951	13 519	9 088	0.67	2 557	10 962	18.91	1 148	3 096	1 014
大分県	8 452	8 040	4 824	0.60	1 463	6 577	18.20	169	824	353
宮崎県	8 743	8 120	4 708	0.58	1 355	6 765	16.69	102	773	1 023
鹿児島県	13 363	12 751	7 738	0.61	2 321	10 430	18.20	431	2 309	73
沖縄県	16 363	14 635	9 812	0.67	2 942	11 693	20.10	277	1 482	583
合計（全国）	959 623	897 016	349 420	0.39	106 724	790 292	11.90	25 879	125 828	55 112

出典　厚生労働省「令和元年度地域保健・健康増進事業報告（地域保健編）」より作成（政府統計の総合窓口 e-Stat より）

表Ⅰ-4-9　乳幼児身体発育値（平均値）

	体重 (kg)						身長 (cm)					
	男子			女子			男子			女子		
	平成12年	平成22年	12年からののび	平成12年	平成22年	12年からののび	平成12年	平成22年	12年からののび	平成12年	平成22年	12年からののび
出生時	3.04	2.98	△0.06	2.96	2.91	△0.05	49.0	48.7	△ 0.3	48.4	48.3	△ 0.1
0年1～2月未満	4.87	4.78	△0.10	4.60	4.46	△0.14	56.2	55.5	△ 0.7	54.9	54.5	△ 0.4
2～3	5.88	5.83	△0.05	5.53	5.42	△0.12	60.0	59.0	△ 1.0	58.7	57.8	△ 0.9
3～4	6.72	6.63	△0.09	6.22	6.16	△0.06	62.9	61.9	△ 1.0	61.6	60.6	△ 1.0
4～5	7.32	7.22	△0.09	6.75	6.73	△0.02	65.2	64.3	△ 0.9	63.7	62.9	△ 0.8
5～6	7.79	7.67	△0.12	7.18	7.17	△0.01	66.8	66.2	△ 0.6	65.4	64.8	△ 0.7
6～7	8.17	8.01	△0.16	7.54	7.52	△0.03	68.3	67.9	△ 0.4	66.9	66.4	△ 0.5
7～8	8.48	8.30	△0.19	7.82	7.79	△0.03	69.6	69.3	△ 0.3	68.1	67.9	△ 0.3
8～9	8.74	8.53	△0.21	8.05	8.01	△0.04	70.9	70.6	△ 0.3	69.3	69.1	△ 0.2
9～10	8.94	8.73	△0.21	8.26	8.20	△0.05	72.0	71.8	△ 0.2	70.5	70.3	△ 0.2
10～11	9.13	8.91	△0.22	8.46	8.37	△0.09	73.2	72.9	△ 0.4	71.6	71.3	△ 0.3
11～12	9.33	9.09	△0.23	8.67	8.54	△0.13	74.4	73.9	△ 0.5	72.7	72.3	△ 0.4
1年0～1月未満	9.51	9.28	△0.24	8.88	8.71	△0.17	75.5	74.9	△ 0.6	73.8	73.3	△ 0.5
1～2	9.68	9.46	△0.22	9.08	8.89	△0.19	76.5	75.8	△ 0.7	74.9	74.3	△ 0.6
2～3	9.85	9.65	△0.19	9.26	9.06	△0.20	77.5	76.8	△ 0.7	76.0	75.3	△ 0.7
3～4	10.02	9.84	△0.18	9.46	9.24	△0.22	78.4	77.8	△ 0.6	77.0	76.3	△ 0.8
4～5	10.19	10.03	△0.16	9.67	9.42	△0.24	79.4	78.8	△ 0.6	78.0	77.2	△ 0.8
5～6	10.37	10.22	△0.15	9.86	9.61	△0.25	80.2	79.7	△ 0.5	79.1	78.2	△ 0.9
6～7	10.55	10.41	△0.14	10.04	9.79	△0.25	81.1	80.6	△ 0.5	80.0	79.2	△ 0.9
7～8	10.75	10.61	△0.14	10.23	9.98	△0.26	82.1	81.6	△ 0.5	81.0	80.1	△ 0.9
8～9	10.92	10.80	△0.12	10.42	10.16	△0.25	83.0	82.5	△ 0.6	81.9	81.1	△ 0.8
9～10	11.10	10.99	△0.11	10.59	10.35	△0.24	83.9	83.4	△ 0.5	82.7	82.0	△ 0.7
10～11	11.28	11.18	△0.10	10.78	10.54	△0.24	84.8	84.3	△ 0.6	83.6	82.9	△ 0.7
11～12	11.43	11.37	△0.06	10.97	10.73	△0.24	85.5	85.1	△ 0.4	84.4	83.8	△ 0.7
2年0～6月未満	12.07	12.03	△0.05	11.55	11.39	△0.16	87.1	86.7	△ 0.4	86.0	85.4	△ 0.6
6～12	13.12	13.10	△0.02	12.58	12.50	△0.07	91.0	91.2	0.2	89.9	89.9	0.0
3年0～6　〃	14.13	14.10	△0.03	13.62	13.59	△0.03	94.7	95.1	0.4	93.7	93.9	0.2
6～12	15.15	15.06	△0.09	14.63	14.64	0.01	98.3	98.7	0.4	97.4	97.5	0.1
4年0～6　〃	16.15	15.99	△0.16	15.73	15.65	△0.08	101.6	102.0	0.4	101.0	100.9	△ 0.1
6～12	17.27	16.92	△0.35	16.79	16.65	△0.14	104.9	105.1	0.2	104.3	104.1	△ 0.2
5年0～6　〃	18.36	17.88	△0.48	17.92	17.64	△0.28	108.1	108.2	0.1	107.6	107.3	△ 0.3
6～12	19.48	18.92	△0.56	18.94	18.64	△0.30	111.4	111.4	0.0	110.8	110.5	△ 0.3
6年0～6　〃	20.56	20.05	△0.51	20.04	19.66	△0.38	114.9	114.9	0.0	113.8	113.7	△ 0.1

	胸囲 (cm)						頭囲 (cm)					
	男子			女子			男子			女子		
	平成12年	平成22年	12年からののび	平成12年	平成22年	12年からののび	平成12年	平成22年	12年からののび	平成12年	平成22年	12年からののび
出生時	31.8	31.6	△ 0.6	31.6	31.5	△ 0.5	33.3	33.5	0.0	32.9	33.1	0.0
0年1～2月未満	37.8	37.5	△ 1.1	37.0	36.6	△ 1.0	37.9	37.9	△ 0.4	37.1	37.0	△ 0.3
2～3	40.3	40.0	△ 1.0	39.4	38.9	△ 0.9	39.7	39.9	△ 0.1	38.8	38.9	0.0
3～4	41.9	41.8	△ 0.4	40.9	40.5	△ 0.5	41.1	41.3	0.2	40.1	40.2	0.2
4～5	43.0	42.9	△ 0.1	41.9	41.7	△ 0.1	42.1	42.3	0.2	41.1	41.2	0.3
5～6	43.6	43.7	0.1	42.6	42.4	△ 0.1	42.9	43.0	0.1	41.9	41.9	0.2
6～7	44.2	44.2	0.0	43.1	43.0	△ 0.1	43.7	43.6	0.0	42.6	42.4	0.0
7～8	44.7	44.7	0.0	43.5	43.5	△ 0.1	44.3	44.1	△ 0.2	43.2	43.0	0.0
8～9	45.1	45.0	△ 0.2	44.0	43.8	△ 0.3	44.9	44.6	△ 0.2	43.6	43.5	△ 0.1
9～10	45.4	45.4	△ 0.2	44.3	44.1	△ 0.4	45.3	45.1	△ 0.2	44.0	43.9	△ 0.2
10～11	45.7	45.6	△ 0.3	44.6	44.4	△ 0.5	45.7	45.5	△ 0.2	44.4	44.3	△ 0.2
11～12	45.9	45.9	△ 0.3	44.8	44.6	△ 0.6	46.0	45.9	△ 0.2	44.7	44.7	△ 0.2
1年0～1月未満	46.2	46.1	△ 0.4	45.1	44.8	△ 0.6	46.3	46.2	△ 0.1	45.0	45.1	0.0
1～2	46.4	46.4	△ 0.3	45.4	45.1	△ 0.5	46.5	46.5	△ 0.1	45.4	45.4	0.1
2～3	46.7	46.6	△ 0.3	45.6	45.3	△ 0.5	46.7	46.8	0.0	45.7	45.6	0.0
3～4	46.9	46.9	△ 0.3	45.8	45.5	△ 0.5	46.9	47.0	0.0	45.9	45.9	0.1
4～5	47.2	47.1	△ 0.4	46.0	45.8	△ 0.4	47.2	47.3	0.1	46.2	46.1	0.1
5～6	47.4	47.3	△ 0.4	46.2	46.0	△ 0.4	47.4	47.4	0.0	46.4	46.3	0.1
6～7	47.6	47.6	△ 0.3	46.5	46.2	△ 0.5	47.5	47.6	0.0	46.5	46.5	0.1
7～8	47.8	47.8	△ 0.4	46.7	46.5	△ 0.5	47.7	47.8	0.1	46.7	46.6	0.0
8～9	48.0	48.0	△ 0.4	46.9	46.7	△ 0.5	47.9	47.9	0.0	46.8	46.8	0.1
9～10	48.2	48.3	△ 0.3	47.0	46.9	△ 0.4	48.0	48.0	△ 0.1	47.0	46.9	0.0
10～11	48.4	48.5	△ 0.3	47.2	47.1	△ 0.5	48.1	48.2	0.0	47.1	47.0	0.0
11～12	48.5	48.7	△ 0.3	47.3	47.3	△ 0.4	48.2	48.3	△ 0.1	47.3	47.2	0.0
2年0～6月未満	49.2	49.4	△ 0.2	47.8	48.0	△ 0.3	48.6	48.6	△ 0.2	47.6	47.5	△ 0.1
6～12	50.3	50.4	△ 0.2	48.7	49.0	△ 0.2	49.1	49.2	△ 0.1	48.2	48.2	0.1
3年0～6　〃	51.3	51.3	△ 0.3	49.6	49.9	△ 0.2	49.6	49.7	0.0	48.7	48.7	0.0
6～12	52.2	52.2	△ 0.5	50.6	50.8	△ 0.4	50.0	50.1	0.0	49.2	49.2	0.0
4年0～6　〃	53.2	53.1	△ 0.6	51.7	51.8	△ 0.6	50.4	50.5	0.0	49.6	49.6	△ 0.1
6～12	54.2	54.1	△ 0.5	52.9	52.9	△ 0.5	50.7	50.8	0.1	50.0	50.0	0.0
5年0～6　〃	55.3	55.1	△ 0.4	54.0	53.9	△ 0.5	51.1	51.1	0.1	50.4	50.4	0.1
6～12	56.3	56.0	△ 0.4	55.1	54.8	△ 0.6	51.3	51.3	0.1	50.6	50.7	0.0
6年0～6　〃	57.2	56.9	△ 0.7	56.2	55.5	△ 0.8	51.6	51.6	0.2	50.9	50.9	0.0

出典　厚生労働省「平成22年乳幼児身体発育調査」（前回は平成12年）

Ⅰ. 口 腔 保 健

第５章　学校歯科保健

表Ⅰ-5-1　児童・生徒の主な疾病・異常等の年次推移《幼稚園・小学校・中学校・高校別》

（%）

区分		裸眼視力1.0未満の者	眼の疾病・異常	耳疾患	鼻・副鼻腔疾患	むし歯（う歯）	せき柱・胸郭・四肢の状態注2）	アトピー性皮膚炎	ぜん息	心電図異常注1）	蛋白検出の者
幼稚園	平成22年度	26.43	2.15	3.34	3.39	46.07	(0.17)	3.28	2.74	…	1.01
	27	26.82	2.03	2.23	3.57	36.23	(0.11)	2.52	2.14	…	0.76
	28	27.94	1.87	2.83	3.58	35.64	0.28	2.39	2.30	…	0.65
	29	24.48	1.60	2.25	2.86	35.45	0.16	2.09	1.80	…	0.97
	30	26.68	1.55	2.31	2.91	35.10	0.23	2.04	1.56	…	1.03
	令和元	26.06	1.92	2.57	3.21	31.16	0.16	2.31	1.83	…	1.02
	令和2	27.90	1.36	1.97	2. 38	30.34	0.35	1.90	1.64	…	1.00
小学校	平成22年度	29.91	4.83	5.43	11.66	59.63	(0.32)	3.38	4.19	2.48	0.75
	27	30.97	5.55	5.47	11.91	50.76	(0.54)	3.52	3.95	2.35	0.80
	28	31.46	5.38	6.09	12.91	48.89	1.83	3.18	3.69	2.44	0.76
	29	32.46	5.68	6.24	12.84	47.06	1.16	3.26	3.87	2.39	0.87
	30	34.10	5.70	6.47	13.04	45.30	1.14	3.40	3.51	2.40	0.80
	令和元	34.57	5.60	6.32	11.81	44.82	1.13	3.33	3.37	2.42	1.03
	令和2	37.52	4.78	6.14	11.02	40.21	0.94	3.18	3.31	2.52	0.93
中学校	平成22年度	52.73	4.65	3.56	10.67	50.60	(0.78)	2.56	3.02	3.36	2.61
	27	54.05	4.87	3.63	10.61	40.49	(1.02)	2.72	3.00	3.17	2.91
	28	54.63	5.12	4.47	11.52	37.49	3.43	2.65	2.90	3.30	2.57
	29	56.33	5.66	4.48	11.27	37.32	2.41	2.66	2.71	3.40	3.18
	30	56.04	4.87	4.72	10.99	35.41	2.40	2.85	2.71	3.27	2.91
	令和元	57.47	5.38	4.71	12.10	34.00	2.12	2.87	2.60	3.27	3.35
	令和2	58.29	4.66	5.01	10.21	32.16	1.65	2.86	2.59	3.33	3.25
高等学校	平成22年度	55.64	3.44	1.61	8.45	59.95	(0.56)	2.23	2.08	3.16	2.84
	27	63.79	3.84	2.04	7.34	52.49	(0.74)	2.05	1.93	3.33	2.95
	28	65.99	3.43	2.30	9.41	49.18	2.46	2.32	1.91	3.39	3.29
	29	62.30	3.54	2.59	8.61	47.30	1.49	2.27	1.91	3.27	3.52
	30	67.23	3.94	2.45	9.85	45.36	1.40	2.58	1.78	3.34	2.94
	令和元	67.64	3.69	2.87	9.92	43.68	1.69	2.44	1.79	3.27	3.40
	令和2	63.17	3.56	2.47	6.88	41.66	1.19	2.44	1.75	3.30	3.19

注　1）「心電図異常」については，6歳，12歳および15歳のみ調査を実施している．
　　2）「せき柱・胸郭・四肢の状態」については平成27年度までは「せき柱・胸郭」のみを調査．
■：過去最高
□：過去最低

出典　文部科学省「令和2年度学校保健統計調査（結果の概要）」（文部科学省ウェブサイトより）

表Ⅰ-5-2　児童・生徒のう歯の処置完了者・未処置者状況等の年次推移《幼稚園・小学校・中学校・高校別》

（%）

区分		平成2	12	22	28	29	30	令和元	2
幼稚園	計	80.41	64.43	46.07	35.64	35.45	35.10	31.16	30.34
	処置完了者	27.98	25.06	18.36	14.53	13.85	13.60	12.00	12.69
	未処置歯のある者	52.44	39.37	27.71	21.11	21.60	21.50	19.15	17.66
小学校	計	89.54	77.87	59.63	48.89	47.06	45.30	44.82	40.21
	処置完了者	36.26	37.84	29.20	24.73	24.07	23.07	23.08	20.58
	未処置歯のある者	53.28	40.03	30.44	24.16	22.99	22.23	21.74	19.62
中学校	計	89.96	76.85	50.60	37.49	37.32	35.41	34.00	32.16
	処置完了者	41.34	43.53	28.02	20.98	21.12	20.41	19.78	18.75
	未処置歯のある者	48.62	33.31	22.58	16.51	16.21	15.01	14.22	13.40
高等学校	計	93.65	85.03	59.95	49.18	47.30	45.36	43.68	41.66
	処置完了者	45.82	49.73	34.21	28.35	27.63	27.11	26.36	25.04
	未処置歯のある者	47.83	35.30	25.74	20.84	19.67	18.25	17.33	16.62

注　1．四捨五入しているため計と内訳が一致しない場合がある．
　　2．昭和24年度から調査を実施している．

出典　文部科学省「令和2年度学校保健統計調査（結果の概要）」より一部改変（文部科学省ウェブサイトより）

表Ⅰ-5-3 児童・生徒のう蝕有病者率状況《性・幼稚園・小学校・中学校・高校別》

（%）

区分	計							
	歯・口腔							
	むし歯（う歯）			歯列・咬合	顎関節	歯垢の状態	歯肉の状態	その他の疾病・異常
	計	処置完了者	未処置歯のある者					
幼稚園 5歳	30.34	12.69	17.66	4.22	0.10	1.11	0.32	1.99
小学校 計	40.21	20.58	19.62	4.88	0.10	3.45	2.17	6.39
6歳	36.46	15.36	21.10	3.61	0.05	1.82	1.04	5.74
7	44.21	21.48	22.73	4.92	0.08	3.02	1.58	4.93
8	47.51	24.60	22.91	5.36	0.08	3.56	2.15	5.57
9	45.38	24.49	20.89	5.04	0.10	4.00	2.41	7.39
10	37.05	20.23	16.82	5.16	0.11	4.08	2.74	8.01
11	30.88	17.28	13.60	5.17	0.17	4.09	3.03	6.63
中学校 計	32.16	18.75	13.40	5.18	0.36	4.64	3.91	3.49
12歳	29.44	16.93	12.51	5.31	0.29	4.55	3.70	4.82
13	32.04	18.87	13.17	5.15	0.34	4.59	3.82	3.22
14	35.17	20.51	14.56	5.08	0.45	4.76	4.22	2.39
高等学校 計	41.66	25.04	16.62	4.44	0.49	4.58	4.16	1.12
15歳	37.29	22.27	15.02	4.49	0.43	4.52	3.98	1.13
16	42.26	25.36	16.91	4.45	0.51	4.67	4.15	1.16
17	45.46	27.50	17.96	4.40	0.52	4.56	4.34	1.06

（%）

区分	男								女							
	歯・口腔								歯・口腔							
	むし歯（う歯）			歯列・咬合	顎関節	歯垢の状態	歯肉の状態	その他の疾病・異常	むし歯（う歯）			歯列・咬合	顎関節	歯垢の状態	歯肉の状態	その他の疾病・異常
	計	処置完了者	未処置歯のある者						計	処置完了者	未処置歯のある者					
幼稚園 5歳	30.92	12.77	18.15	3.76	0.11	1.27	0.35	2.04	29.75	12.60	17.14	4.69	0.09	0.95	0.30	1.93
小学校 計	41.54	21.19	20.35	4.74	0.10	3.96	2.44	6.40	38.81	19.95	18.86	5.04	0.10	2.91	1.90	6.39
6歳	37.35	15.83	21.52	3.30	0.05	1.80	0.93	5.71	35.53	14.87	20.66	3.93	0.05	1.85	1.16	5.78
7	45.45	21.94	23.51	4.70	0.08	3.24	1.66	4.91	42.91	21.00	21.91	5.15	0.07	2.80	1.49	4.95
8	48.90	25.17	23.73	5.28	0.07	4.15	2.43	5.37	46.07	24.01	22.06	5.44	0.09	2.95	1.86	5.78
9	47.37	25.54	21.83	4.96	0.09	4.67	2.74	6.95	43.30	23.39	19.91	5.11	0.10	3.30	2.06	7.85
10	38.86	21.11	17.75	5.02	0.11	4.81	3.15	8.20	35.16	19.31	15.85	5.31	0.11	3.31	2.31	7.81
11	31.55	17.46	14.09	5.09	0.18	4.94	3.60	7.15	30.19	17.09	13.10	5.25	0.16	3.21	2.45	6.08
中学校 計	30.81	17.46	13.35	5.01	0.30	5.76	4.83	3.82	33.57	20.11	13.46	5.37	0.41	3.46	2.94	3.14
12歳	28.50	16.00	12.50	5.22	0.27	5.66	4.55	5.27	30.43	17.91	12.52	5.41	0.31	3.40	2.80	4.34
13	30.53	17.48	13.05	4.86	0.28	5.75	4.72	3.60	33.61	20.32	13.30	5.46	0.40	3.38	2.88	2.82
14	33.48	18.95	14.52	4.94	0.36	5.88	5.24	2.54	36.75	22.14	14.60	5.23	0.53	3.59	3.15	2.22
高等学校 計	39.82	22.91	16.91	4.42	0.45	5.55	5.05	1.09	43.55	27.22	16.33	4.47	0.53	3.59	3.24	1.15
15歳	35.32	20.32	15.00	4.41	0.38	5.44	4.74	1.13	39.30	24.26	15.04	4.56	0.49	3.57	3.20	1.13
16	40.30	23.10	17.21	4.45	0.45	5.66	5.11	1.11	44.27	27.67	16.60	4.45	0.56	3.66	3.16	1.21
17	43.86	25.31	18.55	4.40	0.51	5.55	5.30	1.03	47.10	29.74	17.36	4.40	0.53	3.54	3.36	1.10

注 1．この表は，疾病・異常該当者（疾病・異常に該当する旨健康診断票に記載のあった者）の割合の推定値（小数点第3位以下を四捨五入）を示したものである．

2．被患率等の標準誤差は，受検者数と得られた被患率等により異なるが，むし歯（計）の被患率の標準誤差は幼稚園で0.54，小学校で0.31，中学校で0.41，高等学校で0.47である．

出典 文部科学省「令和２年度学校保健統計調査」より一部改変（政府統計の総合窓口 e-Stat より）

表Ⅰ-5-4　12歳の永久歯の１人当たり平均むし歯（う歯）等数

（本）

区　分		平成２年度	12	22	28	29	30	令和元	2
計		4.30	2.65	1.33	0.84	0.82	0.74	0.70	0.68
喪失歯数		0.04	0.04	0.02	0.01	0.01	0.01	0.01	0.01
むし歯（う歯）	計	4.26	2.61	1.31	0.83	0.81	0.73	0.69	0.67
	処置歯数	3.04	1.88	0.83	0.51	0.52	0.47	0.45	0.42
	未処置歯数	1.22	0.73	0.48	0.31	0.30	0.27	0.24	0.25

出典　文部科学省「令和２年度学校保健統計調査」（文部科学省ウェブサイトより）

図Ⅰ-5-1　年齢別　裸眼視力1.0未満の者，むし歯（う歯）の者の割合等

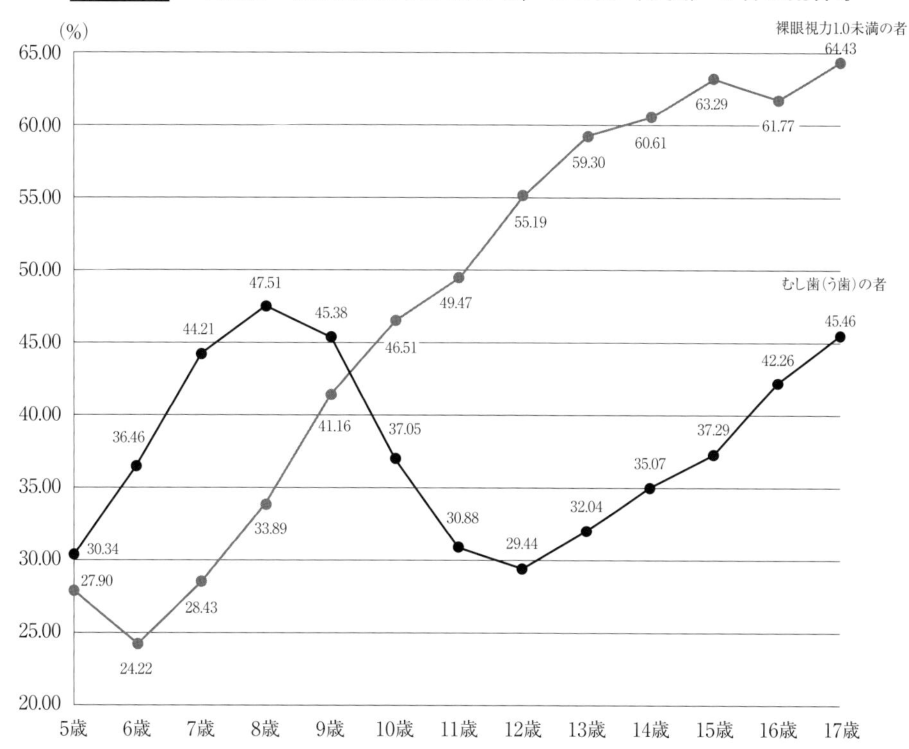

注　９歳から12歳において割合が減少するのは，乳歯が生え替わることが影響していると考えられる．
出典　文部科学省「令和２年度学校保健統計（学校保健統計調査の結果）の公表について」（文部科学省ウェブサイトより）

図Ⅰ-5-2　中学校におけるむし歯（う歯）の被患率等の推移

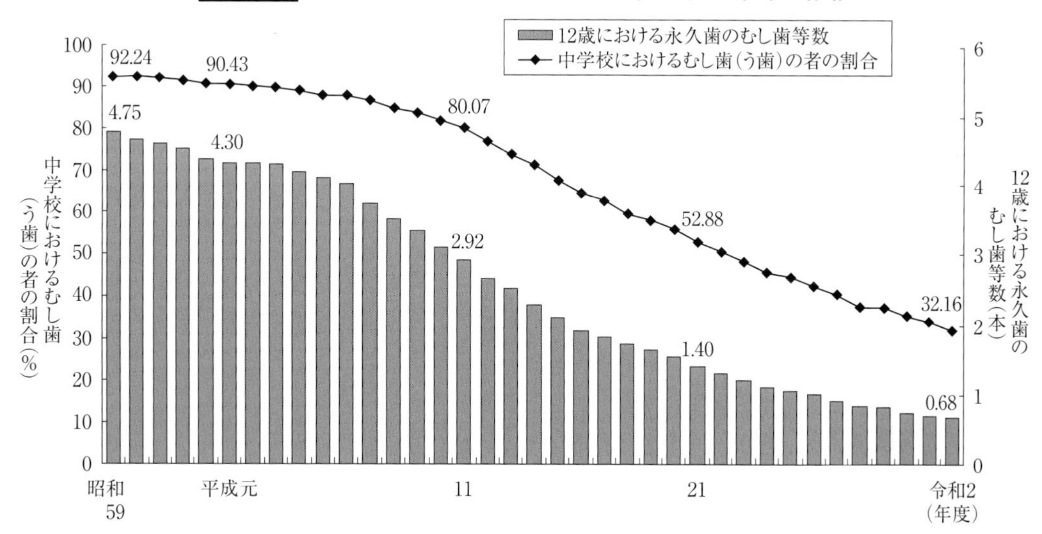

注「12歳における永久歯のむし歯等数」は，昭和59年度から調査を実施している．
出典　文部科学省「令和２年度学校保健統計調査」（文部科学省ウェブサイトより）

表Ⅰ-5-5　未熟児の養育医療及び結核児童の療育の給付の給付件数，費用額，診療実日数及び支払決定実人員，養育医療―療育の給付別

令和２年度（2022年度）

	給付申請件数(件)	給付決定件数(件)	費用額 総額(千円)	費用額 公費負担額 委託報酬による支払決定額(千円)	費用額 公費負担額 その他による支払決定額(千円)	費用額 社会保険・感染症の予防及び感染症の患者に対する医療に関する法律による負担額(千円)	費用額 (再掲)自己負担額(千円)	診療実日数(日)	支払決定実人員(人)
養育医療	29 635	29 479	110 070 283	8 093 965	777	101 975 541	1 537 112	1 275 344	27 658
療育の給付	—	—	—	—	—	—	—	・	—

注　１．本表は年度分報告である．
　　２．公費負担額の「養育医療」及び「療育の給付」については，自己負担額を含む．
　　３．自己負担額の「養育医療」及び「療育の給付」については，公費負担額中に含まれる本人又は扶養義務者の負担すべき額の再掲である．

出典　厚生労働省「令和２年度社会福祉行政報告例」（政府統計の総合窓口 e-Stat より）

表Ⅰ 5 6　特別支援教育を受けている幼児児童生徒数（令和３年度）

①特別支援学校

約14.6万人　単位：名　（令和３年5月1日現在）

区分	在学者数（人） 幼稚部	小学部	中学部	高等部
視覚障害	181	1 552	1 066	1 976
聴覚障害	1 018	2 945	1 674	2 014
知的障害	177	44 252	29 138	61 395
肢体不自由	97	13 256	7 836	9 267
病弱・身体虚弱	17	7 397	5 032	6 450
計	1 301	47 815	31 810	65 359

注　複数の障害を併せ有する幼児児童生徒については，それぞれの障害種別に含まれている．よって，それぞれの障害種別の合計は「計」と一致しない．

出典　文部科学省「令和３年度学校基本調査」より一部改変（政府統計の総合窓口 e-Stat より）

②小・中学校における特別支援学級の児童生徒数

約32.4万人　単位：名　（令和3年5月1日現在）

区分	小学校	中学校
知的障害	102 252	43 537
肢体不自由	3 480	1 138
病弱・身体虚弱	3 137	1 459
弱視	456	170
難聴	1 377	537
言語障害	1 139	202
自閉症・情緒障害	120 265	44 842
計	232 106	91 885

出典　文部科学省「令和３年度学校基本調査」より一部改変（政府統計の総合窓口 e-Stat より）

③小・中学校における通級による指導

約13.3万人　単位：名　（令和元年5月1日現在）

区分	小学校	中学校
言語障害	39 106	556
自閉症	21 237	4 051
情緒障害	15 960	3 091
弱視	191	27
難聴	1 775	423
学習障害	17 632	4 631
注意欠陥多動性障害	20 626	3 933
肢体不自由	82	38
病弱・身体虚弱	24	15
総計	116 633	16 765

出典　文部科学省「通級による指導実施状況調査」（令和元年度）より一部改変（文部科学省ウェブサイトより）

表Ⅰ-5-7　身長・体重の平均値および標準偏差《年齢別》

（令和２年度）

区　分		身長（cm）		体重（kg）	
		平均値	標準偏差	平均値	標準偏差
男					
幼稚園	５歳	111.6	4.90	19.4	2.91
小学校	６歳	117.5	4.99	22.0	3.69
	7	123.5	5.29	24.9	4.65
	8	129.1	5.54	28.4	5.80
	9	134.5	5.79	32.0	6.96
	10	140.1	6.35	35.9	8.16
	11	146.6	7.29	40.4	9.28
中学校	12歳	154.3	8.09	45.8	10.52
	13	161.4	7.48	50.9	10.68
	14	166.1	6.50	55.2	10.60
高等学校	15歳	168.8	5.93	58.9	10.95
	16	170.2	5.77	60.9	10.85
	17	170.7	5.86	62.6	11.01
女					
幼稚園	５歳	110.6	4.91	19.0	2.77
小学校	６歳	116.7	4.97	21.5	3.46
	7	122.6	5.28	24.3	4.25
	8	128.5	5.69	27.4	5.20
	9	134.8	6.44	31.1	6.36
	10	141.5	6.84	35.4	7.40
	11	148.0	6.52	40.3	7.86
中学校	12歳	152.6	5.83	44.5	8.01
	13	155.2	5.40	47.9	7.71
	14	156.7	5.36	50.2	7.72
高等学校	15歳	157.3	5.37	51.2	7.90
	16	157.7	5.36	51.9	7.68
	17	157.9	5.35	52.3	7.93

注　1．年齢は，令和２年４月１日現在の満年齢である．
2．全国平均の５歳から17歳の標準誤差は，身長0.04 cm～0.07 cm，体重0.03～0.11 kg である．
3．幼稚園には幼保連携型認定こども園，小学校には義務教育学校の第１～６学年，中学校には中等教育学校の前期課程及び義務教育学校の第７～９学年，高等学校には中等教育学校の後期課程を含む．

出典　文部科学省「令和２年度学校保健統計調査」より一部改変（政府統計の総合窓口 e-Stat より）

表Ⅰ-5-8　学校保健関係教員の配置数《小学校》

区　分	養護教諭		養護助教諭		栄養教諭		学校医	学校歯科医	学校薬剤師
	男	女	男	女	男	女			
令和2年度	29	19 483	4	1 735	107	4 548	54 007	23 616	19 201
令和3年度	23	19 423	4	1 717	112	4 585	53 731	23 479	19 055
北海道	7	996	—	4	12	318	2037	1218	979
青森	—	241	—	40	1	26	639	287	259
岩手	—	288	—	22	1	67	908	368	295
宮城	—	420	—	1	2	76	1148	450	361
秋田	1	165	—	31	1	48	516	190	181
山形	—	233	—	14	—	57	616	247	230
福島	—	375	—	66	—	41	1141	419	402
茨城	1	457	1	54	—	86	921	603	458
栃木	—	346	—	52	2	46	970	435	349
群馬	—	345	—	5	2	47	1001	365	301
埼玉	—	971	—	2	8	177	2637	1301	804
千葉	—	853	—	1	7	204	2900	1516	755
東京	5	1460	—	—	2	57	3735	1291	1262
神奈川	—	883	—	—	3	187	2692	992	848
新潟	1	432	—	59	5	130	1263	497	440
富山	—	176	—	35	—	39	580	227	178
石川	—	195	—	25	—	60	509	246	200
福井	—	180	—	25	—	39	318	209	185
山梨	—	183	—	9	2	46	532	188	166
長野	—	335	—	69	3	78	1145	504	353
岐阜	1	314	—	79	—	78	894	415	373
静岡	—	583	—	16	4	106	1498	594	493
愛知	1	1181	—	—	13	293	2608	1181	960
三重	—	325	—	67	1	90	764	370	343
滋賀	—	266	—	—	1	50	658	378	218
京都	1	349	—	—	2	118	864	360	350
大阪	1	920	1	321	15	334	3134	1392	973
兵庫	1	644	—	—	4	215	2269	845	731
奈良	—	159	—	55	—	44	493	218	191
和歌山	—	204	—	49	1	31	655	290	233
鳥取	—	114	1	22	1	13	330	121	117
島根	—	186	—	33	—	32	474	219	196
岡山	—	374	—	93	1	101	1001	404	380
広島	—	542	—	3	3	159	1322	517	450
山口	1	309	—	1	2	95	788	325	276
徳島	—	156	—	31	1	40	565	196	166
香川	—	148	—	39	1	49	460	171	152
愛媛	—	267	—	37	3	71	817	304	271
高知	2	165	—	1	2	45	363	200	184
福岡	—	678	—	144	1	356	2337	784	709
佐賀	—	145	—	26	2	44	312	173	156
長崎	—	308	—	19	1	71	464	352	313
熊本	—	309	—	63	—	87	831	379	330
大分	—	273	—	—	—	43	610	271	248
宮崎	—	214	1	47	—	68	741	302	225
鹿児島	—	457	—	56	2	102	1302	582	483
沖縄	—	299	—	1	—	31	269	258	255

注　1．学校医には内科・耳鼻科・眼科医を含む．
　　2．学校医・学校歯科医・学校薬剤師の年度総数には，国・公・私立を含むが，県ごとの内訳は公立についてである．

出典　文部科学省「令和3年度学校基本調査」より一部改変（政府統計の総合窓口 e-Stat より）

表Ⅰ-5-9　学校保健関係教員の配置数《中学校》

区　分	養護教諭		養護助教諭		栄養教諭		学校医	学校歯科医	学校薬剤師
	男	女	男	女	男	女			
令和２年度	6	9 618	1	685	41	1 463	27 781	12 272	9 781
令和３年度	8	9 625	—	712	41	1 482	27 538	12 145	9 685
北海道	2	568	—	2	5	85	1084	679	551
青森	—	141	—	18	—	16	341	163	147
岩手	—	150	—	13	—	32	451	184	147
宮城	—	215	—	—	—	27	625	245	194
秋田	—	103	—	7	—	32	317	116	109
山形	—	93	—	4	—	7	265	108	92
福島	—	184	—	41	—	27	600	224	212
茨城	—	216	—	28	—	53	450	287	212
栃木	—	159	—	17	—	36	435	208	155
群馬	—	170	—	2	—	22	593	187	158
埼玉	—	488	—	1	3	77	1388	645	414
千葉	—	431	—	—	1	82	1432	729	362
東京	1	699	—	—	2	18	1745	601	589
神奈川	1	451	—	—	—	3	1279	457	404
新潟	—	222	—	15	5	40	631	250	224
富山	—	76	—	10	1	12	261	110	75
石川	—	84	—	9	—	25	225	113	82
福井	—	72	—	7	—	13	145	89	75
山梨	—	91	—	3	—	15	260	94	82
長野	—	176	—	31	4	49	613	280	188
岐阜	—	165	—	28	—	39	438	208	178
静岡	—	288	—	3	3	56	797	316	257
愛知	—	534	—	—	3	80	1267	550	411
三重	—	138	—	33	—	21	342	165	150
滋賀	—	126	—	—	—	11	317	188	96
京都	1	182	—	—	1	15	409	166	157
大阪	1	484	—	140	6	57	1482	652	451
兵庫	—	314	—	1	1	46	1023	377	332
奈良	—	90	—	30	—	11	260	119	96
和歌山	—	108	—	16	—	9	340	154	116
鳥取	—	60	—	3	—	7	132	55	52
島根	—	90	—	18	1	18	216	105	91
岡山	—	162	—	28	—	61	415	173	153
広島	—	277	—	1	—	18	659	264	227
山口	1	152	—	1	1	37	407	157	138
徳島	—	82	—	17	—	19	297	118	82
香川	—	65	—	12	1	22	213	78	66
愛媛	—	124	—	16	1	34	414	148	125
高知	—	85	—	—	—	14	171	112	101
福岡	—	333	—	58	2	55	1109	372	328
佐賀	—	83	—	19	—	12	184	94	84
長崎	—	163	—	13	—	21	258	186	167
熊本	—	159	—	39	—	48	423	192	161
大分	1	131	—	—	—	15	291	131	118
宮崎	—	116	—	16	—	23	375	149	119
鹿児島	—	189	—	10	—	52	544	244	195
沖縄	—	136	—	2	—	10	141	134	133

注　1．学校医には内科・耳鼻科・眼科医を含む．
　　2．学校医・学校歯科医・学校薬剤師の年度総数には，国・公・私立を含むが，県ごとの内訳は公立についてである．

出典　文部科学省「令和３年度学校基本調査」より一部改変（政府統計の総合窓口 e-Stat より）

図Ⅰ-5-3 砂糖1人当たり消費量と小学校児童のう蝕有病者率の比較

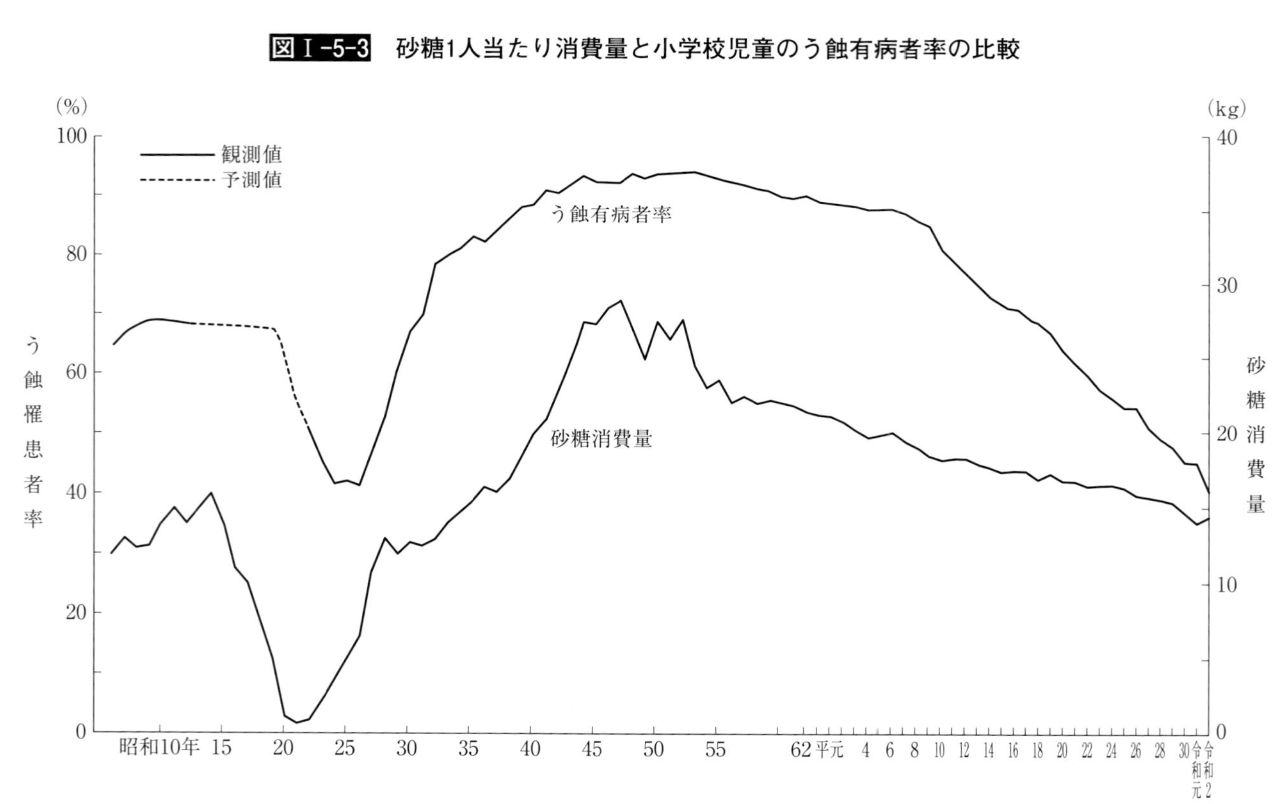

令和２年　砂糖１人当たり消費量は見通しである

出典　「学校保健統計」「農林水産省　令和２砂糖年度における砂糖及び異性化糖の受給見通し（第２回）」より作成

Ⅰ. 口 腔 保 健

第6章　成人・老人歯科保健

表Ⅰ-6-1 歯周疾患検診受診者数《都道府県―

	受					診	
	総		数				
	総数	40歳	50歳	60歳	70歳	総数	40歳
全国	356 061	80 389	79 416	75 587	120 669	124 846	26 979
北海道	7 168	1 737	1 645	1 460	2 326	2 402	549
青森	6 588	1 409	1 406	1 550	2 223	2 292	429
岩手	5 388	1 185	1 052	1 194	1 957	1 801	393
宮城	11 662	2 057	2 295	2 557	4 753	3 970	597
秋田	4 828	760	795	1 139	2 134	1 615	248
山形	1 798	337	274	446	741	767	155
福島	1 712	852	212	241	407	578	286
茨城	5 884	1 338	1 256	1 237	2 053	2 115	462
栃木	5 702	1 176	1 005	1 204	2 317	1 934	372
群馬	4 288	963	819	864	1642	1 290	275
埼玉	10 797	2 832	2 314	2 254	3 397	3 819	989
千葉	14 965	3 598	3 591	2 916	4 860	5 000	1 209
東京	55 323	14 505	14 457	11 224	15 137	20 348	5 222
神奈川	14 051	2 702	2 917	2 782	5 650	5 208	991
新潟	11 874	2 297	2 451	2 617	4 509	4 051	719
富山	2 821	424	532	622	1 243	915	121
石川	3 023	673	654	616	1 080	937	208
福井	2 880	655	546	725	954	1 037	234
山梨	2 386	439	505	571	781	817	137
長野	8 942	1 806	2 047	2 110	2 979	3 106	583
岐阜	8 689	1 735	2 009	1 974	2 971	2 936	546
静岡	9 299	2 388	1 758	1 842	3 311	3 187	756
愛知	39 665	8 994	9 098	8 548	13 025	14 212	3 142
三重	8 878	1 716	1 863	2 127	3 172	3 146	566
滋賀	1 282	509	270	236	267	462	166
京都	2 215	547	491	499	678	766	155
大阪	19 633	3 798	4 771	3 933	7 131	6 916	1 293
兵庫	16 128	4 130	4 670	2 684	4 644	5 772	1 308
奈良	1 799	305	401	408	685	533	93
和歌山	3 447	553	782	861	1 251	1 181	189
鳥取	1 134	356	232	225	321	368	106
島根	2 053	511	525	506	511	729	177
岡山	1 527	220	246	296	765	529	68
広島	12 960	2 729	2 652	2 819	4 760	4 553	947
山口	1 627	430	429	382	386	436	126
徳島	1 584	262	257	377	688	541	93
香川	7 533	1 508	1 442	1 666	2 917	2 507	470
愛媛	5 664	1 422	1 260	1 344	1 638	1 950	485
高知	746	170	159	150	267	253	51
福岡	9 553	2 326	1 535	2 002	3 690	3 201	716
佐賀	1 350	305	286	251	508	476	95
長崎	2 485	517	523	642	803	800	154
熊本	2 467	510	418	617	922	926	182
大分	1 410	319	357	465	269	496	113
宮崎	2 118	438	433	482	765	709	157
鹿児島	7 650	1 661	1 486	1 658	2 845	2 836	542
沖縄	1 085	285	200	264	336	423	104
指定都市・特別区(再掲)							
東京都区部	42 770	11 723	11 342	8 592	11 113	15 677	4 228
札幌市	3 817	861	857	846	1 253	1 238	252
仙台市	5 892	1 089	1 286	1 146	2 371	2 062	327
さいたま市	840	390	126	113	211	259	106
千葉市	3 999	680	975	752	1 592	1 249	192
横浜市	1 442	208	297	279	658	542	73
川崎市	2 448	652	567	455	774	860	231
相模原市	415	89	74	66	186	167	34
新潟市	2 541	581	598	527	835	784	164
静岡市	480	407	19	23	31	134	111
浜松市	1 782	477	461	356	488	630	150
名古屋市	13 740	3 243	3 212	2 920	4 365	4 984	1 123
京都市	85	11	10	9	55	35	1
大阪市	604	114	148	128	214	238	45
堺市	355	50	90	70	145	109	12
神戸市	3 128	1 356	1 760	4	8	920	324
岡山市	276	8	21	29	218	109	3
広島市	8 246	1 789	1 697	1 548	3 212	2 884	625

指定都市・特別区―中核市―その他政令市，指導区分・性・年齢別》

（令和元年度）

者				数			
男			女				
50歳	60歳	70歳	総数	40歳	50歳	60歳	70歳
25 094	25 578	47 195	231 215	53 410	54 322	50 009	73 474
463	477	913	4 766	1 188	1 182	983	1 413
441	537	885	4 296	980	965	1 013	1 338
309	371	728	3 587	792	743	823	1 229
732	805	1 836	7 692	1 460	1 563	1 752	2 917
223	360	784	3 213	512	572	779	1 350
111	151	350	1 031	182	163	295	391
67	76	149	1 134	566	145	165	258
425	414	814	3 769	876	831	823	1 239
282	352	928	3 768	804	723	852	1 389
210	240	565	2 998	688	609	624	1 077
738	746	1 346	6 978	1 843	1 576	1 508	2 051
1 074	893	1 824	9 965	2 389	2 517	2 023	3 036
4 793	4 101	6 232	34 975	9 283	9 664	7 123	8 905
974	997	2 246	8 843	1 711	1 943	1 785	3 404
762	848	1 722	7 823	1 578	1 689	1 769	2 787
140	170	484	1 906	303	392	452	759
174	196	359	2 086	465	480	420	721
179	271	353	1 843	421	367	454	601
191	192	297	1 569	302	404	379	484
659	717	1 147	5 836	1 223	1 388	1 393	1 832
598	641	1 151	5 753	1 189	1 411	1 333	1 820
509	632	1 290	6 112	1 632	1 249	1 210	2 021
2 913	2 977	5 180	25 453	5 852	6 185	5 571	7 845
608	752	1 220	5 732	1 150	1 255	1 375	1 952
73	76	147	820	343	197	160	120
168	168	275	1 449	392	323	331	403
1 562	1 433	2 628	12 717	2 505	3 209	2 500	4 503
1 545	1 008	1 911	10 356	2 822	3 125	1 676	2 733
113	106	221	1 266	212	288	302	464
253	270	469	2 266	364	529	591	782
64	69	129	766	250	168	156	192
168	186	198	1 324	334	357	320	313
72	88	301	998	152	174	208	464
829	966	1 811	8 407	1 782	1 823	1 853	2 949
107	84	119	1 191	304	322	298	267
83	107	258	1 043	169	174	270	430
430	502	1 105	5 026	1 038	1 012	1 164	1 812
380	453	632	3 714	937	880	891	1 006
41	56	105	493	119	118	94	162
486	620	1 379	6 352	1 610	1 049	1 382	2 311
73	97	211	874	210	213	154	297
151	185	310	1 685	363	372	457	493
132	223	389	1 541	328	286	394	533
110	174	99	914	206	247	291	170
128	127	297	1 409	281	305	355	468
478	563	1 253	4 814	1 119	1 008	1 095	1 592
73	101	145	662	181	127	163	191
3 750	3 152	4 547	27 093	7 495	7 592	5 440	6 566
229	265	492	2 579	609	628	581	761
437	380	918	3 830	762	849	766	1 453
34	34	85	581	284	92	79	126
270	213	574	2 750	488	705	539	1 018
101	105	263	900	135	196	174	395
183	153	293	1 588	421	384	302	481
22	30	81	248	55	52	36	105
191	157	272	1 757	417	407	370	563
5	7	11	346	296	14	16	20
146	144	190	1 152	327	315	212	298
1 021	1 027	1 813	8 756	2 120	2 191	1 893	2 552
2	2	30	50	10	8	7	25
55	45	93	366	69	93	83	121
30	21	46	246	38	60	49	99
589	3	4	2 208	1 032	1 171	1	4
7	10	89	167	5	14	19	129
539	515	1 205	5 362	1 164	1 158	1 033	2 007

出典　厚生労働省「令和元年度地域保健・健康増進事業報告（健康増進編）」（政府統計の総合窓口 e-Stat より）

（表Ⅰ-6-1つづき）

	受					診	
	総		数				
	総数	40歳	50歳	60歳	70歳	総数	40歳
指定都市・特別区(再掲)続き							
北九州市	2 915	453	441	520	1 501	1 051	160
福岡市	1 435	683	173	339	240	451	202
熊本市	5	2	—	3	—	—	—
中核市（再掲）							
旭川市	46	19	6	8	13	14	3
函館市	514	243	266	2	3	172	98
青森市	1 660	373	311	384	592	546	98
八戸市	1 768	399	457	408	504	626	127
盛岡市	157	13	23	39	82	35	3
秋田市	1 143	250	195	206	492	319	72
山形市	50	2	9	7	32	15	1
郡山市	622	305	91	88	138	186	87
いわき市	49	4	3	11	31	10	—
福島市	43	8	6	11	18	11	—
宇都宮市	1 225	383	221	168	453	381	108
前橋市	1 301	465	235	233	368	354	140
高崎市	354	80	78	69	127	75	13
川越市	155	85	23	20	27	57	35
越谷市	1 004	220	234	156	394	371	87
川口市	352	91	79	56	126	129	31
船橋市	2 481	651	559	369	902	863	249
柏市	758	300	231	227	—	225	91
八王子市	306	276	9	10	11	113	107
横須賀市	2 859	583	625	637	1 014	1 167	213
富山市	494	72	97	95	230	98	4
金沢市	917	123	191	156	447	203	17
福井市	1 967	455	407	444	661	725	164
甲府市	43	18	9	5	11	7	2
長野市	1 921	354	395	446	726	655	105
岐阜市	2 913	602	745	651	915	1 005	208
豊橋市	1 326	286	266	334	440	353	74
豊田市	806	178	157	161	310	219	47
岡崎市	2 110	569	414	442	685	754	194
大津市	157	157	—	—	—	48	48
高槻市	278	65	75	58	80	98	24
東大阪市	1 420	302	291	261	566	522	97
豊中市	390	67	71	74	178	126	19
枚方市	940	181	242	181	336	302	59
八尾市	1 802	304	442	361	695	663	108
寝屋川市	1 601	290	427	300	584	562	100
姫路市	384	90	113	85	96	114	30
西宮市	1 986	496	491	294	705	746	181
尼崎市	2 145	459	454	418	814	786	177
明石市	685	134	110	117	324	290	51
奈良市	348	76	80	66	126	72	22
和歌山市	742	122	183	163	274	307	48
鳥取市	242	80	37	62	63	68	20
松江市	284	73	107	104	—	77	23
倉敷市	583	104	103	132	244	169	22
福山市	93	10	11	22	50	22	2
呉市	104	8	14	27	55	36	4
下関市	—	—	—	—	—	—	—
高松市	3 900	846	713	846	1 495	1 223	252
松山市	4 467	1 101	1 090	1 019	1 257	1 538	384
高知市	46	29	17	—	—	7	5
久留米市	817	187	156	199	275	259	48
長崎市	1 108	210	218	282	398	328	52
佐世保市	330	84	107	119	20	117	29
大分市	8	—	1	4	3	2	—
宮崎市	1 295	292	304	273	426	376	93
鹿児島市	1 003	465	366	46	126	317	145
那覇市	77	17	20	18	22	20	7
その他政令市（再掲）							
小樽市	—	—	—	—	—	—	—
町田市	101	19	29	19	34	35	10
藤沢市	1 814	316	355	386	757	665	136
茅ヶ崎市	104	30	21	20	33	37	10
四日市市	1 294	211	244	274	565	479	56
大牟田市	101	3	10	16	72	36	—

（令和元年度）

者			数				
男			女				
50歳	60歳	70歳	総数	40歳	50歳	60歳	70歳
138	177	576	1 864	293	303	343	925
60	109	80	984	481	113	230	160
—	—	—	5	2	—	3	—
2	—	9	32	16	4	8	4
72	1	1	342	145	194	1	2
84	123	241	1 114	275	227	261	351
156	144	199	1 142	272	301	264	305
1	6	25	122	10	22	33	57
48	44	155	824	178	147	162	337
1	2	11	35	1	8	5	21
31	27	41	436	218	60	61	97
1	1	8	39	4	2	10	23
3	5	3	32	8	3	6	15
49	31	193	844	275	172	137	260
50	55	109	947	325	185	178	259
18	10	34	279	67	60	59	93
4	8	10	98	50	19	12	17
72	53	159	633	133	162	103	235
30	18	50	223	60	49	38	76
161	108	345	1 618	402	398	261	557
64	70	—	533	209	167	157	—
2	3	1	193	169	7	7	10
236	272	446	1 692	370	389	365	568
11	12	71	396	68	86	83	159
30	25	131	714	106	161	131	316
142	170	249	1 242	291	265	274	412
1	2	2	36	16	8	3	9
113	159	278	1 266	249	282	287	448
234	233	330	1 908	394	511	418	585
55	81	143	973	212	211	253	297
30	28	114	587	131	127	133	196
143	141	276	1 356	375	271	301	409
—	—	—	109	109	—	—	—
26	18	30	180	41	49	40	50
121	97	207	898	205	170	164	359
18	27	62	264	48	53	47	116
69	52	122	638	122	173	129	214
143	135	277	1 139	196	299	226	418
139	129	194	1 039	190	288	171	390
25	23	36	270	60	88	62	60
153	119	293	1 240	315	338	175	412
148	151	310	1 359	282	306	267	504
54	55	130	395	83	56	62	194
12	10	28	276	54	68	56	98
86	56	117	435	74	97	107	157
9	19	20	174	60	28	43	43
24	30	—	207	50	83	74	—
28	27	92	414	82	75	105	152
2	4	14	71	8	9	18	36
3	11	18	68	4	11	16	37
—	—	—	—	—	—	—	—
187	246	538	2 677	594	526	600	957
317	344	493	2 929	717	773	675	764
2	—	—	39	24	15	—	—
51	53	107	558	139	105	146	168
56	71	149	780	158	162	211	249
36	45	7	213	55	71	74	13
—	1	1	6	—	1	3	2
83	62	138	919	199	221	211	288
122	9	41	686	320	244	37	85
6	4	3	57	10	14	14	19
—	—	—	—	—	—	—	—
8	4	13	66	9	21	15	21
114	120	295	1 149	180	241	266	462
7	5	15	67	20	14	15	18
98	98	227	815	155	146	176	338
8	4	24	65	3	2	12	48

（表Ⅰ-6-1 つづき）

	要精検者[1]					要	
	総数	40歳	50歳	60歳	70歳	総数	40歳
全国	242 064	50 807	52 884	52 373	86 000	77 128	20 614
北海道	3 886	947	946	782	1 211	2 166	525
青森	4 536	942	947	1 081	1 566	1 412	319
岩手	3 451	701	628	791	1 331	1 195	282
宮城	8 981	1 498	1 736	1 977	3 770	2 012	414
秋田	3 626	526	603	872	1 625	673	143
山形	1 103	210	160	260	473	461	78
福島	1 114	503	136	171	304	295	167
茨城	3 960	843	826	841	1 450	1 297	346
栃木	3 861	741	677	814	1 629	1 277	296
群馬	2 753	580	523	549	1 101	1 008	264
埼玉	6 958	1 750	1 469	1 486	2 253	2 530	787
千葉	9 853	2 217	2 327	1 961	3 348	3 410	979
東京	34 986	8 718	8 988	7 268	10 012	13 915	4 153
神奈川	10 152	1 919	2 057	2 051	4 125	1 994	405
新潟	8 456	1 526	1 691	1 904	3 335	2 523	601
富山	2 041	307	384	441	909	485	68
石川	2 110	406	457	444	803	586	175
福井	2 259	466	431	575	787	277	76
山梨	2 148	389	530	531	698	112	19
長野	6 267	1 196	1 409	1 545	2 117	1 725	382
岐阜	6 416	1 165	1 412	1 487	2 352	1 527	379
静岡	6 003	1 400	1 085	1 217	2 301	2 244	701
愛知	27 693	5 669	6 212	6 017	9 795	9 273	2 665
三重	5 969	1 062	1 190	1 469	2 248	1 912	428
滋賀	631	235	110	107	179	458	190
京都	1 404	366	319	337	382	562	116
大阪	14 293	2 602	3 384	2 924	5 383	3 320	802
兵庫	10 065	2 495	2 961	1 628	2 981	4 101	1 130
奈良	1 326	194	290	288	554	337	87
和歌山	2 986	450	666	748	1 122	241	60
鳥取	843	242	180	165	256	190	73
島根	1 501	351	376	376	398	372	104
岡山	813	100	127	151	435	494	90
広島	9 166	1 719	1 809	2 008	3 630	2 661	705
山口	1 082	263	308	245	266	367	112
徳島	882	124	133	217	408	486	104
香川	4 882	897	919	1 075	1 991	1 879	454
愛媛	4 288	999	930	1 054	1 305	1 050	324
高知	452	89	103	93	167	209	56
福岡	6 595	1 549	1 020	1 423	2 603	2 019	572
佐賀	910	178	182	189	361	306	92
長崎	1 649	307	332	453	557	628	157
熊本	1 500	300	239	368	593	634	134
大分	872	203	249	314	106	343	77
宮崎	1 517	300	324	344	549	393	95
鹿児島	5 340	1 038	1 001	1 209	2 092	1 441	349
沖縄	485	125	98	123	139	328	79
指定都市・特別区（再掲）							
東京都区部	27 036	7 027	7 099	5 578	7 332	10 975	3 374
札幌市	2 096	456	479	470	691	1 227	285
仙台市	4 663	844	1 002	919	1 898	1 099	219
さいたま市	447	209	62	56	120	303	147
千葉市	2 678	416	633	512	1 117	922	188
横浜市	1 098	155	229	208	506	286	46
川崎市	1 873	509	428	357	579	235	66
相模原市	327	65	60	50	152	60	15
新潟市	1 950	424	453	416	657	471	134
静岡市	226	173	14	19	20	179	162
浜松市	1 012	269	264	188	291	590	149
名古屋市	9 922	2 118	2 275	2 133	3 396	3 148	966
京都市	64	9	6	7	42	12	1
大阪市	428	61	104	94	169	54	24
堺市	281	33	69	53	126	43	11
神戸市	2 139	891	1 238	4	6	834	390
岡山市	165	5	13	18	129	86	2
広島市	6 226	1 221	1 228	1 198	2 579	1 400	396

注　1）「指導区分」には計数不明の市区町村があるため，受診者数と指導区分の計が一致しない場合がある．

（令和元年度）

指導者[1)			異常認めず[1)				
50歳	60歳	70歳	総数	40歳	50歳	60歳	70歳
18 524	15 873	22 117	36 708	8 936	7 988	7 313	12 471
477	475	689	1 116	265	222	203	426
313	332	448	637	148	146	135	208
262	273	378	734	202	162	127	243
425	437	736	669	145	134	143	247
105	140	285	529	91	87	127	224
85	126	172	222	47	25	58	92
46	35	47	303	182	30	35	56
290	273	388	625	149	140	121	215
235	273	473	551	139	91	116	205
205	197	342	527	119	91	118	199
558	475	710	1 309	295	287	293	434
898	645	888	1 696	402	366	309	619
3 792	2 719	3 251	6 419	1 634	1 677	1 237	1 871
432	384	773	1 905	378	428	347	752
584	510	828	895	170	176	203	346
91	122	204	295	49	57	59	130
128	118	165	326	92	69	54	111
55	75	71	344	113	60	75	96
27	18	48	126	31	38	22	35
416	382	545	944	226	222	181	315
419	334	395	746	191	178	153	224
484	431	628	1052	287	189	194	382
2 295	1 972	2 341	2 699	660	591	559	889
443	430	611	995	226	230	227	312
110	95	63	184	75	50	34	25
118	112	216	249	65	54	50	80
912	606	1 000	2 017	394	473	403	747
1 241	693	1 037	1 961	504	468	363	626
87	84	79	136	24	24	36	52
64	57	60	220	43	52	56	69
38	37	42	101	41	14	23	23
115	87	66	180	56	34	43	47
83	108	213	220	30	36	37	117
613	602	741	1133	305	230	209	389
81	97	77	178	55	40	40	43
92	113	177	216	34	32	47	103
372	431	622	772	157	151	160	304
271	218	237	326	99	59	72	96
37	41	75	85	25	19	16	25
392	388	667	919	205	123	191	400
79	43	92	134	35	25	19	55
139	138	194	208	53	52	51	52
121	164	215	329	75	58	84	112
63	107	96	193	37	45	44	67
69	90	139	208	43	40	48	77
306	306	480	869	274	179	143	273
56	80	113	206	66	34	48	58
3 002	2 113	2 486	4 759	1 322	1 241	901	1 295
274	284	384	494	120	104	92	178
247	210	423	130	26	37	17	50
48	39	69	90	34	16	18	22
255	177	302	399	76	87	63	173
52	62	126	58	7	16	9	26
59	36	74	340	77	80	62	121
10	11	24	28	9	4	5	10
119	78	140	120	23	26	33	38
4	3	10	75	72	1	1	1
159	126	156	180	59	38	42	41
805	657	720	670	159	132	130	249
1	2	8	9	1	3	—	5
13	8	9	122	29	31	26	36
13	9	10	31	6	8	8	9
442	—	2	155	75	80	—	—
7	10	67	25	1	1	1	22
341	263	400	620	172	128	87	233

（表I-6-1つづき）

	要精検者[1)]					要	
	総数	40歳	50歳	60歳	70歳	総数	40歳
指定都市・特別区（再掲）続き							
北九州市	2 144	320	304	392	1 128	565	110
福岡市	1 060	491	109	274	186	286	159
熊本市	3	—	—	3	—	2	2
中核市（再掲）							
旭川市	31	14	4	4	9	12	5
函館市	390	180	205	2	3	80	44
青森市	1 538	335	296	366	541	30	8
八戸市	1 124	242	283	267	332	497	120
盛岡市	127	10	18	30	69	29	3
秋田市	842	157	154	151	380	207	69
山形市	36	2	8	4	22	13	—
郡山市	469	215	68	69	117	123	74
いわき市	30	3	2	6	19	7	—
福島市	34	7	3	10	14	8	1
宇都宮市	901	256	171	122	352	201	80
前橋市	920	313	165	167	275	299	131
高崎市	156	30	39	31	56	133	28
川越市	83	38	11	13	21	50	34
越谷市	834	189	182	128	335	70	17
川口市	204	46	51	34	73	99	27
船橋市	1 797	452	391	256	698	493	153
柏市	483	170	156	157	—	219	106
八王子市	209	186	7	7	9	79	74
横須賀市	2 043	384	407	484	768	329	93
富山市	367	54	76	61	176	82	11
金沢市	748	85	149	138	376	120	28
福井市	1 593	343	325	361	564	151	42
甲府市	37	14	9	4	10	3	3
長野市	1 359	233	274	321	531	410	85
岐阜市	2 260	425	552	522	761	491	144
豊橋市	986	195	204	243	344	277	74
豊田市	595	125	112	114	244	161	40
岡崎市	1 481	351	266	321	543	443	161
大津市	104	104	—	—	—	47	47
高槻市	152	27	36	34	55	86	25
東大阪市	1 121	222	232	211	456	174	47
豊中市	239	36	42	46	115	121	26
枚方市	667	133	155	137	242	208	38
八尾市	1 151	172	274	250	455	387	91
寝屋川市	1 239	213	317	238	471	285	66
姫路市	203	41	57	45	60	123	33
西宮市	1 579	386	388	242	563	93	19
尼崎市	1 715	343	356	342	674	328	93
明石市	406	75	72	67	192	203	43
奈良市	269	49	61	50	109	66	25
和歌山市	682	102	165	160	255	31	7
鳥取市	186	58	28	48	52	30	13
松江市	209	52	77	80	—	49	9
倉敷市	309	44	53	71	141	210	50
福山市	72	6	9	17	40	11	2
呉市	57	1	5	14	37	35	7
下関市	—	—	—	—	—	—	—
高松市	2 314	465	417	494	938	1 278	317
松山市	3 565	826	826	852	1 061	732	226
高知市	28	17	11	—	—	17	11
久留米市	623	144	127	150	202	64	16
長崎市	816	132	145	217	322	238	66
佐世保市	235	55	71	91	18	36	12
大分市	—	—	—	—	—	6	—
宮崎市	996	211	240	209	336	188	54
鹿児島市	568	238	211	33	86	187	78
那覇市	34	7	9	13	5	27	4
その他政令市（再掲）							
小樽市	—	—	—	—	—	—	—
町田市	59	8	18	12	21	33	9
藤沢市	1 741	303	340	374	724	30	3
茅ヶ崎市	84	22	17	17	28	2	2
四日市市	815	120	143	175	377	311	63
大牟田市	43	1	8	10	24	37	—

（令和元年度）

指導者[1)]			異常認めず[1)]				
50歳	60歳	70歳	総数	40歳	50歳	60歳	70歳
115	93	247	206	23	22	35	126
51	48	28	89	33	13	17	26
—	—	—	—	—	—	—	—
1	3	3	3	—	1	1	1
36	—	—	44	19	25	—	—
2	4	16	92	30	13	14	35
132	111	134	147	37	42	30	38
5	9	12	1	—	—	—	1
26	39	73	94	24	15	16	39
1	3	9	1	—	—	—	1
20	13	16	30	16	3	6	5
1	1	5	12	1	—	4	7
2	1	4	1	—	1	—	—
33	25	63	123	47	17	21	38
54	46	68	82	21	16	20	25
24	27	54	65	22	15	11	17
6	5	5	22	13	6	2	1
21	12	20	100	14	31	16	39
22	16	34	49	18	6	6	19
138	75	127	191	46	30	38	77
63	50	—	56	24	12	20	—
2	3	—	18	16	—	—	2
86	61	89	487	106	132	92	157
13	26	32	45	7	8	8	22
34	16	42	49	10	8	2	29
42	31	36	223	70	40	52	61
—	—	—	3	1	—	1	1
86	100	139	152	36	35	25	56
142	102	103	162	33	51	27	51
48	77	78	63	17	14	14	18
37	37	47	50	13	8	10	19
100	87	95	186	57	48	34	47
—	—	—	6	6	—	—	—
29	18	14	40	13	10	6	11
35	29	63	125	33	24	21	47
26	24	45	30	5	3	4	18
67	35	68	65	10	20	9	26
104	66	126	264	41	64	45	114
89	46	84	77	11	21	16	29
42	23	25	58	16	14	17	11
28	12	34	314	91	75	40	108
83	49	103	102	23	15	27	37
29	35	96	76	16	9	15	36
18	9	14	13	2	1	7	3
12	1	11	29	13	6	2	8
6	7	4	26	9	3	7	7
26	14	—	26	12	4	10	—
40	47	73	64	10	10	14	30
2	3	4	10	2	—	2	6
5	12	11	12	—	4	1	7
—	—	—	—	—	—	—	—
233	290	438	308	64	63	62	119
226	133	147	170	49	38	34	49
6	—	—	1	1	—	—	—
12	15	21	130	27	17	34	52
62	55	55	54	12	11	10	21
15	9	—	59	17	21	19	2
1	3	2	2	—	—	1	1
39	38	57	111	27	25	26	33
72	8	29	248	149	83	5	11
8	4	11	16	6	3	1	6
—	—	—	—	—	—	—	—
9	5	10	9	2	2	2	3
8	4	15	43	10	7	8	18
—	—	—	18	6	4	3	5
68	63	117	168	28	33	36	71
2	4	31	21	2	—	2	17

表Ⅰ-6-2　集団健康教育の開催回数・参加延人員

	集団健康教育						
	開催回数						
	総数	一般[1)]	歯周疾患	ロコモティブシンドローム（運動器症候群）	慢性閉塞性肺疾患（COPD）	病態別[2)]	薬[3)]
全国	129 988	91 519	5 373	15 860	1 319	15 702	215
北海道	5 920	4 573	108	430	18	772	19
青森	3 413	2 367	96	287	37	609	17
岩手	3 488	2 215	126	740	56	332	19
宮城	3 281	2 631	150	180	9	307	4
秋田	2 496	1 503	52	753	2	183	3
山形	2 980	2 050	77	411	2	436	4
福島	2 884	1 637	78	858	3	302	6
茨城	3 741	2 163	469	322	110	670	7
栃木	2 317	1 376	202	265	3	470	1
群馬	3 063	1 970	73	581	58	377	4
埼玉	3 615	2 723	143	291	10	447	1
千葉	3 976	2 940	221	244	84	483	4
東京	5 501	4 638	170	284	17	386	6
神奈川	4 910	3 049	777	288	308	485	3
新潟	4 905	2 156	87	1 965	5	685	7
富山	1 345	1 095	25	37	2	177	9
石川	890	758	3	54	1	73	1
福井	1 196	1 018	10	14	13	109	2
山梨	1 511	940	46	153	15	348	9
長野	6 617	4 918	255	942	11	487	4
岐阜	2 427	1 699	72	122	8	524	2
静岡	4 391	3 129	201	332	59	658	12
愛知	5 023	4 119	292	252	45	307	8
三重	2 713	1 369	40	1 109	6	188	1
滋賀	408	266	30	47	—	65	—
京都	2 093	1 402	86	349	28	226	2
大阪	4 795	3 323	126	451	127	756	12
兵庫	4 402	3 360	182	401	60	393	6
奈良	923	628	77	59	18	141	—
和歌山	1 245	768	38	157	23	257	2
鳥取	1 465	1 152	37	95	2	175	4
島根	1 420	1 028	54	156	10	169	3
岡山	3 333	2 380	160	109	12	666	6
広島	2 039	1 221	58	369	3	386	2
山口	1 669	1 282	82	129	—	173	3
徳島	765	525	16	33	1	186	4
香川	3 027	2 643	36	192	1	151	4
愛媛	1 517	1 089	107	57	67	197	—
高知	651	552	27	6	—	65	1
福岡	5 898	4 143	76	779	40	856	4
佐賀	895	750	7	27	—	111	—
長崎	1 249	957	78	64	7	142	1
熊本	2 749	2 324	128	118	2	175	2
大分	1 701	1 336	40	131	16	173	5
宮崎	1 437	1 046	42	234	6	109	—
鹿児島	3 029	1 775	112	888	14	239	1
沖縄	675	503	1	95	—	76	—
指定都市・特別区（再掲）							
東京都区部	4 202	3 855	52	77	3	213	2
札幌市	693	619	5	5	1	53	10
仙台市	87	67	3	—	—	16	1
さいたま市	122	38	36	—	—	48	—
千葉市	167	95	17	6	9	39	1
横浜市	1 174	235	588	51	277	23	—
川崎市	149	132	17	—	—	—	—
相模原市	151	110	22	5	—	14	—
新潟市	145	111	4	5	2	23	—
静岡市	178	153	—	—	—	25	—
浜松市	381	377	4	—	—	—	—
名古屋市	221	159	16	46	—	—	—
京都市	719	514	60	34	—	109	2
大阪市	1 050	879	12	7	17	134	1
堺市	983	822	22	35	39	65	—
神戸市	47	29	7	1	9	1	—
岡山市	458	210	92	10	4	139	3
広島市	196	66	11	23	3	91	2

注　1）「一般」とは，生活習慣病の予防のための日常生活上の心得，健康増進の方法，食生活の在り方等健康に必要な事項の教育をいう．
2）「病態別」とは，肥満，高血圧，心臓病等と個人の生活習慣との関係及び健康的な生活習慣の形成についての教育をいう．
3）「薬」とは，薬の保管，適正な服用方法等に関する留意事項，薬の作用・副作用の発現に関する知識の教育をいう．

《都道府県―指定都市・特別区―中核市―その他政令市，教育内容別》

（令和元年度）

集団健康教育						
参加延人員						
総数	一般[1]	歯周疾患	ロコモティブシンドローム（運動器症候群）	慢性閉塞性肺疾患（COPD）	病態別[2]	薬[3]
2 389 701	1 678 439	109 957	205 716	48 759	340 419	6 411
124 129	98 537	1 892	5 098	831	17 112	659
70 489	47 677	2 624	4 029	1 267	14 052	840
34 517	24 540	1 177	4 398	236	3 913	253
61 783	41 814	2 382	2 316	88	15 147	36
34 768	20 857	1 374	10 187	36	2 182	132
48 117	34 959	1 658	6 824	52	4 524	100
52 447	35 297	1 470	10 282	52	5 266	80
107 678	67 734	4 689	5 385	6 255	23 376	239
42 568	24 692	2 873	4 231	22	10 745	5
57 477	32 115	1 629	8 640	741	14 299	53
66 507	47 816	4 276	5 594	364	8 374	83
103 659	54 584	4 148	2 773	5 724	36 402	28
45 693	30 464	3 647	4 279	810	6 151	342
124 048	70 144	19 204	8 969	15 097	10 559	75
62 970	32 123	3 625	8 838	128	18 157	99
22 895	18 034	414	815	275	3 283	74
11 757	10 266	115	577	11	770	18
28 488	25 294	316	160	325	2 365	28
18 889	13 089	639	1 414	89	3 038	620
114 397	85 406	5 680	13 693	287	9 249	82
50 770	36 233	1 925	2 294	147	9 703	468
111 308	88 943	3 784	5 016	2 129	11 228	208
94 282	75 197	8 944	3 895	1 195	4 560	491
53 002	29 515	986	19 510	554	2 417	20
9 875	7 859	400	305	—	1 311	—
19 146	11 433	1 624	2 904	1 318	1 607	260
104 732	72 390	3 487	6 954	4 238	17 563	100
76 035	61 127	3 699	5 499	1 361	4 186	163
19 016	13 451	1 882	776	387	2 520	—
19 978	13 700	452	2 479	318	2 916	113
13 013	10 371	447	745	13	1 422	15
20 430	13 629	701	1 506	132	4 413	49
78 990	59 404	3 344	2 070	155	13 740	277
50 908	35 007	1 665	5 927	338	7 943	28
29 481	24 567	1 285	1 434	—	2 157	38
10 552	7 069	319	297	60	2 802	5
88 682	82 776	604	2 744	9	2 488	61
14 703	9 793	1 090	605	846	2 369	—
9 977	9 165	341	6	—	463	2
76 884	48 773	1 638	13 611	639	12 125	98
16 225	14 143	88	357	—	1 637	—
21 741	17 684	842	518	173	2 474	50
37 430	28 677	1 993	1 703	100	4 934	23
17 010	11 470	491	1 753	636	2 589	71
30 140	21 821	1 964	1 729	191	4 435	—
71 978	50 188	2 124	11 815	1 130	6 696	25
10 137	8 612	6	762	—	757	—
28 577	21 819	1 011	1 722	42	3 750	233
35 905	32 020	220	130	34	3 169	332
1 147	1 015	34	—	—	96	2
3 418	2031	691	—	—	696	—
6 807	3 256	328	91	638	2 473	21
43 481	9 551	14 977	4 137	14 353	463	—
1 377	1 246	131	—	—	—	—
1 624	1 104	264	168	—	88	—
3 522	3 051	121	34	54	262	—
13 542	13 090	—	—	—	452	—
4 437	4 354	83	—	—	—	—
1 338	1 133	106	99	—	—	—
7 472	4 180	1 459	832	—	741	260
21 763	17 689	146	173	402	3 346	7
27 580	20 730	1 400	2 319	983	2 148	—
2 495	1 232	70	31	1 133	29	—
14 905	11 079	1 480	125	48	2 104	69
6 221	2 047	363	681	338	2 764	28

出典　厚生労働省「令和元年度地域保健・健康増進事業報告（健康増進編）」（政府統計の総合窓口 e-Stat より）

（表Ⅰ-6-2 つづき）

	集団健康教育						
	開催回数						
	総数	一般[1)]	歯周疾患	ロコモティブシンドローム（運動器症候群）	慢性閉塞性肺疾患（COPD）	病態別[2)]	薬[3)]
指定都市・特別区(再掲)続き							
北九州市	807	500	14	46	2	245	—
福岡市	1 585	1 238	12	211	5	117	2
熊本市	690	639	27	1	—	23	—
中核市（再掲）							
旭川市	180	177	3	—	—	—	—
函館市	48	28	1	1	1	17	—
青森市	266	196	4	2	19	44	1
八戸市	191	185	1	3	1	—	1
盛岡市	419	248	8	133	3	26	1
秋田市	88	83	3	2	—	—	—
山形市	58	36	—	6	—	16	—
郡山市	95	40	19	16	1	19	—
いわき市	37	27	—	—	—	10	—
福島市	312	312	—	—	—	—	—
宇都宮市	243	187	14	18	—	24	—
前橋市	661	438	20	165	30	8	—
高崎市	264	224	2	36	—	1	1
川越市	133	112	2	—	1	17	1
越谷市	262	132	2	36	1	91	—
川口市	70	61	4	5	—	—	—
船橋市	196	158	23	1	—	12	2
柏市	109	4	7	—	—	98	—
八王子市	272	257	10	—	—	5	—
横須賀市	194	117	64	1	4	8	—
富山市	257	213	5	1	—	34	4
金沢市	55	39	—	2	—	14	—
福井市	247	214	3	—	—	28	2
甲府市	667	441	29	45	15	137	—
長野市	331	289	11	11	—	20	—
岐阜市	281	98	2	36	—	145	—
豊橋市	8	8	—	—	—	—	—
豊田市	74	65	1	2	—	6	—
岡崎市	117	20	1	55	41	—	—
大津市	58	32	1	13	—	12	—
高槻市	25	11	—	—	—	14	—
東大阪市	300	65	9	55	50	121	—
豊中市	81	4	13	—	—	64	—
枚方市	107	69	6	9	—	21	2
八尾市	96	54	1	1	—	40	—
寝屋川市	51	36	1	8	—	5	1
姫路市	60	39	11	10	—	—	—
西宮市	95	91	—	—	—	4	—
尼崎市	188	7	16	109	48	8	—
明石市	127	87	9	17	—	14	—
奈良市	64	43	3	—	2	16	—
和歌山市	30	9	1	8	—	12	—
鳥取市	169	108	3	30	—	28	—
松江市	167	114	13	18	1	21	—
倉敷市	753	416	9	18	4	304	2
福山市	100	75	4	21	—	—	—
呉市	175	73	22	43	—	37	—
下関市	315	239	25	45	—	4	2
高松市	239	200	12	2	—	24	1
松山市	94	94	—	—	—	—	—
高知市	30	25	1	—	—	4	—
久留米市	111	74	—	—	—	37	—
長崎市	343	316	—	1	—	26	—
佐世保市	167	108	38	2	1	18	—
大分市	123	73	2	5	14	28	1
宮崎市	360	339	21	—	—	—	—
鹿児島市	653	451	—	174	—	28	—
那覇市	13	13	—	—	—	—	—
その他政令市(再掲)							
小樽市	95	92	3	—	—	—	—
町田市	18	12	—	—	—	6	—
藤沢市	66	20	17	5	—	24	—
茅ヶ崎市	59	38	2	11	1	7	—
四日市市	125	125	—	—	—	—	—
大牟田市	25	16	—	9	—	—	—

（令和元年度）

集団健康教育						
参加延人員						
総数	一般[1]	歯周疾患	ロコモティブシンドローム（運動器症候群）	慢性閉塞性肺疾患（COPD）	病態別[2]	薬[3]
17 767	10 271	290	455	70	6 681	—
22 144	13 766	60	7 081	11	1 134	92
7 578	6 478	669	28	—	403	—
1 992	1 907	85	—	—	—	—
2 097	1 372	15	20	240	450	—
4 176	2 649	36	31	930	515	15
5 256	4 820	34	290	48	—	64
2 083	1 250	16	517	13	277	10
2 248	2 134	45	69	—	—	—
2 005	1 932	—	19	—	54	—
2 430	1 369	371	262	27	401	—
1 927	1 707	—	—	—	220	—
7 616	7 616	—	—	—	—	—
1 437	1 091	94	56	—	196	—
7 525	4 690	420	1 880	490	45	—
3 233	3 006	35	151	—	20	21
3 451	2 968	107	—	6	287	83
1 946	1 040	11	53	7	835	—
1 667	1 614	6	47	—	—	—
806	694	65	2	—	39	6
15 510	95	298	—	—	15 117	—
1 906	1 720	166	—	—	20	—
2 017	891	1 015	6	5	100	—
2 203	1 832	13	1	—	352	5
383	248	—	7	—	128	—
6 994	5 919	93	—	—	954	28
4 540	3 826	180	160	89	285	—
3 887	3 541	239	77	—	30	—
3 434	682	7	461	—	2 284	—
33	33	—	—	—	—	—
1 991	1 900	35	32	—	24	—
3 081	1 165	55	943	918	—	—
485	262	5	30	—	188	—
155	17	—	—	—	138	—
8 509	2 809	325	1 471	1 471	2 433	—
964	105	77	—	—	782	—
550	312	42	78	—	109	9
1 744	1 006	15	32	—	691	—
234	153	5	45	—	23	8
2 317	1 574	425	318	—	—	—
1 197	1 133	—	—	—	64	—
1 313	149	74	570	162	358	—
4 011	2 409	896	346	—	360	—
381	301	22	—	2	56	—
238	38	2	33	—	165	—
2 206	1 893	13	168	—	132	—
1 677	1 195	110	61	13	298	—
14 487	7 536	144	303	26	6 348	130
11 391	11 027	50	314	—	—	—
4 325	2 214	629	995	—	487	—
2 580	1 836	200	472	—	48	24
6 724	5 691	277	42	—	713	1
1 064	1 064	—	—	—	—	—
538	508	15	—	—	15	—
310	238	—	—	—	72	—
7 597	6 850	—	11	—	736	—
1 458	1 121	196	8	20	113	—
3 840	2 041	16	186	559	1 032	6
3 420	2 991	429	—	—	—	—
17 595	14 273	—	2 406	—	916	—
413	413	—	—	—	—	—
1 692	1 616	76	—	—	—	—
160	85	—	—	—	75	—
1 550	537	472	73	—	468	—
1 172	533	75	323	23	218	—
2 298	2 298	—	—	—	—	—
1 273	1 196	—	77	—	—	—

表Ⅰ-6-3　健康相談の開催回数・被指導延人員

	開催回数									
	総数	重点健康相談								総合健康相談
		総数	高血圧	脂質異常症	糖尿病	歯周疾患	骨粗鬆症	女性の健康	病態別[1]	
全国	189 969	62 687	9 881	5 979	9 242	6 745	4 857	3 032	22 951	127 282
北海道	14 444	6 160	1 014	662	807	209	214	180	3 074	8 284
青森	4 301	1 378	273	68	219	56	73	8	681	2 923
岩手	4 449	848	252	42	158	70	32	27	267	3 601
宮城	2 836	1 280	329	197	273	153	82	17	229	1 556
秋田	3 893	630	303	33	54	44	30	7	159	3 263
山形	4 933	931	110	44	382	25	22	21	327	4 002
福島	2 619	542	97	39	114	67	59	—	166	2 077
茨城	4 158	1 964	306	168	344	73	116	104	853	2 194
栃木	3 406	2 011	307	299	461	255	43	50	596	1 395
群馬	4 536	1 023	210	32	158	83	161	53	326	3 513
埼玉	8 527	2 421	460	187	302	471	273	156	572	6 106
千葉	7 942	3 109	222	156	307	557	329	184	1 354	4 833
東京	5 467	1 431	67	101	128	174	256	464	241	4 036
神奈川	6 197	2 418	305	250	182	119	203	62	1 297	3 779
新潟	1 767	708	52	16	80	174	109	—	277	1 059
富山	1 985	825	35	52	66	496	20	2	154	1 160
石川	2 183	1 316	216	163	347	33	44	5	508	867
福井	1 384	355	9	0	4	79	249	1	5	1 029
山梨	2 369	1 217	132	81	186	190	64	44	520	1 152
長野	9 364	2 571	655	372	403	402	66	16	657	6 793
岐阜	3 809	1 267	255	336	203	35	135	8	295	2 542
静岡	7 922	3 007	512	260	462	129	407	120	1 117	4 915
愛知	4 461	856	95	42	57	281	168	55	158	3 605
三重	1 523	209	17	32	4	11	70	17	58	1 314
滋賀	1 922	472	63	67	123	70	9	1	139	1 450
京都	3 036	783	41	26	52	46	128	293	197	2 253
大阪	7 454	4 051	458	184	248	533	273	246	2 109	3 403
兵庫	7 272	1 984	332	168	132	381	137	178	656	5 288
奈良	1 807	617	92	93	90	109	50	19	164	1 190
和歌山	1 348	426	75	33	74	14	66	4	160	922
鳥取	732	288	34	12	37	88	50	6	61	444
島根	1 874	660	94	38	179	44	38	3	264	1 214
岡山	4 984	1 209	152	69	114	132	74	303	365	3 775
広島	2 121	814	168	91	200	91	120	50	94	1 307
山口	3 568	392	73	47	50	31	56	7	128	3 176
徳島	1 138	538	46	12	253	9	16	3	199	600
香川	1 502	439	86	21	14	48	124	11	135	1 063
愛媛	2 208	792	61	54	43	81	19	4	530	1 416
高知	1 814	182	5	1	50	67	1	9	49	1 632
福岡	9 902	2 391	446	259	215	290	196	26	959	7 511
佐賀	2 038	803	123	89	238	90	15	4	244	1 235
長崎	3 746	1 648	269	280	311	104	120	71	493	2 098
熊本	5 315	2 829	412	439	692	139	30	151	966	2 486
大分	5 182	998	196	116	108	46	80	13	439	4 184
宮崎	1 875	619	137	103	136	11	4	3	225	1 256
鹿児島	2 909	910	189	79	130	123	15	25	349	1 999
沖縄	1 747	365	96	58	52	12	11	1	135	1 382
指定都市・特別区（再掲）										
東京都区部	3 699	931	28	36	54	115	144	392	162	2 768
札幌市	—	—	—	—	—	—	—	—	—	—
仙台市	252	43	6	6	7	2	7	1	14	209
さいたま市	2 857	457	17	24	102	135	7	22	150	2 400
千葉市	2 623	1 183	49	27	88	303	16	97	603	1 440
横浜市	823	804	—	—	—	—	—	—	804	19
川崎市	18	15	5	—	1	—	1	6	2	3
相模原市	1 156	49	—	—	—	3	—	—	46	1 107
新潟市	118	31	—	—	—	—	23	—	8	87
静岡市	571	398	90	43	102	1	3	—	159	173
浜松市	162	—	—	—	—	—	—	—	—	162
名古屋市	961	—	—	—	—	—	—	—	—	961
京都市	1 448	466	16	5	6	7	63	290	79	982
大阪市	565	340	14	5	—	224	24	42	31	225
堺市	480	298	40	23	22	130	47	—	36	182
神戸市	214	67	10	13	10	24	1	—	9	147
岡山市	3 250	120	1	1	—	103	1	10	4	3 130
広島市	103	82	16	2	9	33	15	4	3	21

注　1）「病態別」とは，相談内容の「高血圧」から「骨粗鬆症」を除く，肥満，心臓病等の病態別に，個人の食生活その他の生活習慣を勘案して行う相談指導等をいう．

《都道府県―指定都市・特別区―中核市―その他政令市，相談内容別》

（令和元年度）

被指導延人員									
総数	重点健康相談								総合健康相談
	総数	高血圧	脂質異常症	糖尿病	歯周疾患	骨粗鬆症	女性の健康	病態別[1]	
1 109 938	402 721	63 210	20 441	35 868	65 447	76 305	18 916	122 534	707 217
62 658	25 206	5 215	2 194	2 403	2 146	1 816	348	11 084	37 452
26 090	11 912	3 365	652	1 349	786	966	182	4 612	14 178
16 136	4 544	1 105	80	906	860	373	35	1 185	11 592
20 155	7 426	1 096	557	811	1 924	1 577	17	1 444	12 729
27 722	5 459	3 111	94	126	520	535	13	1 060	22 263
26 854	4 785	1 057	412	1 046	195	378	334	1 363	22 069
22 090	5 146	1 479	274	774	1 084	773	—	762	16 944
44 664	19 403	2 937	632	4 569	841	1 173	1 793	7 458	25 261
28 914	10 087	1 009	902	1 052	3 360	682	107	2 975	18 827
28 512	6 969	1 313	111	377	1 003	1 627	594	1 944	21 543
26 717	8 208	959	452	497	1 445	3 644	280	931	18 509
39 268	19 978	674	265	847	4 435	5 075	1 000	7 682	19 290
22 093	9 043	327	524	291	1 587	3 816	1 995	503	13 050
42 009	13 536	731	323	953	1 600	4 321	535	5 073	28 473
17 309	7 224	94	22	197	1 642	1 609	—	3 660	10 085
5 780	1 692	125	55	171	496	233	2	610	4 088
7 786	4 268	343	210	521	332	746	88	2 028	3 518
13 390	3 385	9	8	30	1 141	2 130	57	10	10 005
25 931	18 842	1 062	873	1 042	2 165	487	1 384	11 829	7 089
62 546	18 935	6 720	1 508	1 902	4 380	1 861	205	2 359	43 611
22 159	8 425	2 658	608	752	805	2 584	19	999	13 734
40 246	14 154	1 996	663	2 558	1 139	3 473	318	4 007	26 092
31 729	10 282	671	129	81	5 880	2 623	179	719	21 447
7 392	1 324	17	32	12	27	732	177	327	6 068
5 749	1 857	123	185	272	459	485	1	332	3 892
17 428	3 374	50	39	135	308	2 043	294	505	14 054
48 539	22 303	1 863	566	598	4 528	4 300	1 195	9 253	26 236
53 102	18 651	3 590	318	454	4 880	2 382	3 021	4 006	34 451
11 839	4 226	343	211	266	1 395	625	749	637	7 613
12 063	5 766	488	394	213	242	1 755	5	2 669	6 297
6 044	3 443	66	15	521	1 125	1 217	195	304	2 601
13 799	4 046	1 100	376	890	527	594	20	539	9 753
19 133	7 195	408	392	312	487	1 332	1 690	2 574	11 938
23 047	9 692	906	507	689	1 425	5 265	192	708	13 355
13 114	2 749	308	133	120	57	923	207	1 001	10 365
5 450	2 293	448	67	499	85	187	25	982	3 157
16 465	6 332	883	1 312	123	444	2 657	77	836	10 133
9 385	4 167	655	233	266	360	203	19	2 431	5 218
6 789	3 073	305	6	80	2 460	1	9	212	3 716
63 162	24 224	6 569	1 191	2 059	957	6 518	307	6 623	38 938
11 560	2 963	626	163	629	357	219	199	770	8 597
19 099	6 926	1 064	465	547	2 047	1 312	380	1 111	12 173
26 739	10 137	790	932	1 450	1 663	251	397	4 654	16 602
18 116	8 943	1 896	772	1 654	592	429	186	3 414	9 173
11 086	1 826	682	146	213	106	205	4	470	9 260
19 792	5 576	1 788	351	519	643	157	78	2 040	14 216
10 288	2 726	186	87	92	507	11	4	1 839	7 562
11 641	4 796	33	87	160	956	1 927	1 316	317	6 845
—	—	—	—	—	—	—	—	—	—
252	43	6	6	7	2	7	1	14	209
7 699	532	17	24	103	142	7	22	217	7 167
15 981	4 648	141	59	222	2 128	42	308	1 748	11 333
4 793	3 128	—	—	—	—	—	—	3 128	1 665
872	462	17	—	1	—	1	163	280	410
3 806	71	—	—	—	3	—	—	68	3 735
3 217	1 327	—	—	—	—	1 211	—	116	1890
2 141	713	184	58	210	1	3	—	257	1 428
1 614	—	—	—	—	—	—	—	—	1 614
4 540	—	—	—	—	—	—	—	—	4 540
1 448	466	16	5	6	7	63	290	79	982
8 178	3 084	264	311	—	852	244	237	1 176	5 094
6 567	3 005	45	23	22	2 023	856	—	36	3 562
616	191	30	37	28	68	3	—	25	425
3 250	120	1	1	—	103	1	10	4	3 130
1 380	1 012	198	21	122	436	185	4	46	368

出典　厚生労働省「令和元年度地域保健・健康増進事業報告（健康増進編）」（政府統計の総合窓口 e-Statより）

（表Ⅰ-6-3 つづき）

	開催回数									
	総数	重点健康相談								総合健康相談
		総数	高血圧	脂質異常症	糖尿病	歯周疾患	骨粗鬆症	女性の健康	病態別[1]	
指定都市・特別区(再掲)続き										
北九州市	5 334	344	189	2	2	3	2	5	141	4 990
福岡市	760	174	—	—	—	—	154	17	3	586
熊本市	368	56	4	6	6	34	—	—	6	312
中核市(再掲)										
旭川市	124	6	—	—	—	6	—	—	—	118
函館市	19	11	3	4	2	—	—	—	2	8
青森市	280	87	25	4	49	1	—	—	8	193
八戸市	279	46	43	—	—	—	1	—	2	233
盛岡市	221	21	2	1	1	4	7	—	6	200
秋田市	257	11	—	—	—	—	—	1	10	246
山形市	33	23	—	—	—	—	10	—	13	10
郡山市	27	12	6	2	2	—	2	—	—	15
いわき市	10	1	1	—	—	—	—	—	—	9
福島市	14	1	—	—	—	1	—	—	—	13
宇都宮市	417	229	16	10	35	2	2	27	137	188
前橋市	291	26	—	—	6	15	4	1	—	265
高崎市	230	53	5	4	3	—	1	6	34	177
川越市	206	147	10	8	8	102	3	5	11	59
越谷市	140	47	2	4	4	12	19	—	6	93
川口市	48	26	2	7	2	5	1	1	8	22
船橋市	307	262	67	9	8	38	112	1	27	45
柏市	62	19	—	—	—	19	—	—	—	43
八王子市	297	133	17	19	43	28	10	9	7	164
横須賀市	103	69	—	3	—	56	—	9	1	34
富山市	666	508	—	—	14	494	—	—	—	158
金沢市	146	126	26	19	21	1	2	1	56	20
福井市	113	2	—	—	2	—	—	—	—	111
甲府市	183	67	17	1	6	30	—	1	12	116
長野市	429	124	8	9	25	40	8	6	28	305
岐阜市	98	—	—	—	—	—	—	—	—	98
豊橋市	11	—	—	—	—	—	—	—	—	11
豊田市	130	25	6	2	2	1	1	2	11	105
岡崎市	32	2	1	—	—	—	—	1	—	30
大津市	338	6	—	—	—	6	—	—	—	332
高槻市	39	14	3	—	—	7	—	—	4	25
東大阪市	1 581	1 295	10	1	42	39	18	27	1 158	286
豊中市	99	18	4	—	3	—	—	3	8	81
枚方市	131	52	14	1	16	8	2	6	5	79
八尾市	755	554	—	—	1	—	7	79	467	201
寝屋川市	34	22	—	3	1	—	14	3	1	12
姫路市	74	54	49	1	4	—	—	—	—	20
西宮市	1 368	110	—	—	—	6	—	104	—	1 258
尼崎市	38	37	—	2	1	28	—	—	6	1
明石市	533	25	5	4	1	3	—	—	12	508
奈良市	399	189	58	58	61	6	1	—	5	210
和歌山市	68	18	6	—	2	—	10	—	—	50
鳥取市	191	30	9	—	9	—	11	—	1	161
松江市	128	29	8	2	3	3	10	1	2	99
倉敷市	224	138	27	4	41	—	12	20	34	86
福山市	27	7	—	—	—	1	1	—	5	20
呉市	270	229	96	37	27	4	35	8	22	41
下関市	228	39	3	—	3	2	26	2	3	189
高松市	165	55	4	1	1	7	37	1	4	110
松山市	364	75	—	—	—	—	—	—	75	289
高知市	345	95	3	—	39	5	1	7	40	250
久留米市	91	11	—	—	11	—	—	—	—	80
長崎市	1 815	1 036	217	233	260	1	25	44	256	779
佐世保市	473	139	27	11	15	29	2	2	53	334
大分市	3 093	323	78	74	14	8	75	5	69	2 770
宮崎市	215	—	—	—	—	—	—	—	—	215
鹿児島市	331	167	—	—	—	20	—	—	147	164
那覇市	68	—	—	—	—	—	—	—	—	68
その他政令市(再掲)										
小樽市	274	129	8	4	9	9	1	87	11	145
町田市	9	—	—	—	—	—	—	—	—	9
藤沢市	581	526	115	171	72	4	18	4	142	55
茅ヶ崎市	22	9	—	—	1	1	—	—	7	13
四日市市	18	6	—	—	1	—	—	1	4	12
大牟田市	18	—	—	—	—	—	—	—	—	18

（令和元年度）

被指導延人員									
総数	重点健康相談								総合健康相談
	総数	高血圧	脂質異常症	糖尿病	歯周疾患	骨粗鬆症	女性の健康	病態別[1]	
20 434	5 506	4 390	16	10	26	42	69	953	14 928
13 383	5 994	—	—	—	—	5 731	224	39	7 389
3 093	923	4	6	8	870	—	—	35	2 170
177	6	—	—	—	6	—	—	—	171
28	19	4	8	4	—	—	—	3	9
479	276	129	12	85	1	—	—	49	203
1 857	944	818	—	—	—	63	—	63	913
365	132	2	5	2	15	96	—	12	233
311	25	—	—	—	—	—	1	24	286
305	208	—	—	—	—	187	—	21	97
444	172	145	3	4	—	20	—	—	272
155	28	28	—	—	—	—	—	—	127
318	18	—	—	—	18	—	—	—	300
472	277	16	47	37	2	2	36	137	195
1 835	415	—	—	25	211	146	33	—	1 420
405	181	8	4	4	—	1	8	156	224
2 010	412	133	18	21	102	14	10	114	1 598
874	781	2	4	4	59	706	—	6	93
190	31	2	8	2	6	1	1	11	159
1 407	1 362	339	39	8	254	673	1	48	45
198	74	—	—	—	74	—	—	—	124
2 075	1 179	179	94	52	93	309	445	7	896
326	285	—	3	—	271	—	10	1	41
1 277	518	—	—	24	494	—	—	—	759
1 132	767	107	47	124	1	14	1	473	365
863	28	—	—	28	—	—	—	—	835
1 287	626	84	2	88	389	—	9	54	661
1 016	554	24	33	43	164	189	35	66	462
817	—	—	—	—	—	—	—	—	817
40	—	—	—	—	—	—	—	—	40
1 142	182	23	2	2	1	1	2	151	960
690	2	1	—	—	—	—	1	—	688
338	6	—	—	—	6	—	—	—	332
235	46	3	—	—	39	—	—	4	189
8 642	6 461	10	1	95	477	201	162	5 515	2 181
218	137	24	—	102	—	—	3	8	81
2 182	152	28	1	43	12	3	24	41	2 030
2 002	834	—	—	1	—	112	79	642	1 168
34	22	—	3	1	—	14	3	1	12
569	54	49	1	4	—	—	—	—	515
2 522	458	—	—	—	11	—	447	—	2 064
40	39	—	2	1	30	—	—	6	1
1 217	209	126	4	1	7	—	—	71	1 008
619	295	97	95	88	6	1	—	8	324
413	214	162	—	7	—	45	—	—	199
1 354	613	37	—	474	—	90	—	12	741
962	442	60	32	52	14	275	6	3	520
841	267	40	5	131	—	22	22	47	574
1 008	73	—	—	—	2	37	—	34	935
2 761	2 530	440	111	50	218	1 521	121	69	231
1 168	450	3	—	8	6	428	2	3	718
5 846	2 028	157	103	4	101	1 238	55	370	3 818
587	87	—	—	—	—	—	—	87	500
690	204	3	—	39	114	1	7	40	486
1 714	1 124	—	—	1 124	—	—	—	—	590
7 825	2 166	492	401	449	1	284	44	495	5 659
1 076	542	106	11	15	233	34	2	141	534
6 353	3 232	699	690	399	22	301	64	1 057	3 121
1 071	—	—	—	—	—	—	—	—	1 071
1 502	619	—	—	—	64	—	—	555	883
68	—	—	—	—	—	—	—	—	68
662	298	32	4	9	19	2	210	22	364
17	—	—	—	—	—	—	—	—	17
1 258	1 203	143	233	77	131	431	4	184	55
147	99	—	—	59	23	—	—	17	48
18	6	—	—	1	—	—	1	4	12
1 032	—	—	—	—	—	—	—	—	1 032

Ⅱ．歯科保健行政

第１章　地域における保健サービス

表Ⅱ-1-1　口腔保健支援センター設置状況

（令和３年４月１日現在）

「口腔保健支援センター」の設置状況

	都道府県		保健所設置市・特別区	
	件数	割合	件数	割合
設置している	32	68.1%	18	17.1%
設置する予定（又は設置を検討中）	2	4.3%	2	1.9%
設置しておらず，予定もない	13	27.7%	81	77.1%
その他	0	0.0%	3	2.9%
無回答	0	0.0%	1	1.0%
合　計	47	100.0%	105	100.0%

○参考：口腔保健支援センターを設置している保健所設置市一覧

さいたま市	新潟市	静岡市	浜松市
名古屋市	京都市	神戸市	岡山市
北九州市	福岡市	八王子市	岐阜市
豊橋市	豊田市	枚方市	高知市
長崎市	宮崎市	鹿児島市	

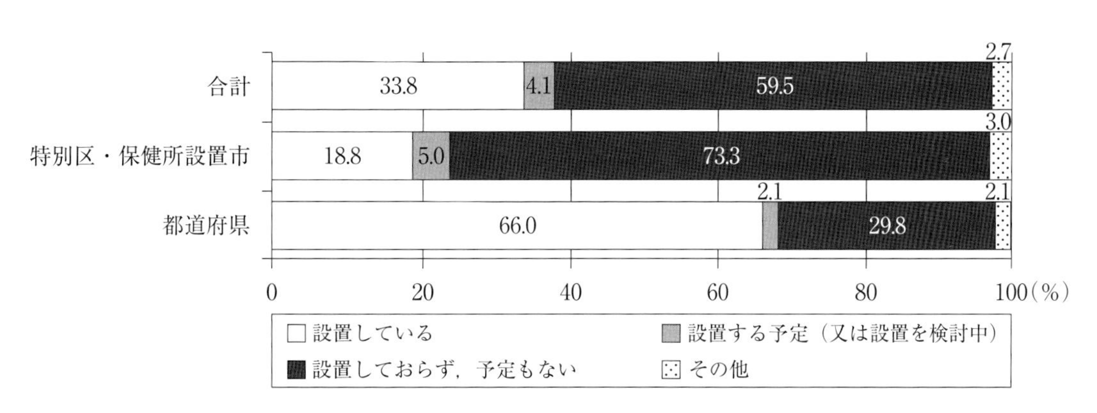

設置（31）　北海道，青森県，秋田県，岩手県，宮城県，山形県，茨城県，栃木県，群馬県，千葉県，富山県，山梨県，長野県，岐阜県，静岡県，愛知県，三重県，滋賀県，京都府，大阪府，兵庫県，奈良県，和歌山県，広島県，山口県，徳島県，高知県，福岡県，佐賀県，長崎県，宮崎県

設置なし（16）　福島県，埼玉県，東京都，神奈川県，新潟県，石川県，福井県，鳥取県，島根県，岡山県，香川県，愛媛県，熊本県，大分県，鹿児島県，沖縄県

出典　厚生労働省　歯科口腔保健に関する調査（令和３年度）〈集計速報〉より

表Ⅱ-1-2-(1)　歯科口腔保健に関する調査（都道府県編）

	都道府県名	都道府県条例		基本的事項		口腔保健支援センター
		条例名	施行日	計画名	有無	設置の有無
1	北海道	北海道歯・口腔の健康づくり8020推進条例	H21.6.26	北海道歯科保健医療推進計画（8020歯っぴぃプラン）	◎	○
2	青森県	青森県歯と口の健康づくり8020健康社会推進条例	H26.7.7	青森県健康増進計画「健康あおもり21（第2次）」	○	○
3	岩手県	岩手県口腔の健康づくり推進条例	H25.4.1	イー歯トーブ8020プラン（岩手県口腔の健康づくり推進計画）	◎	○
4	宮城県	宮城県歯と口腔の健康づくり推進条例	H22.12.24	宮城県歯と口腔の健康づくり基本計画	◎	○
5	秋田県	秋田県歯と口腔の健康づくり推進条例	H24.10.12	秋田県歯と口腔の健康づくりに関する基本計画	◎	○
6	山形県	やまがた歯と口腔の健康づくり推進条例	H25.10.11	健康やまがた安心プラン	○	○
7	福島県	福島県歯科口腔保健の推進に関する条例	H24.8.1	福島県歯っぴいライフ8020運動推進計画（第三次）	◎	×
8	茨城県	茨城県歯と口腔の健康づくり8020・6424推進条例	H22.11.8	第2次健康いばらき21プラン	○	○
9	栃木県	栃木県民の歯及び口腔の健康づくり推進条例	H23.4.1	栃木県歯科保健基本計画	◎	○
10	群馬県	群馬県歯科口腔保健の推進に関する条例	H25.4.1	群馬県歯科口腔保健推進計画	○	○
11	埼玉県	埼玉県歯科口腔保健の推進に関する条例	H23.10.18	埼玉県歯科口腔保健推進計画	◎	×
12	千葉県	千葉県歯・口腔（こうくう）の健康づくり推進条例	H22.4.1	千葉県歯・口腔保健計画	◎	○
13	東京都			東京都歯科保健目標　いい歯東京	◎	×
14	神奈川県	神奈川県歯及び口腔の健康づくり推進条例	H23.7.1	神奈川県歯及び口腔の健康づくり推進計画	◎	×
15	新潟県	新潟県歯科保健推進条例	H20.7.22 H24.10.12改正	新潟県歯科保健医療計画（第4次）～ヘルシースマイル21～	◎	×
16	富山県	富山県歯と口腔の健康づくり推進条例	H25.9.30	県民歯と口の健康プラン	◎	○
17	石川県	石川県歯と口腔の健康づくり推進条例	H26.6.25	いしかわ歯と口腔の健康づくり推進計画	◎	×
18	福井県			第4次元気な福井の健康づくり応援計画	○	×
19	山梨県	山梨県口腔の健康づくりの推進に関する条例	H26.3.28	山梨県口腔の健康づくり推進計画	◎	○
20	長野県	長野県歯科保健推進条例	H22.10.21	信州保健医療総合計画	○	○
21	岐阜県	岐阜県民の歯・口腔の健康づくり条例	H22.4.1	第3期岐阜県歯・口腔の健康づくり計画	◎	○
22	静岡県	静岡県民の歯や口の健康づくり条例	H21.12.25	第2次静岡県歯科保健計画	◎	○
23	愛知県	あいち歯と口の健康づくり八〇二〇推進条例	H25.3.29	愛知県歯科口腔保健基本計画	◎	○
24	三重県	みえ歯と口腔の健康づくり条例	H24.3.27	みえ歯と口腔の健康づくり基本計画	◎	○
25	滋賀県	滋賀県歯および口腔の健康づくりの推進に関する条例	H26.12.26	滋賀県歯科保健計画―歯つらつしが21―（第5次）	◎	○
26	京都府	京都府歯と口の健康づくり推進条例	H24.12.27	京都府歯と口の健康づくり基本計画	◎	○
27	大阪府	大阪府健康づくり推進条例	H30.10.30	第2次大阪府歯科口腔保健計画	◎	○
28	兵庫県	健康づくり推進条例	H23.4.1	兵庫県健康づくり推進実施計画	○	○
29	奈良県	なら歯と口腔の健康づくり条例	H25.3.27	なら歯と口腔の健康づくり計画	◎	○
30	和歌山県	和歌山県民の歯と口腔の健康づくり条例	H24.4.1	和歌山県歯と口腔の健康づくり計画	◎	○
31	鳥取県	鳥取県歯と口腔の健康づくり推進条例	H25.12.27	鳥取県健康づくり文化創造プラン（第三次）	○	×
32	島根県	島根県歯と口腔の健康を守る8020推進条例	H22.3.2	島根県歯と口腔の健康づくり計画	◎	×
33	岡山県	岡山県民の歯と口の健康づくり条例	H23.4.1	第2次岡山県歯科保健推進計画	◎	×
34	広島県	広島県歯と口腔の健康づくり推進条例	H23.3.14	広島県歯と口腔の健康づくり推進計画	◎	○
35	山口県	山口県民の歯・口腔の健康づくり推進条例	H24.3.21	やまぐち歯・口腔の健康づくり推進計画	◎	○
36	徳島県	笑顔が踊るとくしま歯と口腔の健康づくり推進条例	H24.2.29	徳島県歯科口腔保健推進計画～笑顔が踊るとくしま歯と口腔の健康づくり～	◎	○
37	香川県	香川県歯と口腔の健康づくり推進条例	H23.12.20	香川県歯と口腔の健康づくり基本計画	◎	×
38	愛媛県	愛媛県歯と口腔の健康づくり推進条例	H22.6.29	愛媛県歯科保健推進計画	◎	×
39	高知県	高知県歯と口の健康づくり条例	H23.4.1	高知県歯と口の健康づくり基本計画	◎	○
40	福岡県	福岡県歯科口腔保健の推進に関する条例	H25.3.29	福岡県歯科口腔保健推進計画（第2次）	◎	○
41	佐賀県	佐賀県笑顔とお口の健康づくり推進条例	H22.6.30	第2次佐賀県歯科保健計画「ヘルシースマイル佐賀21」	◎	○
42	長崎県	長崎県歯・口腔の健康づくり推進条例	H22.6.4	歯なまるスマイルプラン（長崎県歯・口腔の健康づくり推進計画）	◎	○
43	熊本県	熊本県歯及び口腔の健康づくり推進条例	H22.11.1	第4次熊本県歯科保健医療計画	◎	×
44	大分県	大分県歯と口腔の健康づくり推進条例	H25.12.18	大分県歯科口腔保健計画―新・歯ッスル大分8020―	◎	×
45	宮崎県	宮崎県歯・口腔の健康づくり推進条例	H23.3.22	宮崎県歯科保健推進計画	◎	○
46	鹿児島県	かごしま歯と口腔の健康づくり県民条例	H26.12.5	鹿児島県歯科口腔保健計画	◎	×
47	沖縄県	沖縄県歯科口腔保健の推進に関する条例	H31.3.29	健康おきなわ21第2次～健康・長寿おきなわ復活プラン～	○	×
	総計	制定：45 制定なし：2		歯科保健単独計画があるもの（◎）：40 健康増進計画内のみ（○）：7		設置（○）：31 無（×）：16

※鹿児島県は令和元年5月に口腔保健支援センターを設置

出典　厚生労働省医政局歯科保健課調べ（平成31年4月1日現在）（厚生労働省ウェブサイトより）

表Ⅱ-1-2-(2)　歯科口腔保健に関する調査（保健所設置市・特別区編）

条例策定保健所設置市・特別区等一覧			
	保健所設置市・特別区名	条例名	施行日
1	八戸市	八戸市歯科口腔保健の推進に関する条例	H25.4.1
2	山形市	山形市歯と口腔の健康づくり推進条例	H25.11.11
3	いわき市	いわき市歯と口腔の健康づくり推進条例	H28.4.18
4	福島市	福島市歯と口腔の健康づくり推進条例	H31.4.1
5	郡山市	郡山市歯と口腔の健康づくり推進条例	H26.3.19
6	新潟市	新潟市口腔保健推進条例	H30.12.28
7	宇都宮市	宇都宮市歯及び口腔の健康づくり推進条例	H29.11.8
8	前橋市	前橋市みんなですすめる歯と口腔の健康づくり条例	H26.4.1
9	さいたま市	さいたま市歯科口腔保健の推進に関する条例	H25.4.1
10	川越市	川越市歯科口腔保健の推進に関する条例	H25.9.27
11	越谷市	越谷市歯科口腔保健の推進に関する条例	H28.9.30
12	川口市	川口市歯科口腔保健の推進に関する条例	H24.4.1
13	横浜市	横浜市歯科口腔保健の推進に関する条例	H31.4.1
14	藤沢市	藤沢市歯及び口腔の健康づくり推進条例	H27.4.1
15	茅ヶ崎市	茅ヶ崎市歯及び口腔の健康づくりの推進に関する条例	H26.4.1
16	静岡市	静岡市歯と口腔の健康づくりの推進に関する条例	H31.4.1
17	浜松市	浜松市歯科口腔保健推進条例	H26.4.1
18	金沢市	金沢市歯と口の健康づくり推進条例	H29.11.8
19	岐阜市	岐阜市口腔保健条例	H24.4.1
20	名古屋市	名古屋市歯と口腔の健康づくり推進条例	H25.3.29
21	豊田市	豊田市歯と口腔の健康づくり推進条例	H26.3.25
22	豊橋市	豊橋市歯科口腔保健推進条例	H28.3.29
23	大阪市	大阪市歯と口腔の健康づくり推進条例	H30.2.8
24	奈良市	奈良市歯と口腔の健康づくり推進条例	H29.6.28
25	神戸市	神戸市歯科口腔保健推進条例	H28.11.8
26	岡山市	岡山市歯と口腔の健康づくり条例	H25.4.1
27	松江市	松江市歯と口腔の健康づくり条例	H26.4.1
28	大分市	大分市健康づくり推進条例	H31.4.1
29	佐世保市	佐世保市歯・口腔の健康づくり推進条例	H24.4.1
30	足立区	足立区歯科口腔保健推進条例	H29.4.1
31	渋谷区	渋谷区歯と口腔の健康づくり推進条例	H26.4.1
32	杉並区	杉並区健康づくり推進条例	H26.7.1
33	千代田区	千代田区歯と口腔の健康づくり推進条例	H24.10.23
34	豊島区	豊島区歯と口腔の健康づくり推進条例	H25.4.1

口腔保健支援センター設置保健所設置市・特別区等一覧	
	政令市・特別区名
1	新潟市
2	さいたま市
3	静岡市
4	名古屋市
5	浜松市
6	京都市
7	神戸市
8	岡山市
9	福岡市
10	北九州市
11	八王子市
12	岐阜市
13	豊田市
14	豊橋市
15	枚方市
16	高知市
17	長崎市
18	宮崎市
19	鹿児島市

出典　厚生労働省医政局歯科保健課調べ（平成31年４月１日現在）（厚生労働省ウェブサイトより）

表Ⅱ-1-3　都道府県に勤務する歯科医師及び歯科衛生士数

都道府県	都道府県庁				保健所						
	歯科医師数（A）		歯科衛生士数（B）		歯科医師数（C）		歯科衛生士数（D）		保健所数（E）	歯科医師・衛生士の勤務する保健所数（F）	充足率（F/E）
	常勤	非常勤	常勤	非常勤	常勤	非常勤	常勤	非常勤			
北海道	2	0	1	0	9	0	15	2	26	13	50.0%
青森県	0	0	0	0	2	0	0	0	6	1	16.7%
岩手県	1	0	0	1	1	0	2	0	9	2	22.2%
宮城県	0	1	0	1	0	0	0	0	7	0	0.0%
秋田県	1	0	0	1	0	0	0	3	8	3	37.5%
山形県	1	0	0	0	0	0	0	0	4	0	0.0%
福島県	0	0	1	0	0	0	5	0	6	5	83.3%
茨城県	1	1	1	1	0	0	1	1	12	2	16.7%
栃木県	1	0	0	1	0	0	0	0	5	0	0.0%
群馬県	1	0	0	1	0	0	1	3	10	4	40.0%
埼玉県	1	0	1	0	1	0	0	0	13	1	7.7%
千葉県	1	0	0	0	0	0	0	0	15	0	0.0%
東京都	3	0	0	0	6	0	5	0	6	6	100.0%
神奈川県	1	0	1	0	5	2	9	1	9	9	100.0%
新潟県	1	0	2	0	4	0	1	0	12	4	33.3%
富山県	1	0	1	0	1	0	0	0	4	2	50.0%
石川県	1	0	0	0	0	0	0	0	4	0	0.0%
福井県	0	0	0	0	0	0	1	0	6	1	16.7%
山梨県	1	0	1	0	0	0	0	0	5	0	0.0%
長野県	1	0	1	0	0	0	0	0	10	0	0.0%
岐阜県	1	0	1	0	0	0	0	0	7	0	0.0%
静岡県	1	0	0	0	1	0	1	0	7	2	28.6%
愛知県	1	0	1	0	2	0	10	0	12	12	100.0%
三重県	0	0	2	0	2	0	0	0	8	2	25.0%
滋賀県	1	0	0	0	0	0	4	0	6	4	66.7%
京都府	1	0	0	1	1	0	0	0	7	1	14.3%
大阪府	2	0	0	1	0	0	0	0	12	0	0.0%
兵庫県	1	0	1	0	1	0	6	1	13	13	100.0%
奈良県	1	0	0	0	0	0	5	0	4	3	75.0%
和歌山県	0	0	1	0	0	0	0	0	7	0	0.0%
鳥取県	0	0	1	0	0	0	3	0	3	3	100.0%
島根県	0	0	0	0	1	0	3	0	7	4	57.1%
岡山県	1	0	0	0	0	1	1	0	5	3	60.0%
広島県	1	0	0	0	0	0	2	0	4	2	50.0%
山口県	1	0	0	0	0	0	0	0	7	0	0.0%
徳島県	1	1	0	1	0	1	0	4	6	6	100.0%
香川県	1	0	0	0	0	0	0	0	4	0	0.0%
愛媛県	0	0	1	0	1	0	5	0	5	5	100.0%
高知県	1	0	1	0	0	0	5	0	5	5	100.0%
福岡県	0	2	1	2	1	0	1	0	9	1	11.1%
佐賀県	1	0	1	1	0	0	0	0	5	0	0.0%
長崎県	1	0	0	1	0	0	0	0	8	0	0.0%
熊本県	0	0	1	0	2	0	1	0	10	3	30.0%
大分県	1	0	0	0	0	0	0	0	6	0	0.0%
宮崎県	1	0	0	0	0	0	0	0	8	0	0.0%
鹿児島県	0	0	1	0	0	0	7	0	13	7	53.8%
沖縄県	1	0	0	0	2	0	3	0	5	5	100.0%
合計	39	5	23	13	43	4	97	15	370	134	36.2%

注　1．教育及び医療に従事する職員（例：歯科衛生士養成所の職員，県立病院の歯科医師）は対象から除いている．
2．勤務形態における非常勤については，週1日以上の勤務形態をとっている者をいう（事業毎や季節的に雇いあげる者を除く）．
3．併任で複数に所属する場合は，主な所属について記載している．
4．歯科医師・衛生士の勤務する保健所数（F）は併任を含めて記載している．
5．合計は併任を除く実人数を記載している．

出典　厚生労働省医政局歯科保健課調べ

《都道府県別》

（平成28年４月現在）

その他				合計	
歯科医師数（K）		歯科衛生士数（L）		歯科医師数（A＋C＋K）	歯科衛生士数（B＋D＋L）
常勤	非常勤	常勤	非常勤		
0	0	1	0	11	19
0	0	0	1	2	1
0	0	0	0	2	3
1	0	0	0	2	1
0	0	0	0	1	4
0	0	0	0	1	0
1	0	0	0	1	6
0	0	7	8	2	19
0	0	0	1	1	2
0	0	0	0	1	5
0	0	0	0	2	1
0	0	0	0	1	0
0	0	0	0	9	5
0	0	0	0	8	11
0	0	0	0	5	3
0	0	0	0	2	1
0	0	0	0	1	0
0	0	0	0	0	1
0	0	0	0	1	1
0	0	0	0	1	1
0	0	0	0	1	1
0	0	0	0	2	1
0	0	0	0	3	11
0	0	0	0	2	2
1	0	0	0	2	4
0	0	0	0	2	1
0	0	0	0	2	1
0	0	0	0	2	8
0	0	0	0	1	5
0	0	0	0	0	1
0	0	0	0	0	4
0	0	0	0	1	3
0	0	0	0	2	1
0	0	0	0	1	2
0	0	0	0	1	0
0	0	0	0	3	5
0	0	0	0	1	0
0	0	0	0	1	6
0	0	0	0	1	6
0	0	4	0	3	8
0	0	0	0	1	2
0	0	0	0	1	1
0	0	0	0	2	2
0	0	0	0	1	0
0	0	0	0	1	0
1	0	0	0	1	8
0	0	0	0	3	3
4	0	12	10	95	170

表Ⅱ-1-4 保健所を設置する市に勤務する歯科医師

保健所を設置する市	保健所設置市・特別区				保健所						
	歯科医師数（A）		歯科衛生士数（B）		歯科医師数（C）		歯科衛生士数（D）		保健所数（E）	歯科医師・衛生士の勤務する保健所数（F）	充足率（F/E）
	常勤	非常勤	常勤	非常勤	常勤	非常勤	常勤	非常勤			
札幌市	0	0	0	0	1	0	8	11	1	1	100.0%
仙台市	1	0	2	0	5	0	12	3	1	1	100.0%
さいたま市	0	0	1	0	0	1	1	0	1	1	100.0%
千葉市	0	1	10	1	0	0	0	0	1	0	0.0%
川崎市	4	0	7	0	0	0	0	0	1	1	100.0%
横浜市	3	0	1	0	0	0	0	0	1	0	0.0%
新潟市	2	0	3	3	0	0	0	0	1	1	100.0%
静岡市	0	0	4	3	0	0	0	0	1	0	0.0%
浜松市	0	0	3	1	0	0	0	0	1	0	0.0%
名古屋市	1	0	1	0	3	0	18	0	16	16	100.0%
京都市	1	0	1	0	0	0	6	0	1	1	100.0%
大阪市	0	2	0	1	0	0	0	0	1	0	0.0%
堺市	1	0	2	1	0	0	0	0	1	0	0.0%
神戸市	1	0	5	0	0	0	0	0	1	1	100.0%
岡山市	0	0	0	0	1	0	3	1	1	1	100.0%
広島市	1	0	2	0	0	0	0	0	1	0	0.0%
北九州市	1	0	0	2	1	0	0	0	1	1	100.0%
福岡市	1	0	0	1	0	0	0	0	7	0	0.0%
熊本市	2	3	8	4	0	0	0	0	1	0	0.0%
函館市	0	0	0	0	0	0	0	0	1	0	0.0%
旭川市	0	0	0	0	1	0	2	0	1	1	100.0%
青森市	0	0	0	0	0	0	0	0	1	0	0.0%
盛岡市	0	0	1	0	0	0	0	0	1	1	100.0%
秋田市	0	0	1	0	0	0	1	0	1	1	100.0%
郡山市	0	0	3	2	0	0	0	0	1	1	100.0%
いわき市	0	0	2	0	0	0	0	0	1	1	100.0%
宇都宮市	0	0	0	1	0	0	1	0	1	1	100.0%
前橋市	0	0	0	2	0	0	1	0	1	1	100.0%
高崎市	0	0	0	0	0	0	0	0	1	0	0.0%
川越市	0	0	0	0	0	0	1	0	1	1	100.0%
船橋市	0	0	0	0	0	0	1	0	1	1	100.0%
柏市	0	0	1	0	0	0	3	0	1	1	100.0%
横須賀市	0	0	0	0	1	0	7	2	1	1	100.0%
相模原市	0	0	0	0	2	0	5	0	1	1	100.0%
富山市	0	0	0	0	0	1	0	1	1	1	100.0%
金沢市	0	0	1	0	0	0	0	0	1	0	0.0%
長野市	0	0	1	0	0	0	4	2	1	1	100.0%
岐阜市	1	0	3	2	0	0	0	0	1	0	0.0%
豊橋市	0	0	2	0	0	0	0	0	1	1	100.0%
岡崎市	0	0	2	2	0	0	0	0	1	1	100.0%
豊田市	0	0	2	0	0	0	0	0	1	1	100.0%
大津市	0	0	1	0	0	0	0	0	1	1	100.0%
高槻市	0	0	0	1	0	0	0	0	1	0	0.0%
東大阪市	0	0	0	0	1	0	0	0	1	1	100.0%
豊中市	0	0	1	0	0	0	3	0	1	1	100.0%
姫路市	0	0	2	0	0	0	0	0	1	1	100.0%
尼崎市	0	0	0	0	0	0	2	3	1	1	100.0%
西宮市	0	0	2	0	0	0	0	0	1	1	100.0%
奈良市	0	0	0	0	0	0	3	0	1	1	100.0%
和歌山市	0	0	3	2	0	0	0	0	1	1	100.0%
倉敷市	0	0	3	0	0	0	0	0	1	1	100.0%
福山市	0	0	0	0	0	0	0	2	1	1	100.0%
下関市	0	0	1	0	0	0	0	0	1	1	100.0%
高松市	0	0	0	0	0	0	0	0	1	0	0.0%
松山市	0	0	4	1	0	0	0	0	1	1	100.0%
高知市	0	0	0	0	1	0	1	1	1	1	100.0%
久留米市	0	0	0	0	0	0	1	0	1	1	100.0%
長崎市	1	0	2	1	0	0	0	0	1	1	100.0%
大分市	0	1	0	1	0	0	0	0	1	1	100.0%
宮崎市	0	0	0	3	0	0	0	0	1	1	100.0%
鹿児島市	0	0	0	0	1	0	1	0	1	1	100.0%

及び歯科衛生士数

（平成28年４月現在）

市町村保健センター等				その他				合計	
歯科医師数（G）		歯科衛生士数（H）		歯科医師数（K）		歯科衛生士数（L）		歯科医師数（A＋C＋G＋K）	歯科衛生士数（B＋D＋H＋L）
常勤	非常勤	常勤	非常勤	常勤	非常勤	常勤	非常勤		
0	0	0	0	0	0	0	0	1	19
0	0	0	0	0	0	0	0	6	17
0	0	11	0	0	0	0	0	1	13
0	0	0	0	0	0	0	0	1	11
0	0	0	0	0	0	0	0	4	7
1	0	9	0	0	0	0	0	4	10
0	0	0	0	0	0	0	0	2	6
0	0	0	0	2	0	2	4	2	13
0	0	4	2	2	0	1	7	2	18
0	0	0	0	0	0	0	0	4	19
0	0	0	0	0	0	0	0	1	7
0	0	0	0	0	0	0	0	2	1
1	0	7	5	0	0	0	0	2	15
0	0	0	0	0	0	0	0	1	5
0	0	0	0	0	0	0	0	1	4
0	0	0	0	0	0	0	0	1	2
0	0	0	0	0	0	0	0	2	2
0	0	0	0	0	0	0	0	1	1
0	0	0	0	0	0	0	0	5	12
0	0	0	0	0	0	0	0	0	0
0	0	0	0	0	0	0	0	1	2
0	0	0	0	0	0	0	0	0	0
0	0	0	0	0	0	0	0	0	1
0	0	0	0	0	0	0	0	0	2
0	0	0	0	0	0	0	0	0	5
0	0	0	0	0	0	0	0	0	2
0	0	0	0	0	0	0	0	0	2
0	0	1	1	0	0	0	0	0	5
0	0	0	0	0	0	0	0	0	0
0	0	0	0	0	0	0	0	0	1
0	0	6	3	0	0	0	0	0	10
0	0	0	0	0	0	0	0	0	4
0	0	0	0	0	0	0	0	1	9
0	0	0	0	0	0	0	0	2	5
0	0	0	0	0	0	0	0	1	1
0	0	0	0	0	0	0	0	0	1
0	0	0	0	0	0	0	0	0	7
0	0	0	0	0	0	0	0	1	5
0	0	0	0	0	0	0	0	0	2
0	0	0	0	0	0	0	0	0	4
0	0	0	0	0	0	0	0	0	2
0	0	0	0	0	0	0	0	0	1
0	0	0	0	0	0	0	0	0	1
0	0	0	0	0	0	0	0	1	0
0	0	0	0	0	0	0	0	0	4
0	0	0	0	0	0	0	0	0	2
0	0	0	0	0	0	0	0	0	5
0	0	0	0	0	0	0	0	0	2
0	0	0	0	0	0	0	0	0	3
0	0	0	0	0	0	0	0	0	5
0	0	0	0	0	0	0	0	0	3
0	0	0	0	0	0	0	0	0	2
0	0	0	0	0	0	0	0	0	1
0	0	0	3	0	0	0	0	0	3
0	0	0	0	0	0	0	0	0	5
0	0	0	0	0	0	0	0	1	2
0	0	0	0	0	0	0	0	0	1
0	0	0	0	0	0	0	0	1	3
0	0	0	0	0	0	0	0	1	1
0	0	0	0	0	0	0	0	0	3
0	0	2	0	0	0	0	0	1	3

（表Ⅱ-1-4 つづき）

保健所を設置する市	保健所設置市・特別区				保健所						
	歯科医師数（A）		歯科衛生士数（B）		歯科医師数（C）		歯科衛生士数（D）		保健所数（E）	歯科医師・衛生士の勤務する保健所数（F）	充足率（F/E）
	常勤	非常勤	常勤	非常勤	常勤	非常勤	常勤	非常勤			
小樽市	0	0	0	0	1	0	1	0	1	1	100.0%
八王子市	0	0	0	1	0	1	0	1	1	1	100.0%
藤沢市	1	0	2	0	0	0	0	0	1	1	100.0%
町田市	0	0	5	2	0	0	0	0	1	1	100.0%
四日市市	0	1	1	0	0	0	0	0	1	1	100.0%
呉市	0	0	0	0	0	0	1	0	1	1	100.0%
大牟田市	0	0	0	1	0	0	0	0	1	1	100.0%
佐世保市	0	0	2	0	0	0	0	0	1	1	100.0%
那覇市	0	0	0	0	1	0	0	0	1	1	100.0%
枚方市	0	0	0	0	0	0	0	0	1	0	0.0%
越谷市	0	0	0	0	0	0	0	0	1	0	0.0%
合計	22	8	98	39	20	3	87	27	93	69	74.2%

注　1．教育及び医療に従事する職員（例：歯科衛生士養成所の職員，県立病院の歯科医師）は対象から除いている．
2．勤務形態における非常勤については，週１日以上の勤務形態をとっている者をいう（事業毎や季節的に雇いあげる者を除く）．
3．併任で複数に所属する場合は，主な所属について記載している．
4．歯科医師・衛生士の勤務する保健所数（F）は併任を含めて記載している．
5．合計は併任を除く実人数を記載している．

（平成28年４月現在）

市町村保健センター等				その他				合計	
歯科医師数（G）		歯科衛生士数（H）		歯科医師数（K）		歯科衛生士数（L）		歯科医師数（A＋C＋G＋K）	歯科衛生士数（B＋D＋H＋L）
常勤	非常勤	常勤	非常勤	常勤	非常勤	常勤	非常勤		
0	0	0	0	0	0	0	0	1	1
0	0	3	0	0	0	0	0	1	5
0	0	1	2	0	0	0	0	1	5
0	0	0	0	0	0	0	0	0	7
0	0	0	0	0	0	0	0	1	1
0	0	0	0	0	0	0	0	0	1
0	0	0	0	0	0	0	0	0	1
0	0	0	0	0	0	0	0	0	2
0	0	0	0	0	0	0	0	1	0
0	1	2	0	0	0	0	0	1	2
0	0	0	3	0	0	0	0	0	3
2	1	46	19	4	0	3	11	60	330

出典　厚生労働省医政局歯科保健課調べ

表Ⅱ-1-5　特別区に勤務する歯科医師及び歯科衛生士数

（平成28年４月現在）

特別区	保健所設置市・特別区				保健所						
	歯科医師数（A）		歯科衛生士数（B）		歯科医師数（C）		歯科衛生士数（D）		保健所数（E）	歯科医師・衛生士の勤務する保健所数（F）	充足率（F/E）
	常勤	非常勤	常勤	非常勤	常勤	非常勤	常勤	非常勤			
千代田区	0	0	2	0	0	0	0	0	1	1	100.0%
中央区	0	0	0	0	1	0	0	0	1	1	100.0%
港区	0	0	0	0	0	0	2	0	1	1	100.0%
新宿区	1	0	5	0	0	0	0	0	1	1	100.0%
文京区	0	0	2	0	0	0	0	0	1	1	100.0%
台東区	0	0	0	0	0	0	1	7	1	1	100.0%
北区	0	0	3	0	0	0	0	0	1	0	0.0%
荒川区	0	0	1	3	0	0	0	0	1	1	100.0%
品川区	0	0	0	0	0	0	4	0	1	1	100.0%
目黒区	0	0	0	0	0	0	2	2	1	1	100.0%
大田区	0	0	8	0	0	0	0	0	1	1	100.0%
世田谷区	1	0	5	0	0	0	0	0	1	1	100.0%
渋谷区	0	0	3	0	0	0	0	0	1	1	100.0%
中野区	0	0	4	0	0	0	0	0	1	0	0.0%
杉並区	1	0	5	2	0	0	0	0	1	1	100.0%
豊島区	0	0	0	0	0	0	1	1	1	1	100.0%
板橋区	0	0	1	0	0	0	5	0	1	1	100.0%
練馬区	0	0	8	1	0	0	0	0	1	0	0.0%
墨田区	0	0	3	0	0	0	0	0	1	1	100.0%
江東区	0	0	0	0	1	0	1	0	1	1	100.0%
足立区	0	0	7	5	0	0	0	0	1	1	100.0%
葛飾区	0	0	0	0	1	0	4	0	1	1	100.0%
江戸川区	0	0	8	0	0	0	0	0	1	0	0.0%
合計	3	0	65	11	3	0	20	10	23	19	82.6%

特別区	市町村保健センター等				その他				合計	
	歯科医師数（G）		歯科衛生士数（H）		歯科医師数（K）		歯科衛生士数（L）		歯科医師数（A＋C＋G＋K）	歯科衛生士数（B＋D＋H＋L）
	常勤	非常勤	常勤	非常勤	常勤	非常勤	常勤	非常勤		
千代田区	0	0	0	0	0	0	0	0	0	2
中央区	0	0	2	0	0	0	0	0	1	2
港区	0	0	0	0	0	0	0	0	0	2
新宿区	0	0	0	0	0	0	0	0	1	5
文京区	0	0	0	0	0	0	0	0	0	2
台東区	0	0	0	0	0	0	0	0	0	8
北区	0	0	0	0	0	0	0	0	0	3
荒川区	0	0	0	0	0	0	0	0	0	4
品川区	0	0	0	0	0	0	0	0	0	4
目黒区	0	0	0	0	0	0	0	0	0	4
大田区	0	0	0	0	0	0	0	0	0	8
世田谷区	0	0	0	0	0	0	0	0	1	5
渋谷区	0	0	0	0	0	0	0	0	0	3
中野区	0	0	0	0	0	0	0	0	0	4
杉並区	0	0	0	0	0	0	0	0	1	7
豊島区	0	0	0	0	0	0	0	0	0	2
板橋区	0	0	0	0	0	0	0	0	0	6
練馬区	0	0	0	0	0	0	0	0	0	9
墨田区	0	0	0	0	0	0	0	0	0	3
江東区	0	0	3	0	0	0	0	0	1	4
足立区	0	0	0	0	0	0	0	0	0	12
葛飾区	0	0	0	0	0	0	0	0	1	4
江戸川区	0	0	0	0	0	0	0	0	0	8
合計	0	0	5	0	0	0	0	0	6	111

注　1．教育及び医療に従事する職員（例・歯科衛生士養成所の職員，県立病院の歯科医師）は対象から除いている．
　　2．勤務形態における非常勤については，週１日以上の勤務形態をとっている者をいう（事業毎や季節的に雇いあげる者を除く）．
　　3．併任で複数に所属する場合は，主な所属について記載している．
　　4．歯科医師・衛生士の勤務する保健所数（F）は併任を含めて記載している．
　　5．合計は併任を除く実人数を記載している．

出典　厚生労働省医政局歯科保健課調べ

表Ⅱ-1-6　市町村に勤務する歯科医師及び歯科衛生士数《都道府県別》

（平成28年４月現在）

都道府県	市・町・村数	市・区・町・村役所（場）				市町村保健センター				そ　の　他				合　計	
		歯科医師数（A）		歯科衛生士数（B）		歯科医師数（C）		歯科衛生士数（D）		歯科医師数（K）		歯科衛生士数（L）		歯科医師数（A+C+K）	歯科衛生士数（B+D+L）
		常勤	非常勤	常勤	非常勤	常勤	非常勤	常勤	非常勤	常勤	非常勤	常勤	非常勤		
北海道	175	0	0	7	7	0	0	15	12	0	0	0	0	0	41
青森県	39	0	0	3	1	0	0	1	0	0	0	0	0	0	5
岩手県	32	0	0	2	5	1	0	2	8	0	0	0	0	1	17
宮城県	34	1	0	10	3	0	0	2	2	0	0	0	0	1	17
秋田県	24	0	0	1	0	0	0	1	0	0	0	0	0	0	2
山形県	35	0	0	1	1	0	0	0	0	0	0	0	0	0	2
福島県	57	0	0	1	1	0	0	3	1	0	0	0	0	0	6
茨城県	44	0	0	1	4	0	0	6	4	0	0	0	0	0	15
栃木県	24	0	0	0	0	0	0	0	5	0	0	0	0	0	5
群馬県	33	0	0	0	0	0	0	2	4	0	0	0	0	0	6
埼玉県	60	0	0	1	1	0	0	10	11	0	0	0	0	0	23
千葉県	51	0	0	6	0	0	0	61	5	0	0	0	1	0	73
東京都	37	0	1	3	2	0	0	11	31	0	0	0	0	1	47
神奈川県	28	0	0	1	4	1	0	3	3	0	0	0	0	1	11
新潟県	29	0	0	6	3	0	0	0	0	0	0	0	0	0	9
富山県	14	0	0	1	0	0	0	0	0	0	0	0	0	0	1
石川県	18	0	0	0	0	0	0	0	0	0	0	0	0	0	0
福井県	17	0	0	1	0	0	0	2	0	0	0	0	0	0	3
山梨県	27	0	0	2	0	0	0	0	0	0	0	0	0	0	2
長野県	76	0	0	18	6	0	0	3	1	0	0	0	0	0	28
岐阜県	41	1	0	5	3	0	5	11	11	0	0	1	0	6	31
静岡県	33	0	0	2	0	1	0	4	3	0	0	0	0	1	9
愛知県	50	0	0	5	2	0	0	25	11	0	0	0	0	0	43
三重県	28	0	0	2	0	0	0	5	2	0	0	0	0	0	9
滋賀県	18	0	0	0	1	0	0	4	1	0	0	0	0	0	6
京都府	25	0	0	0	0	0	0	2	0	0	0	0	0	0	2
大阪府	37	0	0	1	2	0	0	9	15	1	1	1	2	2	30
兵庫県	37	0	0	1	2	0	0	0	4	0	0	2	2	0	11
奈良県	38	0	0	0	0	0	0	1	2	0	0	0	0	0	3
和歌山県	29	0	0	0	0	0	0	0	0	0	0	0	0	0	0
鳥取県	3	0	0	0	0	0	0	1	2	0	0	0	0	0	3
島根県	19	0	0	0	3	0	0	0	1	0	0	0	0	0	4
岡山県	25	0	0	0	1	0	0	0	0	0	0	0	1	0	2
広島県	20	0	0	0	3	0	0	0	3	0	0	1	0	0	7
山口県	18	0	0	1	1	0	0	1	1	0	0	0	0	0	4
徳島県	24	0	0	1	0	0	0	0	1	0	0	0	0	0	2
香川県	16	0	0	1	0	0	0	0	0	0	0	0	0	0	1
愛媛県	19	1	0	2	0	0	0	2	1	1	0	4	0	2	9
高知県	33	0	0	3	3	0	0	4	2	0	0	0	0	0	12
福岡県	56	0	0	0	0	0	0	0	0	0	0	0	0	0	0
佐賀県	20	0	0	0	1	0	0	0	0	0	0	0	0	0	1
長崎県	19	0	0	0	4	0	0	0	1	0	0	0	0	0	5
熊本県	44	0	0	0	6	0	0	2	10	0	0	0	0	0	18
大分県	17	0	0	0	1	0	0	0	0	0	0	1	1	0	3
宮崎県	25	0	0	2	0	0	0	0	0	0	0	0	0	0	2
鹿児島県	42	0	0	1	8	0	0	8	3	1	0	0	0	1	20
沖縄県	40	0	0	0	0	0	0	0	0	0	0	0	0	0	0
合　計	1630	3	1	92	79	3	5	201	161	3	1	10	7	16	550

注　１．教育及び医療に従事する職員（例：歯科衛生士養成所の職員，県立病院の歯科医師）は対象から除いている．
　　２．勤務形態における非常勤については，週１日以上の勤務形態をとっている者をいう（事業毎や季節的に雇いあげる者を除く）．
　　３．併任で複数に所属する場合は，主な所属について記載している．
　　４．合計は併任を除く実人数を記載している．

出典　厚生労働省医政局歯科保健課調べ

表Ⅱ-1-7-(1)　口腔保健センター等の設置状況の年次推移《都道府県別》

区分＼調査期日	平成2．8	平成5．9	平成8．4	平成11.12	平成14．8	平成18．4	平成21．4	平成24．4	平成29.10
北海道	3	4	4	5	5	6	6	5	5
青森	0	0	0	0	0	0	0	3	3
岩手	0	0	0	0	0	1	1	7	6
宮城	1	2	3	3	4	4	5	6	6
秋田	0	0	0	0	0	0	0	1	0
山形	1	1	1	1	0	0	0	2	2
福島	1	1	1	1	3	3	4	4	4
茨城	3	4	4	4	4	3	3	4	3
栃木	6	6	7	6	6	6	6	6	6
群馬	6	6	6	7	8	8	8	8	8
埼玉	26	26	22	22	23	23	22	20	8
千葉	15	21	20	23	28	30	29	33	32
東京	27	26	27	32	37	37	39	38	36
神奈川	17	17	18	22	23	23	24	22	21
新潟	5	5	5	5	6	6	7	8	8
富山	1	1	1	1	1	0	1	1	1
石川	1	1	1	1	1	0	1	1	1
福井	3	3	3	3	3	0	4	4	3
山梨	1	1	1	1	2	2	2	2	3
長野	2	4	4	4	3	4	5	6	6
岐阜	3	3	3	3	4	4	4	9	13
静岡	4	7	7	7	8	6	8	6	6
愛知	13	14	15	16	16	15	18	25	26
三重	5	6	6	6	6	6	7	8	13
滋賀	1	1	1	1	1	1	1	3	9
京都	8	8	8	8	8	8	7	7	6
大阪	20	22	24	25	28	28	27	26	24
兵庫	10	13	15	16	21	20	20	19	21
奈良	3	4	4	4	6	6	6	6	6
和歌山	3	3	3	3	3	2	2	3	3
鳥取	3	3	3	3	3	3	3	3	3
島根	2	2	2	2	2	2	2	2	2
岡山	4	5	5	5	5	5	5	8	7
広島	4	5	5	5	5	5	5	12	10
山口	5	5	7	9	10	8	8	8	8
徳島	3	3	3	3	3	4	3	3	3
香川	1	1	1	1	1	1	1	2	4
愛媛	2	2	2	2	2	2	2	5	3
高知	1	1	1	1	1	1	2	2	2
福岡	7	8	9	9	10	11	12	14	13
佐賀	1	1	1	1	1	1	1	1	1
長崎	1	1	1	1	1	1	1	1	1
熊本	1	1	1	1	2	2	2	4	3
大分	1	1	1	1	1	1	1	2	1
宮崎	1	1	1	1	1	1	2	1	1
鹿児島	2	2	2	2	2	2	2	2	2
沖縄	1	1	2	2	2	2	2	2	1
合計	229	253	261	279	310	309	321	365	354

出典　平成24年までは，日本歯科医師会「口腔（歯科）保健センター等業務内容調査報告書」より改変，
平成29年からは日本歯科医師会・日本歯科総合研究機構「口腔（歯科）保健センター等業務内容調査報告書―平成29年10月1日現在―」より改変

表Ⅱ-1-7-(2)　口腔保健センター等の設置状況《開設者別》

開設者	歯科医師会	都道府県	45
		郡市区	116
	自治体	都道府県	26
		区市町村	171
	その他		13
	無回答		1

出典　日本歯科医師会・日本歯科総合研究機構「口腔（歯科）保健センター等業務内容調査報告書―平成29年10月1日現在―」より一部改変

Ⅱ. 歯科保健行政

第2章　医療施設・介護施設

表Ⅱ-2-1　施設の種類別にみた施設数

（各年10月１日現在）

	施設数		対前年		構成割合（%）	
	令和元年（2019）	平成30年（2018）	増減数	増減率（%）	令和元年（2019）	平成30年（2018）
総数	179 416	179 090	326	0.2	…	…
病院	8 300	8 372	△ 72	△ 0.9	100.0	100.0
精神科病院	1 054	1 058	△ 4	△ 0.4	12.7	12.6
一般病院	7 246	7 314	△ 68	△ 0.9	87.3	87.4
（再掲）療養病床を有する病院	3 662	3 736	△ 74	△ 2.0	44.1	44.6
一般診療所	102 616	102 105	511	0.5	100.0	100.0
有床	6 644	6 934	△ 290	△ 4.2	6.5	6.8
（再掲）療養病床を有する一般診療所	780	847	△ 67	△ 7.9	0.8	0.8
無床	95 972	95 171	801	0.8	93.5	93.2
歯科診療所	68 500	68 613	△ 113	△ 0.2	100.0	100.0
有床	20	21	△ 1	△ 4.8	0.0	0.0
無床	68 480	68 592	△ 112	△ 0.2	100.0	100.0

出典　厚生労働省「令和元（2019）年医療施設（動態）調査・病院報告の概況」（厚生労働省ウェブサイトより）

図Ⅱ-2-1　医療施設数の年次推移

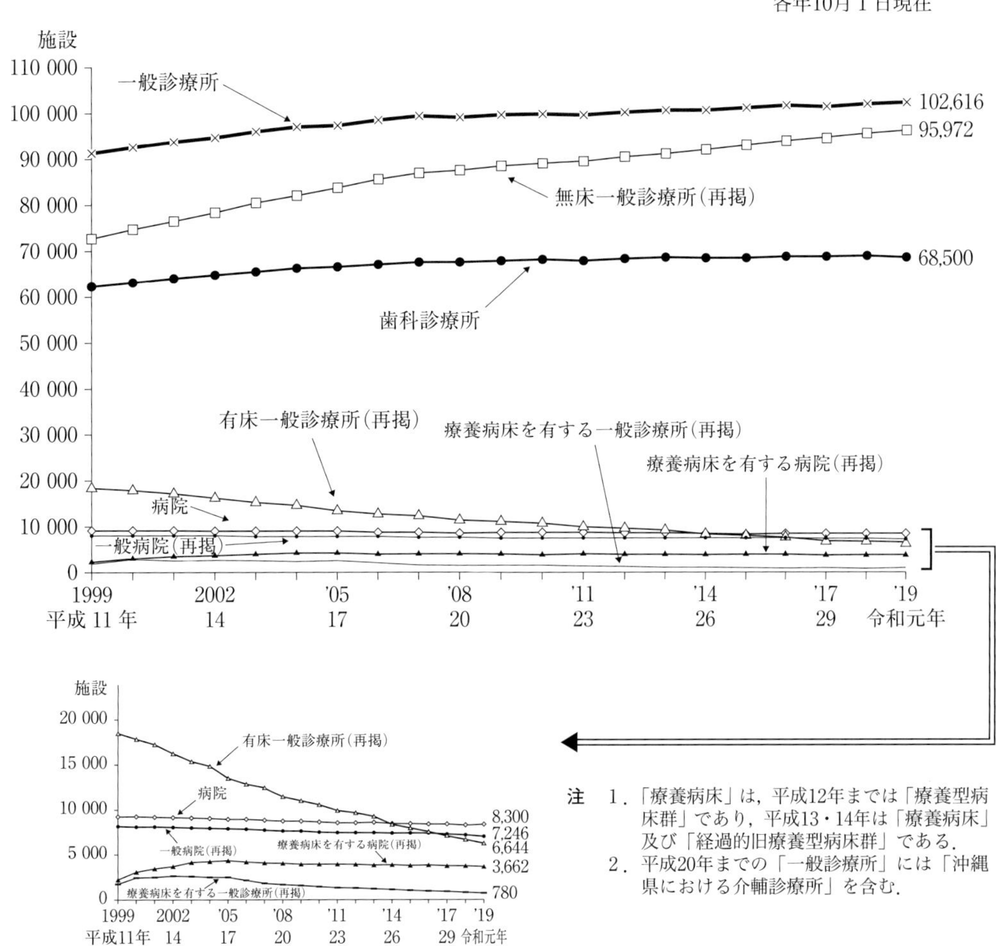

注　１．「療養病床」は，平成12年までは「療養型病床群」であり，平成13・14年は「療養病床」及び「経過的旧療養型病床群」である．
２．平成20年までの「一般診療所」には「沖縄県における介輔診療所」を含む．

出典　厚生労働省「令和元（2019）年医療施設（動態）調査・病院報告の概況」（厚生労働省ウェブサイトより）

表Ⅱ-2-2 開設者別にみた施設数

（各年10月１日現在）

	施設数		対前年		構成割合（%）	
	令和元年（2019）	平成30年（2018）	増減数	増減率（%）	令和元年（2019）	平成30年（2018）
病院	8 300	8 372	△ 72	△ 0.9	100.0	100.0
国	322	324	△ 2	△ 0.6	3.9	3.9
公的医療機関	1 202	1 207	△ 5	△ 0.4	14.5	14.4
社会保険関係団体	51	52	△ 1	△ 1.9	0.6	0.6
医療法人	5 720	5 764	△ 44	△ 0.8	68.9	68.8
個人	174	187	△ 13	△ 7.0	2.1	2.2
その他	831	838	△ 7	△ 0.8	10.0	10.0
一般診療所	102 616	102 105	511	0.5	100.0	100.0
国	537	536	1	0.2	0.5	0.5
公的医療機関	3 522	3 550	△ 28	△ 0.8	3.4	3.5
社会保険関係団体	450	464	△ 14	△ 3.0	0.4	0.5
医療法人	43 593	42 822	771	1.8	42.5	41.9
個人	41 073	41 444	△ 371	△ 0.9	40.0	40.6
その他	13 441	13 289	152	1.1	13.1	13.0
歯科診療所	68 500	68 613	△ 113	△ 0.2	100.0	100.0
国	4	5	△ 1	△ 20.0	0.0	0.0
公的医療機関	261	262	△ 1	△ 0.4	0.4	0.4
社会保険関係団体	7	7	—	—	0.0	0.0
医療法人	14 762	14 327	435	3.0	21.6	20.9
個人	53 133	53 682	△ 549	△ 1.0	77.6	78.2
その他	333	330	3	0.9	0.5	0.5

出典 厚生労働省「令和元（2019）年医療施設（動態）調査・病院報告の概況」（厚生労働省ウェブサイトより）

表Ⅱ-2-3　病院の診療科目別にみた施設数（重複計上）

（各年10月1日現在）

		一般病院					精神科病院				
		令和元年（2019）	平成30年（2018）	対前年 増減数	対前年 増減率（%）	（令和元年）総数に対する割合（%）	令和元年（2019）	平成30年（2018）	対前年 増減数	対前年 増減率（%）	（令和元年）総数に対する割合（%）
	総数	7 246	7 314	△ 68	△ 0.9	100.0	1 054	1 058	△ 4	△ 0.4	100.0
1	内科	6 705	6 759	△ 54	△ 0.8	92.5	663	664	△ 1	△ 0.2	62.9
2	呼吸器内科	2 756	2 761	△ 5	△ 0.2	38.0	8	8	—	—	0.8
3	循環器内科	3 958	3 955	3	0.1	54.6	19	18	1	5.6	1.8
4	消化器内科（胃腸内科）	3 988	4 005	△ 17	△ 0.4	55.0	26	25	1	4.0	2.5
5	腎臓内科	1 307	1 246	61	4.9	18.0	2	2	—	—	0.2
6	神経内科	2 524	2 530	△ 6	△ 0.2	34.8	213	208	5	2.4	20.2
7	糖尿病内科（代謝内科）	1 524	1 479	45	3.0	21.0	—	—	—	—	—
8	血液内科	683	660	23	3.5	9.4	1	1	—	—	0.1
9	皮膚科	3 039	3 052	△ 13	△ 0.4	41.9	24	27	△ 3	△ 11.1	2.3
10	アレルギー科	448	447	1	0.2	6.2	—	—	—	—	—
11	リウマチ科	1 340	1 323	17	1.3	18.5	2	2	—	—	0.2
12	感染症内科	163	153	10	6.5	2.2	—	—	—	—	—
13	小児科	2 539	2 567	△ 28	△ 1.1	35.0	17	18	△ 1	△ 5.6	1.6
14	精神科	1 760	1 752	8	0.5	24.3	1 054	1 058	△ 4	△ 0.4	100.0
15	心療内科	638	633	5	0.8	8.8	482	475	7	1.5	45.7
16	外科	4 500	4 528	△ 28	△ 0.6	62.1	11	11	—	—	1.0
17	呼吸器外科	994	992	2	0.2	13.7	—	—	—	—	—
18	心臓血管外科	1 147	1 139	8	0.7	15.8	—	—	—	—	—
19	乳腺外科	986	958	28	2.9	13.6	—	—	—	—	—
20	気管食道外科	82	88	△ 6	△ 6.8	1.1	—	—	—	—	—
21	消化器外科（胃腸外科）	1 765	1 740	25	1.4	24.4	—	—	—	—	—
22	泌尿器科	2 831	2 819	12	0.4	39.1	4	4	—	—	0.4
23	肛門外科	1 181	1 187	△ 6	△ 0.5	16.3	—	—	—	—	—
24	脳神経外科	2 594	2 594	—	—	35.8	9	8	1	12.5	0.9
25	整形外科	4 897	4 913	△ 16	△ 0.3	67.6	8	11	△ 3	△ 27.3	0.8
26	形成外科	1 396	1 390	6	0.4	19.3	1	1	—	—	0.1
27	美容外科	124	128	△ 4	△ 3.1	1.7	—	—	—	—	—
28	眼科	2 388	2 398	△ 10	△ 0.4	33.0	2	2	—	—	0.2
29	耳鼻いんこう科	1 957	1 957	—	—	27.0	6	5	1	20.0	0.6
30	小児外科	384	376	8	2.1	5.3	—	—	—	—	—
31	産婦人科	1 104	1 116	△ 12	△ 1.1	15.2	—	—	—	—	—
32	産科	196	191	5	2.6	2.7	—	—	—	—	—
33	婦人科	871	858	13	1.5	12.0	—	1	△ 1	△ 100.0	—
34	リハビリテーション科	5 613	5 589	24	0.4	77.5	55	56	△ 1	△ 1.8	5.2
35	放射線科	3 340	3 365	△ 25	△ 0.7	46.1	30	29	1	3.4	2.8
36	麻酔科	2 743	2 738	5	0.2	37.9	11	11	—	—	1.0
37	病理診断科	916	897	19	2.1	12.6	—	—	—	—	—
38	臨床検査科	239	233	6	2.6	3.3	—	—	—	—	—
39	救急科	764	735	29	3.9	10.5	—	—	—	—	—
40	歯科	1 100	1 100	—	—	15.2	179	181	△ 2	△ 1.1	17.0
41	矯正歯科	144	144	—	—	2.0	3	3	—	—	0.3
42	小児歯科	150	150	—	—	2.1	3	3	—	—	0.3
43	歯科口腔外科	988	976	12	1.2	13.6	9	10	△ 1	△ 10.0	0.9

出典　厚生労働省「令和元（2019）年医療施設（動態）調査・病院報告の概況」（厚生労働省ウェブサイトより）

表Ⅱ-2-4　診療所の診療科目別にみた施設数（重複計上）

（平成29（2017）年10月1日現在）

		施設数	総数に対する割合（%）
一	般診療所総数	101 471	100.0
1	内科	63 994	63.1
2	呼吸器内科	7 813	7.7
3	循環器内科	13 057	12.9
4	消化器内科（胃腸内科）	18 256	18.0
5	腎臓内科	1 962	1.9
6	神経内科	3 120	3.1
7	糖尿病内科（代謝内科）	3 870	3.8
8	血液内科	445	0.4
9	皮膚科	12 198	12.0
10	アレルギー科	7 475	7.4
11	リウマチ科	4 410	4.3
12	感染症内科	397	0.4
13	小児科	19 647	19.4
14	精神科	6 864	6.8
15	心療内科	4 855	4.8
16	外科	13 076	12.9
17	呼吸器外科	150	0.1
18	心臓血管外科	386	0.4
19	乳腺外科	796	0.8
20	気管食道外科	402	0.4
21	消化器外科（胃腸外科）	1 188	1.2
22	泌尿器科	3 741	3.7
23	肛門外科	3 113	3.1
24	脳神経外科	1 811	1.8
25	整形外科	12 675	12.5
26	形成外科	2 046	2.0
27	美容外科	1 233	1.2
28	眼科	8 226	8.1
29	耳鼻いんこう科	5 828	5.7
30	小児外科	369	0.4
31	産婦人科	2 976	2.9
32	産科	351	0.3
33	婦人科	1 829	1.8
34	リハビリテーション科	11 834	11.7
35	放射線科	3 367	3.3
36	麻酔科	2 008	2.0
37	病理診断科	56	0.1
38	臨床検査科	63	0.1
39	救急科	56	0.1
40	歯科	1 751	1.7
41	矯正歯科	139	0.1
42	小児歯科	196	0.2
43	歯科口腔外科	210	0.2
歯	科診療所総数	68 609	100.0
40	歯科	67 145	97.9
41	矯正歯科	24 627	35.9
42	小児歯科	43 561	63.5
43	歯科口腔外科	25 708	37.5

出典　厚生労働省「平成29年医療施設（静態・動態）調査・病院報告の概況」（厚生労働省ウェブサイトより）

表Ⅱ-2-5　在宅医療サービスの実施状況（複数回答）

平成29年（2017）年９月中

	施設数	施設数に対する割合（％）	実施件数	実施１施設当たり実施件数
病　院				
総　数	8 412	100.0	…	…
医療保険等による在宅サービスを実施している	5 328	63.3	…	…
01 往診	1 661	19.7	16 990	10.2
02 在宅患者訪問診療	2 702	32.1	162 381	60.1
03 歯科訪問診療	183	2.2	12 263	67.0
04 救急搬送診療	690	8.2	10 946	15.9
05 在宅患者訪問看護・指導	753	9.0	23 456	31.2
06 精神科在宅患者訪問看護・指導	838	10.0	113 899	135.9
07 在宅患者訪問リハビリテーション指導管理	602	7.2	11 790	19.6
08 訪問看護ステーションへの指示書の交付	3 228	38.4	70 185	21.7
09 在宅看取り	583	6.9	1 328	2.3
介護保険による在宅サービスを実施している	2 630	31.3	…	…
10 居宅療養管理指導（介護予防サービスを含む）	1 185	14.1	72 726	61.4
11 訪問看護（介護予防サービスを含む）	827	9.8	96 971	117.3
12 訪問リハビリテーション（介護予防サービスを含む）	1 549	18.4	203 574	131.4
一般診療所				
総　数	101 471	100.0	…	…
医療保険等による在宅サービスを実施している	36 250	35.7	…	…
01 往診	20 851	20.5	191 319	9.2
02 在宅患者訪問診療	20 167	19.9	1 065 659	52.8
03 歯科訪問診療	198	0.2	20 300	102.5
04 救急搬送診療	1 384	1.4	3 014	2.2
05 在宅患者訪問看護・指導	2 889	2.8	60 758	21.0
06 精神科在宅患者訪問看護・指導	457	0.5	24 699	54.0
07 在宅患者訪問リハビリテーション指導管理	1 898	1.9	10 848	5.7
08 訪問看護ステーションへの指示書の交付	15 629	15.4	161 011	10.3
09 在宅看取り	4 729	4.7	9 958	2.1
介護保険による在宅サービスを実施している	10 576	10.4	…	…
10 居宅療養管理指導（介護予防サービスを含む）	7 263	7.2	426 134	58.7
11 訪問看護（介護予防サービスを含む）	1 597	1.6	32 367	20.3
12 訪問リハビリテーション（介護予防サービスを含む）	1 649	1.6	84 885	51.5
歯科診療所				
総　数	68 609	100.0	…	…
在宅医療サービスを実施している	14 927	21.8	…	…
01 訪問診療（居宅）	10 011	14.6	136 077	13.6
02 訪問診療（施設）	10 287	15.0	536 116	52.1
03 訪問歯科衛生指導	5 151	7.5	358 082	69.5
04 居宅療養管理指導（歯科医師による）	5 615	8.2	233 577	41.6
05 居宅療養管理指導（歯科衛生士等による）	4 439	6.5	286 637	64.6
06 介護予防居宅療養管理指導（歯科医師による）	1 815	2.6	16 025	8.8
07 介護予防居宅療養管理指導（歯科衛生士等による）	1 565	2.3	17 989	11.5
08 その他の在宅医療サービス	101	0.1	2 579	25.5

出典　厚生労働省「平成29年医療施設（静態・動態）調査・病院報告の概況」（厚生労働省ウェブサイトより）

表Ⅱ-2-6-(1)　介護保険施設数，定員（基本票）

各年10月１日現在

	施設数		定員（人）	
	平成30年（2018）	平成29年（2017）	平成30年（2018）	平成29年（2017）
介護老人福祉施設	8 097	7 891	558 584	542 498
介護老人保健施設	4 335	4 322	373 593	372 679
介護医療院	62	・	4 533	・
介護療養型医療施設[1]	1 026	1 196	44 635	53 352

注　1）介護療養型医療施設における「定員」は，介護指定病床数である.

出典　厚生労働省「平成30年介護サービス施設・事業所調査の概況」（厚生労働省ウェブサイトより）

表Ⅱ-2-6-(2)　介護保険施設数，定員（基本票）

各年10月１日現在

	施設数		定員（人）	
	令和元年（2019）	平成30年（2018）	令和元年（2019）	平成30年（2018）
介護老人福祉施設	8 234	8 097	569 410	558 584
介護老人保健施設	4 337	4 335	374 767	373 593
介護医療院	245	62	15 909	4 533
介護療養型医療施設[1]	833	1 026	34 039	44 635

注　1）介護療養型医療施設における「定員」は，介護指定病床数である.

出典　厚生労働省「令和元年介護サービス施設・事業所調査の概況」（厚生労働省ウェブサイトより）

表Ⅱ-2-7-(1)　介護保険施設の１施設当たりの定員，１施設当たり在所（院）者数，利用率（詳細票）

各年10月１日現在

	１施設当たり定員（人）		１施設当たり９月末の在所（院）者数（人）		９月末の利用率（%）[1]	
	平成30年（2018）	平成29年（2017）	平成30年（2018）	平成29年（2017）	平成30年（2018）	平成29年（2017）
介護老人福祉施設	69.1	68.9	66.2	66.6	95.8	96.6
介護老人保健施設	86.2	86.3	76.8	77.4	89.2	89.7
介護医療院	74.0	・	67.3	・	91.0	・
介護療養型医療施設[2]	43.4	44.7	39.1	40.3	90.0	90.1
診療所（再掲）	9.0	9.0	6.6	6.5	73.6	71.9

注　平成30年は推計値によるものであり，平成29年との比較には留意が必要である.

1）「利用率」は，定員に対する在所（院）者数の割合である.
2）介護療養型医療施設における「定員」は，介護指定病床数である.

出典　厚生労働省「平成30年介護サービス施設・事業所調査の概況」（厚生労働省ウェブサイトより）

表Ⅱ-2-7-(2)　介護保険施設の１施設当たりの定員，１施設当たり在所（院）者数，利用率（詳細票）

各年10月１日現在

	１施設当たり定員（人）		１施設当たり９月末の在所（院）者数（人）		９月末の利用率（%）[1]	
	令和元年（2019）	平成30年（2018）	令和元年（2019）	平成30年（2018）	令和元年（2019）	平成30年（2018）
介護老人福祉施設	69.3	69.1	66.3	66.2	95.6	95.8
介護老人保健施設	86.4	86.2	77.1	76.8	89.2	89.2
介護医療院	65.0	74.0	61.6	67.3	94.7	91.0
介護療養型医療施設[2]	41.1	43.4	36.3	39.1	88.3	90.0
診療所（再掲）	8.9	9.0	6.3	6.6	70.3	73.6

注　1）「利用率」は，定員に対する在所（院）者数の割合である.
2）介護療養型医療施設における「定員」は，介護指定病床数である.

出典　厚生労働省「令和元年介護サービス施設・事業所調査の概況」（厚生労働省ウェブサイトより）

Ⅱ．歯科保健行政

第3章　医療関係者

表Ⅱ-3-1　歯科医師数，構成割合及び人口10万対歯科医師数の年次推移，施設・業務の種別

（各年12月31日現在）

	平成18年(2006)	20('08)	22('10)	24('12)	26('14)	28('16)	30('18)
	歯科医師数（人）						
総　数	97 198	99 426	101 576	102 551	103 972	104 533	104 908
医療施設の従事者	94 593	96 674	98 723	99 659	100 965	101 551	101 777
病院の従事者	12 269	12 061	12 438	12 547	12 141	12 385	11 672
病院（医育機関附属病院を除く）の開設者又は法人の代表者	13	13	20	26	24	22	20
病院（医育機関附属の病院を除く）の勤務者	2 741	2 875	2 894	2 865	3 065	3 055	3 142
医育機関附属の病院の勤務者	9 515	9 173	9 524	9 656	9 052	9 308	8 510
診療所の従事者	82 324	84 613	86 285	87 112	88 824	89 166	90 105
診療所の開設者	58 956	59 560	60 100	59 740	59 750	59 482	58 653
診療所の勤務者	23 368	25 053	26 185	27 372	29 074	29 684	31 452
介護老人保健施設の従事者	15	16	16	27	29	33	34
介護医療院の従事者	・	・	・	・	・	・	—
医療施設・介護老人保健施設以外の従事者	1 336	1 373	1 422	1 424	1 540	1 543	1 607
医育機関の臨床系以外の勤務者又は大学院生	1 007	997	1 016	970	1 057	1 022	1 038
医育機関以外の教育機関又は研究機関の勤務者	98	134	135	160	162	173	196
行政機関又は保健衛生業務の従事者	231	242	271	294	321	348	373
その他の者	1 245	1 357	1 411	1 440	1 438	1 397	1 477
その他の業務の従事者	161	222	277	276	333	311	358
無職の者	1 084	1 135	1 134	1 164	1 105	1 086	1 119
不詳	9	6	4	1	—	9	13
	構成割合（%）						
総　数	100.0	100.0	100.0	100.0	100.0	100.0	100.0
医療施設の従事者	97.3	97.2	97.2	97.2	97.1	97.1	97.0
病院の従事者	12.6	12.1	12.2	12.2	11.7	11.8	11.1
病院（医育機関附属病院を除く）の開設者又は法人の代表者	0.0	0.0	0.0	0.0	0.0	0.0	0.0
病院（医育機関附属の病院を除く）の勤務者	2.8	2.9	2.8	2.8	2.9	2.9	3.0
医育機関附属の病院の勤務者	9.8	9.2	9.4	9.4	8.7	8.9	8.1
診療所の従事者	84.7	85.1	84.9	84.9	85.4	85.3	85.9
診療所の開設者	60.7	59.9	59.2	58.3	57.5	56.9	55.9
診療所の勤務者	24.0	25.2	25.8	26.7	28.0	28.4	30.0
介護老人保健施設の従事者	0.0	0.0	0.0	0.0	0.0	0.0	0.0
介護医療院の従事者	・	・	・	・	・	・	—
医療施設・介護老人保健施設以外の従事者	1.4	1.4	1.4	1.4	1.5	1.5	1.5
医育機関の臨床系以外の勤務者又は大学院生	1.0	1.0	1.0	0.9	1.0	1.0	1.0
医育機関以外の教育機関又は研究機関の勤務者	0.1	0.1	0.1	0.2	0.2	0.2	0.2
行政機関又は保健衛生業務の従事者	0.2	0.2	0.3	0.3	0.3	0.3	0.4
その他の者	1.3	1.4	1.4	1.4	1.4	1.3	1.4
その他の業務の従事者	0.2	0.2	0.3	0.3	0.3	0.3	0.3
無職の者	1.1	1.1	1.1	1.1	1.1	1.0	1.1
不詳	0.0	0.0	0.0	0.0	—	0.0	0.0
	人口10万対歯科医師数（人）						
総　数	76.1	77.9	79.3	80.4	81.8	82.4	83.0
医療施設の従事者	74.0	75.7	77.1	78.2	79.4	80.0	80.5
病院の従事者	9.6	9.4	9.7	9.8	9.6	9.8	9.2
病院（医育機関附属病院を除く）の開設者又は法人の代表者	0.0	0.0	0.0	0.0	0.0	0.0	0.0
病院（医育機関附属の病院を除く）の勤務者	2.1	2.3	2.3	2.2	2.4	2.4	2.5
医育機関附属の病院の勤務者	7.4	7.2	7.4	7.6	7.1	7.3	6.7
診療所の従事者	64.4	66.3	67.4	68.3	69.9	70.2	71.3
診療所の開設者	46.1	46.6	46.9	46.8	47.0	46.9	46.4
診療所の勤務者	18.3	19.6	20.4	21.5	22.9	23.4	24.9
介護老人保健施設の従事者	0.0	0.0	0.0	0.0	0.0	0.0	0.0
介護医療院の従事者	・	・	・	・	・	・	—
医療施設・介護老人保健施設以外の従事者	1.0	1.1	1.1	1.1	1.2	1.2	1.3
医育機関の臨床系以外の勤務者又は大学院生	0.8	0.8	0.8	0.8	0.8	0.8	0.8
医育機関以外の教育機関又は研究機関の勤務者	0.1	0.1	0.1	0.1	0.1	0.1	0.2
行政機関又は保健衛生業務の従事者	0.2	0.2	0.2	0.2	0.3	0.3	0.3
その他の者	1.0	1.1	1.1	1.1	1.1	1.1	1.2
その他の業務の従事者	0.1	0.2	0.2	0.2	0.3	0.2	0.3
無職の者	0.8	0.9	0.9	0.9	0.9	0.9	0.9
不詳	0.0	0.0	0.0	0.0	—	0.0	0.0

出典　厚生労働省「平成30年医師・歯科医師・薬剤師統計」（厚生労働省ウェブサイトより）

表Ⅱ-3-2　医師・歯科医師・薬剤師数,

	医師数（人）				歯科医師数（人）				薬剤師数（人）			
	総数	（再掲）医療施設の従事者	男	女	総数	（再掲）医療施設の従事者	男	女	総数	（再掲）薬局・医療施設の従事者	男	女
全国	327 210	311 963	243 667	68 296	104 908	101 777	77 514	24 263	311 289	240 371	82 655	157 716
北海道	13 425	12 848	10 788	2 060	4 419	4 262	3 527	735	11 582	9 742	4 884	4 858
青森	2 712	2 568	2 128	440	740	702	546	156	2 306	1 933	909	1 024
岩手	2 673	2 503	2 096	407	1 005	950	731	219	2 421	2 028	886	1 142
宮城	5 792	5 521	4 497	1 024	1 893	1 808	1 334	474	5 455	4 367	1 741	2 626
秋田	2 413	2 296	1 850	446	639	626	514	112	2 056	1 762	764	998
山形	2 614	2 463	2 034	429	683	667	522	145	2 109	1 745	829	916
福島	3 993	3 819	3 203	616	1 388	1 329	1 076	253	3 673	3 017	1 399	1 618
茨城	5 682	5 394	4 194	1 200	1 954	1 928	1 493	435	6 604	4 973	1 841	3 132
栃木	4 592	4 400	3 452	948	1 354	1 332	1 017	315	4 160	3 349	1 342	2 007
群馬	4 654	4 457	3 562	895	1 414	1 391	1 072	319	3 963	3 246	1 298	1 948
埼玉	12 928	12 443	9 789	2 654	5 358	5 271	4 008	1 263	15 793	12 868	4 298	8 570
千葉	12 586	12 142	9 529	2 613	5 153	5 071	3 774	1 297	14 282	11 691	3 564	8 127
東京	45 392	42 497	29 686	12 811	16 597	16 023	11 060	4 963	50 562	31 273	8 374	22 899
神奈川	20 254	19 492	14 553	4 939	7 365	7 170	5 296	1 874	22 913	18 623	5 023	13 600
新潟	4 727	4 444	3 642	802	2 059	1 940	1 414	526	4 476	3 756	1 602	2 154
富山	2 808	2 671	2 155	516	653	629	490	139	2 794	1 748	662	1 086
石川	3 430	3 247	2 637	610	710	681	556	125	2 728	2 074	753	1 321
福井	2 057	1 955	1 575	380	445	441	349	92	1 466	1 178	490	688
山梨	2 016	1 954	1 587	367	608	601	465	136	1 797	1 482	613	869
長野	5 035	4 809	3 919	890	1 660	1 590	1 248	342	4 493	3 772	1 508	2 264
岐阜	4 416	4 295	3 493	802	1 706	1 658	1 319	339	3 921	3 257	1 469	1 788
静岡	7 948	7 690	6 328	1 362	2 446	2 400	1 917	483	8 320	6 504	2 792	3 712
愛知	16 894	16 045	12 366	3 679	5 738	5 585	4 451	1 134	15 446	12 683	5 009	7 674
三重	4 159	4 001	3 296	705	1 176	1 159	948	211	3 511	2 999	1 254	1 745
滋賀	3 386	3 214	2 577	637	794	775	616	159	3 245	2 570	890	1 680
京都	8 847	8 377	6 440	1 937	1 930	1 889	1 481	408	6 518	4 702	1 426	3 276
大阪	25 552	24 414	18 782	5 632	7 865	7 645	5 870	1 775	26 278	18 232	4 949	13 283
兵庫	14 463	13 829	10 876	2 953	4 007	3 929	3 175	754	15 068	12 242	2 851	9 391
奈良	3 582	3 461	2 773	688	911	892	732	160	2 830	2 261	600	1 661
和歌山	2 915	2 825	2 276	549	720	703	584	119	2 326	1 754	573	1 181
鳥取	1 828	1 707	1 377	330	357	341	275	66	1 200	1 016	391	625
島根	2 050	1 947	1 530	417	401	382	303	79	1 377	1 182	581	601
岡山	6 088	5 849	4 607	1 242	1 778	1 725	1 239	486	4 167	3 460	1 215	2 245
広島	7 609	7 286	5 826	1 460	2 578	2 525	1 877	648	7 229	6 003	1 864	4 139
山口	3 675	3 465	2 869	596	976	960	778	182	3 433	2 834	1 098	1 736
徳島	2 552	2 425	1 829	596	841	792	570	222	2 674	1 721	483	1 238
香川	2 852	2 718	2 144	574	724	707	544	163	2 478	1 983	710	1 273
愛媛	3 773	3 640	2 978	662	933	911	748	163	2 970	2 465	919	1 546
高知	2 308	2 237	1 759	478	528	508	409	99	1 744	1 449	481	968
福岡	16 310	15 454	12 308	3 146	5 591	5 288	3 954	1 334	12 307	10 504	3 698	6 806
佐賀	2 383	2 293	1 805	488	592	578	477	101	1 941	1 640	733	907
長崎	4 300	4 108	3 327	781	1 192	1 144	894	250	2 925	2 461	1 046	1 415
熊本	5 310	5 091	4 159	932	1 350	1 308	1 026	282	3 879	3 228	1 255	1 973
大分	3 283	3 148	2 551	597	754	738	625	113	2 236	1 956	781	1 175
宮崎	2 810	2 666	2 168	498	737	710	575	135	2 193	1 823	793	1 030
鹿児島	4 545	4 370	3 596	774	1 323	1 273	985	288	3 181	2 796	1 240	1 556
沖縄	3 589	3 485	2 751	734	863	840	650	190	2 259	2 019	774	1 245
（再掲）指定都市・特別区												
東京都区部	36 418	33 895	23 363	10 532	13 371	12 846	8 708	4 138	39 911	22 542	5 998	16 544
札幌市	6 763	6 439	5 197	1 242	2 094	2 021	1 591	430	5 485	4 390	1 816	2 574
仙台市	3 814	3 603	2 843	760	1 215	1 142	798	344	3 416	2 519	828	1 691
さいたま市	2 516	2 399	1 805	594	989	973	728	245	3 723	2 643	673	1 970
千葉市	2 857	2 679	2 031	648	970	948	684	264	2 751	2 079	563	1 516
横浜市	8 778	8 424	6 135	2 289	3 328	3 236	2 338	898	9 965	8 041	1 924	6 117
川崎市	3 489	3 350	2 449	901	1 069	1 056	759	297	3 706	3 116	747	2 369
相模原市	1 678	1 588	1 222	366	473	467	349	118	1 635	1 426	465	961
新潟市	2 348	2 181	1 707	474	1 149	1 055	726	329	2 022	1 640	603	1 037
静岡市	1 735	1 675	1 348	327	521	507	388	119	1 808	1 410	571	839

出典　厚生労働省「平成30年医師・歯科医師・薬剤師統計」（厚生労働省ウェブサイトより）

従業地別による都道府県―指定都市・特別区・中核市（再掲）業務の種別，性別

（平成30(2018)年12月31日現在）

	医師数（人）				歯科医師数（人）				薬剤師数（人）			
	総数	（再掲）医療施設の従事者	男	女	総数	（再掲）医療施設の従事者	男	女	総数	（再掲）薬局・医療施設の従事者	男	女
浜松市	2 250	2 158	1 713	445	542	529	417	112	1 771	1 461	643	818
名古屋市	7 272	6 827	5 089	1 738	2 286	2 181	1 706	475	6 554	4 884	1 718	3 166
京都市	6 680	6 290	4 713	1 577	1 232	1 204	913	291	4 449	3 029	866	2 163
大阪市	9 558	9 082	6 839	2 243	3 091	3 037	2 327	710	11 350	6 413	1 850	4 563
堺市	1 905	1 859	1 474	385	580	559	462	97	1 743	1 509	452	1 057
神戸市	5 052	4 768	3 694	1 074	1 251	1 227	965	262	5 204	3 907	776	3 131
岡山市	3 133	2 994	2 262	732	968	923	629	294	2 140	1 644	536	1 108
広島市	3 785	3 594	2 766	828	1 325	1 290	904	386	3 422	2 747	792	1 955
北九州市	3 461	3 250	2 659	591	1 190	1 108	854	254	2 256	2 043	834	1 209
福岡市	6 202	5 832	4 432	1 400	2 230	2 069	1 418	651	4 797	3 725	1 005	2 720
熊本市	3 196	3 064	2 415	649	700	675	513	162	2 187	1 715	535	1 180
(再掲) 中核市												
旭川市	1 364	1 314	1 064	250	254	243	213	30	879	748	414	334
函館市	787	764	661	103	187	180	151	29	700	612	307	305
青森市	691	646	537	109	186	176	137	39	714	533	226	307
八戸市	522	502	426	76	161	152	113	39	446	384	167	217
盛岡市	1 303	1 213	975	238	452	430	314	116	930	751	281	470
秋田市	1 258	1 187	897	290	247	241	184	57	867	689	247	442
郡山市	861	843	697	146	417	380	303	77	836	605	253	352
いわき市	595	573	491	82	231	229	188	41	745	650	279	371
福島市	1 178	1 096	870	226	201	188	151	37	730	568	240	328
宇都宮市	1 056	1 022	820	202	415	406	303	103	1 264	961	314	647
前橋市	1.578	1 484	1 116	368	311	302	237	65	896	697	261	436
高崎市	828	795	645	150	303	291	215	76	882	621	206	415
川越市	899	874	667	207	280	277	211	66	1 013	755	249	506
越谷市	797	779	591	188	268	264	200	64	810	715	235	480
川口市	897	881	674	207	378	375	301	74	960	845	273	572
船橋市	980	944	737	207	458	450	339	111	1 612	1 251	305	946
柏市	1 042	1 012	819	193	311	304	231	73	1 081	910	240	670
八王子市	1 066	1 027	808	219	418	416	305	111	1 546	1 129	373	756
横須賀市	873	859	679	180	532	490	365	125	807	723	270	453
富山市	1 485	1 412	1 128	284	281	273	202	71	1 409	821	286	535
金沢市	1 917	1 814	1 429	385	351	334	266	68	1 479	1 031	327	704
長野市	937	883	728	155	307	295	230	65	894	747	261	486
岐阜市	1 627	1 565	1 230	335	430	419	333	86	1 376	1 028	426	602
豊橋市	775	744	624	120	286	282	233	49	690	613	263	350
豊田市	749	716	558	158	263	259	214	45	692	621	242	379
岡崎市	534	491	398	93	244	241	193	48	651	521	188	333
大津市	1 330	1 250	947	303	218	211	161	50	899	745	217	528
高槻市	1 454	1 406	1 081	325	229	223	171	52	1 281	915	190	725
東大阪市	924	894	710	184	399	394	310	84	930	790	243	547
豊中市	869	809	589	220	348	334	245	89	1 314	872	143	729
枚方市	1 223	1 175	864	311	345	303	228	75	1 030	864	225	639
八尾市	537	524	429	95	196	195	156	39	476	413	137	276
姫路市	1 234	1 209	968	241	382	375	309	66	1 249	1 088	302	786
西宮市	1 721	1 629	1 205	424	345	337	267	70	1 434	1 144	169	975
尼崎市	1 254	1 203	941	262	354	348	277	71	1 343	1 067	256	811
明石市	733	721	580	141	223	221	177	44	776	697	159	538
奈良市	992	965	763	202	277	267	211	56	859	695	150	545
和歌山市	1 622	1 568	1 196	372	322	313	261	52	1 225	884	238	646
鳥取市	536	502	417	85	136	131	104	27	423	360	134	226
松江市	581	550	429	121	136	131	98	33	446	367	160	207
倉敷市	1 795	1 739	1 400	339	349	347	257	90	917	830	258	572
福山市	1 002	977	818	159	345	341	269	72	1 191	949	248	701
呉市	743	712	573	139	225	221	180	41	581	484	195	289
下関市	710	689	579	110	220	214	170	44	615	544	222	322
高松市	1 260	1 198	930	268	344	335	258	77	1 194	916	310	606
松山市	1 603	1 563	1 250	313	373	364	290	74	1 350	1 065	353	712
高知市	1 257	1 225	966	259	296	280	215	65	1 024	813	240	573
久留米市	1 771	1 678	1 263	415	315	307	243	64	920	807	277	530
長崎市	2 017	1 899	1 487	412	564	533	389	144	1 288	1 040	388	652
佐世保市	695	677	571	106	190	183	155	28	509	412	179	233
大分市	1 277	1 221	979	242	318	309	258	51	1 039	866	300	566
宮崎市	1 546	1 460	1 112	348	331	316	250	66	1 018	820	293	527
鹿児島市	2 593	2 484	1 943	541	744	706	517	189	1 596	1 330	457	873
那覇市	823	788	616	172	235	226	170	56	655	539	177	362

表Ⅱ-3-3 医療施設従事歯科医師数,

	医療施設従事歯科医師数	歯　科	矯正歯科	小児歯科	歯科口腔外科	臨床研修歯科医	不　詳
全国	101 777	92 214	21 064	40 765	29 057	1 927	536
北海道	4 262	3 853	749	1 778	1 142	95	6
青森	702	663	157	298	192	6	4
岩手	950	847	197	320	168	27	4
宮城	1 808	1 616	376	638	417	33	1
秋田	626	596	151	300	244	3	2
山形	667	620	97	222	175	—	3
福島	1 329	1 199	220	367	277	29	3
茨城	1 928	1 823	365	877	553	7	3
栃木	1 332	1 220	343	615	479	13	7
群馬	1 391	1 296	278	633	444	12	12
埼玉	5 271	4 842	1 197	2 409	1 768	82	36
千葉	5 071	4 514	1 112	2 165	1 806	169	7
東京	16 023	14 277	3 271	5 495	4 841	312	170
神奈川	7 170	6 436	1 402	2 700	2 067	162	57
新潟	1 940	1 684	314	678	490	66	2
富山	629	565	102	212	166	5	1
石川	681	622	131	241	185	3	6
福井	441	404	88	172	135	4	—
山梨	601	564	125	252	184	5	—
長野	1 590	1 415	274	532	324	41	14
岐阜	1 658	1 446	401	769	355	66	2
静岡	2 400	2 219	448	862	549	10	13
愛知	5 585	4 979	1 395	2 813	1 437	125	16
三重	1 159	1 083	232	553	325	8	3
滋賀	775	706	173	342	207	8	5
京都	1 889	1 702	326	641	499	29	11
大阪	7 645	6 998	1 369	2 936	2 060	189	66
兵庫	3 929	3 636	925	1 626	1 163	30	10
奈良	892	812	144	361	256	5	2
和歌山	703	649	109	248	162	8	5
鳥取	341	307	69	110	112	1	3
島根	382	350	60	109	103	2	—
岡山	1 725	1 540	304	567	374	48	12
広島	2 525	2 247	428	890	647	69	10
山口	960	904	288	444	257	7	2
徳島	792	698	179	390	278	26	1
香川	707	669	182	362	220	5	—
愛媛	911	864	181	401	227	6	5
高知	508	479	86	159	113	4	2
福岡	5 288	4 791	1 201	2 171	1 567	122	8
佐賀	578	552	153	294	190	6	—
長崎	1 144	1 034	271	469	275	23	—
熊本	1 308	1 222	316	608	419	18	3
大分	738	690	122	288	215	6	5
宮崎	710	669	141	349	211	3	—
鹿児島	1 273	1 132	404	683	469	23	11
沖縄	840	780	208	416	310	6	3
(再掲)指定都市・特別区							
東京都区部	12 846	11 331	2 704	4 174	3 865	297	145
札幌市	2 021	1 759	345	790	551	70	3
仙台市	1 142	969	233	365	267	32	1
さいたま市	973	919	247	457	330	5	2
千葉市	948	764	212	355	304	69	1
横浜市	3 236	2 842	590	1 061	869	114	13
川崎市	1 056	986	243	488	372	3	11
相模原市	467	439	100	207	152	2	3
新潟市	1 055	843	162	308	254	64	2
静岡市	507	464	89	169	111	—	1

注 2つ以上の診療所に従事している場合，各々の科に重複計上している．

出典 厚生労働省「平成30年医師・歯科医師・薬剤師統計」より一部改変（政府統計の総合窓口 e-Statより）

従業地による都道府県—指定都市・特別区・中核市（再掲），診療科（複数回答）別

（平成30(2018)年12月31日現在）

	医療施設従事歯科医師数	歯科	矯正歯科	小児歯科	歯科口腔外科	臨床研修歯科医	不詳
浜松市	529	484	122	226	155	4	3
名古屋市	2 181	1 837	480	895	565	78	12
京都市	1 204	1 068	191	369	306	27	10
大阪市	3 037	2 745	514	1 056	799	119	20
堺市	559	531	72	214	145	3	5
神戸市	1 227	1 113	291	479	366	14	—
岡山市	923	770	164	267	200	40	8
広島市	1 290	1 084	216	401	309	56	3
北九州市	1 108	1 006	235	416	309	33	4
福岡市	2 069	1 764	443	732	578	77	—
熊本市	675	602	171	313	251	18	2
(再掲) 中核市							
旭川市	243	223	47	129	86	5	—
函館市	180	157	40	78	69	1	3
青森市	176	171	30	63	38	1	1
八戸市	152	139	37	61	41	4	1
盛岡市	430	343	93	139	83	27	3
秋田市	241	223	64	137	112	2	1
郡山市	380	294	61	91	89	24	2
いわき市	229	218	30	54	36	—	1
福島市	188	171	29	55	48	1	—
宇都宮市	406	372	107	185	136	—	5
前橋市	302	275	63	133	125	7	—
高崎市	291	269	66	159	121	1	4
川越市	277	251	50	103	87	4	1
越谷市	264	253	61	154	98	—	—
川口市	375	361	87	210	138	5	1
船橋市	450	426	88	213	168	4	2
柏市	304	290	61	125	102	—	—
八王子市	416	377	71	167	138	—	2
横須賀市	490	387	73	113	80	37	2
富山市	273	237	52	98	82	5	—
金沢市	334	297	60	118	108	—	5
長野市	295	272	44	124	64	2	—
岐阜市	419	371	94	181	108	15	1
豊橋市	282	251	35	100	44	5	1
豊田市	259	236	71	146	59	5	—
岡崎市	241	226	58	134	58	6	—
大津市	211	184	44	91	76	2	1
高槻市	223	204	29	89	62	1	1
東大阪市	394	378	78	175	101	3	5
豊中市	334	316	75	156	106	1	1
枚方市	303	283	59	130	86	—	1
八尾市	195	188	35	83	44	1	1
姫路市	375	358	72	137	94	5	—
西宮市	337	296	77	153	117	3	3
尼崎市	348	331	80	155	121	1	—
明石市	221	209	68	107	75	—	—
奈良市	267	251	63	135	90	1	—
和歌山市	313	283	64	126	84	3	1
鳥取市	131	123	30	36	34	—	1
松江市	131	119	19	44	44	—	—
倉敷市	347	330	70	149	85	6	—
福山市	341	324	62	158	103	2	—
呉市	221	200	20	63	52	6	3
下関市	214	201	45	73	40	3	—
高松市	335	316	77	160	106	1	—
松山市	364	346	83	186	85	4	—
高知市	280	265	59	95	71	1	—
久留米市	307	277	63	123	106	9	—
長崎市	533	446	124	188	134	19	—
佐世保市	183	170	43	70	42	2	—
大分市	309	289	56	130	91	1	—
宮崎市	316	291	72	169	110	1	—
鹿児島市	706	586	229	357	275	23	9
那覇市	226	213	76	128	77	—	—

表Ⅱ-3-4　医療施設従事歯科医師数及び構成割合，主たる診療科，年齢階級別

（平成30（2018）年12月31日現在）

	医療施設に従事する歯科医師数（人）						
	総　数	29歳以下	30～39	40～49	50～59	60～69	70歳以上
総　　　　数	101 777	5 808	18 395	21 516	24 599	21 738	9 721
歯　　　　科	88 595	3 145	14 803	18 775	22 321	20 299	9 252
矯　正　歯　科	3 943	314	1 086	1 031	878	463	171
小　児　歯　科	2 027	131	476	489	466	383	82
歯科口腔外科	4 163	618	1 513	920	658	373	81
臨床研修歯科医	1 927	1 548	329	44	6	—	—
主たる診療科不詳	1 122	52	188	257	270	220	135

	構　成　割　合　（%）						
	総　数	29歳以下	30～39	40～49	50～59	60～69	70歳以上
総　　　　数	100.0	100.0	100.0	100.0	100.0	100.0	100.0
歯　　　　科	87.0	54.1	80.5	87.3	90.7	93.4	95.2
矯　正　歯　科	3.9	5.4	5.9	4.8	3.6	2.1	1.8
小　児　歯　科	2.0	2.3	2.6	2.3	1.9	1.8	0.8
歯科口腔外科	4.1	10.6	8.2	4.3	2.7	1.7	0.8
臨床研修歯科医	1.9	26.7	1.8	0.2	0.0	—	—
主たる診療科不詳	1.1	0.9	1.0	1.2	1.1	1.0	1.4

注　複数の診療科に従事している場合の主として従事する診療科と，1診療科のみに従事している場合の診療科である．

出典　厚生労働省「平成30年医師・歯科医師・薬剤師統計」（厚生労働省ウェブサイトより）

図Ⅱ-3-1　年齢階級別にみた診療所に従事する歯科医師数及び平均年齢の年次推移

各年12月31日現在

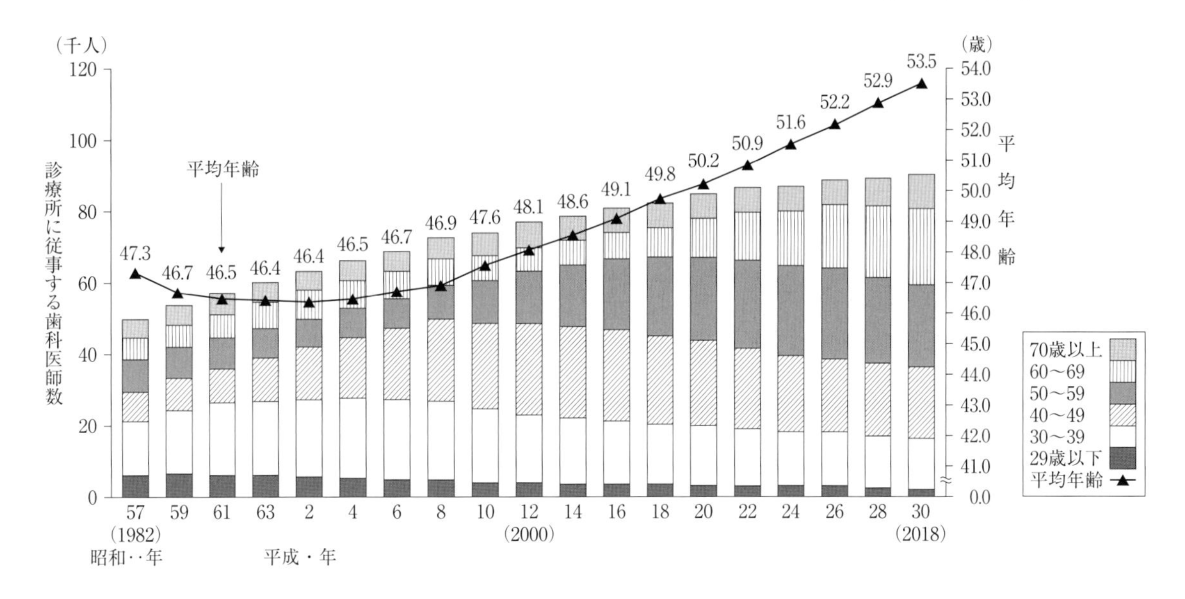

出典　厚生労働省「平成30年医師・歯科医師・薬剤師統計（結果の概要）」（厚生労働省ウェブサイトより）

表Ⅱ-3-5　歯科医師数・診療従事歯科医師数・就業歯科衛生士数・就業歯科技工士数の年次推移

	歯科医師数	診療従事歯科医師数	就業歯科衛生士数	就業歯科技工士数
昭和35年	33 177	31 797	1 062	7 267
40	35 558	34 127	2 478	7 748
45	37 859	36 468	5 804	8 722
50	43 586	41 951	11 440	13 622
51	44 382	42 704	12 701	14 900
52	45 715	43 906	14 228	16 173
53	48 731	46 902	16 964	18 057
54	50 821	48 899	18 775	19 684
55	53 602	51 597	20 501	22 008
56	56 841	54 954	23 073	24 285
57	58 362	56 327	24 836	26 658
59	63 145	61 283	29 178	29 339
61	66 797	64 904	32 666	31 139
63	70 572	68 692	36 986	32 518
平成2年	74 028	72 087	40 932	32 433
4	77 416	75 628	44 219	32 629
6	81 055	79 091	48 659	34 543
8	85 518	83 403	56 466	36 652
10	88 061	85 669	61 331	36 569
12	90 857	88 410	67 376	37 244
14	92 874	90 499	73 297	36 765
16	95 197	92 696	79 695	35 668
18	97 198	94 593	86 939	35 147
20	99 426	96 674	96 442	35 337
22	101 576	98 723	103 180	35 413
24	102 551	99 659	108 123	34 613
26	103 972	100 965	116 299	34 495
28	104 533	101 551	123 831	34 640
30	104 908	101 777	132 629	34 468

出典　厚生労働省「平成30年医師・歯科医師・薬剤師統計」，「平成30年衛生行政報告例（就業医療関係者）」（隔年報）（厚生労働省ウェブサイトより）

表Ⅱ-3-6　就業歯科衛生士・歯科技工士数《年齢階級別》

（平成30年末現在）

歯科衛生士			歯科技工士		
	男	女		男	女
総　　数	67	132 562	**総　　数**	27 658	6 810
25歳未満	7	14 647	25歳未満	846	943
25～29歳	7	17 730	25 ～ 29	1 106	831
30～34	13	18 177	30 ～ 34	1 775	854
35～39	11	17 209	35 ～ 39	1 990	924
40～44	15	18 977	40 ～ 44	2 903	953
45～49	4	17 582	45 ～ 49	3 315	779
50～54	4	13 650	50 ～ 54	3 434	549
55～59	3	8 562	55 ～ 59	4 513	464
60～64	2	3 892	60 ～ 64	3 770	325
65歳以上	1	2 136	65歳以上	4 006	188

出典　厚生労働省「平成30年衛生行政報告例（就業医療関係者）」（隔年報）（政府統計の総合窓口 e-Stat より）

表Ⅱ-3-7 就業歯科衛生士数

	就業								
	総数			保健所，都道府県					
				保健所			都道府県		
	総数	男	女	総数	男	女	総数	男	女
全国	132 629	67	132 562	646	—	646	66	—	66
北海道	6 126	2	6 124	33	—	33	1	—	1
青森	926	1	925	1	—	1	—	—	—
岩手	1 055	1	1 054	2	—	2	1	—	1
宮城	1 973	—	1 973	14	—	14	1	—	1
秋田	1 081	—	1 081	4	—	4	1	—	1
山形	1 163	—	1 163	—	—	—	1	—	1
福島	1 493	1	1 492	26	—	26	1	—	1
茨城	2 403	2	2 401	3	—	3	2	—	2
栃木	1 828	2	1 826	1	—	1	4	—	4
群馬	2 209	—	2 209	4	—	4	1	—	1
埼玉	6 286	7	6 279	6	—	6	3	—	3
千葉	5 364	2	5 362	27	—	27	1	—	1
東京	13 720	—	13 720	204	—	204	15	—	15
神奈川	8 642	6	8 636	117	—	117	5	—	5
新潟	2 635	—	2 635	2	—	2	1	—	1
富山	1 128	3	1 125	1	—	1	1	—	1
石川	1 104	4	1 100	1	—	1	—	—	—
福井	734	—	734	1	—	1	—	—	—
山梨	1 055	—	1 055	—	—	—	—	—	—
長野	2 576	—	2 576	13	—	13	1	—	1
岐阜	2 804	—	2 804	1	—	1	1	—	1
静岡	3 623	4	3 619	3	—	3	1	—	1
愛知	6 682	1	6 681	20	—	20	1	—	1
三重	2 030	—	2 030	2	—	2	1	—	1
滋賀	1 387	1	1 386	14	—	14	—	—	—
京都	2 426	—	2 426	12	—	12	1	—	1
大阪	8 500	7	8 493	14	—	14	—	—	—
兵庫	5 954	2	5 952	16	—	16	8	—	8
奈良	1 460	—	1 460	10	—	10	—	—	—
和歌山	1 050	—	1 050	1	—	1	1	—	1
鳥取	833	—	833	3	—	3	1	—	1
島根	853	—	853	3	—	3	—	—	—
岡山	2 961	—	2 961	14	—	14	2	—	2
広島	3 793	—	3 793	7	—	7	—	—	—
山口	1 539	—	1 539	1	—	1	—	—	—
徳島	1 235	1	1 234	4	—	4	—	—	—
香川	1 413	1	1 412	2	—	2	—	—	—
愛媛	1 601	—	1 601	12	—	12	—	—	—
高知	1 003	—	1 003	10	—	10	2	—	2
福岡	6 371	3	6 368	8	—	8	2	—	2
佐賀	1 209	—	1 209	—	—	—	2	—	2
長崎	1 764	2	1 762	1	—	1	1	—	1
熊本	2 468	—	2 468	1	—	1	1	—	1
大分	1 503	—	1 503	11	—	11	—	—	—
宮崎	1 484	—	1 484	5	—	5	1	—	1
鹿児島	1 885	14	1 871	8	—	8	—	—	—
沖縄	1 297	—	1 297	3	—	3	—	—	—

注 衛生行政報告は毎年発表されるが，就業医療関係者等の統計は隔年調査である．

出典 厚生労働省「平成30年衛生行政報告例（就業医療関係者）」（政府統計の総合窓口 e-Stat より）

《就業場所・性・都道府県別》

場所											
又は市区町村			病院			診療所			介護保険施設等		
市区町村									介護老人保健施設		
総数	男	女	総数	男	女	総数	男	女	総数	男	女
2 154	1	2 153	6 629	11	6 618	120 068	51	120 017	427	2	425
118	—	118	324	—	324	5 475	2	5 473	17	—	17
7	—	7	46	—	46	839	1	838	11	—	11
31	—	31	93	—	93	894	1	893	8	—	8
50	—	50	125	—	125	1 761	—	1 761	7	—	7
10	—	10	42	—	42	997	—	997	7	—	7
12	—	12	60	—	60	1 065	—	1 065	4	—	4
38	—	38	136	—	136	1 242	1	1 241	8	—	8
70	—	70	121	—	121	2 153	2	2 151	7	—	7
16	—	16	94	—	94	1 673	2	1 671	4	—	4
57	—	57	108	—	108	1 968	—	1 968	16	—	16
106	—	106	245	3	242	5 772	4	5 768	11	—	11
272	—	272	270	—	270	4 728	2	4 726	8	—	8
264	—	264	629	—	629	12 319	—	12 319	3	—	3
90	—	90	329	1	328	7 937	4	7 933	11	—	11
84	—	84	229	—	229	2 217	—	2 217	14	—	14
3	—	3	47	1	46	1 040	2	1 038	6	—	6
10	—	10	60	—	60	1 014	4	1 010	—	—	—
7	—	7	32	—	32	670	—	670	1	—	1
5	—	5	30	—	30	1 006	—	1 006	5	—	5
77	—	77	198	—	198	2 187	—	2 187	17	—	17
73	—	73	91	—	91	2 553	—	2 553	11	—	11
114	—	114	182	1	181	3 191	3	3 188	37	—	37
173	1	172	326	—	326	6 032	—	6 032	8	—	8
10	—	10	85	—	85	1 878	—	1 878	5	—	5
27	—	27	85	—	85	1 224	1	1 223	9	—	9
20	—	20	131	—	131	2 191	—	2 191	16	—	16
93	—	93	419	—	419	7 804	6	7 798	12	—	12
50	—	50	251	—	251	5 538	2	5 536	8	—	8
7	—	7	50	—	50	1 361	—	1 361	11	—	11
8	—	8	41	—	41	967	—	967	6	—	6
3	—	3	34	—	34	745	—	745	11	—	11
14	—	14	62	—	62	725	—	725	8	—	8
2	—	2	189	—	189	2 715	—	2 715	4	—	4
25	—	25	212	—	212	3 479	—	3 479	10	—	10
8	—	8	87	—	87	1 420	—	1 420	5	—	5
2	—	2	52	1	51	1 122	—	1 122	9	—	9
2	—	2	78	—	78	1 291	1	1 290	3	—	3
8	—	8	95	—	95	1 451	—	1 451	15	—	15
18	—	18	43	—	43	912	—	912	3	—	3
34	—	34	283	1	282	5 940	2	5 938	9	—	9
10	—	10	52	—	52	1 122	—	1 122	3	—	3
32	—	32	85	—	85	1 606	2	1 604	8	—	8
38	—	38	167	—	167	2 207	—	2 207	16	—	16
10	—	10	68	—	68	1 368	—	1 368	16	—	16
—	—	—	38	—	38	1 416	—	1 416	1	—	1
44	—	44	81	3	78	1 718	9	1 709	16	2	14
2	—	2	124	—	124	1 135	—	1 135	2	—	2

（表Ⅱ-3-7 つづき）

	就業								
	介護保険施設等								
	介護医療院			指定介護老人福祉施設（特別養護老人ホーム）			居宅介護支援事業所		
	総数	男	女	総数	男	女	総数	男	女
全国	12	—	12	416	—	416	153	—	153
北海道	—	—	—	18	—	18	46	—	46
青森	—	—	—	4	—	4	1	—	1
岩手	—	—	—	6	—	6	4	—	4
宮城	—	—	—	5	—	5	1	—	1
秋田	—	—	—	6	—	6	1	—	1
山形	—	—	—	6	—	6	1	—	1
福島	—	—	—	11	—	11	7	—	7
茨城	—	—	—	11	—	11	3	—	3
栃木	—	—	—	3	—	3	3	—	3
群馬	3	—	3	7	—	7	1	—	1
埼玉	—	—	—	8	—	8	1	—	1
千葉	—	—	—	3	—	3	4	—	4
東京	—	—	—	27	—	27	2	—	2
神奈川	—		—	35	—	35	5	—	5
新潟	—	—	—	21	—	21	8	—	8
富山	—	—	—	7	—	7	2	—	2
石川	—	—	—	1	—	1	—	—	—
福井	—	—	—	4	—	4	4	—	4
山梨	—	—	—	1	—	1	—	—	—
長野	—	—	—	10	—	10	2	—	2
岐阜	—	—	—	21	—	21	—	—	—
静岡	—	—	—	22	—	22	4	—	4
愛知	—	—	—	9	—	9	5	—	5
三重	—	—	—	4	—	4	1	—	1
滋賀	—	—	—	4	—	4	1	—	1
京都	—	—	—	9	—	9	2	—	2
大阪	—	—	—	11	—	11	2	—	2
兵庫	—	—	—	23	—	23	—	—	—
奈良	—	—	—	9	—	9	—	—	—
和歌山	—	—	—	13	—	13	—	—	—
鳥取	—	—	—	11	—	11	2	—	2
島根	1	—	1	8	—	8	5	—	5
岡山	—	—	—	8	—	8	4	—	4
広島	1	—	1	13	—	13	3	—	3
山口	—	—	—	1	—	1	2	—	2
徳島	—	—	—	7	—	7	7	—	7
香川	2	—	2	4	—	4	3	—	3
愛媛	1	—	1	6	—	6	1	—	1
高知	—	—	—	—	—	—	1	—	1
福岡	—	—	—	7	—	7	5	—	5
佐賀	—	—	—	2	—	2	—	—	—
長崎	2	—	2	2	—	2	4	—	4
熊本	—	—	—	10	—	10	2	—	2
大分	1	—	1	10	—	10	—	—	—
宮崎	—	—	—	2	—	2	—	—	—
鹿児島	—	—	—	3	—	3	2	—	2
沖縄	1	—	1	3	—	3	1	—	1

場所											
介護保険施設等			歯科衛生士学校又は養成所			事業所			その他		
その他											
総数	男	女	総数	男	女	総数	男	女	総数	男	女
274	—	274	963	2	961	283	—	283	544	6	538
9	—	9	65	—	65	4	—	4	16	—	16
1	—	1	12	—	12	—	—	—	4	—	4
4	—	4	7	—	7	2	—	2	3	—	3
1	—	1	1	—	1	5	—	5	2	—	2
3	—	3	6	—	6	3	—	3	1	—	1
—	—	—	5	—	5	—	—	—	9	—	9
3	—	3	16	—	16	1	—	1	4	—	4
3	—	3	17	—	17	6	—	6	7	—	7
3	—	3	9	—	9	9	—	9	9	—	9
3	—	3	22	—	22	2	—	2	17	—	17
1	—	1	24	—	24	2	—	2	107	—	107
5	—	5	33	—	33	4	—	4	9	—	9
12	—	12	92	—	92	111	—	111	42	—	42
13	—	13	58	1	57	21	—	21	21	—	21
5	—	5	14	—	14	5	—	5	35	—	35
4	—	4	6	—	6	5	—	5	6	—	6
5	—	5	7	—	7	1	—	1	5	—	5
7	—	7	4	—	4	4	—	4	—	—	—
—	—	—	8	—	8	—	—	—	—	—	—
17	—	17	20	—	20	2	—	2	32	—	32
3	—	3	23	—	23	2	—	2	25	—	25
7	—	7	36	—	36	10	—	10	16	—	16
17	—	17	68	—	68	12	—	12	11	—	11
5	—	5	20	—	20	4	—	4	15	—	15
14	—	14	8	—	8	—	—	—	1	—	1
13	—	13	20	—	20	1	—	1	10	—	10
—	—	—	81	1	80	30	—	30	34	—	34
9	—	9	37	—	37	4	—	4	10	—	10
2	—	2	5	—	5	3	—	3	2	—	2
6	—	6	3	—	3	2	—	2	2	—	2
9	—	9	4	—	4	—	—	—	10	—	10
12	—	12	6	—	6	9	—	9	—	—	—
8	—	8	9	—	9	—	—	—	6	—	6
7	—	7	26	—	26	1	—	1	9	—	9
9	—	9	5	—	5	1	—	1	—	—	—
8	—	8	20	—	20	4	—	4	—	—	—
14	—	14	10	—	10	—	—	—	4	—	4
3	—	3	8	—	8	—	—	—	1	—	1
4	—	4	6	—	6	—	—	—	4	—	4
4	—	4	54	—	54	2	—	2	23	—	23
4	—	4	10	—	10	—	—	—	4	—	4
1	—	1	18	—	18	3	—	3	1	—	1
3	—	3	21	—	21	—	—	—	2	—	2
6	—	6	9	—	9	1	—	1	3	—	3
5	—	5	10	—	10	4	—	4	2	—	2
2	—	2	8	—	8	1	—	1	2	—	2
—	—	—	12	—	12	2	—	2	12	—	12

表Ⅱ-3-8 就業歯科技工士数

	就業								
	総数			歯科技工所			病院・診療所		
	総数	男	女	総数	男	女	総数	男	女
全国	34 468	27 658	6 810	25 056	21 036	4 020	8 861	6 173	2 688
北海道	1 960	1 601	359	1 589	1 329	260	343	251	92
青森	533	421	112	289	243	46	236	171	65
岩手	533	391	142	329	266	63	200	121	79
宮城	706	500	206	450	359	91	248	136	112
秋田	419	326	93	235	192	43	184	134	50
山形	457	292	165	280	216	64	175	74	101
福島	725	575	150	521	443	78	194	125	69
茨城	624	472	152	452	366	86	160	95	65
栃木	484	384	100	382	327	55	93	49	44
群馬	642	508	134	537	432	105	103	74	29
埼玉	1 136	964	172	912	815	97	187	116	71
千葉	1 163	947	216	970	819	151	187	123	64
東京	3 130	2 503	627	2 385	1 974	411	623	434	189
神奈川	1 729	1 465	264	1 491	1 297	194	208	142	66
新潟	922	677	245	733	568	165	182	104	78
富山	417	233	184	241	156	85	168	71	97
石川	346	234	112	202	152	50	136	77	59
福井	270	223	47	181	161	20	87	62	25
山梨	256	236	20	208	192	16	48	44	4
長野	657	494	163	502	395	107	153	97	56
岐阜	630	518	112	437	376	61	186	136	50
静岡	976	843	133	722	648	74	245	187	58
愛知	1 669	1 421	248	1 339	1 177	162	313	232	81
三重	515	401	114	391	327	64	121	72	49
滋賀	376	308	68	302	256	46	66	47	19
京都	557	446	111	318	281	37	215	144	71
大阪	2 270	1 854	416	1 621	1 361	260	588	443	145
兵庫	1 220	1 030	190	916	809	107	297	215	82
奈良	252	218	34	184	169	15	66	48	18
和歌山	297	265	32	217	197	20	80	68	12
鳥取	261	168	93	149	103	46	109	63	46
島根	257	184	73	121	91	30	133	91	42
岡山	576	451	125	361	306	55	206	137	69
広島	988	739	249	694	548	146	277	177	100
山口	472	412	60	313	278	35	156	131	25
徳島	454	371	83	361	296	65	88	71	17
香川	561	430	131	437	351	86	119	75	44
愛媛	532	430	102	356	294	62	168	129	39
高知	235	197	38	105	93	12	122	97	25
福岡	1 466	1 204	262	1 034	866	168	413	319	94
佐賀	246	208	38	147	128	19	92	75	17
長崎	394	357	37	238	221	17	156	136	20
熊本	529	415	114	314	256	58	210	156	54
大分	604	471	133	468	358	110	128	105	23
宮崎	348	296	52	199	172	27	145	120	25
鹿児島	444	380	64	281	252	29	162	127	35
沖縄	230	195	35	142	120	22	85	72	13

注 衛生行政報告は毎年発表されるが，就業医療関係者等の統計は隔年調査である．

出典 厚生労働省「平成30年衛生行政報告例（就業医療関係者）」（政府統計の総合窓口 e-Statより）

《就業場所・性・都道府県別》

場所								
歯科技工士学校又は養成所			事業所			その他		
総数	男	女	総数	男	女	総数	男	女
274	211	63	176	152	24	101	86	15
22	16	6	6	5	1	—	—	—
8	7	1	—	—	—	—	—	—
3	3	—	1	1	—	—	—	—
6	4	2	2	1	1	—	—	—
—	—	—	—	—	—	—	—	—
1	1	—	—	—	—	1	1	—
6	4	2	3	2	1	1	1	—
4	3	1	2	2	—	6	6	—
4	4	—	4	3	1	1	1	—
—	—	—	—	—	—	2	2	—
11	8	3	10	10	—	16	15	1
—	—	—	1	1	—	5	4	1
63	49	14	44	34	10	15	12	3
21	17	4	3	3	—	6	6	—
6	4	2	1	1	—	—	—	—
4	3	1	1	1	—	3	2	1
4	1	3	3	3	—	1	1	—
—	—	—	—	—	—	2	—	2
—	—	—	—	—	—	—	—	—
—	—	—	—	—	—	2	2	—
4	4	—	3	2	1	—	—	—
1	—	1	6	6	—	2	2	—
12	8	4	5	4	1	—	—	—
—	—	—	3	2	1	—	—	—
3	1	2	3	3	—	2	1	1
6	5	1	6	5	1	12	11	1
26	19	7	29	26	3	6	5	1
1	1	—	4	4	—	2	1	1
—	—	—	2	1	1	—	—	—
—	—	—	—	—	—	—	—	—
3	2	1	—	—	—	—	—	—
3	2	1	—	—	—	—	—	—
5	5	—	4	3	1	—	—	—
6	5	1	3	3	—	8	6	2
—	—	—	3	3	—	—	—	—
3	2	1	1	1	—	1	1	—
5	4	1	—	—	—	—	—	—
3	3	—	2	2	—	3	2	1
—	—	—	7	6	1	1	1	—
9	9	—	10	10	—	—	—	—
6	4	2	1	1	—	—	—	—
—	—	—	—	—	—	—	—	—
5	3	2	—	—	—	—	—	—
5	5	—	2	2	—	1	1	—
3	3	—	—	—	—	1	1	—
1	1	—	—	—	—	—	—	—
1	1	—	1	1	—	1	1	—

表Ⅱ-3-9 歯科医師国家試験合格者数等の推移

回　数	施行年月	受験者数（名）	合格者数（名）	合 格 率（%）
94	平成 13 年 3 月	3 446	3 125	90.7
95	14 年 3 月	2 956	2 462	83.3
96	15 年 3 月	3 208	2 932	91.4
97	16 年 3 月	2 960	2 197	74.2
98	17 年 3 月	3 343	2 493	74.6
99	18 年 2 月	3 308	2 673	80.8
100	19 年 2 月	3 200	2 375	74.2
101	20 年 2 月	3 295	2 269	68.9
102	21 年 2 月	3 531	2 383	67.5
103	22 年 2 月	3 465	2 408	69.5
104	23 年 2 月	3 381	2 400	71.0
105	24 年 2 月	3 326	2 364	71.1
106	25 年 2 月	3 321	2 366	71.2
107	26 年 2 月	3 200	2 025	63.3
108	27 年 2 月	3 138	2 003	63.8
109	28 年 1 月	3 103	1 973	63.6
110	29 年 2 月	3 049	1 983	65.0
111	30 年 2 月	3 159	2 039	64.5
112	31 年 2 月	3 232	2 059	63.7
113	令和 2 年 2 月	3 211	2 107	65.6
114	3 年 1 月	3 284	2 123	64.6

出典　厚生労働省医政局歯科保健課調べ

表Ⅱ-3-10 歯科衛生士国家試験合格者数等の推移

回	施行年月	受験者数（名）	合格者数（名）	合 格 率（%）
第11回	平成 14 年 3 月	6 910	6 671	96.5
12	15 年 3 月	6 838	6 672	97.6
13	16 年 3 月	6 823	6 680	97.9
14	17 年 3 月	6 743	6 467	95.9
15	18 年 3 月	7 312	7 012	95.9
16	19 年 3 月	7 040	6 605	93.8
17	20 年 3 月	6 361	6 106	96.0
18	21 年 3 月	6 038	5 757	95.3
19	22 年 3 月	5 929	5 761	97.2
20	23 年 3 月	5 788	5 585	96.5
21	24 年 3 月	3 661	3 507	95.8
22	25 年 3 月	6 064	5 832	96.2
23	26 年 3 月	6 685	6 492	97.1
24	27 年 3 月	6 753	6 475	95.9
25	28 年 3 月	7 233	6 944	96.0
26	29 年 3 月	7 218	6 737	93.3
27	30 年 3 月	7 374	7 087	96.1
28	31 年 3 月	7 207	6 934	96.2
29	令和 2 年 3 月	7 216	6 808	94.3
30	3 年 3 月	7 099	6 602	93.0

出典　(一財)歯科医療振興財団調べ

表Ⅱ-3-11　歯科医師臨床研修の現状

(1)　歯科医師臨床研修指定施設数（旧制度）

単独研修方式	104　施設
複合研修施設（主たる施設）	7　施設
複合研修施設（従たる施設）	839　施設（延べ961施設）
合　　計	950　施設

注　平成17年6月1日現在

出典　厚生労働省医政局歯科保健課調べ

(2)　歯科医師臨床研修施設数（単位：施設）

		平成25年度	26年度	27年度	28年度	29年度	30年度
大学病院	歯科大学付属病院	32	32	32	32	32	30
	医科大学付属病院	68	68	68	68	69	69
その他病院	単独型臨床研修施設	114	120	121	127	132	127
	管理型臨床研修施設	13	17	18	17	19	20
	協力型臨床研修施設	118	117	123	121	121	119
歯科診療所	単独型臨床研修施設	27	30	29	30	33	37
	管理型臨床研修施設	19	20	21	21	22	23
	協力型臨床研修施設	1 980	2 009	2 069	2 107	2 115	2 045
合　　計		2 371	2 413	2 481	2 523	2 543	2 470

注　1．施設数は，各年度4月1日現在
2．単独型臨床研修施設の区分には，管理型臨床研修施設として指定されたものは含まない．
3．協力型臨床研修施設の区分には単独型又は管理型臨床研修施設として指定をされたものは含まない．

出典　厚生労働省医政局歯科保健課調べ

(3)　研修歯科医の募集数（単位：人）

	平成22年	23年	24年	25年	26年	27年	28年 (平成27年度マッチ者)	29年	30年
歯科大学病院	3 078	3 055	3 030	2 972	2 964	2 939	2 920	2 818	2 525
その他の施設	502	542	560	584	639	657	676	793	1 046
合　計	3 580	3 597	3 590	3 556	3 603	3 596	3 596	3 611	3 571

注　マッチングに関するデータについては，当該年度の前年に行われたマッチング結果を，歯科医師臨床研修マッチング協議会公表データより作成．

出典　厚生労働省医政局歯科保健課調べ

(4)　充足率（募集数/合格者数(単位：%)）

	平成21年	22年	23年	24年	25年	26年	27年	28年	29年	30年
充　足　率	151.6	148.7	149.9	151.9	150.3	177.9	179.5	182.2	182.1	175.1

出典　厚生労働省医政局歯科保健課調べ

表Ⅱ-3-12　無歯科医地区数，無歯科医地区人口《都道府県別》

（令和元年10月末日）

都道府県	地区数	人口
北海道	74	9 467
青森県	12	3 217
岩手県	23	4 488
宮城県	8	3 098
秋田県	11	803
山形県	1	189
福島県	5	1 327
茨城県	19	3 836
栃木県	14	6 870
群馬県	8	3 875
埼玉県	0	0
千葉県	0	0
東京都	0	0
神奈川県	0	0
新潟県	22	3 353
富山県	9	1 658
石川県	11	2 638
福井県	5	675
山梨県	10	3 022
長野県	17	10 789
岐阜県	10	2 545
静岡県	21	4 695
愛知県	19	4 255
三重県	5	1 109
滋賀県	5	762
京都府	12	5 697
大阪府	0	0
兵庫県	19	4 065
奈良県	22	4 389
和歌山県	22	5 836
鳥取県	2	191
島根県	37	10 422
岡山県	44	11 348
広島県	55	8 091
山口県	12	1 495
徳島県	16	2 168
香川県	9	1 791
愛媛県	26	7 399
高知県	35	5 844
福岡県	18	3 964
佐賀県	2	111
長崎県	3	923
熊本県	21	4 456
大分県	50	11 615
宮崎県	15	3 246
鹿児島県	34	9 081
沖縄県	14	3 660
全国計	777	178 463

注　無歯科医地区とは，歯科医療機関のない地域で，当該地区の中心的な場所を起点として，おおむね半径4 kmの区域内に50人以上が居住している地区であって，かつ容易に歯科医療機関を利用することができない地域をいう．

出典　厚生労働省医政局地域医療計画課調べ

表Ⅱ-3-13　無歯科医地区の人口と無歯科医地区数

（令和元年10月末日）

	昭和53年	昭和59年	平成元年	平成6年	平成11年	平成16年	平成21年	平成26年	令和元年
地区数	2 795	1 935	1 507	1 319	1 153	1 046	930	858	777
人口	1 442 004	786 395	544 824	417 037	383 113	295 480	236 527	205 327	178 463

出典　厚生労働省医政局地域医療計画課調べ

表Ⅱ-3-14　医療関係従事者の国際比較

	実数			率（人口千対）			医師数に占める女性医師の割合（%）
	医師（臨床医）	歯科医師（臨床歯科医師）	薬剤師（臨床薬剤師）	医師（臨床医）	歯科医師（臨床歯科医師）	薬剤師（臨床薬剤師）	
日本	1) 308 105('16)	1) 101 584('16)	2) 230 186('16)	1) 2.43('16)	1) 0.80('16)	2) 1.81('16)	1) 21.02('16)
オーストラリア	3) 83 804('15)	3) 13 849('15)	3) 20 297('15)	3) 3.52('15)	3) 0.58('15)	3) 0.85('15)	3) 39.98('15)
オーストリア	44 816('16)	4 954('16)	6 104('15)	5.16('16)	0.57('16)	0.71('15)	46.50('15)
ベルギー	34 020('15)	8 291('15)	13 643('15)	3.02('15)	0.74('15)	1.21('15)	40.63('15)
カナダ	3) 91 268('15)	3) 19 334('09)	35 238('15)	3) 2.55('15)	3) 0.57('09)	0.98('15)	41.84('15)
チリ	…	…	…	…	…	…	39.63('15)
チェコ共和国	38 776('13)	8 461('15)	6 965('15)	3.69('13)	0.80('15)	0.66('15)	54.50('13)
デンマーク	20 639('14)	4 244('14)	2 862('14)	3.66('14)	0.75('14)	0.51('14)	48.96('14)
エストニア	4 502('15)	1 239('15)	948('15)	3.42('15)	0.94('15)	0.72('15)	73.13('15)
フィンランド	3) 17 511('14)	3 925('14)	5 988('14)	3) 3.21('14)	0.72('14)	1.10('14)	3) 57.73('15)
フランス	209 367('16)	42 602('15)	70 247('15)	3.14('16)	0.64('15)	1.05('15)	44.33('15)
ドイツ	338 129('15)	69 863('15)	52 568('15)	4.14('15)	0.86('15)	0.64('15)	45.71('15)
ギリシャ	…	…	…	…	…	…	41.31('15)
ハンガリー	30 486('15)	5 936('15)	7 039('15)	3.10('15)	0.60('15)	0.72('15)	55.88('15)
アイスランド	1 249('15)	278('16)	365('16)	3.78('15)	0.84('16)	1.10('16)	37.39('15)
アイルランド	3) 13 959('16)	…	…	3) 2.95('16)	…	…	43.19('15)
イスラエル	28 833('15)	6 633('15)	6 233('15)	3.44('15)	0.79('15)	0.74('15)	41.53('15)
イタリア	4) 240 481('16)	3,4) 47 098('16)	3,4) 66 454('16)	4) 3.96('16)	3,4) 0.78('16)	3,4) 1.10('16)	40.74('15)
韓国	4) 117 450('16)	4) 24 150('16)	4) 33 946('16)	4) 2.29('16)	4) 0.47('16)	4) 0.66('16)	22.29('15)
ルクセンブルグ	1 683('16)	550('16)	396('75)	2.92('16)	0.95('16)	0.70('15)	34.04('15)
メキシコ	283 414('15)	15 915('15)	…	2.35('15)	0.13('15)	…	…
オランダ	58 858('15)	8 561('15)	3 597('15)	3.47('15)	0.51('15)	0.21('15)	52.56('15)
ニュージーランド	13 862('15)	…	3) 3 148('16)	3.02('15)	…	3) 0.67('16)	43.91('15)
ノルウェー	22 848('15)	4 434('15)	3 863('15)	4.40('15)	0.85('15)	0.74('15)	47.58('15)
ポーランド	88 437('15)	12 603('15)	28 121('15)	2.33('15)	0.33('15)	0.74('15)	56.93('15)
ポルトガル	…	…	8 785('16)	…	…	0.85('16)	54.05('15)
スロバキア共和国	16 201('07)	2 697('07)	2 517('07)	3.01('07)	0.50('07)	0.47('07)	57.48('15)
スロベニア共和国	5 830('15)	1 392('15)	1 295('15)	2.83('15)	0.67('15)	0.63('15)	62.38('15)
スペイン	178 600('15)	…	55 400('15)	3.85('15)	…	1.19('15)	52.56('15)
スウェーデン	40 637('14)	7 777('14)	7 367('14)	4.19('14)	0.80('14)	0.76('14)	47.58('14)
スイス	35 592('16)	4 200('15)	4 498('15)	4.27('16)	0.51('15)	0.54('15)	40.56('15)
トルコ	…	…	…	…	…	…	3) 40.30('15)
イギリス	183 938('16)	34 867('16)	56 542('16)	2.81('16)	0.53('16)	0.86('16)	45.91('15)
アメリカ合衆国	820 251('14)	…	…	2.57('14)	…	…	34.56('14)

注　1）厚生労働省「平成28年医師・歯科医師・薬剤師調査」の病院・診療所・介護老人保健施設の従事者である.
2）厚生労働省「平成28年医師・歯科医師・薬剤師調査」の薬局・病院・診療所の従事者である.
3）推定値である.
4）暫定値である.

＊　各国の医師・歯科医師・薬剤師の定義が異なるほか，調査方法が国により異なっている.
＊　“Active（Practicing）”な医師・歯科医師・薬剤師の数の提出を求めているが，この解釈が国により異なっている.
＊　OECD Health Data 2010から医療従事者を“Practicing（臨床）”と“Professionally active（専門活動中）”それぞれの提出を求めており，前者を把握できない国については「…」で表示した．なお，後者には行政機関や研究機関等に従事する者が含まれる.

出典　厚生労働統計協会「国民衛生の動向2018/2019」より一部改変

Ⅱ．歯科保健行政

第４章　歯科保健事業

表Ⅱ-4-1　令和元年度「親と子のよい歯のコンクール」実施状況《都道府県別》

都道府県		受診者数	応募	都道府県		受診者数	応募	都道府県		受診者数	応募
1	北海道	35 350	○	17	石川県	9 175	○	33	岡山県	14 978	×
2	青森県	8 527	○	18	福井県	6 265	○	34	広島県	22 406	○
3	岩手県	8 846	○	19	山梨県	5 940	×	35	山口県	9 545	○
4	宮城県	17 842	○	20	長野県	15 629	○	36	徳島県	5 432	○
5	秋田県	5 833	○	21	岐阜県	15 776	○	37	香川県	7 503	○
6	山形県	7 861	×	22	静岡県	26 365	×	38	愛媛県	9 722	○
7	福島県	13 526	×	23	愛知県	65 513	×	39	高知県	4 820	△
8	茨城県	21 779	△	24	三重県	13 963	○	40	福岡県	41 565	○
9	栃木県	15 224	○	25	滋賀県	12 572	○	41	佐賀県	7 119	×
10	群馬県	14 414	○	26	京都府	19 394	○	42	長崎県	10 776	×
11	埼玉県	54 840	×	27	大阪府	66 107	○	43	熊本県	15 682※	×
12	千葉県	32 719	○	28	兵庫県	43 914	×	44	大分県	8 789	○
13	東京都	107 296	○	29	奈良県	8 929	×	45	宮崎県	9 139	○
14	神奈川県	58 974	×	30	和歌山県	7 009	○	46	鹿児島県	13 797	×
15	新潟県	16 167	○	31	鳥取県	4 603	○	47	沖縄県	14 939	×
16	富山県	7 574	○	32	島根県	5 251	○		合　計	949 389	

注　実施都道府県　32都道府県（中央審査会応募30都道府県　該当なし２県），未実施　15県
○：実施あり＋応募あり，△：実施あり＋該当者なし，×：実施なし

出典　厚生労働省医政局歯科保健課調べ（厚生労働省ウェブサイトより）

表Ⅱ-4-2　全国歯科

開催回数	大会期日	開催地	大会テーマ	シンポジウムテーマ	特別講演
第１回	S 55 11．19	横浜市 横浜市民ホール	小児の歯科保健 ～ぼくも，わたしもよい歯で健康～	保育園（所），幼稚園における歯科保健の実践活動	「こどもの健康づくり」 （関東中央病院小児科部長）川崎憲一
第２回	S 56 10．24	京都市 国立京都国際会館	障害児（者）の歯科保健・医療	唇顎口蓋裂治療 ―制度と施設	「発育・成長におよぼす家庭環境」 （教育評論家）阿部　進
第３回	S 57 10．30	広島市 広島市公会堂	歯科保健と豊かなる熟年 ～21世紀の歯科保健をめざして～	歯槽膿漏（歯周病）の予防と生きがいのある人生 ～歯みがきで歯槽膿漏は予防できるか～	「勝つための条件　心・技・体」 （相撲解説者）神風正一
第４回	S 58 6．10	新潟市 新潟県民会館	21世紀への地域歯科保健	ライフサイクルと歯科保健	「科学と人間」 NHK （チーフアナウンサー） 鈴木健二
第５回	S 59 11．8	名古屋市 名古屋市公会堂	生涯を通じる歯の健康づくり	歯のライフサイクルと歯科保健	「メイコの家庭教育」 （女優）中村メイコ
第６回	S 60 11．16	福岡市 福岡市サンパレス	人生80年代の歯科保健	歯科保健活動と目標とその評価	「未来社会はどうなるか」 （三菱総合研究所） 取締役会長　牧野　昇
第７回	S 61 11．15	仙台市 宮城県民会館	豊かな生活明日への歯科保健	くらしと歯の健康づくり	「娘・妻・母」 （女優・エッセイスト） 高峰秀子
第８回	S 62 10．17	長野市 長野県県民文化会館	地域に広げよう歯の健康づくり ～歯がだいじ　食べる楽しみいつまでも～	噛むことを考える	「青春を語る」 （文筆家）神津カンナ
第９回	S 63 10．1	奈良市 奈良県文化会館	長寿社会にふさわしい歯科保健・医療	歯のはたらきと健康	「うたは花のように」 （作曲家）中村泰士
第10回	H 1 11．18	松山市 愛媛県県民文化会館	母と子の歯科保健 ～よく噛んで健康づくり～	乳幼児の歯の健康づくり	「子育て大丈夫ですか」 （千葉大学名誉教授） 多湖　輝
第11回	H 2 10．13	札幌市 北海道厚生年金会館	21世紀へ向けての歯の健康づくり ～１本の歯の大切さを考える～	これからの成人歯科保健対策について ～80歳で20本の歯を残すために～	「変わる世界・日本は今」 （ルポライター） 俵　孝太郎
第12回	H 3 11．16	佐賀市 佐賀市文化会館	生命（いのち）の輝き ～いま口腔を考える～	くらしと歯 ～歯は食べるためだけのものか～	「ムツゴロウおおいに語る」 畑　正憲
第13回	H 4 11．7	千葉市 幕張メッセ	生活のいぶき ～健康づくりと8020運動～	歯科保健からクオリティーオブライフへの接近	「生きるということ」 （作家）藤本義一
第14回	H 5 11．18	横浜市 神奈川県民ホール	健康へのかけ橋 ～8020をめざして～	健康づくりと8020運動 ～成人歯科検診のすすめ～	「横浜開港と医療人」 （神奈川県歯会長） 加藤増夫
第15回	H 6 10．29	広島市 広島厚生年金会館	こころとこころをつなぐ歯科保健 ～しあわせに永らえるために8020～	くらしと歯科保健 ～育てよう地域歯科保健の輪～	「21世紀の歯科医療」 （医事評論家）水野　肇
第16回	H 7 11．29	東京都 ホテル・ グランドパレス	8020で健やか長寿 ～生きがい支える保健医療福祉の連携～	――	「高齢者に対する保健医療福祉のあり方」 （公立みつぎ病院長） 山口　昇
第17回	H 8 10．19	岩手県 岩手県民会館	歯科保健，地域からの発信 ～8020へのアプローチ～	「8020の里づくり」 ～健康な人づくり，まちづくり～	「エジプト文明に魅せられて」 （早稲田大学教授） 吉村作治
第18回	H 9 11．15	埼玉県 大宮ソニックシティー大ホール	くらしの中で，8020 住民と共に育てる歯科保健	市町村における歯科保健の基盤づくり	「ドラマと人生」 （シナリオライター） ジェームス三木

出典　厚生労働省医政局歯科保健課調べ

保健大会実施状況

開催回数	大会期日	開催地	大会テーマ	シンポジウムテーマ	特別講演
第19回	H10 11．14	神　戸　市 ポートピアホテル ポートピアホール	健康長寿へのかけ橋 ～8020を目指して～	口腔と全身を考える	「少年Ｈ」歯科保健大会で語る （舞台美術家）　妹尾河童
第20回	H11 11．17	東　京　都 明治記念館	8020が支える健康長寿 ～伝承から実証，そして実践へ～	厚生科学研究 「口腔保健と全身的な健康状態に関する研究」研究報告	――
第21回	H12 11．9	三　重　県 長島温泉 ホテル花水木	8020が支える健康長寿 ～伝承から実証，そして実践へ～	健康日本21と8020運動	「健康長寿のための食生活――世界調査による実施」 （京都大学教授） 家森幸男
第22回	H13 10．27	鹿　児　島　県 鹿児島県 文化センター	21世紀これからの歯科保健 ～健やかで心豊かに～	8020運動推進 特別事業の推進	「健やかで心豊かに」 （鹿児島県歯科医師会長） 四元　貢
第23回	H14 11．9	静　岡　県 静岡市民文化会館	開こう健康長寿への扉 ～8020運動推進特別事業の成果～	8020運動推進 特別事業の成果	「語ること，演ずること，そして生きること」 （舞台俳優）　夏木マリ
第24回	H15 11．15	茨　城　県 つくば国際会議場	ともに歩もう，健康長寿の道 ～噛んで，食べて，健やか人生～	――	「生活の基本は食育から」 （服部学園理事長） 服部幸應
第25回	H16 11．27	香　川　県 高松市文化芸術ホール	みんなでつくろう ～健口から健康へ～	健口から健康へ	「環境と健康」 （淑徳大学教授） 北野　大
第26回	H17 11．12	新　潟　県 朱鷺メッセ	地域で育むヘルシースマイル ～心も元気お口も元気～	みんなで取り組む歯科保健	「歯と無重力」 （宇宙飛行士） 毛利　衛
第27回	H18 11．11	長　崎　県 長崎ブリックホール	生きる!!　自然の恵みを噛みしめながら ～地域の中で家族や仲間とともに…～	――	「歯なし家と６人の親」 （社団法人日本落語協会最高顧問） 三遊亭圓歌
第28回	H19 11．17	東　京　都 東京ビッグサイト	噛むことは健康の源 ～豊かなシニアライフはお口から～	【パネルディスカッション】 地域が支える健口国家 ～地域連携と歯科保健，今，歯科に求められているものは～	【基調講演】 （新潟大学大学院医歯学総合研究科口腔健康科学講座予防歯科学分野教授） 宮﨑秀夫
第29回	H20 11．22	山　口　県 山口市民会館	健康寿命への橋渡し ～めざそう8020!! 食べる喜びいつまでも～	食べる喜びいつまでも	【トークショー】 「すこやかに美しく」 （女優）　生田智子 （NHK エグゼクティブアナウンサー） 山本哲也
第30回	H21 11．21	高　知　県 高知県立 県民文化ホール	健口維新 ～長寿は歯と口の健康から～	健口文化の創造に向けて	「生きる力を育む～がばいばあちゃんからの教え～」 （パーソナリティー・タレント） 島田洋七
第31回	H22 11．6	山　形　県 山形テルサ	健口歯爽 ～噛ミング30の目指すところ～	食と健口	【基調講演】 「食べられるよろこび」 （宮崎県知事） 東国原英夫
第32回	H23 11．19	岐　阜　県 長良川国際会議場	立ち上がれ！　健口日本！ ～健口は歯から口から笑顔から～	生きる力を支える歯科医療	【基調講演】 『「食」と「命」はつながっている』 （諏訪中央病院名誉院長） 鎌田　實

（表Ⅱ-4-2 つづき）

開催回数	大会期日	開催地	大会テーマ	シンポジウムテーマ	特別講演
第33回	H24 10．27	青森県 リンクステーションホール青森 （青森市文化会館）	8020健康社会 ～生活習慣とがん予防～	生活習慣とがん予防 ～歯科の役割～	【基調講演】 「がんとどう向き合うか～がんの治療と合併症予防～」 （国立がん研究センター名誉総長） 嘉山孝正
第34回	H25 11．16	大分県 iichiko 総合文化センター iichiko グランシアタ 全労済ソレイユ	豊の国から豊かな口を ～医科歯科連携で築く健康長寿～	生活歯援！ ～がん治療における医科歯科連携は私たちに何をもたらすのか～	【基調講演】 「がんにならないために，なった時のために」 （公益財団法人がん研究会有明病院消化器外科部長） 佐野 武
第35回	H26 11．8	大阪府 大阪国際交流センター	健康は歯から 歯科が支える健康長寿	「在宅における歯科口腔保健の今後」 ～地域包括ケアシステムの中での歯科の役割～	【基調講演】 「高齢者における歯科口腔保健と全身疾患リスクとの関連」 ～生活習慣病・循環器疾患～ （国立循環器病研究センター高血圧・腎臓科医長） 岩嶋義雄
第36回	H27 11．7	山梨県 コラニー文化ホール	甲斐の国から“生きる生き甲斐 支える口腔保健” ～健康に老いるための歯科の役割～	健康に老いるための歯科の役割	【基調講演】 「健康に老いること」 （東京大学名誉教授） 養老孟司
第37回	H28 12．10	沖縄県 沖縄コンベンションセンター	2040年健康長寿世界一をめざして ～みなおそう沖縄の食文化～	食はクスイムン（薬） みなおそう沖縄の食文化	【シンポジスト】 「食習慣をかえましょう―料理のもつ力について―」 （服部学園理事長） 服部幸應 「健康長寿に向けての沖縄の食材と料理について」 （琉球大学名誉教授） 尚 弘子 「日本一元気で魅力あるまちづくり」 （南城市長） 古謝景春 「『食』を通して，心身ともに健康で豊かな社会を作る」 （株式会社アメニティ代表取締役社長） 伊志嶺 勲
第38回	H29 11．11	富山県 富山県民会館	よく噛み，よく食べ，よく生きる． ～健口寿命延伸はお口から～	健康寿命延伸に向けて	「長寿社会を笑顔で過ごす～大人の学びで見つけたヒント～」 （女優・戸板女子短期大学客員教授） 菊池桃子
第39回	H30 11．17	栃木県 宇都宮市文化会館	「健康」を味わう，「生きる」を味わう ～イチゴ一会 栃木で語ろう健康長寿の秘訣～	健康寿命の延伸 ～味わい豊かな人生のために～	「みんな地球に生きるひと」 （歌手・エッセイスト・教育学博士） アグネス・チャン
第40回	R1 11．2	福島県 ビッグパレットふくしま	おいしく食べよう，楽しくすごそう ～ようこそ！うつくしま，ふくしま～	―	「夢を叶える生き方」 （元テニスプレイヤー・コメンテーター・オリンピアン） 杉山 愛
第41回	新型コロナウイルス感染拡大防止の観点から中止				
第42回	R3 11．13	宮崎県 メディキット県民文化センター （宮崎県立芸術劇場）	いきいき歯つらつ健口長寿 ～神話のふるさと・スポーツランド宮崎へようこそ～	―	「私の柔道哲学」 （東海大学体育学部武道学科教授） 井上康生

表Ⅱ-4-3　主な歯科保健施策ならびに動向（年表）

明治25(1892)年	歯科衛生大演説会組織される．岡山歯科談話会設立
37(1904)	青年歯科医倶楽部による歯牙衛生思想の鼓吹
39(1906)	第１回歯科衛生研究会総会開催
大正９(1920)	11月５日をムシ歯デーとする（内務省提唱），日本聯合歯科医会を中心に種々の催しが開催
昭和３(1928)	ムシ歯予防デー（６月４日），日本歯科医師会提唱，関係官庁後援
13(1938)	厚生省設立，歯科衛生行政始まる
14(1939)	国民の体位向上を旨とする厚生省主管「健康週間（５月２～８日）」の一環とし，ムシ歯予防デーを吸収，５月４日（護歯日）に定める
17(1942)	健民運動の実施に伴い「健民運動ムシ歯予防（５月４日）」に改称
18(1943)	「健民運動―歯予防運動強調日」に改称
19(1944)	～以後，戦争のため中止～
22(1947)	保健所法改正，保健所の基本業務に歯科衛生加わる
23(1948)	厚生省医務局に歯科衛生課設置 歯科衛生士制度創設，戦前の「ムシ歯予防デー（５月４日）」復活
24(1949)	妊産婦・乳幼児の歯科保健指導等始まる 厚生省・日本歯科医師会等主催により「口腔衛生週間（６月１～７日）」に改称，週間行事へ
27(1952)	第１回母と子のよい歯のコンクール（以後，毎年実施），「口腔衛生強調運動（６月４～10日）」に改称
31(1956)	歯科衛生課廃止，歯科参事官設置
32(1957)	第1回歯科疾患実態調査（以後，６年毎に実施）
33(1958)	「歯の衛生週間（６月４日～10日）」に改称．現在に至る
36(1961)	３歳児歯科健康診査，へき地歯科巡回診療事業開始
38(1963)	歯科衛生課再設置 第２回歯科疾患実態調査
39(1964)	母子歯科保健指導要領作成
41(1966)	弗化物歯面局所塗布実施要領作成
42(1967)	歯口清掃の手びき作成
43(1968)	歯周疾患予防のための保健指導要領作成
44(1969)	第３回歯科疾患実態調査
46(1971)	歯科保健問題懇談会設置
49(1974)	歯科保健問題懇談会報告書提出
50(1975)	休日等歯科診療の運営等に国庫補助 第４回歯科疾患実態調査
52(1977)	１歳６ヵ月児健康診査開始
54(1979)	保健所に必要な職員に歯科医師，歯科衛生士加わる
55(1980)	第１回全国歯科保健大会開始（以後，毎年実施）
56(1981)	第５回歯科疾患実態調査
58(1983)	老人歯科保健調査事業開始
60(1985)	５歳児むし歯予防の歯科保健対策開始
62(1987)	老人歯科保健事業（健康教育，健康相談開始） 第６回歯科疾患実態調査
63(1988)	在宅寝たきり老人歯科保健推進事業開始
平成元(1989)	歯科衛生士の業務に歯科保健指導を追加（歯科衛生士法一部改正）， 成人歯科保健対策検討会中間報告書提出（8020運動の提唱）
2(1990)	幼児期における歯科保健指導の手引き作成，保健所における歯科保健業務指針作成

出典　厚生労働省医政局歯科保健課調べ

（表Ⅱ-4-3 つづき）

平成3（1991）	成人歯科保健対策推進事業開始，「8020運動の推進」が歯の衛生週間の重点目標となる
4（1992）	8020運動推進事業開始，寝たきり老人に対する訪問口腔衛生指導開始，歯周疾患予防モデル事業開始
5（1993）	8020運動推進支援事業開始，在宅心身障害（児）者歯科保健推進事業開始 第7回歯科疾患実態調査
6（1994）	WHOが提唱する世界保健デー（4月7日）のテーマに「口腔保健」採用，世界口腔保健学術大会開催，地域保健法（旧保健所法）公布，歯科技工法一部改正により「歯科技工士法」と改称
7（1995）	老人保健法における総合健診に歯周疾患検診導入
8（1996）	標榜診療科目名に「歯科口腔外科」を追加，歯科医師法一部改正により歯科医師の臨床研修法制化 都道府県および市町村における歯科保健業務指針作成 母子歯科健康診査および保健指導に関する実施要領作成
9（1997）	歯科衛生課を歯科保健課に名称変更 歯科保健推進事業開始（成人歯科保健事業，かかりつけ歯科医機能支援事業，在宅要介護者歯科保健推進事業，8020運動推進特別事業） 第8回歯科疾患実態調査
12（2000）	8020運動推進特別事業を開始 老人保健法における歯周疾患検診が独立した検診として実施 国民健康づくり運動としての「健康日本21」が厚生省により取りまとめられ，その中で「歯の健康」に関する具体的な目標値が設定された
14（2002）	健康増進法成立（第7条第2項の六　食生活，運動，休養，飲酒，喫煙，歯の健康の保持　その他の生活習慣に関する正しい知識の普及に関する事項） フッ化物洗口のガイドライン策定
15（2003）	健康増進事業実施者歯科保健支援モデル事業開始
17（2005）	第9回歯科疾患実態調査
18（2006）	歯科医師臨床研修制度の必修化
19（2007）	政府において，「新健康フロンティア戦略」が策定され，健康寿命の延伸や生活の質の向上を図るため，今後国民自らが取組んでいくべき分野の1つに「歯の健康力」が位置付けられた．
20（2008）	8020運動が20周年を迎える 歯の健康力推進歯科医師等養成講習会，在宅歯科診療設備整備事業，歯科医療安全管理体制推進特別事業が開始された．
21（2009）	歯科保健と食育の在り方に関する検討会報告書提出（噛ミング30（サンマル）の提唱）
22（2010）	在宅歯科医療連携室整備事業を開始
23（2011）	「歯科口腔保健の推進に関する法律」成立 歯科保健医療情報収集等事業を開始 第10回歯科疾患実態調査
24（2012）	「歯科口腔保健の推進に関する基本的事項」制定 在宅介護者への歯科口腔保健推進設備整備事業を開始 第1回歯科専門職の資質向上検討会を開催
25（2013）	口腔保健推進事業を開始
27（2015）	8020運動推進特別事業と口腔保健推進事業を統合し，8020運動・口腔保健推進事業を開始 歯周病検診マニュアル2015策定
28（2016）	第11回歯科疾患実態調査
29（2017）	歯科衛生士の復職支援・離職防止等推進事業を開始
30（2018）	8020運動が30周年を迎える 「歯科口腔保健の推進に関する基本的事項」中間評価報告書提出 特定健康診査の「標準的な質問票」に「かむこと」等の歯科関連の項目が追加 厚生労働省医政局歯科保健課歯科口腔保健推進室が訓令室から省令室に昇格 「後期高齢者を対象とした歯科健診マニュアル」策定
令和元（2019）	「歯科口腔保健の推進に関する基本的事項」一部改正
2（2020）	8020運動・口腔保健推進事業の一部について，補助対象を市町村にも拡大

Ⅲ. 参　考　資　料

1. 歯科関係教育機関

(1) 歯科大学（歯学部）一覧

（令和３年度）

NO	設置主体	名称	定員	所在地	電話番号
1	国立大学法人	北海道大学歯学部	53	060-8586　札幌市北区北13条西７丁目	011-716-2111
2	学校法人	北海道医療大学歯学部	80	061-0293　北海道石狩郡当別町金沢1757	0133-23-1211
3	〃	岩手医科大学歯学部	73	020-8505　盛岡市中央通1-3-27	019-651-5111
4	国立大学法人	東北大学歯学部	53	980-8575　仙台市青葉区星陵町4-1	022-717-8200
5	学校法人	奥羽大学歯学部	100	963-8611　郡山市富田町字三角堂31-1	024-932-8931
6	〃	明海大学歯学部	120	350-0283　坂戸市けやき台1-1	049-285-5511
7	〃	東京歯科大学	140	101-0061　千代田区三崎町2-9-18	03-6380-9001
8	〃	日本大学松戸歯学部	130	271-8587　松戸市栄町西2-870-1	047-368-6111
9	〃	日本大学歯学部	130	101-8310　千代田区神田駿河台1-8-13	03-3219-8001
10	〃	日本歯科大学生命歯学部	160	102-8159　千代田区富士見1-9-20	03-3261-8311
11	国立大学法人	東京医科歯科大学歯学部	53	113-8510　文京区湯島1-5-45	03-3813-6111
12	学校法人	昭和大学歯学部	105	142-8555　品川区旗の台1-5-8	03-3784-8022
13	〃	鶴見大学歯学部	120	230-8501　横浜市鶴見区鶴見2-1-3	045-581-1001
14	〃	神奈川歯科大学	120	238-8580　横須賀市稲岡町82	046-825-1500
15	国立大学法人	新潟大学歯学部	45	951-8514　新潟市中央区学校町通二番町5274	025-223-6161
16	学校法人	日本歯科大学新潟生命歯学部	120	951-8580　新潟市中央区浜浦町1-8	025-267-1500
17	〃	松本歯科大学	96	399-0781　塩尻市広丘郷原1780	0263-52-3100
18	〃	朝日大学歯学部	140	501-0296　瑞穂市穂積1851	058-329-1111
19	〃	愛知学院大学歯学部	125	464-8650　名古屋市千種区楠元町1-100	052-751-2561
20	国立大学法人	大阪大学歯学部	53	565-0871　吹田市山田丘1-8	06-6879-5111
21	学校法人	大阪歯科大学	160	573-1121　枚方市楠葉花園町8-1	072-864-3111
22	国立大学法人	岡山大学歯学部	53	700-8558　岡山市鹿田町2-5-1	086-223-7151
23	〃	広島大学歯学部	53	734-8553　広島市南区霞1-2-3	082-257-5555
24	〃	徳島大学歯学部	43	770-8504　徳島市蔵本町3-18-15	088-633-9100
25	公立大学法人	九州歯科大学	95	803-8580　北九州市小倉北区真鶴2-6-1	093-582-1131
26	国立大学法人	九州大学歯学部	53	812-8582　福岡市東区馬出3-1-1	092-641-1151
27	学校法人	福岡歯科大学口腔歯学部	96	814-0193　福岡市早良区田村2-15-1	092-801-0411
28	国立大学法人	長崎大学歯学部	50	852-8588　長崎市坂本1-7-1	095-849-7600
29	〃	鹿児島大学歯学部	53	890-8544　鹿児島市桜ヶ丘8-35-1	099-275-5111
計	29　校		2,672名		

⑵ 医科大学（医学部）口腔外科（歯科）一覧

（令和３年度）

NO	設置主体	名称	所在地		電話番号
1	公立大学法人	札幌医科大学医学部口腔外科学講座	060-8543	札幌市中央区南１条西16丁目	011-611-2111
2	国立大学法人	旭川医科大学医学部歯科口腔外科学講座	078-8510	旭川市緑が丘東２条1-1-1	0166-68-2270
3	〃	弘前大学大学院医学研究科医科学専攻歯科口腔外科学講座	036-8562	弘前市在府町５	0172-39-5127
4	〃	秋田大学医学部附属病院歯科口腔外科	010-8543	秋田市本道１丁目1-1	018-884-6188
5	〃	山形大学医学部歯科口腔・形成外科学講座	990-9585	山形市飯田西2-2-2	023-628-5413
6	公立大学法人	福島県立医科大学附属病院歯科口腔外科	960-1295	福島市光が丘１	024-547-1235
7	国立大学法人	筑波大学医学医療系顎口腔外科学	305-8575	つくば市天王台1-1-1	029-853-3210
8	学校法人	獨協医科大学医学部口腔外科学講座	321-0293	栃木県下都賀郡壬生町北小林880	0282-87-2169
9	〃	自治医科大学医学部歯科口腔外科学講座	329-0498	下野市薬師寺3311-1	0285-58-7390
10	国立大学法人	群馬大学大学院医学系研究科口腔顎顔面外科学講座・形成外科学講座	371-8511	前橋市昭和町3-39-22	027-220-8484
11	学校法人	埼玉医科大学医学部口腔外科学	350-0495	埼玉県入間郡毛呂山町毛呂本郷38	049-276-1273
12	国立大学法人	防衛医科大学校病院歯科口腔外科	359-8513	所沢市並木3-2	04-2995-1925
13	〃	千葉大学大学院医学研究院口腔科学（歯科・顎・口腔外科）	260-8670	千葉市中央区亥鼻1-8-1	043-222-7171
14	学校法人	東京慈恵会医科大学歯科学教室	105-8471	港区西新橋3-25-8	03-3433-1111
15	〃	順天堂大学医学部附属順天堂医院歯科口腔外科	113-8431	文京区本郷3-1-3	03-3813-3111
16	国立大学法人	東京大学医学部口腔顎顔面外科学教室	113-8655	文京区本郷7-3-1	03-5800-8669
17	学校法人	東邦大学医学部口腔外科	143-8541	大田区大森西6-11-1	03-3762-4151
18	〃	慶應義塾大学医学部歯科・口腔外科学教室	160-8582	新宿区信濃町35	03-5363-3831
19	〃	東京医科大学医学部口腔外科学分野	160-0023	新宿区西新宿6-7-1	03-3342-6111
20	〃	東京女子医科大学医学部歯科口腔外科学講座	162-8666	新宿区河田町8-1	03-3353-8111
21	〃	日本大学医学部耳鼻咽喉・頭頸部外科学系歯科口腔外科学分野	173-8610	板橋区大谷口上町30-1	03-3972-8111
22	〃	帝京大学医学部形成・口腔顎顔面外科学講座	173-8605	板橋区加賀2-11-1	03-3964-1211
23	公立大学法人	横浜市立大学大学院医学研究科顎顔面口腔機能制御学	236-0004	横浜市金沢区福浦3-9	045-787-2659
24	学校法人	東海大学医学部専門診療学系・口腔外科学教室	259-1193	伊勢原市下糟屋143	0463-93-1121
25	国立大学法人	金沢大学医薬保健研究域医学系顎顔面口腔外科学分野（歯科口腔外科）	920-8640	金沢市宝町13-1	076-265-2444
26	学校法人	金沢医科大学顎口腔外科学講座	920-0293	石川県河北郡内灘町大学1-1	076-286-2211
27	国立大学法人	富山大学学術研究部医学系歯科口腔外科学（総合口腔科学）講座	930-0194	富山市杉谷2630	076-434-7383
28	〃	福井大学学術研究院医学系部門医学領域感覚運動医学講座歯科口腔外科学分野	910-1193	吉田郡永平寺町松岡下合月23-3	0776-61-3111
29	〃	山梨大学大学院総合研究部医学域臨床医学系歯科口腔外科学講座	409-3898	中央市下河東1110	055-273-1111
30	〃	信州大学医学部歯科口腔外科学教室	390-8621	松本市旭3-1-1	0263-37-2677
31	〃	岐阜大学大学院医学系研究科口腔病態学分野	501-1194	岐阜市柳戸1-1	058-230-6355

NO	設置主体	名　　　　称	所　　在　　地		電話番号
32	国立大学法人	浜松医科大学医学部歯科口腔外科学講座	431-3192	浜松市東区半田山1-20-1	053-435-2349
33	〃	名古屋大学大学院医学系研究科頭頸部・感覚器外科学講座顎顔面外科学	466-8550	名古屋市昭和区鶴舞町65	052-744-2348
34	公立大学法人	名古屋市立大学大学院医学研究科生体機能・構造医学専攻感覚器・形成医学講座口腔外科学分野	467-8601	名古屋市瑞穂区瑞穂町字川澄1	052-858-7302
35	学校法人	藤田医科大学医学部歯科・口腔外科学講座	470-1192	豊明市沓掛町田楽ヶ窪1-98	0562-93-9098
36	〃	愛知医科大学大学院医学研究科口腔外科学	480-1195	長久手市岩作雁又1-1	0561-62-3311
37	国立大学法人	三重大学大学院医学系研究科生命医科学専攻臨床医学系講座口腔・顎顔面外科学分野	514-8507	津市江戸橋2-174	059-232-1111
38	〃	滋賀医科大学医学部歯科口腔外科学講座	520-2192	大津市瀬田月輪町	077-548-2354
39	〃	京都大学大学院医学研究科感覚運動系外科学講座口腔外科学分野	606-8507	京都市左京区聖護院川原町54	075-751-3401
40	公立大学法人	京都府立医科大学附属病院歯科	602-8566	京都市上京区河原町通広小路上ル梶井町465	075-251-5043
41	学校法人	近畿大学医学部歯科口腔外科	589-8511	大阪狭山市大野東377-2	072-366-0221
42	〃	大阪医科大学感覚器機能形態医学講座・口腔外科学教室	569-8686	高槻市大学町2-7	072-683-1221
43	公立大学法人	奈良県立医科大学口腔外科学講座	634-8521	橿原市四条町840	0744-29-8875
44	国立大学法人	神戸大学大学院医学研究科外科系講座口腔外科学分野	650-0017	神戸市中央区楠町7-5-1	078-382-6213
45	学校法人	兵庫医科大学歯科口腔外科学講座	663-8501	西宮市武庫川町1-1	0798-45-6677
46	公立大学法人	和歌山県立医科大学歯科口腔外科学講座	641-8509	和歌山市紀三井寺811-1	073-441-0643
47	国立大学法人	鳥取大学医学部口腔顎顔面外科学（歯科口腔外科）	683-8504	米子市西町36-1	0859-38-6687
48	〃	島根大学医学部歯科口腔外科学講座	693-8501	出雲市塩冶町89-1	0853-20-2301
49	学校法人	川崎医科大学歯科総合口腔医療学講座	701-0192	倉敷市松島577	086-462-1111
50	国立大学法人	山口大学大学院医学系研究科歯科口腔外科学講座	755-8505	宇部市南小串1-1-1	0836-22-2299
51	〃	香川大学医学部歯科口腔外科学講座	761-0793	香川県木田郡三木町池戸1750-1	087-891-2227
52	〃	愛媛大学大学院医学系研究科口腔顎顔面外科学講座	791-0204	東温市志津川	089-960-5393
53	〃	高知大学医学部歯科口腔外科学講座	783-8505	南国市岡豊町小蓮	088-880-2422
54	学校法人	久留米大学医学部歯科口腔医療センター	830-0011	久留米市旭町67	0942-31-7577
55	〃	福岡大学医学部医学科歯科口腔外科学講座	814-0180	福岡市城南区七隈7-45-1	092-801-1011
56	〃	産業医科大学病院歯科口腔外科	807-8556	北九州市八幡西区医生ヶ丘1-1	093-603-1611
57	国立大学法人	佐賀大学医学部歯科口腔外科学講座	849-8501	佐賀市鍋島5-1-1	0952-34-2397
58	〃	大分大学医学部歯科口腔外科学講座	879-5593	由布市挾間町医大ヶ丘1-1	097-586-6703
59	〃	熊本大学大学院生命科学研究部歯科口腔外科学講座	860-8556	熊本市中央区本荘1-1-1	096-373-5288
60	〃	宮崎大学医学部感覚運動医学講座顎顔面口腔外科学分野	889-1692	宮崎市清武町木原5200	0985-85-1510
61	〃	琉球大学大学院医学研究科医科学専攻顎顔面口腔機能再建学講座	903-0215	中頭郡西原町字上原207	098-895-1192

注　一般財団法人 口腔保健協会調べ

(3) 歯科衛生士養成施設一覧

(厚生労働省所管歯科衛生士養成所)　　　　　　　　　　　　　　　　(令和３年４月１日現在)

NO	設置主体	名称	定員	所在地	電話番号
1	学校法人	函館歯科衛生士専門学校	40	042-0942　函館市柏木町1-60	0138-53-5876
2	一般社団法人	小樽歯科衛生士専門学校	38	047-0032　小樽市稲穂２丁目1-14	0134-27-3001
3	学校法人	北海道歯科衛生士専門学校 同（夜間）	50 30	060-0042　札幌市中央区大通西19丁目1-6	011-640-6100
4	〃	吉田学園医療歯科専門学校	50	060-0063　札幌市中央区南３条西１丁目11-1	011-272-3030
5	〃	札幌看護医療専門学校	40	004-0051　札幌市厚別区厚別中央１条５丁目1-5	011-801-8343
6	〃	札幌医学技術福祉歯科専門学校	50	064-0804　札幌市中央区南５条西11丁目1289-5	011-521-8882
7	一般社団法人	札幌歯科学院専門学校	50	064-0807　札幌市中央区南７条西10丁目1034	011-511-1885
8	〃	旭川歯科学院専門学校	50	070-8012　旭川市神居２条12丁目2-16	0166-61-1022
9	学校法人	オホーツク社会福祉専門学校	30	090-0817　北見市常盤町３丁目14-10	0157-33-1316
10	〃	帯広コア専門学校	30	080-0021　帯広市西11条南41丁目3-5	0155-48-6000
11	〃	青森歯科医療専門学校	40	038-0031　青森市三内字稲元122-2	017-782-3040
12	〃	八戸保健医療専門学校	40	031-0011　八戸市田向2-11-5	0178-24-5127
13	〃	盛岡医療福祉スポーツ専門学校	50	020-0021　盛岡市中央通３丁目1-4	019-613-3158
14	一般社団法人	宮城高等歯科衛生士学院	50	980-0803　仙台市青葉区国分町1-5-1	022-222-5079
15	学校法人	仙台保健福祉専門学校	40	981-3206　仙台市泉区明通2-1-1	022-378-3301
16	〃	東北保健医療専門学校	30	980-0013　仙台市青葉区花京院1-3-1	022-745-0001
17	一般社団法人	秋田県歯科医療専門学校	50	010-0976　秋田市八橋南1-8-8	018-865-4431
18	〃	山形歯科専門学校	45	990-0031　山形市十日町2-4-35	023-624-8935
19	県	福島県立総合衛生学院	20	960-8141　福島市渡利字中角61	024-521-1683
20	学校法人	福島医療専門学校	昼1 昼2 80	963-8026　郡山市並木3-2-23	024-927-1248
21	一般財団法人	東北歯科専門学校	40	963-8015　郡山市細沼町12-18	024-932-5690
22	公益社団法人	茨城歯科専門学校	50	310-0911　水戸市見和2-292-1	029-252-3335
23	学校法人	つくば歯科福祉専門学校	40	308-0811　筑西市茂田ザ・ヒロサワ・シティ	0296-23-1220
24	〃	取手歯科衛生専門学校	40	302-0013　取手市台宿2-3136-8	0297-77-1220
25	〃	晃陽看護栄養専門学校	40	306-0013　古河市東本町1-175-3	0280-31-7888
26	県	栃木県立衛生福祉大学校	30	320-0834　宇都宮市陽南4-2-1	028-654-7047
27	公益財団法人	公益財団法人宇都宮市医療保健事業団 附属宇都宮歯科衛生士専門学校	50	321-0974　宇都宮市竹林町968	028-625-2217
28	学校法人	小山歯科衛生士専門学校 同（夜間）	40 20	323-0807　小山市城東1-3-3	0285-20-3550
29	公益社団法人	群馬県高等歯科衛生士学院	50	371-0847　前橋市大友町1-5-16	027-252-0394
30	学校法人	高崎歯科衛生専門学校	50	370-0803　高崎市大橋町160-1	027-327-3218
31	〃	中央医療歯科専門学校	50	373-0026　太田市東本町41-12	0276-25-8833
32	〃	太田医療技術専門学校	50	373-0812　太田市東長岡町1373	0276-25-2414
33	〃	中央医療歯科専門学校高崎校	47	370-0843　高崎市双葉町2-8	027-310-5088
34	一般社団法人	大宮歯科衛生士専門学校	40	330-0844　さいたま市大宮区下町3-47	048-642-0387
35	学校法人	埼玉歯科衛生専門学校	40	362-0034　上尾市愛宕1-22-13	048-774-5531
36	〃	葵メディカルアカデミー	40	366-0035　深谷市西島町3-14-4	048-573-9321
37	医療法人社団	北原学院歯科衛生専門学校 同（夜間）	80 80	270-0034　松戸市新松戸1-348-2	047-341-8115

NO	設置主体	名　　称	定員	所　在　地	電話番号
38	医療法人社団	北原学院千葉歯科衛生専門学校 同（夜間）	80 40	260-0022　千葉市中央区神明町201-5	043-239-6661
39	学校法人	東京歯科衛生専門学校	80	114-0023　北区滝野川1-75-16	03-3910-7211
40	医療法人社団	太陽歯科衛生士専門学校 同（夜間）	80 80	116-0013　荒川区西日暮里2-22-1 ステーションプラザタワー6F	03-5810-8020
41	学校法人	東京医学技術専門学校 同（夜間）	80 46	130-0015　墨田区横網1-10-8	03-3626-4111
42	〃	新東京歯科衛生士学校 同（夜間）	80 80	140-0016　大田区大森北1-18-2	03-3763-2200
43	医療法人社団	早稲田医学院歯科衛生士専門学校 同（夜間）	76 40	162-0051　新宿区西早稲田2-4-6	03-3204-4751
44	学校法人	アポロ歯科衛生士専門学校	80	164-0002　中野区上高田4-15-4	03-3385-0814
45	〃	日本ウェルネス歯科衛生専門学校 同（夜間）	40 30	175-0094　板橋区成増1-2-5	03-5968-3211
46	〃	東邦歯科医療専門学校	60	191-0032　日野市三沢1-1-1	042-591-5364
47	〃	東京西の森歯科衛生士専門学校	80	196-0002　昭島市拝島町3970-13	042-543-0118
48	〃	日本医歯薬専門学校 同（夜間）	70 70	166-0003　杉並区高円寺南2-44-1	03-5377-2200
49	〃	東京医薬専門学校 同（夜間）	40 40	134-0084　江戸川区東葛西6-5-12	03-3688-6161
50	〃	新宿医療専門学校	昼AM60 昼PM60	160-0017　新宿区左門町5	03-3352-6811
51	〃	首都医校 同（夜間）	23 40	160-0023　新宿区西新宿1-7-3	03-3346-3000
52	〃	日本体育大学医療専門学校	40	158-0097　世田谷区用賀2-2-7	03-5717-6161
53	〃	横浜歯科医療専門学校	86	220-0011　横浜市西区高島1-2-15	045-222-8662
54	〃	新横浜歯科衛生士・歯科技工士専門学校	40	222-0033　横浜市港北区新横浜2-6-10	045-472-5101
55	〃	湘南歯科衛生士専門学校	60	254-0811　平塚市八重咲町1-6	0463-22-5000
56	〃	厚木総合専門学校	40	243-0018　厚木市中町3-4-11	046-224-6311
57	〃	三条看護・医療・歯科衛生専門学校	50	955-0091　三条市上須頃1273	0256-47-1755
58	一般社団法人	富山歯科総合学院	48	930-0887　富山市五福五味原2741-2	076-441-5355
59	〃	石川県歯科医師会立歯科医療専門学校	50	920-0806　金沢市神宮寺3-20-5	076-253-0039
60	学校法人	金沢医療技術専門学校	50	920-0849　金沢市堀川新町7-1	076-263-1515
61	一般社団法人	福井歯科専門学校	30	910-0001　福井市大願寺3-4-1	0776-22-3530
62	〃	山梨県歯科衛生専門学校	48	400-0015　甲府市大手1-4-1	055-252-6484
63	県	長野県公衆衛生専門学校	20	396-0025　伊那市荒井4347-1	0265-72-4730
64	学校法人	長野医療衛生専門学校	28	386-0012　上田市中央1-6-2	0268-25-5582
65	〃	松本歯科大学衛生学院	38	399-0781　塩尻市広丘郷原1780	0263-51-2141
66	〃	長野平青学園	30	380-0918　長野市アークス1-31	026-224-8383
67	県	岐阜県立衛生専門学校	30	500-8226　岐阜市野一色4-11-2	058-245-8502
68	学校法人	中央歯科衛生士調理製菓専門学校	32	411-0036　三島市一番町15-35	055-971-1833
69	一般社団法人	浜松歯科衛生士専門学校	44	432-8023　浜松市中区鴨江2-11-2	053-454-1030
70	学校法人	東海歯科衛生士専門学校	40	430-0939　浜松市中区東田町36-8	053-413-2006
71	〃	静岡歯科衛生士専門学校	夜間40	438-0078　磐田市中泉1-1-1	0538-39-1818
72	学校法人	専門学校中央医療健康大学校	35	422-8006　静岡市駿河区曲金6-7-15	054-202-8700

NO	設置主体	名称	定員	所在地	電話番号
73	一般社団法人	豊橋歯科衛生士専門学校	42	440-0838 豊橋市中野町字中原100-4	0532-26-8288
74	学校法人	三河歯科衛生専門学校	40	444-0005 岡崎市岡町原山12-130	0564-48-6680
75	〃	ナゴノ福祉歯科医療専門学校	80	461-0001 名古屋市東区泉1-17-17	052-951-0121
76	一般社団法人	名古屋市歯科医師会附属歯科衛生士専門学校	45	462-0841 名古屋市北区黒川本通2-16	052-916-0221
77	学校法人	専門学校名古屋デンタル衛生士学院	70	468-0011 名古屋市天白区平針3-1601	052-801-7272
78	〃	名古屋ユマニテク歯科専門学校	120	405-0002 名古屋市中村区名駅2-33-8	052-564-0084
79	〃	慈恵歯科医療ファッション専門学校	35	446-0037 安城市相生町367	0566-76-5288
80	〃	名古屋医健スポーツ専門学校	40	460-0008 名古屋市中区栄3-20-3	052-238-3455
81	〃	専門学校中部ビューティ・デザイン・デンタルカレッジ	30	440-0893 豊橋市札木町59	0532-52-1999
82	〃	名古屋医専 同（夜間）	25 25	450-0002 名古屋市中村区名駅4-27-1	052-582-3000
83	県	三重県立公衆衛生学院	30	514-0116 津市夢が丘1-1-17	059-233-5700
84	学校法人	伊勢保健衛生専門学校	40	516-0018 伊勢市黒瀬町562-13	0596-22-2563
85	〃	専門学校ユマニテク医療福祉大学校	40	510-0854 四日市市塩浜本町2-34	059-349-6666
86	県	滋賀県立総合保健専門学校	38	524-0022 守山市守山5-4-10	077-583-4147
87	一般社団法人	京都歯科医療技術専門学校	50	604-8418 京都市中京区西ノ京東栂尾町1	075-812-8494
88	学校法人	京都文化医療専門学校 同（夜間）	100 50	604-8302 京都市中京区御池通堀川西入池元町408-1	075-803-1138
89	〃	京都歯科衛生学院専門学校	40	600-8412 京都市下京区烏丸通綾小路下る二帖半敷町651	075-344-1390
90	〃	新大阪歯科衛生士専門学校 同（夜間）	60 60	532-0002 大阪市淀川区東三国6-1-45	06-6391-2224
91	〃	行岡医学技術専門学校	50	531-0074 大阪市北区本庄東1-13-11	06-6734-7101
92	〃	太成学院大学歯科衛生専門学校	50	530-0054 大阪市北区南森町2-1-8	06-6363-2421
93	〃	大阪歯科衛生士専門学校	50	543-0028 大阪市天王寺区小橋町14-51	06-6772-1450
94	一般社団法人	大阪府歯科医師会附属歯科衛生士専門学校	80	543-0033 大阪市天王寺区堂ケ芝1-3-27	06-6772-8343
95	〃	大阪歯科学院専門学校	50	550-0013 大阪市西区新町3-12-11	06-6532-1861
96	学校法人	なにわ歯科衛生専門学校 同（夜間）	72 36	530-0011 大阪市北区大深町2-179	06-6375-1400
97	一般社団法人	日本歯科学院専門学校	50	577-0803 東大阪市下小阪4-12-3	06-6722-5601
98	〃	堺歯科衛生士専門学校	40	590-0801 堺市堺区大仙中町18-3	072-243-1919
99	学校法人	大阪歯科衛生学院専門学校 同（夜間）	80 40	532-0011 大阪市淀川区西中島3-8-18	06-4806-8671
100	〃	専門学校大阪医専	34 34	531-0076 大阪市北区大淀中1-10-3	06-6452-0110
101	一般社団法人	兵庫県歯科医師会附属兵庫歯科衛生士学院	80	650-0003 神戸市中央区山本通5-7-18	078-351-4163
102	県	兵庫県立総合衛生学院	40	653-0052 神戸市長田区海運町7-4-13	078-733-6611
103	学校法人	姫路歯科衛生専門学校	40	670-0944 姫路市阿保甲499-4	079-222-1500
104	医療法人	兵庫徳誠会歯科衛生士学校	40	670-0915 姫路市高尾町87	079-239-0503
105	一般社団法人	奈良歯科衛生士専門学校	35	630-8002 奈良市二条町2-9-2	0742-33-6474
106	〃	和歌山県歯科衛生士専門学校	40	640-8287 和歌山市築港1-4-7	073-431-8616
107	県	鳥取県立歯科衛生専門学校	36	680-0841 鳥取市吉方温泉3-751-5	0857-23-2621
108	一般社団法人	島根県歯科技術専門学校	40	690-0884 松江市南田町141-9	0852-24-2726

NO	設置主体	名称	定員	所在地		電話番号
109	一般社団法人	岡山県歯科医師会立 岡山高等歯科衛生専門学院	50	700-0813	岡山市北区石関町1-5	086-223-0202
110	学校法人	朝日医療大学校	50	700-0026	岡山市北区奉還町2丁目7-1	086-255-2000
111	〃	インターナショナル岡山歯科衛生専門学校	48	700-0913	岡山市北区大供3-2-18	086-212-0155
112	一般社団法人	専門学校福山歯科衛生士学校	50	721-0973	福山市南蔵王町6-19-34	084-941-4443
113	〃	広島高等歯科衛生士専門学校	50	730-0043	広島市東区二葉の里3-2-4 広島県歯科医師会館3F	082-261-1765
114	学校法人	広島デンタルアカデミー専門学校	60	732-0821	広島市南区大須賀町19-11	082-264-7000
115	〃	IGL医療福祉専門学校	50	731-3164	広島市安佐南区伴東1-12-18	082-849-5001
116	公益社団法人	山口県高等歯科衛生士学院	50	753-0814	山口市吉敷下東1-4-1	083-928-8028
117	学校法人	下松デンタルアカデミー専門学校	40	744-0017	下松市東柳1-6-2	0833-48-8806
118	一般社団法人	徳島歯科学院専門学校	40	770-0003	徳島市北田宮1-8-65	088-632-7260
119	学校法人	専門学校徳島穴吹カレッジ	30	770-0852	徳島市徳島町2-20	088-653-3155
120	一般財団法人	四国歯科衛生士学院専門学校	25	774-0030	徳島市勝占町外敷地16-36	088-669-0369
121	公益社団法人	香川県歯科医療専門学校	50	760-0020	高松市錦町2-8-37	087-851-6414
122	学校法人	穴吹医療大学校	40	760-0020	高松市錦町1-22-23	087-823-5700
123	準学校法人	松山歯科衛生士専門学校	40	790-0063	松山市辻町1-33	089-931-1420
124	学校法人	河原医療大学校	40	790-0005	松山市花園町3-6	089-915-5355
125	〃	河原医療大学校新居浜校	24	792-0812	新居浜市坂井町1-9-23	089-915-5355
126	〃	美萩野保健衛生学院	50	802-0062	北九州市小倉北区片野新町2-5-28	093-931-8666
127	一般社団法人	福岡歯科衛生専門学校	50	810-0041	福岡市中央区大名1-12-43	092-751-5827
128	学校法人	博多メディカル専門学校	50	813-0041	福岡市博多区千代4-32-1	092-651-8001
129	〃	福岡医健・スポーツ専門学校	40	812-0032	福岡市博多区石城町7-30	092-262-2119
130	一般社団法人	久留米歯科衛生専門学校	50	830-0013	久留米市櫛原町5-98	0942-34-6116
131	学校法人	九州医療スポーツ専門学校	40	802-0077	北九州市小倉北区馬借1-1-2	093-531-5331
132	一般社団法人	佐賀歯科衛生専門学校	50	840-0045	佐賀市西田代2-5-20	0952-24-7311
133	学校法人	九州医療専門学校	50	841-0014	鳥栖市桜町1449-1	0942-83-0683
134	一般社団法人	長崎歯科衛生士専門学校	50	852-8104	長崎市茂里町3-19	095-848-5002
135	学校法人	九州文化学園歯科衛生士学院	40	857-0832	佐世保市藤原町7-32	0956-26-1203
136	一般社団法人	熊本歯科衛生士専門学院	50	860-0863	熊本市中央区坪井2-3-6	096-344-6672
137	学校法人	熊本歯科技術専門学校	50	860-0811	熊本市中央区本荘3-1-6	096-371-6581
138	〃	大分歯科専門学校	40	870-8658	大分市千代町3-3-8	097-535-0201
139	〃	大分県歯科技術専門学校	50	874-8567	別府市大字野田字通山78	0977-67-3038
140	〃	藤華歯科衛生専門学校	30	870-0823	大分市東大道1-6-1	097-513-8282
141	一般社団法人	宮崎歯科技術専門学校	50	880-0021	宮崎市清水1-12-2	0985-29-0057
142	学校法人	都城デンタルコアカレッジ	30	885-0006	都城市吉尾町77-10	0986-38-4812
143	公益社団法人	鹿児島歯科学院専門学校	50	892-0841	鹿児島市照国町13-15	099-223-7851
144	学校法人	鹿児島医療福祉専門学校	40	890-0034	鹿児島市田上8-21-3	099-281-9911
145	一般社団法人	沖縄歯科衛生士学校	44	901-2134	浦添市港川1-36-3	098-877-0167
146	学校法人	専門学校大育	80	902-0066	那覇市大道88-5	098-885-5330

出典 一般財団法人 口腔保健協会調べ

（文部科学大臣指定歯科衛生士学校）　　（令和３年４月１日現在）

NO	設置主体	名称（◎は４年制，他は３年制）	定員	所在地		電話番号
1	学校法人	北海道医療大学歯学部附属歯科衛生士専門学校歯科衛生科	50	061-0293	北海道石狩郡当別町金沢1757	0133-23-1211
2	〃	岩手医科大学医療専門学校歯科衛生専門課程歯科衛生学科	40	020-0887	盛岡市上ノ橋町1-12	019-651-5118
3	〃	仙台青葉学院短期大学歯科衛生学科	70	980-0021	仙台市青葉区中央4-5-3	022-302-3719
4	公立大学法人	◎埼玉県立大学保健医療福祉学部健康開発学科口腔保健科学専攻	30	343-8540	越谷市三野宮820	048-971-0500
5	学校法人	日本大学松戸歯学部附属歯科衛生専門学校	40	271-8587	松戸市栄町西2-870-1	047-360-9206
6	県	◎千葉県立保健医療大学健康科学部歯科衛生学科	25	261-0014	千葉市美浜区若葉2-10-1	043-296-2000
7	学校法人	◎明海大学保健医療学部口腔保健学科	70	270-8556	浦安市明海1丁目	047-355-5111
8	〃	東京歯科大学短期大学歯科衛生学科	50	101-0061	千代田区神田三崎町2-9-18	03-6380-9105
9	〃	日本歯科大学東京短期大学歯科衛生学科	70	102-0071	千代田区富士見2-3-16	03-3265-8815
10	国立大学法人	◎東京医科歯科大学歯学部口腔保健学科口腔保健衛生学専攻	22	113-8510	文京区湯島1-5-45	03-5803-4544
11	学校法人	日本大学歯学部附属歯科衛生専門学校	40	101-8310	千代田区神田駿河台1-8-13	03-3219-8007
12	〃	目白大学短期大学部歯科衛生学科	60	161-8539	新宿区中落合4-31-1	03-5996-3128
13	〃	鶴見大学短期大学部歯科衛生科	150	230-8501	横浜市鶴見区鶴見2-1-3	045-580-8215
14	〃	神奈川歯科大学短期大学部歯科衛生学科	120	238-8580	横須賀市稲岡町82	046-822-8781
15	国立大学法人	◎新潟大学歯学部口腔生命福祉学科	20	951-8514	新潟市中央区学校町通二番町5274	025-223-6161
16	学校法人	明倫短期大学歯科衛生士学科	60	950-2086	新潟市西区真砂3-16-10	025-232-6351
17	〃	日本歯科大学新潟短期大学歯科衛生学科	50	951-8580	新潟市中央区浜浦町1-8	025-211-8166
18	〃	朝日大学歯科衛生士専門学校	80	501-0296	瑞穂市穂積1851-1	058-329-1041
19	〃	大垣女子短期大学歯科衛生科	50	503-8554	大垣市西之川町1-109	0584-81-6811
20	公立大学法人	静岡県立大学短期大学部歯科衛生学科	40	422-8021	静岡市駿河区小鹿2-2-1	054-202-2600
21	学校法人	愛知学院大学短期大学部歯科衛生学科	100	464-8650	名古屋市千種区楠元町1-100	052-751-2561
22	〃	◎大阪歯科大学医療保健学部口腔保健学科	70	573-1144	枚方市牧野本町1-4-4	072-856-9951
23	〃	関西女子短期大学歯科衛生学科	100	582-0026	柏原市旭ケ丘3-11-1	072-977-6561
24	〃	◎梅花女子大学看護保健学部口腔保健学科	70	567-8578	茨木市宿久庄2丁目19-5	072-643-6221
25	〃	神戸常盤大学短期大学部口腔保健学科	70	653-0838	神戸市長田区大谷町2-6-2	078-611-1821
26	〃	大手前短期大学歯科衛生学科	70	662-8552	西宮市御茶家所町6-42	0798-34-6331
27	国立大学法人	◎広島大学歯学部口腔健康科学科口腔保健学専攻	20	734-8553	広島市南区霞1-2-3	082-257-5945
28	〃	◎徳島大学歯学部口腔保健学科	15	770-8504	徳島市蔵本町3-18-15	088-633-9100
29	学校法人	◎徳島文理大学保健福祉学部口腔保健学科	40	770-8514	徳島市山城町西浜傍示180	088-602-8000
30	〃	高知学園短期大学医療衛生学科歯科衛生専攻	40	780-0955	高知市旭天神町292-26	088-840-1121
31	〃	福岡医療短期大学歯科衛生学科	80	814-0193	福岡市早良区田村2-15-1	092-801-0411
32	公立大学法人	◎九州歯科大学歯学部口腔保健学科	25	803-8580	北九州市小倉北区真鶴2-6-1	093-582-1131
33	学校法人	◎九州看護福祉大学看護福祉学部口腔保健学科	50	865-0062	玉名市富尾888	0968-75-1800

注　一般財団法人 口腔保健協会調べ

⑷ 歯科技工士養成施設一覧

(厚生労働省所管歯科技工士養成所)　　　　(令和3年4月1日現在)

NO	設置主体	名称 (☆は昼間3年制，夜間3年制，他は2年制)	定員	所在地		電話番号
1	一般財団法人	北海道歯科技術専門学校	60	061-1121	北広島市中央3-4-1	011-372-2457
2	一般社団法人	札幌歯科学院専門学校	30	064-0807	札幌市中央区南7条西10-1034	011-511-1885
3	学校法人	吉田学園医療歯科専門学校	35	060-0063	札幌市中央区南3条西1-11-1	011-272-6070
4	〃	青森歯科医療専門学校	35	038-0031	青森市三内稲元122-2	017-782-3040
5	一般社団法人	東北歯科技工専門学校	50	982-0841	仙台市太白区向山4-27-8	022-266-0237
6	学校法人	仙台歯科技工士専門学校	35	984-0051	仙台市若林区新寺3-13-6	022-293-1822
7	一般財団法人	東北歯科専門学校	25	963-0211	郡山市片平町字出磬森1-7	024-951-6100
8	公益社団法人	茨城歯科専門学校	20	310-0911	水戸市見和2-292-1	029-252-3335
9	県	栃木県立衛生福祉大学校	15	320-0834	宇都宮市陽南4-2-1	028-645-7048
10	学校法人	埼玉歯科技工士専門学校	70	337-0051	さいたま市見沼区東大宮1-12-35	048-685-5211
11	〃	新東京歯科技工士学校 ☆同（夜間）	90 35	140-0016	大田区大森北1-18-2	03-3763-2211
12	〃	東邦歯科医療専門学校	30	191-0032	日野市三沢1-1-1	042-591-5364
13	〃	横浜歯科医療専門学校	70	220-0024	横浜市西区高島1-2-15	045-222-8662
14	〃	新横浜歯科衛生士・歯科技工士専門学校	35	222-0033	横浜市港北区新横浜2-6-10	045-472-5101
15	一般社団法人	富山歯科総合学院	18	930-0887	富山市五福五味原2741-2	076-441-5355
16	〃	石川県歯科医師会立歯科医療専門学校	15	920-0806	金沢市神宮寺3-20-5	076-253-0039
17	学校法人	金沢医療技術専門学校	35	920-0849	金沢市堀川新町7-1	076-263-1515
18	県	岐阜県立衛生専門学校	20	500-8226	岐阜市野一色4-11-2	058-245-8502
19	学校法人	名古屋歯科医療専門学校	35	451-0043	名古屋市西区新道1-26-20	052-563-2121
20	〃	東海歯科医療専門学校	35	465-0032	名古屋市名東区藤が丘158	052-773-7222
21	一般社団法人	京都歯科医療技術専門学校	30	604-8418	京都市中京区西ノ京東栂尾町1	075-812-8494
22	学校法人	新大阪歯科技工士専門学校 ☆同（夜間）	90 60	532-0002	大阪市淀川区東三国6-1-13	06-6391-2211
23	〃	☆東洋医療専門学校	30	532-0004	大阪市淀川区西宮原1-5-35	06-6398-2255
24	一般社団法人	日本歯科学院専門学校	35	577-0803	東大阪市下小阪4-12-3	06-6722-5601
25	〃	鳥取歯科技工専門学校	20	680-0845	鳥取市富安2-84	0857-23-3197
26	〃	島根県歯科技術専門学校	20	690-0884	松江市南田町141-9	0852-24-2727
27	〃	岡山歯科技工専門学院	20	701-1202	岡山市北区楢津2182	086-284-4905
28	学校法人	広島歯科技術専門学校	35	738-8504	廿日市市佐方本町1-1	0829-32-1861
29	一般社団法人	☆下関歯科技工専門学校	22	751-0823	下関市貴船町3-1-37	083-223-4137
30	〃	徳島歯科学院専門学校	20	770-0003	徳島市北田宮1-8-65	088-632-7260
31	公益社団法人	香川県歯科医療専門学校	20	760-0020	高松市錦町2-8-37	087-851-6414
32	学校法人	河原医療大学校	20	790-0005	松山市花園町3-6	089-915-5355
33	〃	博多メディカル専門学校	32	813-0041	福岡市博多区千代4-32-1	092-651-8001
34	〃	九州歯科技工専門学校	50	820-0044	飯塚市横田770-1	0948-24-6400
35	〃	九州医療専門学校	25	841-0038	鳥栖市古野町176-8	0942-83-4483

NO	設置主体	名称 (☆は昼間3年制，夜間3年制，他は2年制)	定員	所在地	電話番号
36	学校法人	熊本歯科技術専門学校	35	860-0811　熊本市中央区本荘3-1-6	096-371-6581
37	〃	大分県歯科技術専門学校	70	874-8567　別府市大字野田字通山78	0977-67-3038
38	〃	IVY 大分医療総合専門学校	35	870-0037　大分市東春日町17-21	097-357-2471
39	一般社団法人	宮崎歯科技術専門学校	17	880-0021　宮崎市清水1-12-2	0985-29-0057
40	公益社団法人	鹿児島歯科学院専門学校	20	892-0841　鹿児島市照国町13-15	099-226-7079

出典　厚生労働省医政局歯科保健課調べ

（文部科学大臣指定歯科技工士学校【特別支援学校含む】）　（令和3年4月1日現在）

NO	設置主体	名称 (◎は4年制，☆は3年制，他は2年制)	定員	所在地	電話番号
1	国立大学法人	☆筑波大学附属聴覚特別支援学校 高等部専攻科歯科技工科	10	272-8560　市川市国府台2丁目2-1	047-373-8771
2	〃	◎東京医科歯科大学歯学部口腔保健学科 口腔保健工学専攻	10	113-8510　文京区湯島1-5-45	03-5803-5780
3	学校法人	☆日本大学歯学部附属歯科技工専門学校	35	101-8310　千代田区神田駿河台1-8-13	03-3219-8007
4	〃	日本歯科大学東京短期大学歯科技工学科	35	102-0071　千代田区富士見2-3-16	03-3265-8815
5	〃	明倫短期大学歯科技工士学科	30	950-2086　新潟市西区真砂3-16-10	025-232-6351
6	〃	愛知学院大学歯科技工専門学校	35	464-8650　名古屋市千種区楠元町1-100	052-751-2561
7	国立大学法人	大阪大学歯学部附属歯科技工士学校 歯科技工学科	20	565-0871　吹田市山田丘1-8	06-6879-5111
8	学校法人	◎大阪歯科大学医療保健学部口腔工学科	30	573-1144　枚方市牧野本町1-4-4	072-856-9951
9	国立大学法人	◎広島大学歯学部口腔健康科学科 口腔工学専攻	20	734-8553　広島市南区霞1-2-3	082-257-5797

注　一般財団法人 口腔保健協会調べによる

※本書に関するご意見・ご感想は下記連絡先までお寄せください．
歯科保健関係統計資料係：kikaku3@kokuhoken.or.jp

2022年版　歯科保健関係統計資料

2022年３月31日　第１版・第１刷発行

監修　東京歯科大学社会歯科学講座
発行　一般財団法人　口腔保健協会

〒170-0003　東京都豊島区駒込１-43-９
振替 00130-6-9297　電話 03-3947-8301㈹
Fax 03-3947-8073
http：//www. kokuhoken. or. jp/

乱丁，落丁の際はお取り替えいたします．　印刷／三報社印刷・製本／愛千製本

ISBN978-4-89605-378-4 C3033